商学院
文 库

高级财务会计

王跃堂　编著

南京大学出版社

图书在版编目(CIP)数据

高级财务会计 / 王跃堂编著. — 南京：南京大学
出版社，2013.1(2020.7 重印)
（商学院文库）
ISBN 978-7-305-11028-3

Ⅰ．①高… Ⅱ．①王… Ⅲ．①财务会计－高等学校－
教材 Ⅳ．①F234.4

中国版本图书馆 CIP 数据核字(2013)第 008136 号

出版发行　南京大学出版社
社　　址　南京市汉口路 22 号　　　　邮　编　210093
出 版 人　金鑫荣

丛 书 名　商学院文库
书　　名　高级财务会计
编 著 者　王跃堂
责任编辑　王向民　　　　　　　编辑热线　025-83313221

照　　排　南京南琳图文制作有限公司
印　　刷　盐城市华光印刷厂
开　　本　787×1092　1/16　印张 18.25　字数 450 千
版　　次　2013 年 1 月第 1 版　　2020 年 7 月第 2 次印刷
ISBN　978-7-305-11028-3
定　　价　36.00 元

网址：http://www.njupco.com
官方微博：http://weibo.com/njupco
官方微信号：njupress
销售咨询热线：(025) 83594756

《商学院文库》编委会

前　言

高级财务会计,有别于初级和中级财务会计,在于它专门研究财务会计中的高级、复杂、疑难和创新的业务。目前学术界和教育界关于会计专业核心课程体系的一般认识和基本趋势,大都遵从基础会计学—中级财务会计学—高级财务会计学为轴心的逻辑框架。在这一逻辑框架与学科体系中,高级财务会计学建立在中级财务会计学基础上又独立于中级财务会计学,如果说中级财务会计主要解决经济活动中常见、普通、传统业务的处理问题,那么高级财务会计学则不仅担负着继承、发展、创新和开拓的责任,而且要对财务会计知识中的高、深、难、特等方面问题进行全面、深入、系统地比较分析与论述。

高级财务会计的研究范围在某种意义上说已经超越了财务会计四项基本假设所作的限定,如合并报表会计将会计主体从单一性向多维性、复合性转移,物价变动会计打破了货币计量的币值稳定假设,破产清算会计不属于持续经营范畴等等。高级财务会计对在财务会计中应遵循的一般的会计原则、程序和方法等也有不同程度的延伸,如企业合并会计在很大程度上丰富了可比性原则的内涵,外币业务的汇兑损益、期货交易损益等的提前确认深化了稳健性原则的要求,衍生金融工具会计则对相关性原则产生了极大的强化作用等等。因此,高级财务会计与传统财务会计互为补充,共同构成了财务会计的完整体系。

国内现有的高级财务会计教材诸多,各具特色,各有所长。但是观察国内教材,可以发现两个较为普遍的问题。首先是教材内容并不统一,原因包括两方面:一是由于国内会计实务变化较快,新的内容不断涌现,不同版本的教材存在不同程度的滞后性;二是因为国内学者对高级财务会计这门课程的定位不一致。有些教材将中级财务会计教材没有的内容都纳入高级财务会计,过分追求内容的完整性使得教材的篇幅过长、重点不突出；有的则偏重理论的深度、内容的复杂度，导致教材难度大。其次，"以人为本"的思想未在教材中充分体现。教材是为学生所用，若在结构、内容和体例编排上过分强调固定程式，不充分考虑学生的学习特点、需求和兴趣，则教材的可读性和可用性将大打折扣。

本教材希望在以下几个方面有所突破和改进。首先，高级财务会计学的内容应当随着会计环境的变化而不断更新。随着经济全球化进程的加快，社会经济环境日趋复杂，企业的经济交易与会计事项也日新月异，不断有新的会计实务问题需要研究和解决。尤其是2008年国际金融危机爆发后，公允价值及其计量问题成为全球激烈争论的焦点，也极大地激发了社会各界对会计使命的深层思考。中国作为世界上最大的新兴市场兼转型经济国家，资本市场尚不发达，市场经济体制尚不完善，在发展过程中会遇到很多具有中国特色的问题。因此，对于我国广大会计实务、理论及教育工作者来说，如何根据经济发展的需要确定高级财务会计教材的内容，是一个亟待解决的问题。

本书在内容的取舍和编排上参考了国内外一些同类教材的范例，指导思想是既要体现各章研究问题的理论依据及重要性，又要满足我国会计实务的需要；既要贴近当前实务中的高级会计问题，又要充分考虑未来经济活动的发展对会计实务的影响，做到理论性和实践性结合，现实性和前瞻性结合，力争"顶天立地"。相比现有的国内外教材，本教材在内容上的特色主要体现在以下方面：

（1）理论性和实践性相结合。理论具有评估和解释现有实务、指导和预测未来发展的两大功用，而实践既能有效检验理论，又能促进理论的进一步发展，因而两者不可偏废。本书在编著的过程中，力争做到：① 充分揭示各章所要研究问题的重要性，深入分析有关的理论背景，尽可能反映学术界对有关问题的研究状况及多维思考；同时最大限度地吸收相关学科理论成果和学术思想，探索未来的可能发展和变化，为读者深入理解各章内容提供一定的启示。② 侧重国内的经济环境与特色，以国内已经出现或可能出现的会计实务为案例，说明会计处理方法，重视与我国现实的结合和应用，为解决我国会计实务的难点、重点提供一定的参考。

（2）国内与国外的制度比较。2010年4月2日，我国财政部发布了《中国企业会计准则与国际财务报告准则持续趋同路线图》，明确提出"中国支持建立全球统一的高质量会计准则，积极推进中国会计准则持续国际趋同"的要求，建立全球统一的高质量会计准则已是大势所趋。本教材在编写过程中除了研究国内的有关法律、制度和准则外，还参考了大量的国外会计教材和准则报告，在涉及具体会计准则的专题中，均单独安排"国际比较与未来发展方向"一节，对我国准则与美国财务会计准则和国际财务报告准则的相关内容进行比较，对于学习者了解准则差异、参与我国准则国际趋同的改革、提出改革意见有所裨益。

（3）增加了现有国内教材中鲜有涉及的盈余管理内容。对于企业中普遍存在的盈余管理现象，国内高级财务会计教材目前鲜有涉及，这不利于读者正确理解和把握会计实践中的诸多现实问题。本书将盈余管理单独作为一章内容加以介绍，从盈余管理的概念出发，结合契约理论、委托代理理论，向读者系统地介绍盈余管理的动机和模式，有一定的理论高度。另外，结合中国上市公司具体的案例，向读者较为系统地概括了盈余管理的常见手段及识别方法，具有较高的应用价值。

其次，本教材在体例安排上充分考虑学生特点和需要，各章都选择与实务紧密相关的真实案例，包括导入案例和综合案例：导入案例引出本章话题，综合案例对本章内容的实际运用进行深入分析和说明，激发学生的学习兴趣。章节中设置"思维拓展"题，引导学生分析相关问题；章节最后安排形式多样、内容丰富的练习题，包括理论思考、实务练习等，通过各种习题和案例的研究、讨论，旨在提高学生的专业实务能力和对复杂问题的分析判断能力。另外，本教材在各章内容的叙述中，对于重要的概念和定义均以醒目的方式予以反映，便于学生掌握核心理论。

全书分为九章：第一章企业合并和合并报表，从复杂性业务的角度介绍合并会计报表的理论及其方法，对企业合并范围、控制权的确定等"疑难"问题进行了详细分析；第二章外币业务和外币报表折算，从跨国公司业务的角度介绍外币业务、外币报表、物价变动等跨国经营中的会计问题，系统介绍了外币购销交易、外币报表折算、外币折算损益的会计处理中不同观点的起源、理论基础和处理差异；第三章盈余管理，在讨论会计信息真实性的基础上，提出了盈余管理的基本概念，并介绍了盈余管理的基本理论和内在、外在动机,较为系统地概括了盈余管理的常见手段及识别方法;财务报告分析由第四章和第五章组成,两章内容采用统一的哈佛分析框架,但又各有侧重,第四章财务报表分析,侧重论述财务报表分析的相关理论、工具和方法,并介绍了目前财务报表列报的改革动向,以加深读者对财务报表体系结构及数据背后的经济意义的了解;第五章非财务信息分析,侧重论述非财务信息分析的必要性、方法和具体内容,有助于读者从战略、核心竞争力、人力资源、股权结构等方面更全面、更深入地对企业进行分析和前景预测;第六章到第八章介绍特殊业务会计,主要包括第六章所得税会计、第七章衍生金融工具会计和第八章养老金会计,这些特殊业务的处理,充分显示高级财务会计学的"高级"和"复杂"之处;第九章政府与非盈利组织会计,基本上还没有统一的、为各方所认可的会计处理模式,只能结合我国的有关会计制度及经济趋势,借鉴国内外会计界已有的研究成果,进行系统化的论述,带有一定的研究性和探讨性。

本书可用作综合性大学(包括高等财经院校)会计学专业高年级本科生开设高级财务会计课程的教材,也可以有针对性地对内容加以选择,作为企事业单位经理人员的会计培训教材或参考用书。

本教材由南京大学会计学系王跃堂教授编著,负责拟定全书框架和写作大纲,并对初稿进行整理、修改和总纂,南京大学王亮亮、李侠、倪婷婷、彭洋、崔鑫、董欣欣、杨志进、温淑红等博士生和硕士生参与了本书资料的收集和编写。在编著过程中南京大学会计系杨雄胜教授、李心合教授和陈冬华教授等给予了关心和指导。本教材编辑王向民老师为本教材的出版付出了艰辛的劳动。在此表示衷心的感谢!

由于本书涉及面广,所讨论的问题有不少难度较大,甚至存有争议,限于学识水平,本书的缺点和错误在所难免,请各位专家和读者批评指正!

王跃堂

2012 年 12 月

目　录

第一章 企业合并与合并财务报表

导入案例

2000年1月10日,美国在线公司通过向时代华纳公司股东发行价值相当于1 470亿美元的股票,采用换股合并形式与时代华纳公司实施合并。但合并后的第二年,美国在线-时代华纳公司业绩急剧下滑,股票价格大幅缩水。2002年公司在业绩报告中公布第一季度巨额亏损542.40亿美元,平均每股损失12.25美元,开创了美国网络媒体界的亏损新纪录。而更让华尔街感到吃惊的是,美国大公司做假账的丑闻也已经波及了美国在线-时代华纳公司。《经济学家》杂志披露了一个惊人的内幕消息:在当年的并购案中,美国在线的股票价格大大超过了其实际价值。美国在线存在并购做假行为,通过虚增收入等方式提升股价。

2002年第一季度巨额亏损的原因在于商誉的巨额冲销:合并时采用购买法进行会计处理,而商誉为801.78亿美元,占资产总额50%。无形资产占资产总额78.15%,相当于有形资产的3.58倍。会计政策由摊销商誉变更为减值测试,而这项会计政策变更造成的损失为542.03亿美元,占一季度亏损额99.93%。可见,会计处理方法对公司账面业绩的影响非常大。

2009年12月9日,争吵了半年多的传媒巨头时代华纳和美国在线公司终于正式分手。导致这两家分手的最主要原因是双方管理层、资源、商业模式以及企业文化没有很好地整合,而导致美国在线被弃的直接原因在于其越来越差并难以改善的经营困境。当前美国在线的业务已经陷入"吃老本"的境地。据国外媒体称,至今有人仍将"AOL"一词与那些拨号上网的业务相联系。另外,美国在线"迎娶"时代华纳时的市值高达1 630亿美元,而分手时预估市值为34亿美元,仅相当于"最初"的2.1%。

2008年,美国在线曾为时代华纳贡献了三分之一的现金流,这证明美国在线的资产还具有一定价值。不过,如今的分手结局对双方未必是件坏事,美国在线会按一个真正的新形态公司去发展,不再受传统媒介的管理层束缚,而时代华纳集团也得以甩掉包袱,更专注于自己的核心业务。

内容提要

企业合并是实现企业扩张的基本手段。许多国际知名企业都是通过不断合并才发展壮大起来的。随着我国市场经济的逐步完善,企业合并的现象也十分普遍。因此,对企业合并的关注具有一定现实意义。本章将主要介绍企业合并的动因与类型,企业合并的会计处理方法与会计处理实务,合并财务报表基本理论以及合并财务报表的编制。

通过本章学习,应达到以下目标:

1. 了解企业合并的含义与类型;

2. 掌握购买法与权益结合法;

3. 掌握同一控制下与非同一控制下企业合并的会计处理;

4. 了解合并财务报表几种不同的理论。

第一节　企业合并概述

企业合并是随着经济发展而发生在市场主体之间的行为,最早源于西方国家,它是调节市场竞争的手段,也是企业实现发展与扩张的方式之一。在市场经济条件下,随着企业间市场竞争的日益激烈,企业出于拓宽生产经营渠道、开辟新的投资领域或市场、取得先进的生产工艺技术、开展多样化经营以分散经营风险等原因,除了企业本身内部发展以外,往往通过合并其他企业的方式来寻求发展。企业合并无论是从宏观经济角度还是从微观经济角度来看,都具有重大意义。一方面,由强势企业合并弱势企业可以优化生产要素组合,避免经济资源的浪费,减少因企业破产而产生的负面影响;另一方面,强强联合的企业合并,则有助于企业优势互补,扩大规模,寻求更大发展。

与此同时,证券市场的发展,也大大便利了企业合并的进行。随着资本的国际间流动,企业合并已不再局限于本国范围内,早已跨越国界,在全球范围内进行。通过取得对方境内公司的多数股权创建国外子公司,或是与对方境内的企业合营,以扩大跨国经营,不仅已成为发达国家跨国公司进入发展中国家市场的普遍做法,也成为广大发展中国家利用外资助力本国经济发展的主要方式。

一、企业合并基本概念

企业合并,作为一种比较复杂的企业经济活动,在不同的法律背景和语言环境中,表现为不同的术语和名词。在西方国家,常用诸如 merger、amalgamation、absorption、takeover、acquisition 等一系列词汇来描述两家或两家以上的企业结合到一起。我国也常用"合并""并购""收购""兼并""资产重组"以及"资本营运"等一系列词汇来描述。这些词汇之间虽然存在着一定的差别,但是其实质是基本相同的。从会计学的角度来看,则倾向于采用"企业合并"(Business Combination)这一词汇。因此,本章将采用"企业合并"进行阐述。

国际会计准则理事会(IASB)的《国际财务报告准则第3号——企业合并》(IFRS 3)中,将企业合并定义为"将单独的主体或业务集合成为一个报告主体"。根据美国会计准则委员会(APB)第16号意见书对"企业合并"的定义,企业合并指一家公司与另一家或几家公司或非公司组织的企业结合形成一个会计个体。这个会计个体继续从事以前彼此分离、相互独立的企业的经营活动。

我国财政部2006年2月颁布的《企业会计准则第20号——企业合并》中则将其定义为:将两个或两个以上单独的企业合并形成一个报告主体的交易或事项。

国际会计准则理事会对企业合并的定义相对于美国会计准则委员会与我国财政部来说,本质上并没有太大的差异,只是在内涵上,国际财务报告准则对参与合并"企业"的涵盖范围较广,不仅包括了企业控制权、净资产和资产组合,还包括了对业务的控制。而我国《企业会计准则应用指南》中明确了"涉及业务的合并比照企业合并准则规定处理",可见,我国现行的企业会计准则在企业合并的界定范围上与国际财务报告准则趋同。

以上三种对企业合并的定义强调两点:一是参与合并的企业在合并前是彼此独立的,而合并后,它们的经济资源和经营活动处于单一的管理机构控制之下,从非控制变为控制才成为企业合并,也就是说,企业合并的实质是控制,而非法律主体的解散;二是强调单一报告主体,即企业合并是以前彼此独立的企业合并成一个报告主体。

二、企业合并的范围

企业合并的结果通常是一家企业取得了对一个或多个业务的控制权。构成企业合并至少包括两层含义:一是取得对另一家或多家企业(或业务)的控制权;二是所合并的企业必须构成业务。业务是指为了向投资者提供回报,企业内部某些生产经营活动或资产负债的组合,该组合具有投入、加工处理过程和产出能力,能够独立计算其成本费用或所产生的收入。有关资产或资产负债的组合是否构成一项业务,应结合所取得资产、负债的内在联系及加工处理过程等进行综合判断。

如果一家企业取得了对另一家或多家企业的控制权,而被合并方并不构成业务,则该交易或事项不形成企业合并。企业取得了不形成业务的一组资产或是净资产时,应将购买成本按购买日所取得各项可辨认资产、负债的相对公允价值进行分配,不按照企业合并准则进行处理。

从企业合并的定义来看,是否构成企业合并,除了要看取得的企业是否构成业务之外,关键是要看有关交易或事项发生前后,是否引起报告主体的变化。一般来说,报告主体的涵盖范围要比法律主体更广一些,一个报告主体是经济意义上的一个整体,而从法律意义上看,它可能是一个法律主体,也可能是多个法律主体。

报告主体的变化产生于控制权的转移,而控制权转移一般存在以下两种情形:一是在交易或事项发生以后,一方能够对另一方的生产经营决策实施控制,形成母子公司关系,涉及控制权的转移,从合并财务报表角度形成报告主体的变化;二是在交易或事项发生以后,一方能够控制另一方的全部净资产,被合并的企业在合并后失去其法人资格,这也涉及控制权及报告主体的变化,

> **思维拓展**
> 购买子公司的少数股权是否属于企业合并?

构成企业合并。

控制是指有权决定一家企业的生产经营和财务政策,并能够据以从该企业的生产经营活动中获得利益的权利。控制权的标志是"决策权"和"获取利益权"。从理论上说,控制的实施途径是一家企业直接或间接拥有另一家企业半数以上表决权股份,但有时表决权股份不足半数以上通过拥有的表决权和准则规定的其他方式也能达到控制,这里的"其他方式"包括:① 通过与被投资单位其他投资者的协议,拥有被投资单位半数以上表决权;② 根据公司章程或协议,有权决定被投资单位的财务和经营政策;③ 有权任免被投资单位的董事会或类似机构的多数成员;④ 在被投资单位的董事会或类似机构占多数表决权。

以上对合并范围的确定都隐含了两个基本标准:数量标准与质量标准。所谓数量标准,是指母公司直接或间接拥有子公司 50% 以上的表决权。所谓质量标准,是指母公司虽然没有子公司 50% 的表决权,但根据实际情况,实质控制着子公司。因此,在实务中,对于交易或事项发生前后是否存在控制权转移,应当遵循"实质重于形式"原则,综合可获得的各方面信息进行判断。比如由于目标企业股权比较分散,往往控制了 30% 甚至更少的股份,就可以达到实质性控股的目的。

值得一提的是,在新准则中,考虑了潜在控制权的情况,规定"在确定能否控制被投资单位时,应当考虑企业和其他企业持有的被投资单位的当期可转换的可转换公司债券、当期可执行的认股权证等潜在表决权因素",将潜在控制权纳入合并范围之内;并且规定将母公司的全部子公司纳入合并财务报表的合并范围,而不再将长期亏损、特殊行业等的子公司排除在合并范围之外,从而使合并范围更加完整、准确。

在确定合并范围时会涉及一种较为复杂的持股情况,即间接持有、直接和间接共同持有被投资公司半数以上权益性资本的情形,特别是在规模大的企业集团中,会出现多层持股、交叉持股、相互持股或环形持股等情况。

我国《合并会计报表暂行规定》中对多层持股和交叉持股的数量标准处理是采用加法原则和乘法原则相结合来确定合并范围。加法原则处理纳入母公司合并范围的某一子公司的持股比例是其直接持有和通过另外的控股公司持有的该子公司股权之和。乘法原则的处理方法则是母公司直接持有的股权比例加上母公司持有其他控股公司的股权比例与这些控股公司持有的该子公司股权比例的乘积。

复杂持股情况下合并财务报表合并范围的确定,到底该采用加法原则还是乘法原则,其实质是对"表决权比例"与"持股比例"进行区分的问题。"表决权比例"是站在控制的角度来看待母公司持有多少被投资单位表决权比例的,体现的合并理论为实体理论;而"持股比例"是站在拥有的角度来看母公司持有被投资单位的权益比例,更重视法律上的所有权,体现的合并理论为所有权理论。

我国合并财务报表准则以"控制"为依据选择实体理论作为编制合并财务报表的基础,表明复杂持股情况下在确定合并财务报表的合并范围时应采用加法原则计算母公司持有被投资单位的表决权比例,这样处理的主要原因有:

① 从国际上来看,实体理论成为合并财务报表的主流理论已是大势所趋,实体理论以企业集团各成员企业构成的经济联合体为会计主体,从集团主体的角度来考虑合并财务报表的合并范围和合并的技术方法。也就是说,合并财务报表是为了反映合并实体所能控制的所有资源。这就要求在确定合并财务报表的合并范围时应采用加法原则计算母公司持有被投资单

位的表决权比例。② 从信息需求的角度来看,对合并财务报表产生信息需求的不仅包括企业集团的所有股东,还包括企业集团的债权人。为了真实、完整反映企业集团财务状况、经营成果及现金流量情况,同样要求在确定合并财务报表的合并范围时应采用加法原则计算母公司拥有被投资公司的表决权数。③ 从少数股东权益和少数股东损益的性质认定来看,实体理论认为少数股东权益是合并股东权益的一个部分,而不是一项义务;少数股东损益也不是一项费用,而是对合并主体实现的合并净利润的一项分配。因此,只有在确定合并财务报表的合并范围时采用加法原则计算母公司拥有被投资公司的表决权数,才能满足实体理论的要求。④ 从集团内公司之间未实现交易的损益来看,实体理论要求予以全额抵销,而不是按母公司的持股比例抵销,有助于抑制企业利用集团内的关联交易操纵利润的现象。因此,在确定合并财务报表的合并范围时也只能采用加法原则计算母公司拥有被投资公司的表决权数。

合并财务报表的合并范围界定的理论基础为"控制",因此,在确定合并财务报表合并范围时应以持有的表决权比例为数量标准,即在直接和间接拥有情况下应采用加法原则计算母公司持有被投资单位的表决权比例;在编制合并财务报表时,采用乘法原则计算母公司对子公司的持股比例。

表 1-1　加法原则与乘法原则比较

数量标准处理方式	理论基础	适用范围
加法原则	实体理论	直接和间接拥有情况下计算被投资单位的表决权比例
乘法原则	所有权理论	直接或间接拥有情况外计算被投资单位的表决权比例,编制合并报表

加法原则与乘法原则的运用举例:

(1) 如果一家公司直接持有另一家公司半数以上的表决权股份,那么另一家公司就成为该公司的子公司,它们之间就存在直接控股关系。一家母公司通过单层直接控股关系或多层直接控股关系控制的子公司都应纳入该公司的合并范围。如图 1-1,A 应合并 B 和 C。

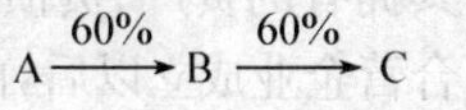

A —60%→ B —60%→ C

图 1-1

B 公司是 A 公司的子公司,C 公司是 B 公司的子公司。如何确定 A 公司与 C 公司的关系,有两种不同的理解,即对加法原则和乘法原则的选择。

加法原则,即在一连串持股比例将最终直接到达子公司的持股比例作为母公司对子公司的持股比例。在加法原则下,合并范围的计算与 A 公司对 B 公司的直接持股比例无关。如 A 公司持有 C 公司 60%的权益性资本,C 公司就纳入 A 公司的合并范围。

而乘法原则,即在一连串持股关系中,将所有从母公司到子公司的直接持股比例相乘,以求母公司对子公司的实际持股比例。图 1-1 中,A 公司对 C 公司间接拥有 36%(60%×60%)的权益性资本,所以 A 公司不能将 C 公司纳入合并范围。

因为 B 公司对 C 公司有控制其经营及财务决策的权力,所以 A 公司可以通过 B 公司对 C 公司实施控制。因此,依据实质重于形式的原则,虽然 A 公司对 C 公司并未拥有过半数以上的权益性资本,但仍应将 C 公司纳入合并范围。

(2) 如果一家公司与其单层直接控股或多层直接控股子公司共同直接持有另一家公司的所有股份之和达到半数以上,该公司也就可以控制另一家公司,那么该公司应将另一家公司纳入合并范围。如图 1-2,D 应纳入 A 的合并范围(20%+40%);如图 1-3,C 应纳入 A 的合并范围(20%＋40%)。

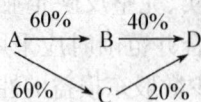
图 1－2

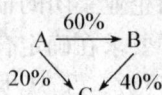
图 1－3

(3) 当一家公司对另一家公司的间接持股存在单链中间有一环(不包括最后一环)达不到直接控股关系时,这部分间接持股就得把各环节的持股比例相乘计算而得,再与直接持股比例相加,看是否达到 50% 以上来判断另一家公司是否纳入合并范围。如图 1－4,A 应合并 C (30%＋40%×60%);如图 1－5,D 应纳入 A 的合并范围(40%×60%＋30%);如图 1－6,D 也应纳入 A 的合并范围(80%×40%×55%＋40%)。

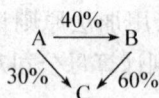
图 1－4

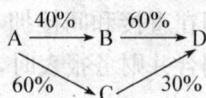
图 1－5

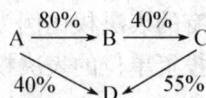
图 1－6

而相互持股和环形持股的情况国内及国际上都还没有确切的解决之道。Roman L. Weil 的矩阵算法提供了一种思路,值得参考,一般应结合"实质控制"或"主要受益方"的标准来确定是否纳入合并范围。这个问题的解决还有待于进一步研究。

有些交易或事项虽然从定义上属于企业合并,但因交易条件等方面的限制,不包括在现行企业合并准则的规范范围之内。这主要包括以下两种情形:

(1) 两方或多方形成共同控制的合营企业的企业合并。共同控制主要是指作为合营方将其拥有的资产、负债等投入所成立的合营企业,按照合营企业章程或合营合同、协议的规定,在合营企业成立以后,由合营各方对其生产经营活动实施共同控制的情况。因合营企业的各合营方中,并不存在占主导作用的控制方,不是实质控制,其合并应按照合营企业法的相关规定进行。

(2) 仅通过合同而不是所有权份额将两个或者两个以上单独的企业合并形成一个报告主体的交易或事项。在某些情况下,一方能够对另一方实施控制,但该控制并非产生于持有另一方的股权,而是通过一些非股权因素产生的。比如,通过签订委托受托经营合同,作为委托方虽不拥有受托经营企业的所有权,但按照合同协议的约定能够对受托经营企业的生产经营活动实施控制。在这种情况下,虽然涉及控制权转移,但这种合并并不是通过产权纽带形成的实质性合并,因此不包括在企业合并准则的规范范围之内。

三、企业合并的动因

企业合并最根本的目的在于谋求利益,而通过与其他企业进行合并是其谋求利益、增强市场竞争力、实现成长与发展的有效途径。企业的发展与扩张,有其内在动力和外在压力,一般来说,企业作出的合并决策是综合多方面因素慎重抉择的结果。企业合并从经济意义上来说,一般出于以下几个目的。

(一) 效率动因

1. 谋求管理协同效应

管理协同效应是指企业合并后因管理效率的提高而带来的收益。如果某企业有一支高效率的管理队伍,且有剩余的管理能力,则该企业可以合并那些管理效率低下的企业,实现管理资源的优化配置,提高管理资源的利用效率,从而实现共赢。

2. 谋求经营协同效应

由于经济的互补性及规模经济的存在,通过企业合并,使原有的品牌、销售网络等有形或无形的资产可以在更大的范围内实现共享,从而提高企业生产经营活动的效率,降低其生产成本。通过企业合并实现规模经济主要表现在两个方面:一是生产规模经济,企业通过合并调整优化资源配置,降低生产成本,从而提高经济效益;二是企业规模经济,表现为企业通过合并可以节约管理费用与销售费用、集中研发费用等。而且,出于企业成长发展的考虑,选择合并方式比内部拓展方式的速度要快得多,成本可能更低。并购不但使公司迅速获得新的生产能力,而且还会创造新的消费需求。

3. 谋求财务协同效应

通过企业合并可以获得一定的财务利益,实现资本扩张,具体表现在:

(1) 提高财务能力。一般来说,合并后企业整体的偿债能力比合并前单个企业的偿债能力要强。同时,企业合并还可以降低资本成本。

(2) 获得税收优惠。我国企业所得税法在计算应税所得额时,企业集团内某一企业的未抵扣亏损可抵销其他企业的盈利。因此,企业合并可以获得税收上的优惠。

(3) 预期效应。企业合并往往包含利好消息,由于预期效应的作用,促使企业股票价格上涨,从而获得财务利益,而这又反过来刺激企业并购行为的发生。

(4) 获得利润。有些企业合并,并非出于控制其他企业的目的,而是进行资产剥离以获利。当目标企业价值被低估时进行并购,然后化整为零,将可获利的部分出售,其余部分可能关闭。一些上市公司,通过股票交换的方式合并其他企业,可达到立即增加账面利润、提高每股收益的效果。此外,由于市场炒作,获取短期利益的投机动机有时也成为企业合并的影响因素。

(二) 经济动因

1. 实现战略重组,开展多元化经营

企业为了适应新的经济环境的要求,寻求生存和发展,需要根据自身情况调整经营战略,同时,基于分散经营风险、稳定收入来源、增加企业资产安全性等原因,一些企业会选择开展多元化经营。进行跨行业兼并,相比较自己发展,一方面以较低成本快速进入新领域,另一方面能够有效降低涉足新领域的经营风险。

2. 开辟新市场或扩大市场占有额

通过企业合并来开辟新市场,扩大市场占有额,通常要比通过内部积累的方式更快,也可能成本、经营风险更低。比如,联想收购 IBM 笔记本业务很大程度上是出于这点考虑。

3. 获得先进的工艺技术等一些特殊资产

特殊资产可能是一些对企业发展至关重要的专门资产,可以是有形资产,也可以是无形资产。比如通过并购可以建立永久的原料供应基地,获取目标企业所拥有的优秀员工、专业技术、商标品牌、专利权等无形资产。有时,企业并购的动机是基于企业拓展在世界各个不同地区布局的需要。

(三) 其他动因

1. 市场竞争因素

由于市场竞争激烈,为增强竞争力,企业需要不断发展壮大自己,这也会激发企业的并购行为。当企业规模很大、市场地位很强时,这种并购行为也可以说是出于垄断原因,即为了减少竞争获得更大的市场权力和更多的利润。正是由于企业合并有时可能导致垄断,而市场经济要求维护竞争反对垄断。因此,需要对并购行为采取必要的法律手段予以限制,而法律限制在一定程度上会影响并购方式和并购的活跃程度。

2. 宏观市场环境因素

发达的资本市场,健全的信用制度,可使并购成本大为降低,因此也会间接影响企业的并购行为。另外,资本的国际化程度也制约着并购的范围。经济的周期性变化也会从整体上影响企业并购活动的发生。

3. 国家政策因素

一个国家产业结构的调整,产业政策的变化,会在一定程度上影响企业的并购活动。此外,政府的行政干预也会对企业的并购行为造成一定影响。

4. 公司产权结构与治理结构因素

公司的并购行为深受其产权结构和治理结构的影响。如果公司股权相对比较分散,市场力量在公司治理结构中起主导作用,则并购行为比较容易发生。从代理成本角度分析,通过公开收购或代理权争夺形成接管,将会改选现任管理层成员,利用外部控制手段解决内部机制难以解决的代理问题,可以在一定程度上降低代理成本。

5. 管理层的利益驱动与"帝国情结"

有些企业合并可能出于管理层的私心,并非企业自身实际需要。管理层努力扩张企业,建立帝国,以使他们的薪酬、地位、声誉甚至权力随着企业规模的扩大而提升。

6. 自我保护策略

有些企业的并购行为是为了防止本身被其他企业并购,有些则是为了抵御遭到未预期的"企业掠夺者"的攻击,采取"白衣骑士"战术,即寻找善意收购者。

由于企业合并活动本身的复杂性,一般来说,企业作出理性的合并决策是基于多种因素综合考量的结果。企业合并在为企业带来相关利益的同时,也存在潜在风险:① 运营风险,比如实施多元化经营时,虽然会分散一定的经营风险,但也会面临涉猎不熟悉行业的运营风险;② 筹措收购资金时面临的融资风险;③ 反收购风险,被收购方实施"毒丸"计划以反对恶意收购;④ 信息风险,比如由于信息不对称等原因可能会造成财务黑洞;⑤ 法律风险,企业合并有时会遭到《反垄断法》等法律的限制。

四、企业合并的分类

企业合并根据不同的划分标准,有不同的分类方式,最常见的是按照法律形式、合并的性质、是否受同一方最终控制和合并所涉及的行业进行分类。

(一)按企业合并的法律形式分类

从法律形式上看,企业合并一般表现为一家企业吸收另一家或多家企业的净资产,将参与合并的企业相关资产、负债进行整合后成立新的企业,以及取得对另一家企业的控制权三种情况,与之相对应,企业合并可分为吸收合并、新设合并和控股合并三种形式。从合并后主体的法律地位来看,企业合并可能产生两种结果:一种结果是合并不形成母子公司关系,包括吸收合并和新设合并两种情况;另一种结果是合并形成母子公司关系,即通常所说的控股合并。

1. 吸收合并（Statutory Merger）

吸收合并也称兼并（Takeover），是指合并方通过发行股票、支付现金或发行债券等方式取得被合并方的资产并承担其负债，即获得其全部净资产，合并后合并方继续保留其法人地位，被合并方被解散，其法人资格被注销。合并后被合并方可能作为合并方独立的一部分继续从事生产经营活动，也可能被分拆而不能单独从事生产经营活动，合并取得其全部净资产在新的基础上继续经营。这种形式的企业合并用公式可表示为：

$$A 企业 + B 企业 = A 企业$$

在吸收合并形式下，合并方应将其取得的被合并方的资产和承担的负债并入自身的账簿和报表进行核算，并同时记录所支付的现金等资产或增加的股份；被合并方应通过企业解散清算的程序处理其产权的转让，并将其转让所得分配给原有股东，结束其会计记录。吸收合并的结果是合并方作为留存下来的单一经济主体和法律主体处理其会计事务，因而不涉及合并财务报表的编制问题。

2. 新设合并（Statutory Consolidation）

新设合并，也称创立合并，是指两家或两家以上企业联合成立一家新的企业，新企业以发行普通股等方式换取参与合并各方的股份，使参与合并各方的股东成为新企业的股东，参与合并各方在合并后法人资格均被注销，新企业在接受已解散的参与合并各方资产的同时，也承担其债务。新设合并可以用公式表示为：

$$A 企业 + B 企业 = C 企业$$

在新设合并形式下，参与合并各方都应通过解散清算程序，处理其产权的转让，并将其转让所得分配给原有股东，结束各自的会计记录。新企业则应在其启用的账簿中，记录取得的资产和承担的负债，并同时记录其股本或实收资本以及资本公积。由于合并后参与合并各方均不复存在，新企业实质上是一个单一的法律主体和会计主体，因此也不存在合并财务报表的编制问题。

3. 控股合并（Acquisition）

控股合并作为企业合并中最为盛行的一种方式，是指一家企业通过支付现金、发行股票或债券等方式取得对另一家或几家企业的控制权，合并后被合并方仍保持其法人资格，且参与合并各方作为独立的法律主体继续从事生产经营活动，合并方与被合并方形成母子公司关系，合并方确认企业合并形成的对被合并方的投资，从而将被合并方纳入其合并财务报表范围形成一个报告主体。这种合并用公式表示为：

$$A 企业 + B 企业 = A 企业 + B 企业$$

控股合并不是法律意义上的合并，也就是说，《公司法》中所规定的企业合并只有吸收合并与新设合并两种方式，在控股合并中，合并方和被合并方虽为相互独立的法律主体，但两者之间存在控制与被控制的关系，即前者对后者的经营和财务决策的控制权决定了二者事实上是一个经济整体。因此，在会计学领域，控股合并属于企业合并的一种。

在控股合并的形式下，合并方和被合并方作为独立的法律主体继续经营，应保持各自的会计记录并编制各自的财务报表；同时，由于两者之间存在控制与被控制的关系，在经济实质上已构成一个整体，为了向财务报表使用者提供其决策所需的会计信息，有必要提供反映这个整体财务状况、经营成果以及现金流量等情况的合并财务报表，这也是控股合并完成后面临的新的会计问题。在处理合并业务时，合并方在其账簿及个别财务报表中应确认对被合并方的长期股权投资,而合并中取得的被合并方的资产和负债仅在合并财务报表中予以确认。

表1-2　三种合并方式比较

合并方式	合并方	被合并方
吸收合并	取得对方的资产并承担对方的负债	解散
新设合并	由新设立企业持有参与合并各方资产、负债	参与合并各方均解散
控股合并	取得控制权,体现为长期股权投资	保持独立,成为子公司

(二) 按企业合并的性质分类

按照企业合并的性质进行分类,企业合并可以分为购买性质的合并和股权联合性质的合并。

1. 购买性质的合并

购买(Purchase)是指通过转让资产、发行股票、承担债务等方式,一家企业获得对另一家企业净资产和生产经营活动控制权的合并行为。在企业合并活动中,取得控制权的企业为购买方,一般来说,拥有其他参与合并企业半数以上表决权股份被认为取得了控制权(协议约定放弃控制权的除外),即使未取得半数以上表决权股份,通过其他方式①也可取得控制权,成为购买方。

2. 权益结合性质的合并

权益结合(Pooling of Interest)是指各参与合并企业的股东联合控制其全部净资产和生产经营活动,以便共同对合并实体分享利益和分担风险的企业合并。判断企业合并属于权益结合性质的合并而非购买,关键在于:① 权益结合性质的企业合并是通过企业的全部或绝大部分有表决权的普通股参与交换或合并;② 各参与合并企业的公允价值基本上是相同的;③ 各参与合并企业的股东在合并后的主体中拥有与合并前大体相同的表决权。

(三) 按参与合并的企业是否受同一方最终控制分类

关于企业合并,我国会计准则虽然与国际财务报告准则相关规定不同,但不构成实质性差异。国际准则仅规范独立企业之间的购并,没有规定同一控制下企业合并的会计处理。而在我国实务中,由于特殊的经济环境,目前产权交易市场还不成熟,公允价值难以获得,而且很多企业合并案例属于同一控制下的企业合并,这种合并大都不是出于合并双方自愿,合并对价也往往不是合并双方讨价还价的结果,如果不对其加以规定,就会出现会计规范的空白,导致会计实务无章可循。因此,我国企业合并准则不仅明确了非同一控制下企业合并,还规定了同一控制下企业合并的会计处理。根据企业合并中参与合并各方在合并前后是否受同一方或相同的多方最终控制,企业合并可分为同一控制下企业合并及非同一控制下企业合并。

1. 同一控制下企业合并

根据我国《企业会计准则第20号——企业合并》第5条规定,同一控制下企业合并是指参与合并的企业在合并前后均受同一方或相同的多方最终控制,且该控制并非暂时性的。在合并日取得对其他参与合并企业控制权的一方为合并方,参与合并的其他企业为被合并方。合并日,是指合并方实际取得对被合并方控制权的日期。

---

① 在企业合并的范围部分"控制的实施途径"中已提及,不再赘述。

同一方,是指对参与合并的企业在合并前后均实施最终控制的投资者,如企业集团的母公司等。相同的多方,通常是指根据投资者之间的合同或协议约定,在对被投资单位的生产经营决策行使表决权时发表一致意见的两个或两个以上的投资者。控制并非暂时性,是指参与合并的各方在合并前后较长的时间内受同一方或相同的多方最终控制,控制较长的时间通常指一年以上(含一年)。

企业合并是否属于同一控制下企业合并,应综合企业合并交易的各方面情况,按照实质重于形式的原则进行判断。一般说来,同一控制下企业合并最典型的是同一企业集团内部企业之间的合并,这种合并本质上是集团内部企业之间的资产或权益的转移,从而实现集团内部的资源整合。同受国家控制的企业之间发生的合并,不应仅仅因为参与合并各方在合并前后均受国家控制而将其作为同一控制下企业合并。

从整个企业集团的角度来看,同一控制下企业合并只是对内部企业资产、负债进行重新组合的经济事项,不属于交易,而且对于最终实施控制方来讲,其所能够实施控制的净资产没有发生变化,原则上应保持其账面价值不变;由于受最终控制方的影响,合并行为不完全是自愿情形下完成的,合并对价往往难以达到公允,很难以双方议定的价格作为核算基础,否则容易产生利润操纵。因此,同一控制下企业合并实质上是一桩"事项"。

2. 非同一控制下企业合并

非同一控制下企业合并,是指参与合并的各方在合并前后均不受同一方或相同的多方最终控制的企业合并。在购买日取得对其他参与合并企业控制权的一方为购买方,参与合并的其他企业为被购买方。购买日是指购买方实际取得对被购买方控制权的日期,即被购买方的净资产或生产经营决策的控制权转移给购买方的日期。

在判断是否实现了控制权转移时,一般需要同时满足下列条件:① 企业合并合同或协议已得到股东大会通过;② 企业合并事项需要经过国家有关主管部门审批的,已获得批准;③ 参与合并各方已办理了必要的财产权转移手续;④ 购买方已支付了合并价款的大部分(一般应超过50%),并且有能力、有计划支付剩余款项;⑤ 购买方实际上已经控制了被购买方的生产经营和财务政策,并分享相应的利益,承担相应的风险。

与同一控制下企业合并相反,非同一控制下企业合并一般发生于两个或两个以上独立的企业集团之间,即发生在非关联企业之间;合并以市价为基础,确认的合并对价是双方讨价还价的结果,相对公允。因此,非同一控制下企业合并实质上是一种交易——合并各方自愿进行的控制权交易,相应的会计处理需要遵循交易规则,以交易双方都能够接受的公允价值作为计量基础。

(四) 按合并企业所涉及的行业分类

按照企业合并所涉及的行业,企业合并可分为横向合并、纵向合并和混合合并三种形式。

1. 横向合并(Horizontal Integration)

横向合并也称水平式合并,指生产工艺、产品、劳务相同或相近的企业间合并,属于同行业或相近行业的有关企业的合并,也可以说是竞争对手间的合并。横向合并的目的一般在于:① 把一些产品或劳务相似的规模较小的企业联合起来,组成企业集团,发展规模经济,以实现规模效益。② 利用现有的生产设备,增加产量,提高市场占有率,扩大市场份额,在激烈的竞争中处于有利的地位,提高竞争能力。③ 优势互补,共渡难关。比如,1993年世界著名的瑞典伏尔伏汽车公司和法国雷诺工业车辆公司的合并,1998年美国克莱斯勒公司与德国奔驰公司的合并都属于横向合并。横向合并会削弱企业间的竞争,过度的横向合并甚至会造成垄断。因此,在一些市场经济高度发达的国家,政府往往制定反托拉斯法(Antitrust Law),以限制横向合并的蔓延。

2. 纵向合并(Vertical Integration)

纵向合并也称垂直式合并,指生产工艺、产品、劳务虽不相同或相近,但具有前后联系(上下游)的企业间合并。参与合并的各家企业虽分属不同的产业或行业,但行业之间有着密切联系或相互衔接关系,其产品相互配套,或有一定内在联系,形成产供销一条龙,如企业与企业的供应商或客户进行的合并。优势企业将与本企业生产经营紧密相关的、从事生产、营销过程的企业合并后形成纵向生产经营一体化。纵向合并又可进一步分为向前合并和向后合并两种类型。向前合并是指企业向其产品的后工序方向合并,也包括一般制造业通过合并向商品流通领域扩展业务;向后合并是指向产品的前工序方向合并,也包括制造业向原材料等企业扩展。

纵向合并的目的在于将市场行为内部化,即通过纵向合并将不同企业的交易转为同一企业内部或同一企业集团内部的交易,从而减少价格资料收集、签约、收取货款、广告等方面的支出并降低生产协调成本;加强前后工序之间的生产联系和生产协作,缩短生产周期,减少各种损耗,节省运输成本,仓储费用,提高生产效率;保证生产经营活动的配套、产供销各环节的畅通。

3. 混合合并(Conglomeration)

混合合并也称多种经营合并,指生产工艺、产品、劳务没有内在联系的企业间合并,两个或两个以上没有直接生产技术和经营关系的企业之间的合并行为。混合合并既不是竞争对手,也非现实或潜在的客户或供应商的企业间的合并。这种合并的目的在于分散经营风险,提高企业的生存和发展能力;或是一方利用另一方的环境条件,进一步拓展市场。经过混合合并,一般会形成跨行业的企业集团。由于市场风险的加剧和以反托拉斯为代表的一系列管制措施,使企业家们更关注跨行业的并购,以分散风险和规避管制。

第二节 企业合并的会计处理方法

企业合并有关的会计处理主要涉及两方面内容:一是合并日(或购买日)合并方(或购买方)如何对企业合并交易或事项进行确认与计量;二是合并日(或购买日)是否需要以及如何编制合并财务报表。而如何对企业合并交易或事项进行确认与计量必然是企业合并会计首先需要解决的问题。解决该问题应从以下四个方面入手:① 合并方(或购买方)对合并日(或购买日)取得的净资产或股权应如何计量;② 支付的合并对价应如何计量;③ 两者如果有差异,应如何处理;④ 支付的合并费用应如何处理。

从企业合并会计处理方法的发展进程来看,对上述问题的处理主要有三种方法:购买法、权益结合法和新实体法。

购买法和权益结合法是伴随美国在 20 世纪 40 年代末期出现的并购浪潮应运而生的。会计实务上最早采用的是权益结合法,当时的含义就是将规模大小相当的公司的资产、负债和股东权益联合起来组成一个单一的、更大的经济实体。

美国历史上第一个关于企业合并的权威性公告是 1950 年由美国注册会计师协会所属会

计程序委员会(CAP)发布的第 40 号《会计研究公报企业合并》(ARB 40，business combina-tions)。权益结合法限制在下列两种情况下使用：① 规模大体相当的公司合并；② 新合并的公司没有改变原有成员公司的管理人员和所有权(权益的连续性)。

但是，令人遗憾的是，ARB 40 措词含糊，因而在实际执行时往往产生各种不同的理解。20 世纪 50 年代，许多性质相同的企业合并却采用了不同的会计处理方法，其结果是直接导致了会计程序委员会颁布了 ARB 48，Business Combinations(1957 年)。ARB 48 使更大范围的使用权益结合法合法化，即便是一家公司比另一家公司大 19 倍时也可使用权益结合法。由于权益结合法通常能报告更高的收益，20 世纪 60 年代许多企业都利用 ARB 48 更宽松的标准，采用权益结合法反映企业合并。尽管媒体披露并指责绝大多数企业合并都属于购置性交易，但权益结合法的运用却有增无减。

为了回应各界对滥用权益结合法的批评，美国注册会计师协会(American Institute of Certified Public Accountants，简称 AICPA)于 1959 年成立了会计准则委员会(Accounting Principles Board，简称 APB)。1970 年 8 月，APB 发布了 APB Opinion No. 16。APB Opinion No. 16 对权益结合法的使用提出了 12 项限制性条件。自 APB Opinion No. 16 于 1970 年 10 月 31 日生效后，权益结合法的滥用得到了有效地遏制。

由于权益结合法会带来合并当年较高收益等好处，因此，公司在 APB Opinion 16 生效后的 30 年来从来就没有放弃过寻求使用权益结合法的努力。其结果是，美国证券交易委员会(SEC)和财务会计准则委员会(Financial Accounting Standards Board，简称 FASB)发布了无数关于权益结合法适用条件的释义性文件，这不得不使人对现行会计准则产生疑虑。迫于压力，美国财务会计准则委员会于 1996 年决定重新考虑企业合并会计和无形资产会计问题。FASB 于 1999 年 9 月 7 日对外公布了《企业合并和无形资产》的征求意见稿，2001 年发布正式的《财务会计准则公告》(SFAS 141)，自 2001 年 6 月 30 日起实施。这个公告正式宣布废除权益结合法，要求所有的企业合并都采用购买法进行核算。

不像权益结合法和购买法，新实体法目前在世界上还没有一个国家在企业合并中采用过。但是，美国财务会计准则委员会在研究企业合并的会计方法时并没有只局限在已采用过的会计方法上。从某种程度上来看，新实体法可能为企业合并的所有资产和负债建立新的会计计价基础。在新实体法下，报告主体被当作一个新起点处理，所有的资产和负债都以合并日的公允市价为基础进行计量。新起点也就从合并日开始了。如果将新实体法运用于企业合并，则要求参与合并公司的所有的资产和负债都以公允价值为基础重新进行计量。同购买法一样，新实体法适用于支付现金、其他资产、债务、股票或兼而有之的企业合并。尽管新实体法从技术上讲可能适合于所有的企业合并，但出于实际的考虑，仅讨论购买法可能不合适的情况，这与 AICPA(1968)提出的公允价值集合法(Fair Value Pooling Method)是相吻合的。

一、购买法

根据 APB Opinion 16 的定义，购买法(the Purchase Method)是指"核算一家公司通过购买另一家公司的股权或净资产等方式获得控制权进而完成合并的会计处理方法。购买方按购买成本记录收购的资产和负债。购买成本与被购买方的有形和可辨认无形资产减负债的公允价值的差额作为商誉记录。购买方的报告收益包括被购买方收购后的经营业绩，以购买方的成本为基础。"

购买法将一家企业取得另一家企业净资产和生产经营活动的控制权的行为视为一项实际发生的交易,与购买其他资产并无多大差别,即合并的实质是交易。购买法下企业合并的交易性质决定了被购买方净资产公允价值的确定是实施购买的前提,是确定交易价格的基础。因此,在购买方的账簿和其编制的合并财务报表上,被购买方的各项资产和负债都按购买日的公允价值而不是历史成本反映。在通货膨胀的情况下,这种方法要确认一些资产项目的升值(这些升值项目要按各项资产的使用寿命进行摊销)。实际支付的购买成本与被购买方的可辨认净资产公允价值的差额需确认为商誉并按期摊销或进行减值测试。在购买法下,购买方的留存收益有可能因合并而减少,但不能增加;被购买方的留存收益也不能转入购买方。购买方合并当年净收益包括购买方当年实现的净收益以及被购买方自购买日后当年实现净收益中相当于购买方占被购买方股权份额的部分,不包括购买日前的收益。

购买法一般具有如下特点:

(1) 具有新的计价基础。购买方按取得被购买方的可辨认净资产的公允价值入账,按公允价值记录所接受的资产和承担的债务,因此,不需要对被购买方的会计记录加以调整。

(2) 可能产生合并价差(包括商誉)。购买法下购买方支付的购买成本超过其在被购买方可辨认净资产公允价值中所占份额的部分,确认为合并商誉。在吸收合并和新设合并的情况下,合并商誉在合并时应作为合并后企业的一项永久性资产入账,或者作为一项可摊销资产入账,或者冲减股东权益。但在控股合并情况下,购买方并不需要将支付的购买成本超过其在被购买方可辨认净资产公允价值中股权份额的部分作为合并商誉入账,而是在投资时将其记作股权投资成本的一部分,在合并财务报表中将其单项列示。

(3) 合并时发生的直接相关费用应计入购买成本。购买成本的确定主要取决于购买日购买方支付的现金或放弃的其他代价(即放弃的资产、发生或承担的负债以及发行的权益性工具)的公允价值。另外,购买成本中还包括可直接归属于企业合并成本的有关费用(如注册费用、聘请会计师和资产评估师及法律顾问等有关人员的费用等)。这里应该注意的是,合并时发生的相关费用需要加以区别处理:发行股票的登记费用和发行费用冲减股票溢价,减少资本公积;合并的法律、咨询等其他直接费用作为购买成本;合并间接费用记入当期损益(管理费用)。

购买法的优点在于坚持了资产购置的传统会计处理原则,可用于任何合并类型,但同时也面临着公允价值的确定、购买方的认定、商誉的确定和摊销、计量基础混杂等难题。

二、权益结合法

权益结合法(Pooling of Interests),也称权益联合法,根据《国际会计准则第 22 号——企业合并》对权益结合法的定义,权益结合法是指参与合并的企业的股东联合控制他们全部或实际上全部的资产和经营,以便继续对联合实体分享利益和分担风险。取代《国际会计准则第 22 号——企业合并》的《国际财务报告准则第 3 号——企业合并》认为,权益结合法适用于"真实兼并"或"权益结合"形式的企业合并,并强调,权益结合法的采用仅限于权益是主要对价形式的企业合并。而以权益作为主要对价的新设合并,则最能够揭示权益结合法"现有股东权益在合并主体中的联合和继续"的实质。

在权益结合法下,合并不是被当作双方企业之间的交易而是被当作双方股东之间的交易,此时在合并方的账面上或合并财务报表上,所有者权益维持不变且原有会计基础保留,被合并方的资产和负债都是以历史成本计价,不会出现资产项目的升值,也不会出现外购商誉。与购买法相比,按权益结合法编制合并报表可得到较小的资产总额和较大的合并报告收益。合并方的收益包括参与合并各方在合并当年整个财政年度的收益。将参与合并各方以前年度的报告收益进行合并,然后作为合并收益在合并方的合并利润表中报告。按权益结合法实施的合并,其实质是参与合并各方现有的股东权益在合并主体中的联合和继续,各方都没有流出资产,因而不构成一项购买交易。

从以上对权益结合法的概念理解中,可以分析出权益结合法具有以下几个特点:

(1) 不产生新的计价基础。参与合并各方的可辨认净资产均按其账面价值计价。

(2) 被合并方在合并前的利润应作为合并方利润的一部分并入合并方的损益表。不论合并发生在会计年度的哪个时点,参与合并各方整个年度的利润和留存收益都要全部包括在合并后的企业中。

(3) 不存在合并价差的问题。既然企业合并不是购买行为,没有购买价格,权益结合法要求按并入净资产的账面价值入账,也就不存在合并成本超过可辨认净资产公允价值的差额,因此,不涉及合并商誉问题。

(4) 实施合并以后,参与合并各方均采用统一的会计政策。如参与合并各方会计政策不一致,被合并方会计政策与合并方会计政策不同,则应追溯调整,并重编前期财务报表。

(5) 企业合并过程中所发生的所有相关费用,不论其是直接的还是间接的,均应确认为当期费用,不构成合并成本。

(6) 需要对股东权益进行调整。权益结合法要求按被合并方净资产账面价值总额合并投入资本,因此,以换出股票作为合并对价时,账面换出股本的面值加上现金或其他资产形式的额外出价,与账面换入股本价值之间的差额,应调整股东权益;同时,应按入股比例将被合并方留存收益并入合并方合并后的留存收益中。

权益结合法有利于促进企业合并的进行,符合历史成本原则,符合持续经营假设,便于掌握,可操作性强。但该方法也有很多缺点:不能准确反映企业合并的经济实质,没有反映企业合并是一种产权交易的讨价还价行为;使用范围不能有效确定;不利于资源优化配置,影响资本市场资源优化配置的功能;对实施合并企业的财务报表会产生较大影响,可能美化合并日及合并后财务状况和经营业绩,造成利润操纵;提供信息的相关性较差,比如资产缺乏完整性、公允价值信息缺乏等;由于资产真实性、合并的可比性较差使得财务报告使用者的成本较高;只能用于股权交换的合并,适用范围较小等。

值得注意的是,为了限制企业滥用权益结合法,无论是国际会计准则理事会还是美国财务会计准则委员会目前都已废止了权益结合法,只允许企业采用购买法核算企业合并。

三、新实体法

新实体法(the Fresh-start Method)将合并后存续的企业视为一个新成立的企业,对参与合并各公司的资产和负债都采用合并日的公允价值进行计量。此外,合并前双方的留存收益都不应转入新的会计主体,因此,在合并日合并留存收益为零。

在公允价值较为流行的情况下,新实体法可以用于所有类型的企业合并的核算。但在目前历史成本仍为主流的情况下,新实体法的实务应用受到了很大的限制,一般只能用于符合条件的新设合并,而不适用于母子公司独立法定实体合并财务报表的编制。但即使用新实体法对新设合并进行核算仍显得有些勉强,因为存续企业继承了原合并双方的资产、负债和其业务关系,并不是新设立的,这与新实体法的假设①存在矛盾。由于出现通货紧缩的可能性很小,在三种方法中,这种方法能得到最大的合并资产总额和最小的合并报告收益。同时,由于这种方法要确定参与合并各公司的公允价值,因此,在操作上比较繁琐和困难。

四、三种会计处理方法的比较

(一) 理论依据的差异比较

1. 基于合并对价性质以及原合并公司是否存续角度

权益结合法假定合并以前独立的公司在合并后存续。为了完成所有权的混合,合并必须通过权益股份的交换,从而使拥有合并以前公司独立的所有权结合后继续在合并后的公司中持有。基于这个原因,只有交换权益股份而没有支付现金、其他资产或债务的企业合并才能采用权益结合法。因此,实现合并所采用的对价的性质对权益结合法是至关重要的。合并后的所有权仍没有变化,股东仍保留与所有权相关的风险和报酬。每一所有权团体被看作是放弃以前公司的权益但通过交换获得:① 持有对原公司较少权益;② 持有以前其他所有权团体持有的权益。以前公司的资产和负债被看作是维持不变,只不过是合并了而已,合并没有增加或减少资产和负债的总额。所有者除了原有的投资额外并没有增加新的投资,也没有支付资产(交换的股份并非资产)。合并公司被看作没有直接参与合并交易,而是所有者直接参与的交换持有股份的交易。因此,合并公司只不过是所有者交易的"袖手旁观"者,从公司的角度来看并没有发生重大的经济事件。

因为认定在合并交易中既没有收到(或支付)资产也没有承担(或清偿)负债,各主体也没有直接参与权益交换的交易,所以合并后的公司可以看作是合并前公司的延续。因此,合并前公司的资产和负债可以简单转入合并后公司的财务报表中,不确认其他资产和负债。由于认定合并后公司的总资源并没有发生变化,总收益当然也认定没有发生变化。从某种角度上看,这种合并只不过是法律形式发生了变化,但经济实质并没有发生任何改变。

购买法假定企业合并交易中合并公司有一方是收购者或购买者,合并后收购者存续。在企业合并交易中,收购方在收购对价中以现金、其他资产、债务工具或发行股票等形式购买被收购方的资产和负债。收购对价并不影响收购资产和负债的计价方式。因为假定交易是由独立各方进行的讨价还价式的正常交易,所以一般认为交换价值等于获得的资产和负债的总价值即总收购价格,因此确认购买的资产和负债(包括以前未确认的资产和负债)并以它们的公允价值为基础进行计量,任何留剩的部分都作为外购商誉确认。但是收购方的资产和负债的计量不受交易的影响,也不确认收购方未确认的资产和负债,因为它们并没有参与交易。

购买法与交换性交易的一般会计处理规则即按交易中交换项目的公允价值核算是一致的。由于交易是从收购方的角度来审视的,因此,购买法假定参与交易的一方能作为存续经济主体或收购方辨认。这与权益结合法和新实体法不能辨认收购方形成对照。

新实体法假定合并前的公司在合并后无一存续,但形成了一个新起点。合并交易中采用的对价性质并不影响交换的价值,因此与新起点的会计核算不相关。合并公司被看作是直接参与了交易,交易的结果是合并前公司的资产和负债为新会计主体所购置。由于它们现在都属于新起点所拥有,所以所有已经记录的资产和负债都必须按公允价值重新计价,任何尚未确

---

① 新实体法假设其他参与合并的各主体均已消亡,合并时只需根据新的会计主体建立新的会计基础。

认的资产和负债也被新起点所确认。对新起点的构成目前有两种观点：一种观点认为，合并后形成的新起点完全不同于合并前的公司；另一种观点认为，新起点仅限于不能辨认收购方时的企业合并。

2. 基于合并公司是否参与合并交易以及控制是否变更角度

对部分或所有资产和负债是否建立新的会计基础主要取决于是否发生了特别重大的经济事件，如对资产和负债的控制发生了变更。企业合并通常取决于对一家或几家合并公司的资产和负债的控制是否发生了变化，因此，控制是否变更就成为区分各种不同企业合并会计处理方法的主要理论依据。

权益结合法下，合并被看作是因合并公司股东之间而不是合并公司之间的交易而形成的。因此，对合并公司的资产和负债的控制并没有发生变化。其结果是，不需要为已确认的资产和负债建立新的计价基础，也不需要确认尚未确认的资产和负债。

购买法认为合并公司间发生了交易。这种交易被看作是收购方和被收购方参与了交易。因此，对被收购方的资产和负债的控制发生了变更，但对收购方的资产和负债的控制并没有发生变更。其结果是，为从被收购方获得的资产和负债建立新的会计基础，但不为收购方的资产和负债建立新的会计基础。

新实体法认为合并公司之间也发生了交易。同时这种交易也被看作是收购方和被收购方的交易。但是，参与合并各方被看作是被收购方，而新产生的主体则是收购方。其结果是，为参与合并各方的所有资产和负债建立新的会计基础。

表1－3是对权益结合法、购买法和新实体法的理论依据的比较总结。

表1－3　企业合并会计处理方法理论依据的主要差异比较

性质/方法	权益结合法	购买法	新实体法
收购对价的性质是否与会计有关	是(仅进行股份交换)	否	否
合并公司是否参与合并交易	否(仅股东参与交易)	是	是
合并交易完成后是否产生新起点	否	否(强大方存续)	是
对合并公司部分或全部资产和负债的控制是否发生变化	否	是(被收购方)	是(全部)

（二）会计结果的差异比较

1. 是否建立新的会计基础

不同会计处理方法所产生的会计结果的最根本的差异在于是否为任何、部分或全部资产和负债建立新的会计基础。建立新的会计基础主要包括两个方面：① 为参与合并公司已确认的资产和负债建立新的计量基础；② 确认和计量以前可能未确认的资产和负债。

一般来说，由于报告主体并没有对资产和负债全面进行日常重新确认和计量，因此，要建立一个新的计价基础是困难的。尽管某些资产和负债如有价证券常常需进行重新计价，但绝大多数资产和负债并没有进行重新计价。确认和计量另外的资产和负债则更具争议性，因为待确认的资产通常是自创的可辨认无形资产，其在日常会计处理中通常是在发生时费用化，如在合并时作为资产处理是违背常理的。对全部资产和负债进行重新计价，其影响是显著的，因为它直接影响到报告收益。同样，确认合并公司的自创无形资产也会对报告收益产生显著影响。

在企业合并中采用三种不同会计处理方法也无法回避上述两个问题。权益结合法不对合并公司的任何已确认的资产和负债建立新的计价基础,也不确认任何另外的资产和负债。但是,购买法为企业合并中收购的资产和负债建立新的计价基础,同时确认被收购公司以前未确认的资产(包括商誉)和负债。与权益结合法和购买法相比较,新实体法为参与合并公司的所有资产和负债全面建立新的计价基础,同时确认参与合并公司以前未确认的所有资产(包括商誉)和负债。

2. 是否报告留存收益

三种不同会计方法所产生别的会计结果的差异还在于留存收益的处理。权益结合法下,参与合并公司的留存收益在合并日的合并财务报表中予以反映。而购买法下,只有收购方的留存收益在合并日反映到合并财务报表中。新实体法下,由于是建立了一个新起点,因而新起点不可能在开始日便出现留存收益,所以合并日不考虑合并公司的留存收益。因此,在其他条件不变的情况下,采用权益结合法一般比采用购买法报告的留存收益余额要高一些,而采用购买法一般比采用新实体法报告的留存收益余额要高一些。

3. 是否报告合并前收益

三种不同会计处理方法所产生的会计结果的另一差异在于如何报告合并当年的收益。权益结合法下,对合并公司的收益进行汇总后作为合并收益对外报告,不考虑合并发生的年度,从而有时会产生所谓的"瞬时收益"。而购买法和新实体法下,仅对自合并日后合并公司的收益进行合并。因此,在其他条件不变的情况下,合并当年采用权益结合法一般比采用购买法和新实体法报告的收益要高一些。

4. 对合并以后年度的影响

权益结合法按原来的账面价值记录并入的资产和负债,并且不确认商誉。购买法则相反,按公允价值入账,确认商誉。因此,在合并以后年度,按权益结合法所得的成本、费用要比购买法小,相反权益会变大,两者差额为公允价值和账面价值的差异以及商誉的摊销额。

此外,权益结合法与购买法还对所有者权益的回报产生较大影响。在权益结合法下,并入的所有者权益低于购买法。将较少的所有者权益与较多的回报后利润相比,权益结合法导致合并后较高的所有者权益回报率,而购买法则相对较低。

表1-4是对三种企业合并会计处理方法所产生的会计结果的差异总结。

表1-4 企业合并会计处理方法所产生的会计结果的主要差异比较

性质/方法	权益结合法	购买法	新实体法
是否重新确认已确认的资产和负债	否	是(被收购方)	是(全部)
是否确认以前未确认的资产和负债	否	是	是
是否报告留存收益	是(全部)	是(收购方)	否
是否报告合并前收益	是	否	否

表1-5从理论依据、会计处理方法、会计结果、适用范围四个方面对权益结合法、购买法、新实体法的差异进行比较。

表1-5 企业合并会计处理方法主要差异比较

企业合并会计处理方法主要差异比较		权益结合法	购买法	新实体法
理论依据	交易性质	股东的股权联合	资产、负债的买卖交易	资产、负债的买卖交易
	合并公司是否参与合并交易	否(仅股东参与交易)	是	是
	合并交易完成后是否产生新主体	否(公司合并前后续存)	否(强大方续存)	是
	对合并公司部分或全部资产和负债的控制是否发生变化	否	是(被收购方)	是(全部)
会计处理方法	是否产生新的计价基础即是否重新确认以前已确认的资产和负债	否	是(被收购方)	是(全部)
	是否确认购买成本和合并商誉	否	是	是
	是否报告留存收益	是(全部)	是(收购方)	否
	是否报告合并前收益	是	否	否
	合并过程中的费用	计入当期费用	增加合并成本	增加合并成本
会计结果	合并当年 净资产(假设在物价上涨或资产质量较好的情况下)	小	大	—
	合并当年 利润	大	小	—
	合并以后年度 成本费用	小	大	—
	合并以后年度 利润	大	小	—
	合并以后年度 所有者权益	小	大	—
	合并以后年度 净资产收益率	大	小	—
适用范围	新设合并	适用(换股合并)	适用(需确定购买)	适用
	吸收合并	适用(换股合并)	适用	不适用
	购买资产	不适用	适用	不适用
	控股合并	适用(换股合并)	适用	不适用

(三) 会计信息质量特征的比较分析

要判断究竟哪种企业合并的会计处理方法可取,必须从会计信息的质量特征入手。会计信息的质量特征是指向企业外部报表使用者提供的会计信息必须具备有用的作为决策信息的基本特征。其实质是构成有用信息的各种要素。

财务会计在可供选择的几种会计方法之间决定哪种方法是最为可取的标准,关键在于哪种会计方法提供的会计信息对制定决策的信息使用者更有用,以及获得不同会计信息所花费的代价。要提供的信息应限于使用信息所产生的效益大于取得信息所花费的代价,同时又对决策有用的重要信息。从使用者的角度来看,会计信息的主要质量特征是可靠性和相关性。

1. 三种会计处理方法提供的会计信息的相关性分析

相关性是指会计信息必须具备有助于信息用户决策的能力。就企业合并这一事项而言,相关性对财务报表的使用者来说是极其重要的,因此,权衡不同会计方法的相关性是有意义的。

(1) 权益结合法:主张采用权益结合法的人认为,权益结合法比其他方法能提供更相关的信息。因为这种方法只注重在收购资产和负债的过程中的原始投资额,在此基础上提供的会计信息对被并公司的后续业绩进行评估更具有相关性。而其余两种方法则会改变对被收购公司资产和负债的计价基础,其结果是产生部分不应该确认的利润。

但是,反对采用权益结合法的人则声称这种方法相关性不强,因为这种方法没有反映管理界对其投资所负的责任,从而提供的信息不具有反馈价值。在外延式或内涵式资本投资决策时采用不同的计价基础不利于对管理者的业绩进行评估,因为采用内涵式资本投资决策都采用公允价值进行计价,而外延式资本投资却忽视了讨价还价交易的价值,进而破坏了对管理者经管责任的计量。并且,这种方法仅仅是延续被收购公司原有资产和负债的历史记录,没有对某些无形资产进行确认,所以这种方法提供的信息缺乏完整性,因而缺乏相关性。此外,由于采用这种方法提供的信息并没有反映交易的固有价值,所以缺乏预测价值。

(2) 购买法:主张采用购买法的人相信,购买法能提供更相关的信息。因为购买法反映了存续公司的原始投资额,反馈的也是原始投资额。这有助于反映管理层对原始投资额所担负的经管责任。同时,对被并公司的资产和负债(无论以前是否确认),都采用公允价值计量,提供了与被收购资产和负债相关的预期未来现金流量,因而更具有预测价值。

但主张利用新实体法的人认为,购买法提供的信息是不完整的,因为这种方法只注重对被并公司的资产和负债重新进行计价,却未对主并公司自身的资产或负债重新进行计价,很显然提供的信息是不完整的。特别是,合并资产负债表上反映的信息是主并公司的历史成本和被并公司现行价值的混合,这不利于对公司业绩进行计量评价。

(3) 新实体法:主张采用新实体法的人认为,新实体法因对主并公司和被并公司的所有资产和负债重新进行计价,是三种方法中提供信息最完整的。同时,因对所有资产和负债都采用公允价值重新进行计价,提供的将是与预期未来现金流量相关的现行信息。这种方法提供的信息不仅具有预测价值,而且更具有反馈价值。因为以公允价值为基础对资产和负债进行计量反映了现时各交易方的实际交易价值。

但是,反对采用新实体法的人认为,在实际并购过程中往往是主并公司和被并公司在并购后仍然存续,因而这种方法赖以存在的前提是错误的。在他们看来,持续经营企业采用原有账面价值进行计量能更好地反映企业的实际财务状况和经营业绩。

2. 三种会计处理方法提供的会计信息的可靠性分析

财务会计信息的可靠性要求会计信息必须是客观的、可验证的,同时还是真实的。就企业合并而言,可靠性反映了会计核算的事项和采用何种方法核算这些事项之间的关系。具体来说,可靠性要求相同的事项必须采用相同的方式报告,不同的事项采用不同的方式核算。

(1) 权益结合法:主张采用权益结合法的人认为,这种方法提供的信息比其他两种方法更可靠。因为合并前公司资产和负债的账面价值反映了这些公司的原始投资额,因此,采用权益结合法更好地反映了合并公司的实际支出。

但是,反对者声称权益结合法赖以存在的前提假定公司合并是所有者之间的交易而非公司间的交易是虚构的、不切实际的。典型的企业并购通常是由公司管理层参与发起的,往往是一个报价、防御和长时间的谈判过程。而公司的所有者则常常很少直接参与,直至谈判好的协议呈报在其面前。因此,公司才是直接的参与者,而所有者只不过是有利益关系的旁观者。特别是,采用权益结合法所产生的"瞬时收益"是违背事实真相的,因而也就违背了财务报告披露的真实性原则。此外,由于权益结合法的不完整性,使得部分公司有目的地改变本应采用购买法的合并为符合采用权益结合法条件的合并,导致本是属于同一经济性质的合并采用了不同的报告方式进行核算。

(2)购买法:主张采用购买法的人相信,几乎所有的企业合并实质上是一家企业收购另一家企业。因此,采用以谈判和实际交易价格为基础的购买法提供的信息比采用其他方法提供的信息更可靠。这种方法更真实地反映了企业合并交易时点存续公司的投资额。

但是,反对者则认为,购买法中确认被收购公司的未确认资产和负债的计量可靠性值得怀疑,特别是在发生频繁交易的情况下。无形资产比有形资产更加难以辨认和计量,权益结合法因采用账面价值可以避免这些困难。主张采用新实体法的人则认为仅对被收购公司的资产和负债采用公允价值进行计量而忽视收购公司本身很显然是违背了披露的真实性。此外购买法并不适合所有的企业合并,特别是在很难区分收购方的企业合并中采用购买法显然会影响可靠性。同时,当商誉的摊销期限长于其他资产甚至不要求进行摊销时,采用购买法的企业还会尽可能地将收购溢价分配给商誉。收购方具有建立"秘密准备"的动机,以便在随后需要时操纵收益。所有这些行为都会影响财务报表的真实性。

(3)新实体法:主张采用新实体法的人认为,购买法提供的信息比权益结合法提供的信息更完整,而新实体法提供的信息又比购买法提供的信息更完整。因此,新实体法提供的信息比其他两种方法提供的信息更可靠。新实体法要求将主并公司和被并公司以前未确认的所有资产和负债重新记录,从而更真实地反映了并购公司整体所拥有资产和承担负债的情况。采用公允价值对所有资产和负债重新进行计量能更真实地反映与这些资产和负债相关的预期未来现金流量。同时,与购买法只对部分资产和负债采用同一基础进行计量相比,新实体法对所有资产和负债都采用同一基础进行计量,因而使财务报表编制的基础具有一致性。

但是,反对采用新实体法的人认为,新实体法具有同购买法一样的缺点,而且影响更大。如果新实体法只适用于合并形成了新的主体的情况,那么,能否真正区分合并过程中存续体和新起点是值得怀疑的。而区分存在困难则为企业实际操作带来了不一致性。此外,这种方法还存在计量上的困难。

3. 三种会计处理方法提供的会计信息的可比性分析

具有可比性会计质量特征的信息应该能够使信息使用者对两组经济现象的相同之处和不同之处做出区分。一般认为如果可以比较不同会计主体在同一会计时点或会计期间相同的事项,则可以增强会计信息的可比性。同时,如果可以比较同一会计主体在不同时期的会计事项,则也可以增强会计信息的可比性。

(1)权益结合法:主张采用权益结合法的人相信,保留合并前公司已确认资产和负债的账面价值能够增强可比性,因为这种方法为信息使用者提供了评估与被并公司业绩有关的趋势和方向的"通道",且合并公司整个年度的收益可以增强未来业绩与过去业绩的可比性。但是,反对者认为,由于信息使用者通常不能将采用权益结合法核算企业合并的数据调整为采用购买法核算的数据,因此,会损害会计信息的可比性。对会计信息使用者来说,将采用购买法核算企业合并的数据调整为采用权益结合法核算的企业合并的数据则相对容易,因为他们可以合并企业各自的报表来模拟采用权益结合法所得到的数据。如果别国都采用购买法,那么允许采用权益结合法还会损害国际上的可比性。

(2)购买法:主张采用购买法的人声称,这种方法提供的信息同现行会计模式下资产的取得和负债的发生的核算是一致的,因而更具有可比性。以企业合并这一单一交易方式取得大宗资产的核算同采用现金购置资产核算的方式是完全一致的。因此,无论被购资产的获得方式如何,关于被购资产的信息都是可比的。但是,主张采用权益结合法的人声称,购买法的最大缺陷在于仅对合并后的收益进行合并。其结果是会导致分析师和其他用户无法比较合并公司未来收益与过去收益,无法预测收益变动趋势。

(3)新实体法:主张采用新实体法的人相信,新实体法可以从几个方面增强可比性。由于新实体法避免了权益结合法和购买法历史价格和现行价格混用的固有缺陷,使主并公司和被并公司都采用了统一的计价基础,从而增强了可比性。同时,采用这种方法也更便于比较不同的经济实体。但是,反对者声称,这种方法不利于从时间角度来进行比较,不但不利于比较合并前后的资产负债表,而且不利于比较合并前后的收益。其结果是,财务分析师和其他用户无法跟踪收益的变动轨迹,也无法预测未来的收益变动趋势。

4. 从成本效益角度对三种会计处理方法的分析

在权衡权益结合法、购买法和新实体法三者提供会计信息的相关性、可靠性和可比性这些质量特征的同时,也应从成本效益角度对这三种方法进行分析。成本通常是指报告主体和信息使用者承担的成本。就一个报告主体而言,采用一种会计方法的成本包括收集、加工和传播信息的成本;就信息使用者而言,则包括分析和解释信息的成本。而效益则是指信息使用者增强的资源分配决策的能力和报告主体获得的资本成本的减少金额。

(1)权益结合法:主张采用权益结合法的人认为,由于这种方法保留主并公司和被并公司所有资产和负债的账面价值,不需要对被并公司以前未确认的资产和负债进行辨认、计量和记录,而只需对原有账面价值进行简单合并,并且这些方法还延续至未来期间的收益记录,因此,采用这种方法的成本很显然是最低的。

然而,反对者则声称,尽管表面上看采用这种方法的成本是最低的,但是有研究证据表明,许多公司为了达到采用这种方法的目的会导致产生很多额外的成本,有时这种额外成本甚至是巨大的。这种额外成本不仅包括企业为了设计使并购交易达到符合采用权益结合法条件所发生的成本,而且还包括以提高向目标公司支付溢价的形式所多支付的成本。同时权益结合法还会增加信息使用者想获得没有提供的财务报表信息的成本,因此这种方法向信息使用者所提供的效益是所有方法中最低的。

(2)购买法:主张采用购买法的人相信,采用购买法的成本绝对不会大于确认和计量大宗资产购买过程当中资产的成本,且采用这种方法提供信息的效益与现行会计模式所提供信息的效益是一致的,因为实质上所有的企业并购是可以辨认收购方的,不能辨认购买方的情况是十分罕见的,因而这种例外不能作为不采用购买法的理由。事实上,即使是这种罕见的情况发生,选择发起方作为并购方也是可行的。

但反对者声称,因为购买法需要确定总收购价格,还要将收购价格在各种合适的资产和负债之间分配,因此,采用购买法的成本远大于采用权益结合法的成本。同时,如果采用发行没有公开进行交易的股票方式收购,则确定收购价格可能是困难的。且将收购价格在资产和负债之间分配是十分困难的,因为需要对以前未确认的资产进行确认和计量。

（3）新实体法:主张采用新实体法的人声称,尽管采用新实体法的成本可能比其他两种方法大,但是,从决策有用性的角度来看,采用这种方法提供信息所产生的效益也较高。同时,采用新实体法将拓展新的研究领域。但是,反对者声称,采用新实体法需要付出额外的劳动来确认以前未确认的资产和负债,同时还要确认所有公司资产和负债的公允价值。同时,理论界和实务界对新实体法都较陌生,因此,一方面需要制定详细的计划,另一方面报表编制者和审计师在实际执行过程当中还可能会遇到许多新的难题。

5. 一种或多种会计处理方法并存对会计信息质量的影响分析

从西方发达国家的实际情况来看,目前只允许采用一种方法(即购买法)的国家有澳大利亚和新西兰等国,美国也自 2001 年 7 月 1 日起只允许采用一种方法(即购买法)。但加拿大、英国以及国际会计准则委员会都允许采用两种方法。因此,围绕允许采用一种还是两种方法的争论从来就没有停止过。而允许采用一种或两种方法所提供的信息对决策有用性的影响是显著的,接下来将对采用一种或两种方法对相关性、可靠性、可比性以及成本效益约束条件的影响进行分析。

（1）相关性:主张采用权益结合法和购买法这两种方法的人认为,允许这两种分别适合不同情况的方法是必要的。由于使用者会对这两种不同方法作出不同反应,因此允许采用两种方法提供的信息比只允许采用一种方法提供的信息更相关。也有部分人主张采用购买法和新实体法这两种方法,购买法适合绝大多数并购交易,但不适合新起点形成的交易,而新实体法正好适合这种情况,因此,这两种方法正好真实反映企业并购的所有实际情况。但也有一部分人主张只采用一种方法即购买法,一个特定并购交易的未来现金流量与采用的会计方法无关,由于最终与用户相关的是现金流量,而现金流量又与会计核算方法无关,因此,核算企业合并的会计方法也不应不同。而且,实践中采用权益结合法和购买法会使会计结果产生显著差异,因此,允许采用两种方法很显然会损害相关性。

（2）可靠性:主张采用购买法与权益结合法核算企业合并的人认为,企业合并应被看作是一组不同的交易集合。这组集合的一个极端是有一方是清楚地处于支配地位方的交易,主并方在并购交易完成后基本上保留了原有身份,而交易的另一方则完全受制于主并方。而不能够辨认哪一方处于支配地位的交易,则很难辨认合并后是哪方存续。部分人认为合并后的公司只不过是合并前公司的拓展或延伸,因此,合并这一事项是典型的"形式重于实质"的事项。而另一部分主张采用购买法与新实体法的人则认为,合并后形成了新的主体,这个新起点具有不同于合并前公司的身份。因此,主张采用两种会计方法的人认为,一种方法并不能真实反映企业合并的所有实际情况,从而损害了可靠性。而主张只允许采用一种方法的人则认为,实质上所有的企业合并都能够辨认主并方,因而购买法适合所有的企业合并,不会损害可靠性。

（3）可比性:如果在比较财务报表时,一组财务报表采用一种会计方法,而另一组财务报表采用另一种会计方法,则无疑会增加比较的难度。特别是当采用不同方法如权益结合法和购买法进行核算会产生显著差异时,会进一步增加比较的难度。当在并购时点物价上涨时,这种差异尤其显著,当并购谈判时收购溢价过高也会出现类似情况。因此采用两种核算方法的可比性较差。

（4）成本效益约束条件：显然，允许采用两种方法核算企业合并的成本要大于只允许采用一种方法核算企业合并的成本。报表编制者和审计师需要学习和理解两种方法以便决定采用哪种方法，同时，报表编制者还要学习和理解分析采用不同方法所产生的结果。每一种方法都有各自的特征和细微差别，会导致产生不同的解释和理解。特别是不同会计方法会导致产生不同的会计结果，这更需要对变更不同方法进行把握。此外，如果一种方法所产生的结果被认为比另一种方法对企业更有利，企业便会花费大量的人、财、物力来设计企业并购，以便采用对己有利的会计方法。这又会导致审计师和会计准则制定者发生额外的成本对交易进行解释。当然，允许采用两种方法可能还是会产生效益的，特别是在企业并购中不能辨认收购方时，只允许采用购买法将违背真实性原则，从而影响会计信息的可靠性，进而影响到会计信息使用者的决策有用性。

五、同一控制下企业合并与非同一控制下企业合并的会计处理

企业合并的会计处理包括合并日的并账和并表：如果属于吸收合并或新设合并，合并日应将被合并方的资产、负债并入合并方，合并方在期末编制个别财务报表；如果属于控股合并，合并方在合并日产生长期股权投资，形成母子公司关系，在合并日编制合并财务报表。

（一）同一控制下企业合并的会计处理

同一控制下的企业合并，由于合并前企业及合并后形成的企业均受同一方最终控制，从能够实施最终控制的一方来看，其能够控制的资产、负债，在合并前后没有发生变化，合并方对于合并中取得的资产和负债原则上应当按照被合并方的原账面价值确认和计量。同一控制下企业合并的会计处理采用权益结合法，从最终控制方角度确定相应的处理原则。

（1）会计政策一致性原则：如果被合并方采用的会计政策与合并方不同，应当按照合并方的会计政策对被合并方有关资产、负债的账面价值进行调整后确认。

（2）权益结合法的要求：对被合并方的资产、负债按账面价值计量，不按公允价值调整，合并中不产生新的资产和负债、不形成商誉，合并方取得的净资产账面价值与支付的合并对价账面价值（或发行股份面值总额）之间的差额应调整所有者权益，首先调整资本公积，资本公积不足冲减的，调整留存收益，而不确认损益。

1. 合并成本

合并方以支付现金、转让非现金资产或承担债务方式支付对价的，应在合并日以支付的现金、转让非现金资产或承担债务的账面价值作为取得被合并方长期股权投资的成本。

合并方以发行权益性证券支付对价的，应在合并日按照取得被合并方账面净资产份额作为长期股权投资的成本，按发行股份面值总额作为股本或实收资本，确认的长期股权投资成本与所发行的面值金额的差额，调整资本公积，资本公积不足冲减的，调整留存收益。

2. 合并费用

合并方为进行企业合并发生的各项直接相关费用，包括为进行企业合并支付的审计费用、评估费用、法律服务费用等，应当于发生时计入当期损益。

为企业合并发行的债券或承担其他债务支付的手续费、佣金等，应当计入所发行债券及其他债务的初始计量金额。企业合并中发行权益性证券发生的手续费、佣金等费用，应当抵减权益性证券溢价收入（冲减资本公积），溢价收入不足冲减的，冲减留存收益。

【例1-1】 甲公司于20×2年3月31日对同一集团内某全资乙公司进行了吸收合并，支

付合并对价2 000万元。合并日,乙公司资产的账面价值为3 000万元,负债账面价值为800万元,净资产为2 200万元。合并日甲公司应将乙公司的资产、负债并入账内。

合并日甲公司的账务处理:

借:资产　　　　　　　　　　　　　　　　　　　　　　30 000 000
　　贷:负债　　　　　　　　　　　　　　　　　　　　　　8 000 000
　　　　银行存款　　　　　　　　　　　　　　　　　　　20 000 000
　　　　资本公积——其他资本公积　　　　　　　　　　　2 000 000

【例1-2】 甲公司于20×2年6月30日支付1 000万元取得同一集团内丙公司60%的股权,属于控股合并。合并日丙公司资产的账面价值为2 400万元,负债账面价值为900万元,所有者权益账面价值为1 500万元;假设合并时,甲公司资本公积为500万元。

合并日甲公司的账务处理:

借:长期股权投资——丙公司　　　　　　　　　　　　　9 000 000
　　资本公积——其他资本公积　　　　　　　　　　　　1 000 000
　　贷:银行存款　　　　　　　　　　　　　　　　　　10 000 000

【例1-3】 甲公司于20×2年9月1日发行700万股普通股(每股面值1元)作为对价取得同一集团内丁公司80%的股权,属于控股合并,合并日丁公司账面净资产总额为1 400万元。

合并日甲公司的账务处理:

借:长期股权投资——丁公司　　　　　　　　　　　　11 200 000
　　贷:股本　　　　　　　　　　　　　　　　　　　　7 000 000
　　　　资本公积——资本溢价　　　　　　　　　　　　4 200 000

3. 合并日合并财务报表的编制

在企业合并为吸收合并、新设合并的情况下,不存在编制合并财务报表问题;只有在控股合并情况下,才形成母子公司关系,母公司应当编制合并日的合并资产负债表、合并利润表和合并现金流量表。

(1)合并资产负债表中被合并方的各项资产、负债,应当按其账面价值计量。因被合并方采用的会计政策与合并方不一致,按照本准则规定进行调整的,应当以调整后的账面价值计量。

(2)合并利润表应当包括参与合并各方自合并当期期初至合并日所发生的收入、费用和利润。被合并方在合并前实现的净利润,应当在合并利润表中单列项目反映。

(3)合并现金流量表应当包括参与合并各方自合并当期期初至合并日的现金流量。

(4)编制合并财务报表时,参与合并各方的内部交易等,应当按照《企业会计准则第33号——合并财务报表》处理。

值得说明的是,因为合并日编制合并报表的目的是为了可比,而年报中的比较基础往往是年初数,因此,可以不编制合并日合并财务报表。

(二) 非同一控制下企业合并的会计处理

非同一控制下企业合并,在购买日取得对其他参与合并企业控制权的一方为购买方,参与合并的其他企业为被购买方。购买日,是指购买方实际取得对被购买方控制权的日期。控制权的转移的五个条件在介绍非同一控制下企业合并中已提及,不再赘述。值得一提的是,就非同一控制下的企业合并而言,有时候"购买日"与企业合并的"交易日"可能不一致。如果企业合并是一次交换交易实现的,交换交易日就是购买日;如果企业合并是通过多次交换交易分步实现的,交易日是各单项投资在购买方财务报表中确认之日,购买日则是获得控制权之日。

1. 购买日的账务处理

非同一控制下的企业合并,应该采用购买法进行处理。购买法是指将企业合并看成一个企业购买另一个企业的交易行为,并以此为依据进行企业合并的会计处理的方法。

在购买法下,合并日的账务处理主要包括确定合并成本、确定商誉。

(1) 购买方应当区别下列情况确定合并成本。

① 一次交换交易实现的企业合并,合并成本为购买方在购买日为取得对被购买方的控制权而付出的资产、发生或承担的负债以及发行的权益性证券的公允价值。② 通过多次交换交易分步实现的企业合并,合并成本为每一单项交易成本之和。③ 购买方为进行企业合并发生的各项直接相关费用也应当计入企业合并成本。④ 在合并合同或协议中对可能影响合并成本的未来事项作出约定的,购买日如果估计未来事项很可能发生并且对合并成本的影响金额能够可靠计量的,购买方应当将其计入合并成本。

应注意的是,购买方在购买日对作为企业合并对价付出的资产、发生或承担的负债应当按照公允价值计量,公允价值与其账面价值的差额,计入当期损益。比如,以固定资产作为合并对价的,固定资产的公允价值与账面价值的差额,计入营业外收入(或营业外支出);以库存商品作为合并对价的,库存商品的公允价值记入主营业务收入,库存商品成本记入主营业务成本等。

(2) 确定合并成本后,确定商誉或损益。

① 购买方对合并成本大于合并中取得的被购买方可辨认净资产公允价值份额的差额,应当确认为商誉。在吸收合并情况下,商誉应计入合并方的账内;在控股合并情况下,商誉不做账,而是包含在长期股权投资账面价值中,在编制合并报表时,才将商誉列示在合并资产负债表中。

② 购买方对合并成本小于合并中取得的被购买方可辨认净资产公允价值份额的差额,应当按照下列规定处理:第一,对取得的被购买方各项可辨认资产、负债及或有负债的公允价值以及合并成本的计量进行复核;第二,经复核后合并成本仍小于合并中取得的被购买方可辨认净资产公允价值份额的,其差额应当计入当期营业外收入,视同捐赠利得。

③ 通过多次交换交易分步实现的企业合并,购买方在购买日确认商誉或损益时,应当按照以下步骤进行处理:首先,将原持有的对被购买方的投资账面价值调整恢复至最初取得成本,相应调整留存收益等所有者权益项目。即如果在取得股权后采用权益法核算,确认了投资收益,应将确认的投资收益冲回,将长期股权投资还原成最初取得成本。其次,比较每一单项交易的成本与交易时应享有被投资单位可辨认净资产公允价值的份额,确定每一单项交易中应予确认的商誉金额(或应予确认损益的金额)。再次,购买方在购买日确认的商誉(或计入损益的金额)应为每一单项交易产生的商誉(或应予确认损益的金额)之和。

(3) 被购买方可辨认净资产公允价值,是指合并中取得的被购买方可辨认资产的公允价值减去负债及或有负债公允价值后的余额。被购买方各项可辨认资产、负债及或有负债,符合下列条件的,应当单独予以确认:

① 合并中取得的被购买方除无形资产以外的其他各项资产(不仅限于被购买方原已确认

的资产),其所带来的经济利益很可能流入企业且公允价值能够可靠地计量的,应当单独予以确认并按照公允价值计量。合并中取得的无形资产,其公允价值能够可靠地计量的,应当单独确认为无形资产并按照公允价值计量。

② 合并中取得的被购买方除或有负债以外的其他各项负债,履行有关的义务很可能导致经济利益流出企业且公允价值能够可靠地计量的,应当单独予以确认并按照公允价值计量。

【例1-4】　甲公司与 A 公司属于不同的企业集团,两者之间不存在关联关系。20×2 年9 月 30 日,甲公司支付 12 000 万元取得 A 公司的全部股权,进行吸收合并。购买日,A 公司有关资产、负债情况如下表(单位:万元)。

	账面价值	公允价值
库存商品	6 000	5 800
固定资产	8 000	9 000
短期借款	4 000	4 000
净资产	10 000	10 800

购买日甲公司的账务处理:

借:库存商品　　　　　　　　　　　　　　　　　　　　58 000 000
　　固定资产　　　　　　　　　　　　　　　　　　　　90 000 000
　　商誉　　　　　　　　　　　　　　　　　　　　　　12 000 000
　贷:短期借款　　　　　　　　　　　　　　　　　　　　　　40 000 000
　　银行存款　　　　　　　　　　　　　　　　　　　　　　120 000 000

假设上述合并为控股合并,则甲公司账务处理如下:

借:长期股权投资——A 公司　　　　　　　　　　　　　120 000 000
　贷:银行存款　　　　　　　　　　　　　　　　　　　　　　120 000 000

合并成本 12 000 万元与取得的合并净资产公允价值 10 800 万元之间的差额 1 200 万元形成的商誉,包含在了长期股权投资成本中,没有单独做账。

合并抵销分录:

借:净资产(子公司实收资本、资本公积等)　　　　　　108 000 000
　　商誉　　　　　　　　　　　　　　　　　　　　　　12 000 000
　贷:长期股权投资　　　　　　　　　　　　　　　　　　　120 000 000

【例1-5】　甲公司于 20×2 年 3 月取得 B 公司 20% 的股份,成本为 10 000 万元,当日 B公司可辨认净资产公允价值为 40 000 万元。取得投资后甲公司派人参与 B 公司的生产经营决策(采用权益法核算)。20×2 年确认投资收益 800 万元,在此期间,B 公司未宣告发放现金股利或利润,不考虑相关税费影响。

下一年 2 月,甲公司以 30 000 万元的价格进一步购入 B 公司 40% 的股份,购买日 B 公司可辨认净资产的公允价值为 70 000 万元。此时,持股比例为 60%,实现企业合并,采用成本法核算。

甲公司有关处理:

① 20×2 年 3 月投资时

借：长期股权投资——B公司（投资成本）　　　　　　　100 000 000

　　贷：银行存款　　　　　　　　　　　　　　　　　　　　100 000 000

② 20×2年年末确认投资收益

借：长期股权投资——B公司（损益调整）　　　　　　　8 000 000

　　贷：投资收益　　　　　　　　　　　　　　　　　　　　8 000 000

③ 下一年2月，对原按照权益法核算的长期股权投资进行追溯调整（假定甲公司按净利润的10%提取盈余公积），冲回权益法下确认的投资收益：

借：盈余公积　　　　　　　　　　　　　　　　　　　　800 000

　　利润分配——未分配利润　　　　　　　　　　　　　7 200 000

　　贷：长期股权投资　　　　　　　　　　　　　　　　　　8 000 000

④ 确认购买日进一步购入的股份

借：长期股权投资　　　　　　　　　　　　　　　　　　300 000 000

　　贷：银行存款　　　　　　　　　　　　　　　　　　　　300 000 000

此时，长期股权投资的账面余额为成本4亿元。

2. 购买日合并财务报表的编制

只有在控股合并下才需编制合并报表，而且只编制合并资产负债表，不编制合并利润表。非同一控制下的控股合并，母公司在购买日编制合并资产负债表时，对于被购买方可辨认资产、负债应当按照合并中确定的公允价值列示，企业合并成本大于合并中取得的被购买方可辨认净资产公允价值份额的差额，确认为合并资产负债表中的商誉。企业合并成本小于合并中取得的被购买方可辨认净资产公允价值份额的差额，在购买日合并资产负债表中调整盈余公积和未分配利润。

非同一控制下的企业合并形成母子公司关系的，母公司应自购买日起设置备查簿，登记其在购买日取得的被购买方可辨认资产、负债的公允价值，为以后期间编制合并财务报表提供基础资料。

第三节　合并财务报表

合并财务报表最早出现于美国。1888年，美国的新泽西州公司法中就有有关合并财务报表的规定。第一次世界大战时期，美国在税法中强制规定母子公司合并纳税，使得大部分控股公司都开始编制合并财务报表。1940年，美国证券交易委员会规定证券上市公司必须编制和提供合并财务报表，使编报合并财务报表成为证券上市公司的法定义务，由此编报合并财务报表的企业越来越多。受美国合并财务报表的影响，1948年英国公司法中也规定，企业拥有子公司时必须在提供个别会计报表的基础上，公开反映企业集团的合并财务报表。法国证券交易委员会于1971年要求公开发行债券的公司、股票上市公司以及所有公营企业编制合并财务报表。德国在1965年公共公司法中，也要求企业编制集团会计报表。日本从1977年开始，要求编制和公布合并财务报表，并制定和发布了合并财务报表准则。国际会计准则委员会早在20世纪70年代中期就制定发布了有关合并财务报表方面的准则。

随着我国经济体制改革的不断深入，通过资本市场公开发行股票筹集资金的股份上市公司越来越多,为了保护投资者的利益,规范上市公司合并财务报表的编报,财政部曾于1985年发布实施了《合并财务报表暂行规定》,2006年2月15日财政部又发布了《企业会计准则第33号——合并财务报表》,并于2007年1月1日首先在上市公司范围内施行。

在吸收合并和创立合并的情况下,被合并的企业将转入清算解散程序,而合并方仍然作为单一的会计主体继续存在,不会产生合并财务报表的问题。而控股合并则不同,取得控制股权的公司成为母公司,而被控制的公司成为子公司,母子公司组成了一个企业集团。因此,为了反映整个集团公司的财务状况、经营成果、现金流量等信息就需要编制合并财务报表。

一、合并财务报表概述

(一) 合并财务报表基本概念

合并财务报表,是指反映母公司和其全部子公司形成的企业集团整体财务状况、经营成果和现金流量的财务报表。其中,母公司是指有一个或一个以上子公司的企业。子公司是指被母公司控制的企业。与个别财务报表相比,合并财务报表反映的是企业集团整体的财务状况、经营成果和现金流量,反映的对象是通常由若干个法人(包括母公司和其全部子公司)组成的会计主体,是经济意义上的主体,而不是法律意义上的主体。

合并财务报表的编制者或编制主体是母公司。合并财务报表以纳入合并范围的企业个别财务报表为基础,根据其他有关资料,按照权益法调整对子公司的长期股权投资后,抵销母公司与子公司、子公司相互之间发生的内部交易对合并财务报表的影响编制的。合并财务报表能够向财务报告的使用者提供反映企业集团整体财务状况、经营成果和现金流量的会计信息,有助于财务报告的使用者作出经济决策。合并财务报表有利于避免一些母公司利用控制关系人为地粉饰财务报表的情况发生。

合并财务报表不同于汇总会计报表,汇总会计报表主要是指由行政管理部门根据所属企业报送的会计报表,对其各项目进行简单加总编制而成的会计报表。其目的是满足有关行政部门或国家了解整个行业或整个部门所属企业的财务情况的需要,其汇总的范围是以企业的财务隶属关系为依据,凡属于其下属企业,在财务上归其管理,则包括在汇总会计报表的编报范围之内。具体来说,在服务对象上,汇总会计报表的服务对象是政府,而合并财务报表的服务对象是投资者;在编报范围上,汇总会计报表的编报范围是管辖,而合并财务报表的编报范围是控股;在编制方法上,汇总会计报表的编制方法是加总,而合并财务报表的编制方法是合并。

(二) 合并财务报表的特点

合并财务报表是以纳入合并范围的各个公司个别会计报表为基础,通过抵销内部交易编制而成的。与个别会计报表相比,合并财务报表具有如下特点:

(1) 合并财务报表反映的是母公司和子公司所组成的企业集团整体的财务状况和经营成果,反映的对象是由若干法人组成的会计主体,是经济意义上的主体,而不是法律意义上的主体。个别会计报表反映的是单个企业的财务状况和经营成果,反映的对象是企业法人。而合并财务报表则是把母子公司组成的企业集团看成是单一的会计主体,反映的是母子公司组成的企业集团整体的财务状况和经营成果。

(2) 合并财务报表由企业集团中对其他企业有控制权的控股公司或母公司编制。也就是说,并不是企业集团中所有企业都必须编制合并财务报表,更不是社会上的所有企业都需要编制合并财务报表。与此不同,个别会计报表是由每一单个企业编制的,所有企业均需要编制个别会计报表。

(3) 合并财务报表以个别会计报表为基础编制。个别会计报表是以账簿资料为基础编制的,企业从设置账簿、审核凭证、编制记账凭证、登记会计账簿到编制会计报表,都有一套完整的会计核算方法体系。而合并财务报表则不同,它是以纳入合并范围的各个企业的个别会计报表为基础,结合其他有关资料,抵销其内部交易后编制而成的,它不需要在现行会计核算方法体系之外另设一套账簿体系。

(4) 合并财务报表编制有其独特的方法:在个别会计报表汇总的情况下编制抵销分录。个别会计报表的编制有其本身固有的方法和程序,要执行国家统一的会计制度。而合并财务报表是对纳入合并范围的各个企业的个别会计报表的数据加以汇总后,再抵销其内部交易对个别报表的影响后编制而成的,有其独特的方法。

(三) 合并财务报表的作用与局限

1. 合并财务报表的作用

合并财务报表能够对外提供反映由母子公司组成的企业集团整体经营情况的会计信息和集团可利用的资源规模。在控股经营的情况下,母公司和子公司都是独立的法人实体,都要编制各自的个别会计报表,但这些报表无法反映整个企业集团的会计信息。因此,要了解集团公司整体经营情况,就需要将母子公司的个别会计报表进行合并,通过编制合并财务报表提供反映企业集团整体经营情况的会计信息。

合并财务报表有利于避免一些企业集团(控股公司)利用内部控股关系,人为粉饰会计报表情况的发生,防止企业盈余操纵。如一些控股公司利用其对子公司的控制关系,采用内部转移价格等手段,人为地抬高或压低收入,从而达到转移利润或亏损的目的。通过编制合并财务报表,可以将企业集团内部所产生的交易予以抵销,从而客观真实地反映企业集团整体的财务状况和经营成果。

2. 合并财务报表的局限

(1) 合并财务报表无法反映个别公司的财务状况、经营成果和现金流量;

(2) 技术上的局限可能会降低合并财务报表有用性;

(3) 合并财务报表不能正确反映企业集团所面临的财务风险;

(4) 合并财务报表不能真实反映企业集团的偿债能力;

(5) 企业集团的跨行业经营使合并财务报表的有用性减弱。

二、合并财务报表基本理论

合并财务报表的编制首先遇到的是合并范围的界定和合并方法的选择,这对于合并报表的编制具有重要的意义。这些问题的解决,在很大程度上依赖于编制合并财务报表所采用的理论。根据不同的合并理论,其确定的合并范围和选择的合并方法也各不相同。需要说明的是,在合并财务报表实务中,有时并不是单纯运用某一种合并理论,而是将上述理论结合起来运用。

当在一个企业集团中母公司拥有子公司的股权虽在50%以上但不足100%时,在该企业集团内就会出现多数股权(取得控制权的母公司股权)和少数股权(子公司的少数股权)。随着少数股权在许多国家的普遍存在,相继带来在合并财务报表中对少数股权的处理问题,从而引起对合并范围及相关问题的不同理解,进而形成不同的合并理论,如所有权理论、实体理论、母

公司理论、现行理论,其中以母公司理论和实体理论最具代表性。目前国际通行的几种合并理论的主要观点及特点如下:

(一) 所有权理论(Proprietorship Theory)

1. 所有权理论的概念

所有权理论也称为业主权理论,其理论渊源为业主权益理论,该理论认为,母、子公司之间的关系是拥有与被拥有的关系,编制合并报表的目的是向母公司股东报告其所拥有的资源。该理论认为,合并报表只是为了满足母公司股东的信息要求,而不是为了满足子公司股东的信息要求,后者应通过子公司的会计报表加以解决。

在编制合并财务报表时既不强调企业集团中存在的法定控制关系,也不强调企业集团的各成员企业所构成的经济实体,而是强调编制合并财务报表的企业对另一企业的经济活动和财务决策具有重大影响的所有权。根据这一理论,当母公司合并非全资子公司的会计报表时,应当按母公司实际拥有的股权比例,合并子公司的资产、负债和所有者权益。非全资子公司的收入、费用及净收益,也只能按母公司的持股比例予以合并。可见,所有权理论是一种着眼于母公司在子公司所持有的所有权的合并理论。采用所有权理论编制合并财务报表时,要将纳入合并范围的子公司的资产、负债、所有者权益、收入、费用和利润,按母公司持有股权的份额计入合并财务报表中。

2. 所有权理论下合并财务报表的主要特征

(1) 子公司的资产和负债以公允价值列入合并报表,但只列入母公司应占的份额,不包括少数股东权益。

(2) 合并商誉也按照母公司的股权比例计算确定:合并商誉=母公司支付的收购价-子公司可辨认净资产的公允价值×公司收购的股权比例

(3) 合并的净收益只反映母公司股东应享有的部分,不反映少数股东权益,对未实现的内部交易损益按照母公司的股权比例予以剔除。

3. 所有权理论的优点及局限性

所有权理论的优点在于其适用于隶属两个或两个以上企业集团的企业合并。因为此时无法定控制(不存在单一的控股母公司),也无单一经济实体。

所有权理论存在以下局限:① 对子公司的资产进行了人为的分割,违背了会计的主体假设;② 违背了控制的实质(即实质上控制子公司的所有资源),仅仅强调母公司所实际拥有的而不是实际控制的资源;③ 比例合并法违反了资产的不可分割性。

(二) 实体理论(Entity Theory)

1. 实体理论的概念

实体理论的理论渊源为企业主体理论,该理论认为,母子公司从经济实质上说是一个单一个体,编制合并财务报表应从整个企业集团的角度出发,并为全体股东(包括控股股东和少数股东)的利益服务。实体理论的基本观点是:会计主体是与其终极所有者相互分离、独立存在的个体,它强调的是法人财产权。实体理论强调为企业集团所有的股东服务,合并资产负债表的合并净资产揭示的是企业集团的净资产,包括属于少数股东的净资产,合并利润表的合并收益反映的是企业集团的净收益,包括了子公司少数股东的净收益。

基于实体理论的会计处理方式被称之为"完全合并法",其具体做法是将合并过程中所形成的资产、负债和商誉全部并入合并财务报表,母公司未收购的所有者权益作为"少数股东权益"单独列在合并财务报表中。子公司的所有资产在合并财务报表中都以公允价值计价。在编制后续会计期间的合并财务报表时将集团内部交易形成的损益全部抵销。

按照实体理论,在企业集团内把所有的股东同等看待,不论是多数股东还是少数股东均作为该集团内的股东,并不过分强调控股公司股东的权益。该理论认为子公司虽然为母公司所购买,但是其本身依旧是一个不可分割的整体。因此,合并净利润应属于企业集团全部股东的收益,要在多数股权和少数股权之间加以分配。同理,少数股权是整体企业集团股东权益的一部分,应与多数股权同样列示。采用这种理论编制的合并财务报表,能够较好地满足企业集团内部管理人员对财务报表的需要,满足对整个企业集团生产经营活动管理的需要。德国的合并财务报表更多的是采用实体理论,我国 2006 年 2 月 15 日财政部颁布的《企业会计准则第33 号——合并财务报表》也采用实体理论。

2. 实体理论下合并财务报表的主要特征

(1) 合并财务报表的目的和使用者。实体理论认为,对合并主体中的多数股东和少数股东应一视同仁,合并财务报表应反映所有股东的利益,而并不过分强调母公司股东的利益。合并财务报表的会计信息能完整地反映整个企业集团的财务状况和经营成果,为企业集团中所有的股东服务。

(2) 合并净利润。合并净利润应属于企业集团全部股东的收益,要在多数股权和少数股权之间加以分配。子公司当期净损益中属于少数股东权益的份额,应当在合并利润表中净利润项目下以"少数股东损益"项目列示。

(3) 少数股东权益。在合并后的股东权益中既包括多数股权,又包括少数股权。子公司所有者权益中不属于母公司的份额,应当作为少数股东权益,在合并资产负债表中所有者权益项目下以"少数股东权益"项目列示。

(4) 子公司净资产的合并。在合并财务报表中,子公司所有资产和负债均按市价反映,任何资产重新估价应针对整个企业集团,包括被控股中的少数股权。

(5) 未实现的损益。对于母、子公司之间的交易所产生的未实现损益,全部予以抵销。

(6) 在合并过程中产生的商誉由全部股东共享。按照实体理论,不论是主要的占统治地位的股权,还是次要的占从属地位的股权,需同等对待,不把少数股权看成是企业集团与外界的经济关系。合并财务报表提供的会计信息能完整地反映整个企业集团的财务状况和经营成果。

3. 实体理论的优点与局限性

实体理论具有以下优点:① 采用完全合并的方法,从而与控制的经济实质相符合;② 克服了比例合并法的弊端,弥补了比例合并法对子公司的资产和负债进行双重计价的局限。

实体理论的局限性则包括:① 确定子公司整体价值和商誉时采用了推定的方法,不符合经济实质:母公司支付的价格包括了控制权的价格,而少数股东的价格不可能有此项目。根据实体理论,商誉的计算如下:少数股东权益=购买成本×(1-持股比例)/持股比例,商誉=子公司的整体价值-子公司可辨认净资产的公允价值,其中:子公司的整体价值=母公司支付的收购价÷母公司收购的股权比例;② 实体理论关于合并财务报表编制目的的看法存在争议:实体理论认为,编制合并报表也需要满足子公司少数股东的信息需求,但实际上,对少数股东而言,合并报表的作用远不如子公司单独的财务报表,因为少数股东根本无权分享子公司以外的其他集团成员的权益。

（三）母公司理论（Parent Company Theory）

1. 母公司理论的概念

母公司理论的理论渊源是业主权益理论，该理论从母公司的角度考虑，强调母公司的法定控制和母公司股东的权益，认为企业集团内的股东只包括母公司的股东，将子公司的少数股东排除在外。

所谓母公司理论是指将合并财务报表视为母公司本身的会计报表反映范围的扩展，视为母公司会计报表的延伸。母公司理论认为，合并财务报表主要是为母公司股东和债权人服务的，为母公司现在和将来的股东编制的，强调的是母公司股东的利益。在采用母公司理论的情况下，编制合并财务报表时所采用的许多方法都是从母公司本身的股东利益来考虑的，如对于少数股东权益在合并资产负债表中通常将其视为普通负债处理；合并后的所有者权益归母公司的股东所有；少数股东享有的净收益视为费用处理，从合并后的净利润中扣除；合并报表产生的商誉归母公司的股东享有等。因而这一理论忽视了母公司以外的少数股东的利益。

采用母公司理论确定合并财务报表的合并范围时，通常以法定控制权为基础，以持有多数股权或者表决权作为确定是否将某一被投资企业纳入合并范围的依据，或者以通过一家公司处于另一家公司法定支配下的控制协议来确定合并财务报表的合并范围。美国和英国合并财务报表实务中，采用的主要是母公司理论。国际会计准则委员会制定发布的有关合并财务报表的准则以及我国原来关于合并财务报表的暂行规定中也基本上采用母公司理论。

在实务中，基于母公司理论的合并财务报表也可以按公允价值反映少数股东权益，此时，母公司理论与实体理论的差异就不明显，只体现在少数股东权益的列示和商誉的计算方面。母公司理论实质上是所有权理论和实体理论的折中和修正，在实务中得到了广泛的运用。但因其在合并财务报表中对子公司的资产和负债采用了双重计价基础并缺少严格的逻辑而受到不少的批评。

2. 母公司理论下合并财务报表的主要特征

（1）合并财务报表的目的和使用者。母公司理论认为，合并财务报表应按母公司股东的利益来编制，合并财务报表是母公司财务报表的扩展。合并财务报表的主要使用者是母公司的股东和债权人。

（2）合并净利润。按照母公司理论，合并财务报表中的合并净利润是母公司所有者的净利润，子公司中少数股权股东所获得的净利润应排除在外。

（3）少数股权的收益。在母公司股东看来，少数股权的收益是一项费用，其计量是基于子公司的利润表账面净利润乘以少数股权的比例而得出。

（4）少数股东权益。从母公司股东观点看，少数股东权益是一项负债，其计量是基于子公司资产负债表中所有权总额乘以少数股权的比例而得出。按照母公司理论，需要在合并后的股东权益中删除少数股权，仅包括母公司股东的权益，而且，将少数股权作为一项负债不符合负债要素的定义，一般将少数股东权益放在负债和所有者权益之间单独列示。

（5）子公司净资产的合并。在子公司净资产中，母公司所占有的部分按母公司为其所获权益而支付的价格被合并，少数股权所占有部分则按账面价值被合并。即在合并财务报表中，母公司的资产和负债可按市价反映，并购的市价成本只由母公司所拥有的资产负债分摊，而少数股东权益只能以账面价值反映。这种观点认为属于少数股权的部分并没有被购买，应当保持被购买前的账面价值。

（6）未实现的损益。公司间未实现的损益,在母公司销售给子公司顺销情况下,应全数从合并净利润中抵销;而在子公司销售给母公司逆销情况下,只抵销母公司所享有的份额。

（7）合并过程中产生的商誉,属于母公司利益,与少数股权无关。

综上所述,按照母公司理论,合并财务报表的编制方法主要是从母公司股东权益出发考虑的,是为母公司现有的和潜在的股东而编制的。由于合并财务报表由企业集团中母公司编制,而母公司股东最关心属于自己份额的净资产,要据此评价自己所有权的价值,并做出有关决策,所以这一理论得到广泛运用。目前,在美国、英国、日本等国家都有大量的企业集团运用这一理论编制合并财务报表。

3. 母公司理论的优点与局限性

母公司理论的优点包括:① 母公司理论认为合并财务报表编制的目的是为了满足母公司股东信息需要而编制的,这一点与所有权理论的主张相同,但在报表要素合并方面,摒弃了所有权理论狭隘的拥有观,采纳了主体理论所主张的"控制观";在少数股东权益确认方面,既反对所有权理论主张的将少数股东权益完全排除在合并会计报表之外的保守做法,也反对实体理论全额确定子公司可辨认净资产的升(贬)值并按股权比例分摊给少数股东的激进做法,体现了对以上两种理论的折中和修正。② 在商誉方面考虑到商誉是不确定性最高的无形资产,完全体现稳健性原则,合并过程中产生的商誉属于母公司。由于合并财务报表由企业集团中母公司编制,而母公司股东最关心属于自己份额的净资产,要据此评价自己所有权的价值,并做出有关决策,所以这一理论得到广泛运用。

母公司理论具有如下局限性:① 它假设一个集团是由控制着许多子公司的母公司构成,既没有考虑一个集团也可以由两个以上规模相当的公司合并而成的可能性,也没有考虑受一个以上公司控制或受到另一个公司重大影响的公司。因此,不能解决同一公司隶属于两个或两个以上企业集团合并财务报表的编制问题。② 它不仅忽视了少数股权股东的利益,也忽视了除股东以外的所有其他利益当事人的利益。③ 合并有关资产和负债时,母公司自身按历史成本,子公司净资产中属于母公司权益的部分按企业购并日的母公司实际支付价格,属于少数股权的权益部分则仍按账面价格——历史成本。这样对同一项目采用了双重计价标准,违背了历史成本原则和一致性原则,使合并资产负债表的计价既不是历史成本,也不反映公平市价,得出的信息缺乏相关性。④ 母公司理论将少数股权作为负债,将少数股权的收益看作费用,不符合负债和费用会计要素的定义。⑤ 抵销数额计算复杂。企业集团公司间未实现内部利润的抵销,仅指属于母公司的部分,较实体理论全部抵销复杂。

（四）现行理论（Contemporary Theory）

1. 现行理论的概念

现行理论的理论渊源为企业主体理论,其实质是学术上对母公司理论与实体理论的结合与折中。在编制合并资产负债表时按母公司理论的办法处理,对子公司资产中属于母公司的部分按公允价值计价,对属于少数股东的部分按账面成本计价,只按母公司的持股比例确认外购商誉。在列示少数股东权益时一般将其列入股东权益项目下。在编制合并利润表时按实体理论的做法,全部抵销内部利润,但在列示少数股东的收益时却将其视为费用,作为合并收益的减项。在这种方法下,少数股东权益和商誉的计算公式和母公司理论是一样的。

2. 现行理论下合并财务报表的主要特征

（1）资产负债表中的资产和负债采用母公司理论;

（2）母子公司之间的交易所产生的未实现损益的处理则采用实体理论,全部予以抵销;

（3）将少数股东权益列示于股东权益项目下,与母公司股东权益分开列示;

（4）少数股东净利润在利润表中列示,作为利润总额的减项,其差额即为净利润。

（五）合并财务报表基本理论的差异比较

表1-6是以上四种理论的差异总结:

表1-6　四种合并财务报表理论的比较

	所有权理论	实体理论	母公司理论	现行理论
合并报表编制的基本目的	为母公司股东和债权人服务	为合并实体的股东和债权人服务	为母公司股东和债权人服务	同母公司理论
合并报表中子公司资产、负债的计量	子公司可辨认净资产公允价值中母公司按持股比例计算所对应的部分	子公司全部净资产的公允价值（包括商誉）	子公司可辨认净资产账面价值加上公允价值超过账面价值的差额中母公司持股比例对应的部分	同母公司理论
商誉	母公司的投资成本与子公司可辨认资产公允价值中母公司持股比例对应部分的差额;全部归母公司	子公司的推定价值与其可辨认净资产公允价值的差额;少数股东要分摊商誉	母公司的投资成本与子公司可辨认净资产公允价值中母公司持股比例对应的部分;全部归母公司	同母公司理论
合并净利润	归母公司	归合并主体的所有权拥有者所有	归母公司股东所有	同实体理论
少数股东收益	不在合并报表中反映	是合并净利润总额分配给少数股东的部分,是利润的减项,但不是费用	是费用;按照将子公司视为独立法律主体来加以计量	同实体理论
少数股权	不在合并报表中反映	是合并股东权益的一部分,与多数股东权益同等重要;在合并资产负债表的权益项目下单独列示	子公司可辨认净资产账面价值中少数股东持股比例对应的部分;在资产负债表中作为负债列示	同实体理论
未实现损益	按母公司持股比例抵销	顺销时,全部抵销;逆销时,将抵销的金额在多数及其少数股权间加以分配	顺销时全部抵销;逆销时仅抵销母公司所占有的一部分	同实体理论

美国的合并惯例是以母公司理论为基础的,但是现行理论在实务中用得更多。1995年FASB颁布的《合并财务报表——政策与程序》(征求意见稿)中建议采用实体理论。英国的公司法和会计准则主要以母公司理论为基础,同时允许采用现行理论。荷兰的合并实务与英国十分接近。日本的企业合并也是以母公司理论为基础。法国的法律与会计实务对企业合并会计是以母公司和修正的母公司理论为基础。

国际会计准则委员会IAS 27《合并财务报表和对子公司投资的会计》中基本运用的是母公司理论,我国现阶段主要采用的是实体理论,德国更多的也是以实体理论为基础。

三、合并财务报表的编制

(一) 合并财务报表的编制程序

(1) 合并工作底稿。将利润表、利润分配表、资产负债表放到一个工作底稿中,并将母公司和纳入合并范围的子公司的个别会计报表各项目的数额进行汇总和抵销处理。

(2) 将母公司、纳入合并范围的子公司个别资产负债表、利润表及利润分配表各项目的数据过入合并工作底稿,并在合并工作底稿中对母公司和子公司个别会计报表各项目的数据进行加总,计算得出个别资产负债表、个别利润表及个别利润分配表各项目合计数额。

(3) 编制抵销分录。将母公司与子公司、子公司相互之间发生的经济业务对个别会计报表有关项目的影响进行抵销处理。在合并工作底稿中编制的调整分录和抵销分录,借记或贷记的均为财务报表中的项目,而不是具体的会计账户。调整分录和抵销分录不是正式的会计分录,不需要记录在母子公司的账簿中。也就是说,是否编制调整分录和抵销分录并不影响纳入合并范围的母公司和子公司个别账簿中的原有核算记录。

(4) 计算合并财务报表各项目的合并数额:

资产类各项目合并数=该项目合计数额+该项目抵销分录有关的借方发生额-该项目抵销分录有关的贷方发生额。

负债类各项目和所有者权益类项目合并数=该项目合计数额-该项目抵销分录有关的借方发生额+该项目抵销分录有关的贷方发生额。

有关收益类各项目合并数=该项目合计数额-该项目抵销分录的借方发生额+该项目抵销分录的贷方发生额计算确定。

有关成本费用类项目和有关利润分配的各项目合并数=该项目合计数额+该项目抵销分录的借方发生额-该项目抵销分录的贷方发生额。

(5) 填列合并财务报表。

(二) 合并抵销分录的编制

1. 长期股权投资与所有者权益的合并处理

在购买日,母公司对子公司的长期股权投资与母公司在子公司所有者权益中所享有的份额的差额,应当在商誉项目列示,商誉发生减值的,应当按照经减值测试后的金额列示。在纳入合并范围的子公司为全资子公司的情况下,母公司对子公司长期股权投资的数额与子公司所有者权益各项目的数额应当全额抵销。

借:实收资本　　(子公司期末数)

　　资本公积　　(子公司期末数)

　　盈余公积　　(子公司期末数)

　　未分配利润　(子公司期末数)

　　商誉

　　贷:长期股权投资

如已提取长期股权投资减值准备的,则应予抵销,抵销当期提取的长期股权投资减值准备:

借:长期股权投资减值准备

　　贷:资产减值损失

抵销以前年度提取的长期股权投资减值准备：

借：长期股权投资减值准备

　　贷：期初未分配利润

【例1-6】　M股份有限公司需要对外提供合并会计报表。M公司拥有A公司100％股份，M公司20×4年12月31日对其子公司A公司的长期股权投资的数额为520万元，20×4年12月31日A公司的所有者权益总额为500万元，其中实收资本为300万元、资本公积为100万元、盈余公积50万元、未分配利润50万元。

M公司编制合并会计报表时，应编制的抵销分录如下：

借：实收资本　　　　　　　　　　　　　3 000 000

　　资本公积　　　　　　　　　　　　　1 000 000

　　盈余公积　　　　　　　　　　　　　　500 000

　　未分配利润　　　　　　　　　　　　　500 000

　　商誉　　　　　　　　　　　　　　　　200 000

　　贷：长期股权投资　　　　　　　　　　　　　5 200 000

在纳入合并范围的子公司为非全资子公司的情况下，应当将母公司对子公司长期股权投资的数额与子公司所有者权益中母公司所拥有的数额相抵销。子公司所有者权益中不属于母公司的份额，在合并财务报表中作为"少数股东权益"处理。编制的抵销分录如下：

借：实收资本　　（子公司期末数）

　　资本公积　　（子公司期末数）

　　盈余公积　　（子公司期末数）

　　未分配利润　（子公司期末数）

　　商誉

　　贷：长期股权投资

　　　少数股东权益

【例1-7】　假定M公司拥有A公司80％股份，M公司20×4年12月31日对其子公司A公司的长期股权投资的数额为420万元，20×4年12月31日A公司的所有者权益总额为500万元，其中实收资本为300万元、资本公积为100万元、盈余公积50万元、未分配利润50万元。

M公司编制合并会计报表时，应编制的抵销分录如下：

借：实收资本　　　　　　　　　　　　　3 000 000

　　资本公积　　　　　　　　　　　　　1 000 000

　　盈余公积　　　　　　　　　　　　　　500 000

　　未分配利润　　　　　　　　　　　　　500 000

　　商誉　　　　　　　　　　　　　　　　200 000

　　贷：长期股权投资　　　　　　　　　　　　　4 200 000

　　　少数股东权益　　　　　　　　　　　　　1 000 000

2. 内部债权与债务项目的合并处理

（1）应收账款与应付账款

在初次编制合并财务报表时，内部应收账款与应付账款抵销时，其抵销分录为：

a. 抵销内部应收账款与应付账款

借:应付账款(期末数)

　　贷:应收账款(期末数)

b. 抵销本期内部应收账款计提的坏账准备

借:坏账准备(或应收账款)(本期提取数)

　　贷:资产减值损失

在连续编制合并财务报表时,内部应收账款与应付账款抵销时,其抵销分录为:

a. 抵销内部应收账款与应付账款

借:应付账款

　　贷:应收账款(期末内部应收账款数)

b. 抵销内部应收账款以前计提的坏账准备

借:坏账准备(期初内部应收账款×坏账准备计提比例)

　　贷:期初未分配利润

c. 抵销本期内部应收账款补提的坏账准备

借:坏账准备(本期补提数)

　　贷:资产减值损失

【例1-8】 甲公司为A公司的母公司,20×2年12月31日,甲公司应收账款余额中包含有应收A公司账款100万元,年初应收账款中不包含有应收A公司账款。假定甲公司采用应收账款余额百分比法计提坏账准备,计提坏账准备的比例为10%。

甲公司编制合并会计报表时,应编制的抵销分录如下:

① 发生当期:

a. 抵销内部应收与应付账款:

借:应付账款　　　　　　　　　　　　　　1 000 000

　　贷:应收账款　　　　　　　　　　　　　　1 000 000

b. 抵销当期根据内部应收账款计提的坏账准备:

借:坏账准备(应收账款)　　　　　　　　　100 000

　　贷:资产减值损失　　　　　　　　　　　　100 000

表1-7　合并报表工作底稿　　　　　　　　单位:万元

	母公司	子公司	合计	抵销分录		合并数
				借方	贷方	
收入	10					10
资产减值损失	10				② 10	0
利润	0					10
未分配利润	0					10
应收账款	100				① 100	0
坏账准备	10			② 10		0
应付账款		100		① 100		0

② 连续编制合并报表：

接上例，假定20×3年12月31日，甲公司应收A公司账款余额如表1-8(单位:万元)。

表1-8 不同情况

	第1种情况	第2种情况	第3种情况
期初内部应收账款余额 (即2002.12.31)	100	100	100
期末内部应收账款余额 (2003.12.31)	100	160	60

甲公司编制合并会计报表时，应编制的抵销分录如下：

(第1种情况)本期内部应收账款＝上期内部应收账款

a. 首先抵销期末内部应收、应付账款：

借:应付账款   1 000 000

 贷:应收账款   1 000 000

b. 抵销以前期间根据内部应收账款计提的坏账准备：

借:坏账准备   100 000

 贷:年初未分配利润   100 000

表1-9 合并报表工作底稿   单位:万元

	母公司	子公司	合计	抵销分录		合并数
				借方	贷方	
收入	0					0
资产减值损失	0					0
利润	0					0
年初未分配利润	0				② 10	10
未分配利润	0					10
应收账款	100				① 100	0
坏账准备	10			② 10		0
应付账款		100		① 100		0

(第2种情况)本期内部应收账款＞上期内部应收账款

a. 首先抵销期末内部应收、应付账款：

借:应付账款   1 600 000

 贷:应收账款   1 600 000

b. 抵销以前期间根据内部应收账款计提的坏账准备：

借:坏账准备   100 000(100万×10%)

 贷:年初未分配利润   100 000

c. 抵销本期根据内部应收账款又补提的坏账准备：

借:坏账准备   60 000[(160万－100万)×10%]

贷:资产减值损失　　　　　　　　　　　60 000

表1-10　合并报表工作底稿　　　　　　　　　　单位:万元

	母公司	子公司	合计	抵销分录		合并数
				借方	贷方	
收入	6					6
资产减值损失	6				③ 6	0
利润	0					6
年初未分配利润	0				② 10	10
未分配利润	0					16
应收账款	160				① 160	0
坏账准备	16			② 10 ③ 6		0
应付账款		160		① 160		0

注意:如果第三年末(20×4年12月31日),甲公司应收A公司账款为200万元,则抵销分录为:

a. 首先抵销期末内部应收、应付账款:

借:应收账款　　　　　　　　　　　　　2 000 000

　贷:应付账款　　　　　　　　　　　　　2 000 000

b. 抵销以前期间根据内部应收账款计提的坏账准备:

借:坏账准备　　　　　　　　　　　　　160 000

　贷:年初未分配利润　　　　　　　　　　160 000

c. 再抵销本期根据内部应收账款又补提的坏账准备:

借:坏账准备　　　　　　　　　　　　　40 000

　贷:资产减值损失　　　　　　　　　　　40 000

(第3种情况)本期内部应收账款<上期内部应收账款

a. 首先抵销期末内部应收、应付账款:

借:应付账款　　　　　　　　　　　　　600 000

　贷:应收账款　　　　　　　　　　　　　600 000

b. 抵销以前期间根据内部应收账款计提的坏账准备:

借:坏账准备　　　　　　　　　　100 000(100万×10%)

　贷:年初未分配利润　　　　　　　　　　100 000

c. 抵销本期根据内部应收账款转回的坏账准备:

借:资产减值损失　　　　　　　40 000 [(100万-60万×10%]

　贷:坏账准备　　　　　　　　　　　　　40 000

表 1-11　合并报表工作底稿　　　　　　　　　　单位:万元

	母公司	子公司	合计	抵销分录		合并数
				借方	贷方	
收入	0					0
资产减值损失	-4			③ 4		0
利润	4					4
年初未分配利润	0				② 10	10
未分配利润	0					14
应收账款	60				① 60	0
坏账准备	6			② 10	③ 4	0
应付账款		60		① 60		0

(2) 应收票据与应付票据

在编制合并财务报表时,内部应收票据与应付票据抵销时,其抵销分录为:

借:应付票据

　　贷:应收票据

(3) 预付账款与预收账款

在编制合并财务报表时,内部预收账款与预付账款抵销时,其抵销分录为:

借:预收账款

　　贷:预付账款

(4) 债券投资与应付债券

① 将内部债券投资与应付债券抵销。

借:应付债券

　　贷:持有至到期投资

内部债券投资和内部应付债券抵销时,可能会出现差额,如果有差额则作为投资收益处理。

② 将内部债券投资收益与内部发行债券的利息支出相抵销。

在抵销内部债券投资与应付债券等内部债权债务的同时,还应将内部债券投资收益与内部发行债券的利息支出相抵销。

借:投资收益(本期实际利息)

　　贷:财务费用(或在建工程)

如为在建工程,则在连续编制合并财务报表时,还应抵销期初"在建工程"中内部发行债券的利息,编制抵销分录:

借:年初未分配利润

　　贷:在建工程

【例 1-9】　接【例 1-8】,甲公司为 A 公司的母公司,A 公司 20×3 年 1 月 1 日,发行面值为 1 000 万元,年利率 10%,期限为三年,到期还本付息的债券,所筹资金用于补充流动资金,发行价格为 1 000 万元,甲公司购买其全部债券。

甲公司编制合并会计报表时,应编制的抵销分录如下。

发生当期(20×3年末)抵销分录:

借:应付债券　　　　　11 000 000(1 000万+1 000万×10%)

　　贷:持有至到期投资　　　　　11 000 000

借:投资收益　　　　　1 000 000

　　贷:财务费用　　　　　　　　1 000 000

第二年(20×4年末)抵销分录:

借:应付债券　　　　　12 000 000(1 000万+1 000万×10%×2)

　　贷:持有至到期投资　　　　　12 000 000

借:投资收益　　　　　1 000 000

　　贷:财务费用　　　　　　　　1 000 000

【例1-10】 接【例1-8】,甲公司为A公司的母公司,甲公司20×4年1月1日以580万元的价格从证券市场购入A公司于20×3年1月1日按面值发行的4年期一次还本付息债券,该债券面值为500万元(A公司发行债券所筹资金用于补充流动资金,发行债券的面值为1 000万元),年利率10%。甲公司购入的债券作为长期投资,按直线法摊销债券溢折价。

甲公司20×4年末编制合并会计报表时,应编制的抵销分录如下:

借:应付债券　　　　　　　6 000 000(500万+500万×10%×2)

　　投资收益　　　　　　　200 000

　　贷:持有至到期投资　　　　　6 200 000(580万+500万×10%-30万÷3)

借:投资收益　　　　　　　400 000(500万×10%-30万÷3)

　　贷:财务费用　　　　　　　　400 000

(5) 应收股利与应付股利(略)

(6) 其他应收款与其他应付款(略)

3. 内部商品购销交易的抵销

(1) 内部商品购销当期的抵销(非上市公司)。

① 购买企业内部购进的商品当期全部实现对外销售时的抵销(即内部销售收入和内部销售成本的抵销)。抵销分录如下:

借:营业收入(内部销售企业的售价)

　　贷:营业成本(内部购买企业的成本=内部销售企业的售价)

【例1-11】 接【例1-8】,20×3年4月10日,甲公司向其子公司A公司销售产品一批,该批产品销售收入为100万元,销售成本为80万元,增值税税率17%。价款及税款已收存银行。A公司在20×3年已将从甲公司购入的商品全部售出集团以外,其销售收入为140万元,销售成本为100万元。甲公司和A公司已将该项交易的销售收入和销售成本分别在其个别利润表中列示。

甲公司编制合并会计报表时,应编制的抵销分录如下:

借:营业收入　　　　　　　1 000 000

　　贷:营业成本　　　　　　　　1 000 000

表1-12　合并报表工作底稿　　　　　　　　　　　　　　　　　　单位:万元

	母公司	子公司	合计	抵销分录		合并数
				借方	贷方	
营业收入	100	140	240	① 100		140
营业成本	80	100	180		① 100	80
利润	20	40	60			60
未分配利润	20	60	60			60

② 购买企业内部购进的商品当期全部未实现对外销售时的抵销(即内部购进存货价值中包含的未实现内部销售毛利的抵销)。抵销分录如下:

借:营业收入(内部销售企业的售价)

　　贷:营业成本(内部销售企业的成本)

　　　　存货(内部销售毛利)

【例1-12】　接【例1-8】,20×3年4月10日,甲公司向其子公司A公司销售产品一批,该批产品销售收入为100万元,销售成本为80万元。款项已收存银行。A公司从甲公司购入的商品全部未售出。甲公司已将该项交易的销售收入和销售成本在其个别利润表中列示。A公司将该存货价值反映在其个别资产负债表中。

甲公司编制合并会计报表时,应编制的抵销分录如下:

借:营业收入　　　　　　　　　　　　　1 000 000

　　贷:营业成本　　　　　　　　　　　　　　800 000

　　　　存货　　　　　　　　　　　　　　　　200 000

表1-13　合并报表工作底稿　　　　　　　　　　　　　　　　　　单位:万元

	母公司	子公司	合计	抵销分录		合并数
				借方	贷方	
营业收入	100			① 100		0
营业成本	80				① 80	0
利润	20					0
未分配利润	20					0
存货		100			① 20	80

对于内部商品购销交易的抵销,也可按如下方法进行抵销处理:

① 抵销当期内部销售收入:

借:营业收入(销售企业当期内部销售销售收入的数额)

　　贷:营业成本

② 抵销期末存货价值中包含的未实现内部销售利润:

借:营业成本

　　贷:存货

根据【例1-12】的资料,编制抵销分录如下:

① 抵销当期内部销售收入和成本

借:营业收入   1 000 000

 贷:营业成本   1 000 000

② 抵销期末内部购入存货中包含的未实现内部销售毛利

借:营业成本   200 000

 贷:存货   200 000(100 万×20%）

表 1－14   合并报表工作底稿   单位:万元

	母公司	子公司	合计	抵销分录		合并数
				借方	贷方	
营业收入	100	0		① 100		0
营业成本	80	0		② 20	① 100	0
利润	20	0				0
未分配利润	20	0				0
存货	100				② 20	80

（2）存货跌价准备的抵销。

如果购买企业对内部购买形成的存货计提存货跌价准备,当购买企业本期期末内部购进存货的可变现净值低于其取得成本,但高于该存货在合并财务报表中成本时,则应将购买企业本期根据内部购进货所计提的存货跌价准备予以抵销(抵销金额≤内部销售的毛利)。

抵销分录如下:

借:存货跌价准备(本期根据内部购进存货计提的存货跌价准备的金额)

 贷:资产减值损失

【例 1－13】 接【例 1－8】,20×3 年 4 月 10 日,甲公司向其子公司 A 公司销售产品一批,该批产品销售收入为 100 万元,销售成本为 80 万元。款项已收存银行。A 公司从甲公司购入的商品全部未售出。A 公司年末发现该存货的可变现净值为 94 万元,为此,A 公司年末对该存货计提存货跌价准备 6 万元。甲公司已将该项交易的销售收入和销售成本在其个别利润表中列示。A 公司将该存货价值反映在其个别资产负债表中。

甲公司编制合并会计报表时,应编制的抵销分录如下:

① 抵销当期内部销售收入和成本

借:营业收入   1 000 000

 贷:营业成本   1 000 000

② 抵销期末内部购入存货中包含的未实现内部销售毛利

借:营业成本   200 000

 贷:存货   200 000

③ 抵销根据内部购入存货计提的存货跌价准备

借:存货跌价准备   60 000

 贷:资产减值损失   60 000

表1-15　合并报表工作底稿 单位:万元

| | 母公司 | 子公司 | 合计 | 抵销分录 | | 合并数 |
				借方	贷方	
营业收入	100	6	106	① 100		6
营业成本	80	0	80	② 20	① 100	0
资产减值损失	0	6	6		③ 6	0
利润	20		20			6
未分配利润	20	0				6
存货		100			② 20	80
存货跌价准备		6		③ 6		0

在上例中,假定A公司年末发现该存货的可变现净值为76万元,为此,A公司年末对该存货计提存货跌价准备24万元。

甲公司编制合并会计报表时,应编制的抵销分录如下:

借:营业收入　　　　　　　　　　1 000 000

　　贷:营业成本　　　　　　　　　　　　1 000 000

借:营业成本　　　　　　　　　　200 000

　　贷:存货　　　　　　　　　　　　　　200 000

借:存货跌价准备　　　　　　　　200 000

　　贷:资产减值损失　　　　　　　　　　200 000

(3) 连续编制合并财务报表的情况下内部商品购销交易的抵销。

① 将上期抵销的存货价值中包含的未实现内部销售利润对本期期初未分配利润的影响进行抵销。即按上期内部购进存货价值中包含的未实现内部销售利润的数额,编制抵销分录如下:

　　借:期初未分配利润(期初内部购入存货成本×上期销售方的毛利率)

　　　　贷:营业成本

② 对于本期发生的内部商品购销活动,将内部销售收入和内部销售成本予以抵销。即按照本期销售企业内部销售收入的数额,编制抵销分录如下:

　　借:营业收入(内部销售企业的售价)

　　　　贷:营业成本

③ 将期末内部购进存货价值中包含的未实现内部销售利润予以抵销。即按照期末存货价值中包含的未实现内部销售毛利的数额(期末内部购进存货的成本×销售企业的毛利率),编制抵销分录如下:

　　借:营业成本(期末内部购进存货的成本×销售企业的毛利率)

　　　　贷:存货

【例1-14】　接【例1-8】,20×3年4月10日,甲公司出售商品一批给其子公司A公司,售价(不含增值税)100万元,款项均已收到,商品成本80万元。至20×3年12月31日,A公司向甲公司购买的上述存货中尚有50%未出售给集团外单位。A公司20×3年向甲公司购入存货所剩余的部分,至20×4年12月31日仍未出售给集团外单位。

20×4年甲公司又出售商品一批给A公司,售价(不含增值税)200万元,款项均已收到,成本 140 万元。A 公司 20×4 年向甲公司购入的存货至 20×4 年 12 月 31 日全部未出售给集团外单位。

甲公司编制合并会计报表时,应编制的抵销分录如下:

20×3 年应编制的抵销分录:

① 抵销本期内部销售收入和成本

借:营业收入　　　　　　　　　　　　　　　1 000 000

　　贷:营业成本　　　　　　　　　　　　　　　　　　　1 000 000

② 抵销期末内部存货中包含的未实现的销售毛利

借:营业成本　　　　　　　　　　　　　　　100 000

　　贷:存货　　　　　　　　　　　　　　　　100 000(100 万×50%×20%)

20×4 年应编制如下抵销分录:

① 抵销期初内部存货中未实现销售的毛利

借:期初未分配利润　　　　　　　　　　　　100 000(100 万×50%×20%)

　　贷:营业成本　　　　　　　　　　　　　　　　　100 000

② 抵销本期内部销售收入和成本

借:营业收入　　　　　　　　　　　　　　　2 000 000

　　贷:营业成本　　　　　　　　　　　　　　　　　2 000 000

③ 抵销期末内部存货中包含的未实现的销售毛利

借:营业成本　　　　　700 000[(100 万×50%×20%)+(200 万-140 万)]

　　贷:存货　　　　　　　　　　　　　　　　700 000

表 1-16　合并报表工作底稿　　　　　　　　　　　　　　单位:万元

	母公司	子公司	合计	抵销分录 借方	抵销分录 贷方	合并数
营业收入	200	0	200	② 200		0
营业成本	140	0	140	③ 70	① 10　② 200	0
利润	60	0	60			0
年初未分配利润	20	0	20	① 10		10
未分配利润	80	0	80			10
存货		250		③ 70		180

(4) 连续编制合并报表时,存货跌价准备的抵销。

① 将上期抵销的存货跌价准备对本期期初未分配利润的影响予以抵销

借:存货跌价准备(或"存货")

　　贷:期初未分配利润

② 将本期根据内部购进存货所补提或冲销的存货跌价准备予以抵销

借:存货跌价准备(或"存货")

　　贷:资产减值损失

或:借:资产减值损失

　　贷:存货跌价准备(或"存货")[当期冲销的多提数]

【例1-15】 接**【例1-8】**,20×3年4月10日,甲公司向其子公司A公司销售产品一批,该批产品销售收入为100万元,销售成本为80万元。款项已收存银行。A公司从甲公司购入的商品全部未售出。A公司年末发现该存货已部分陈旧,其可变现净值为94万元,为此,A公司年末对该存货计提存货跌价准备6万元。

20×4年A公司又从甲公司购进商品200万元,母公司销售该商品的销售成本为140万元。A公司2003年从甲公司购进商品本期全部售出,销售价格为120万元;A公司同时结转已计提的存货跌价准备。

20×4年从甲公司购进的商品已销售40%,销售价格为100万元;另60%形成期末存货(存货成本为200×60%=120万元)。20×4年12月31日该内部购进商品的可变现净值为110万元,20×4年末计提存货跌价准备10万元。

① 抵销以前期间根据内部存货提取的存货跌价准备

借:存货跌价准备　　　　　　　　　　　　60 000

　贷:期初未分配利润　　　　　　　　　　　　60 000

② 抵销期初内部存货中未实现销售的毛利

借:期初未分配利润　　　　　　　　　　　200 000

　贷:营业成本　　　　　　　　　　　　　　　200 000

③ 抵销本期内部销售收入和成本

借:营业收入　　　　　　　　　　　　　2 000 000

　贷:营业成本　　　　　　　　　　　　　　2 000 000

④ 抵销期末内部存货中包含的未实现的销售毛利

借:营业成本　　　　　　　　　　　　　　360 000

　贷:存货　　　　　　360 000(200万×60%×30%)

⑤ 抵销本期根据内部购入存货又补提的存货跌价准备

借:存货跌价准备　　　　　　　　　　　　40 000

　贷:资产减值损失　　　　　　　　　　　　40 000

表1-17　合并报表工作底稿　　　　　　　　单位:万元

	母公司	子公司	合计	抵销分录 借方	抵销分录 贷方	合并数
营业收入	200	220	420	③ 200		220
营业成本	140	180	320	④ 36	② 20 ③ 200	136
资产减值损失	0	4	4		⑤ 4	0
利润	60	36	96			84
年初未分配利润	20	0	20	② 20	① 6	6
未分配利润	80	36	116			90
存货	120		120		④ 36	84
存货跌价准备		10	10	① 6 ⑤ 4		0

4. 内部固定资产交易的抵销

(1) 固定资产内部交易的种类。

对于企业集团内部固定资产交易,可以将其划分为三种类型:

① 企业集团内部企业将其使用的固定资产出售给另一企业,另一企业作为固定资产入账。在这种情况下,进行抵销处理时,可按照变卖企业的变卖收入大于固定资产净值的金额(即变卖企业确认的营业外收入的金额),编制如下抵销分录:

借:营业外收入

　　贷:固定资产

【例1-16】 接【例1-8】,甲公司将其账面价值为10万元的某项固定资产,以12万元的价格变卖给其子公司A公司,并确认营业外收入2万元。A公司购入后作为固定资产使用,并以12万元作为固定资产的成本入账。

甲公司编制合并会计报表时,应编制的抵销分录如下:

借:营业外收入　　　　　　　　　　20 000

　　贷:固定资产　　　　　　　　　　　　　20 000

② 企业集团内部企业将其使用的固定资产出售给另一企业,另一企业作为存货入账。

③ 企业集团内部企业将其生产的产品销售给另一企业,另一企业作为固定资产入账。

(2) 内部固定资产交易的抵销。

① 内部交易的固定资产交易发生当期的抵销处理。

a. 抵销内部交易固定资产原价中包含的未实现内部销售利润

借:营业收入(内部销售企业的售价)

　　贷:营业成本(内部销售企业的成本)

　　　　固定资产(固定资产原价中包含的未实现销售利润)

b. 抵销本期根据包含未实现内部销售利润的固定资产原价多提的折旧

借:累计折旧(内部交易固定资产本期多计提折旧的数额)

　　贷:管理费用

【例1-17】 接【例1-8】,甲公司20×1年1月1日出售一产品给其子公司A公司,售价(不含增值税)100万元,增值税17万元,产品成本为80万元,A公司购入后作为固定资产使用,双方款项已结清。A公司另外支付有关费用3万元,固定资产于当日交付管理部门使用,该固定资产预计使用年限4年,预计净残值为0。A公司采用直线法计提折旧。为简化抵销处理,假定该固定资产交付使用当月就开始计提折旧。

甲公司20×1年编制合并会计报表时,应编制的抵销分录如下:

a. 抵销固定资产原价中包含的未实现内部销售利润

借:营业收入　　　　　　　　　　1 000 000

　　贷:营业成本　　　　　　　　　　　　800 000

　　　　固定资产　　　　　　　　　　　　200 000

b. 抵销本期根据包含未实现内部销售利润原价计提的折旧

借:累计折旧　　　　　　　　　　50 000(20万÷4)

　　贷:管理费用　　　　　　　　　　　　50 000

表 1-18 合并报表工作底稿 单位:万元

	母公司	子公司	合计	抵销分录		合并数
				借方	贷方	
营业收入	100	30	130	a. 100		30
营业成本	80	0	80		a. 80	0
管理费用		30			b. 5	25
利润	20	0	20			5
未分配利润	20	0	20			5
固定资产		120			a. 20	100
累计折旧		30		b. 5		25

② 内部交易的固定资产使用会计期间的抵销处理。

a. 抵销内部交易固定资产原价中包含的未实现内部销售利润

借:期初未分配利润

　　贷:固定资产

b. 抵销以前期间多提的折旧

借:累计折旧

　　贷:期初未分配利润

c. 抵销本期又多提的折旧

借:累计折旧

　　贷:管理费用

接【例 1-17】,20×2 年(第二年)编制合并会计报表时,应编制的抵销分录如下:

a. 抵销原价中包含的未实现内部销售利润

借:期初未分配利润　　　　　　　　　　　　200 000

　　贷:固定资产　　　　　　　　　　　　　　200 000

b. 抵销以前年度多提的折旧

借:累计折旧　　　　　　　　　　　　　　　50 000

　　贷:期初未分配利润　　　　　　　　　　　50 000

c. 抵销本期多提的折旧

借:累计折旧　　　　　　　　　　　50 000(20 万÷4)

　　贷:管理费用　　　　　　　　　　　　　　50 000

表 1-19 合并报表工作底稿 单位:万元

	母公司	子公司	合计	抵销分录		合并数
				借方	贷方	
营业收入	0	30	30			30
营业成本	0	0	0			0

	母公司	子公司	合计	抵销分录		合并数
				借方	贷方	
管理费用	30				c. 5	25
利润	0	0	20			5
年初未分配利润	20		20	a. 20	b. 5	5
未分配利润	20	0	20			10
固定资产	120				a. 20	100
累计折旧	60			b. 5 c. 5		50

20×3年(第三年)编制合并会计报表时,应编制的抵销分录如下:

a. 抵销原价中包含的未实现内部销售利润

借:期初未分配利润   200 000

    贷:固定资产   200 000

b. 抵销以前年度多提的折旧

借:累计折旧   100 000

    贷:期初未分配利润   100 000

c. 抵销本期多提的折旧

借:累计折旧   50 000

    贷:管理费用   50 000

③ 内部交易的固定资产清理会计期间的抵销处理

固定资产清理时可能出现三种情况:期满清理、超期清理、提前清理。编制合并财务报表时,应根据具体情况进行抵销处理。

1) 内部交易的固定资产使用期限届满进行清理时的抵销处理。在这种情况下,只要将内部交易固定资产清理当期多计提的折旧予以抵销,并调整期初未分配利润。

借:期初未分配利润

    贷:管理费用

接【例1-17】,A公司在20×4年(第四年)12月该固定资产使用期满时对其报废清理,该固定资产清理当期多计提折旧5万元(20÷4)。

编制的抵销分录如下:

借:期初未分配利润   50 000

    贷:管理费用   50 000

2) 内部交易的固定资产超期使用进行清理时的抵销处理

a. 抵销固定资产原价中包含的未实现内部销售利润

借:期初未分配利润

    贷:固定资产

b. 抵销以前会计期间多计提的折旧,并调整期初未分配利润。

借:累计折旧(以前会计期间多计提的折旧额)

  贷:期初未分配利润

由于固定资产超期使用不计提折旧,所以不存在抵销当期多计提折旧的问题。在固定资产超期使用后进行清理时,当期不需要进行抵销处理。

3)内部交易的固定资产交易使用期限未满提前进行清理时的抵销处理。

借:期初未分配利润(固定资产原价中包含的未实现内部销售利润的数额)

  贷:营业外收入

借:营业外收入

  贷:年初未分配利润(以前各期累计多提的折旧)

借:营业外收入

  贷:管理费用(当期多提的折旧)

如果固定资产清理结果是损失并计入营业外支出,则上述"营业外收入"应改为"营业外支出"。

接【例 1-17】,假如 A 公司在 20×3 年 12 月以 35 万元出售该固定资产。

A 公司清理的有关会计分录如下:

借:累计折旧   900 000

  固定资产清理   300 000

 贷:固定资产   1 200 000

借:银行存款   350 000

 贷:固定资产清理   350 000

借:固定资产清理   50 000

 贷:营业外收入   50 000

20×3 年编制合并会计报表时,应编制的抵销分录如下:

借:年初未分配利润   200 000

 贷:营业外收入   200 000

借:营业外收入   100 000

 贷:年初未分配利润   100 000

借:营业外收入   50 000

 贷:管理费用   50 000

4)固定资产减值准备的抵销。

借:固定资产减值准备

  贷:期初未分配利润(以前期间多提减值准备数)

借:固定资产减值准备

  贷:资产减值损失(当期多提减值准备数)

5. 无形资产交易的抵销

(1)内部交易的无形资产交易发生当期的抵销处理。

①抵销内部无形资产交易确认的营业外收入及无形资产价值中包含的未实现内部销售利润。

借:营业外收入

  贷:无形资产

② 抵销当期根据包含未实现内部销售利润的无形资产价值多摊销的金额。

借:无形资产(当期该内部交易的无形资产多摊销的金额)

  贷:管理费用

【例1-18】 接【例1-8】,甲公司20×2年1月1日,将一项无形资产出售给其子公司A公司(所有权),该项无形资产账面余额为300万元,售价为400万元,尚可使用年限为5年,假如不考虑相关税费。

甲公司20×2年编制合并会计报表时的有关抵销分录如下:

① 抵销无形资产价值中包含的未实现内部销售利润

借:营业外收入   1 000 000

  贷:无形资产   1 000 000

② 抵销本期多摊销的无形资产

借:无形资产   200 000(100万÷5)

  贷:管理费用   200 000

(2) 内部交易的无形资产使用会计期间的抵销处理。

① 抵销内部交易无形资产价值中包含的未实现内部销售利润。

借:期初未分配利润

  贷:无形资产

② 抵销以前会计期间内部交易无形资产多摊销的金额,并调整期初未分配利润。

借:无形资产

  贷:期初未分配利润

③ 抵销本期内部交易无形资产多摊销的无形资产。

借:无形资产

  贷:管理费用

接【例1-18】,20×3年(第二年)编制合并会计报表时,应当编制的抵销分录如下:

借:年初未分配利润   1 000 000

  贷:无形资产   1 000 000

借:无形资产   200 000

  贷:年初未分配利润   200 000

借:无形资产   200 000

  贷:管理费用   200 000

6. 内部权益性投资收益与子公司利润分配项目的抵销

(1) 在纳入合并范围的子公司为全资子公司的情况下,编制抵销分录如下:

借:投资收益

  期初未分配利润

  贷:提取盈余公积

   向投资者分派股利

   未分配利润

接【例1-18】,假定A公司20×4年度实现净利润100万元,年初未分配利润为100万元。A公司本期提取盈余公积20万元,分配现金股利130万元,未分配利润为50万元。

甲公司编制合并会计报表时,应编制的抵销分录如下:

借:投资收益 1 000 000

　期初未分配利润 1 000 000

　贷:提取盈余公积 200 000

　　向投资者分派股利 1 300 000

　　未分配利润 500 000

(2) 纳入合并范围的子公司为非全资子公司的情况下,编制抵销分录如下:

借:投资收益

　少数股东收益

　期初未分配利润

　贷:提取盈余公积

　　向投资者分派股利

　　未分配利润

接【例 1-7】,假定 M 公司拥有 A 公司 80%股份,A 公司 20×4 年度实现净利润 100 万元,年初未分配利润为 100 万元。A 公司本期提取盈余公积 20 万元,分配现金股利 130 万元,未分配利润为 50 万元。

M 公司编制合并会计报表时,应编制的抵销分录如下:

借:投资收益 800 000

　少数股东收益 200 000

　年初未分配利润 1 000 000

　贷:提取盈余公积 200 000

　　向投资者分派股利 1 300 000

　　未分配利润 500 000

7. 内部提取盈余公积的抵销

盈余公积是根据公司法的要求由单个企业根据当期实现的净利润提取的,从整个企业集团来说,子公司当期实现的净利润,子公司据以计提了盈余公积,母公司根据包含子公司投资收益的净利润也计提了盈余公积,即整个集团根据子公司当期实现的净利润计提了两次盈余公积。而企业集团计提的盈余公积,并不会因为编制合并报表而消失,但在抵销分录中,已将子公司的盈余公积全额抵销,因此,必须将被抵销的盈余公积再抵销,即予以恢复,调整合并盈余公积的数额。

(1) 在纳入合并范围的子公司为全资子公司的情况下,应当按照子公司提取的盈余公积的数额抵销。

① 调整子公司当期提取的内部盈余公积

借:提取盈余公积(子公司本期提取的盈余公积)

　贷:盈余公积

② 调整子公司以前年度提取的内部盈余公积

借:期初未分配利润(子公司以前年度提取的盈余公积)

　贷:盈余公积

要注意:提取盈余公积不能写成"利润分配——提取盈余公积",因为抵销分录必须用报表项目,而不能用会计科目。

接【例1-8】,A公司个别资产负债表中期末"盈余公积"项目的数额为50万元,其中本期提取盈余公积的数额为20万元,期初盈余公积的数额为30万元。

甲公司编制合并会计报表时,应编制的抵销分录如下:

借:提取盈余公积　　　　　　　　　　　　200 000
　　贷:盈余公积　　　　　　　　　　　　　　　200 000
借:期初未分配利润　　　　　　　　　　　300 000
　　贷:盈余公积　　　　　　　　　　　　　　　300 000

(2) 在纳入合并范围的子公司为非全资子公司的情况下,应当按照当期子公司提取的盈余公积中母公司拥有的数额抵销。

① 调整子公司当期提取的内部盈余公积

借:提取盈余公积(子公司本期提取的盈余公积×母公司持股比例)
　　贷:盈余公积

② 调整子公司以前年度提取的内部盈余公积

借:期初未分配利润(子公司以前年度提取的盈余公积×母公司持股比例)
　　贷:盈余公积

母公司直接和间接方式合计拥有、控制被投资企业半数以上权益性资本的抵销。

接【例1-7】,假定M公司拥有A公司80%股份,A公司个别资产负债表中期末"盈余公积"项目的数额为50万元,其中本期提取盈余公积的数额为20万元,期初盈余公积的数额为30万元。

M公司编制合并会计报表时,应编制的抵销分录如下:

借:提取盈余公积　　　　　　　　160 000(20万×80%)
　　贷:盈余公积　　　　　　　　　　　　160 000
借:期初未分配利润　　　　　　　240 000(30万×80%)
　　贷:盈余公积　　　　　　　　　　　　240 000

综合案例

TCL集团并购TCL通讯

2003年9月30日,TCL通讯(000542.SZ)发布公告称,公司将通过与母公司TCL集团换股,以被母公司吸收合并的方式退市,而TCL集团将吸收合并TCL通讯并通过IPO实现整体上市,TCL通讯流通股股东所持股票将按一定的换股比例折换成上市后的集团公司的股票,换股完成后,TCL通讯将退市,注销法人资格,其所有权益、债务将由TCL集团承担,而TCL集团将IPO整体上市。折股比例将按TCL通讯折股价格除以TCL集团IPO价格计算,而TCL通讯折股价格以2001年1月1日到2003年9月26日间的最高股价21.15元计算。

截止并购基准日(2003年6月30日),TCL通讯每股净资产3.066元,TCL集团IPO模拟价格分别为2.67元(市盈率10倍)、4.00元(市盈率15倍)、5.33元(市盈率20倍)时,折股比率分别为 7.921 3、5.287 5、3.968 1,TCL 通讯流通股股东取得 TCL 集团每股股份投入的净资产为 0.387 元、0.579 9 元、0.773 元。

本次主承销商及财务顾问中金公司称,TCL 集团在本次吸收合并中的会计处理上采用权益结合法,这样导致 TCL 集团换股合并的流通股入账价值低于面值,据东方高圣模拟测算,差额部分冲减 TCL 集团合并后的资本公积,三种情况下分别减少资本公积 436 454 644元、221 920 324 元和 114 451 912 元。而《公司法》第 131 条规定:"股票发行价格可以按票面金额,也可以超过票面金额,但不得低于票面金额。"于是有市场人士对其换股合并方案发出质疑,认为其折价发行,TCL 集团律师施贲宁对此作出澄清,认为 TCL 换股合并发行的流通股与社会公众投资者认购流通股价格是一致的,不存在折价发行之说。

一、合并会计方法选择对财务状况的影响

购买法下合并的资产、负债是收购方的资产、负债的账面价值与被收购方可辨认资产、负债的公允价值及商誉之和。权益结合法下合并的资产、负债是收购方和被收购方资产、负债账面价值之和。合并基准日 TCL 集团在权益结合法和购买法下的简要资产负债表如下:

合并基准日双方存续公司模拟简要资产负债表　　　　单位:亿元

| 项目 | 合并前双方合并报表 | | 合并后存续公司 | | |
| | TCL 集团 | TCL 通讯 | 权益结合法 | 购买法 | 差额 |
	(A)	(B)	(C)	(D)	(E=C−D)
总资产	147.90	55.59	172.44	186.52	−14.08
其中:无形资产——商誉	0.00	0.00	0.00	14.08	−14.08
总负债	102.00	36.60	102.00	102.00	0.00
少数股东权益	26.35	11.72	22.09	22.09	0.00
股东权益	19.55	7.27	48.35	62.43	−14.08
其中:股本	15.92	1.88	25.86	25.86	0.00
资本公积	0.05	2.38	17.84	32.98	−15.14
未分配利润	2.80	2.45	3.86	2.80	1.06

表中显示出两种会计方法下存在重大差异的项目有:

1. 无形资产——商誉

购买法下,支付的成本与被收购方可辨认净资产公允价值的差额作为商誉。本次吸收合并中,TCL 集团取得 TCL 通讯全部流通股的成本为 17.23 亿元(21.15×0.814 528),而该部分流通股对应的可辨认净资产账面价值为 3.15 亿元(7.27×43.3%),因此,应确认的商誉为14.08 亿元(17.23−3.15)。

2. 未分配利润

购买法下,被收购方合并前的留存收益不纳入合并报表,故合并后的未分配利润等于合并前 TCL 集团的未分配利润,为 2.8 亿元。权益结合法下的未分配利润等于吸收合并前TCI 集团的未分配利润与 TCL 通讯 43.3%的流通股对应的未分配利润之和,为 3.86 亿元。

3. 资本公积

购买法下,资本公积的金额为合并前 TCL 集团的资本公积加上本次发行新增的资本公积,为 32.98 亿元;而权益结合法下资本公积等于合并前 TCL 集团的资本公积与 TCL 集团 IPO 增加的资本公积之和减去换股发行新增股本与取得的 TCL 通讯 43.3% 的股东权益的差额,为 17.84 亿元。所以,权益结合法下的净资产比购买法下减少 14.08 亿元,减少比例为 22.55%。

二、合并会计方法选择对经营成果的影响

购买法下,被收购方合并前的净利润和留存收益不能并入合并报表,而权益结合法下被收购方全年的净利润和全部的留存收益都并入合并报表。至合并基准日 TCL 集团权益结合法和购买法下的简要利润表如下:

合并双方及存续公司模拟简要利润表   单位:亿元

| 项目 | 合并前双方合并报表 | | 合并后存续公司 | | |
| | TCL 集团 | TCL 通讯 | 权益结合法 | 购买法 | 差额 |
	(A)	(B)	(C)	(D)	(E=C-D)
主营业务收入	127.06	52.58	127.06	127.06	0.00
营业利润	6.87	4.74	6.87	6.87	0.00
减:少数股东损益	3.40	2.96	2.77	3.40	-0.63
净利润	2.80	1.45	3.43	2.80	0.63

通过利润表,可以发现两种会计方法下,少数股东损益和净利润存在重大差异,权益结合法下的净利润比购买法下多 0.63 亿元,少数股东损益比购买法下少 0.63 亿元。

原因是:购买法下,被收购方合并前的经营成果不能纳入合并;而权益结合法下,被收购方合并前的经营成果纳入合并,视为在吸收合并的这一期间开始时就已完成了合并工作。相应地,权益结合法下合并前 TCL 通讯的少数股东损益也归 TCL 集团所有,而购买法下 TCL 通讯的少数股东损益归少数股东享有,故权益结合法下的少数股东损益低于购买法下的少数股东损益。

此外,在购买法下,因为被收购方可辨认资产、负债按公允价值确认,在以后年度编制合并利润表时,要摊销公允价值与账面价值的差额,同时,可能还要摊销商誉,这将减少以后年度的净利润。相反,权益结合法下被收购方净资产按账面价值确定,不存在公允价值超账面价值部分的摊销,也不存在商誉的摊销。假设 TCL 集团对商誉按 10 年摊销,那么每年会摊销 1.41 亿元。然而由于 2003 年上半年 TCL 净利润只有 3.43 亿元,如果采用购买法则无疑会形成很大的压力。

三、合并会计方法选择对主要财务指标的影响

每股收益、每股净资产和净资产收益率是投资者判断公司投资价值的重要依据,两种合并会计方法下三个主要财务指标如下表:

两种合并会计方法下的主要财务指标

项目	合并前双方合并报表		合并后存续公司		
	TCL 集团	TCL 通讯	权益结合法	购买法	差异(%)
	(A)	(B)	(C)	(D)	E=(C−D)/D
每股收益(元)	0.176 0	0.771 8	0.132 6	0.108 3	22.44
每股净资产(元)	1.228 2	3.865 2	1.869 4	2.413 8	−22.55
净资产收益率(%)	14.33	19.97	7.10	4.49	58.09

其中:净资产收益率为年初至合并基准日摊薄的数据。

从表中可以看出,不同的会计方法对主要财务指标有重大影响。权益结合法下的每股净资产低于购买法,而每股收益高于购买法,由于两个因素的共同作用,使得模拟计算的权益结合法下的 2003 年上半年净资产收益率较购买法高出 58.09%。

四、对案例的进一步分析

由于 TCL 集团在换股合并的同时向社会公开发行股票,为了充分揭示此次吸收合并中会计方法选择的财务效应,下面将考察没有 IPO 的情况下,合并会计方法对主要财务指标的影响。TCL 集团 IPO 实际筹集资金 24.02 亿元。剔除 IPO 的影响,两种会计方法下,吸收合并后存续公司的总资产和净资产均减少 24.20 亿元,股本减少 5.90 亿元;利润表不发生变化。两种会计方法下的主要财务指标如下表所示:

剔除 IPO 的影响后两种合并会计方法下的主要财务指标

项目	权益结合法	购买法	差异(%)
	(C)	(D)	E=(C−D)/D
每股收益(元)	0.171 8	0.140 3	22.44
每股净资产(元)	1.209 7	1.940 8	−37.67
净资产收益率(%)	14.20	7.23	96.43

可见,如果剔除 IPO 的因素,两种会计方法下净资产收益率的差异更加明显了,权益结合法下比购买法下高出 96.43%,这进一步显示了权益结合法的“魅力”!

五、对 TCL 集团合并会计方法选择的评析

根据《企业兼并有关会计处理问题暂行规定》,采取有偿方式兼并的,各项资产按评估确认的价值入账,成交价高于评估价值的部分,确认为商誉;《财政部关于股份有限公司有关会计问题解答》也规定,被合并企业丧失法人资格的,公司应按被合并企业评估确认后的价值入账。TCL 集团对本次合并的会计处理与上述规定不符,亦无法公允反映合并基准日及合并后 TCL 集团的财务状况和经营成果。

首先,吸收合并后 TCL 集团权益的增加是溢价发行股票的结果,TCL 集团在合并交易中已承认了 TCL 通讯的公允价值,而且其股票溢价发行,这些都是交易的事实;而采用权益结合法,既否认了双方在交易中所确认的价值,也不能准确反映 TCL 集团溢价发行股票的事实,违背了会计的真实性和客观性原则。

第二,权益结合法对合并当年利润的处理视同两公司年初就完成合并,而对留存收益的处理则更是将合并视同企业成立那天就已开始,这显然不符合客观事实。

第三,权益结合法下的会计处理实际上是视集团为换股而发行的股份为折价发行。TCL集团为换取TCL通讯的流通股,需发行4.04亿股,而TCL通讯流通股股东享有的TCL通讯的所有者权益账面价值为3.15亿元,低于TCL集团为换取这部分权益而发行的股票的面值而折价发行,是我国《公司法》所禁止的。

第四,从理论上说,采用权益结合法的前提条件至少包括:合并前双方必须是自主的,而不是母子公司的关系;两个企业的公允价值比较接近,等等。而合并前TCL通讯为TCL集团的子公司,且TCL集团的净资产数倍于TCL通讯的净资产。所以,本次吸收合并从本质上并不具备使用权益结合法的条件。

第五,TCL集团收购TCL通讯,具备采用购买法的条件。不管是购买法还是权益结合法,都不违反现行会计标准,但TCL与先前的换股合并企业不同在于,它有一个比较明确的收购价格,每股收购价确定是21.15元,如果以前换股合并因为收购价不能合理确认而导致无法适用购买法,而在TCL案例中,则完全可以使用购买法。

本章练习题

1. 甲公司和乙公司为同一集团内两家全资子公司。20×2年6月30日,甲公司以无形资产作为合并对价对乙公司进行吸收合并,并于当日取得乙公司净资产。甲公司作为对价的无形资产账面价值为5 100万元,公允价值为6 000万元。假定甲公司与乙公司在合并前采用的会计政策相同。当日,甲公司、乙公司资产、负债情况如下表所示:

资产负债表(简表)

单位:万元

	甲公司账面价值	乙公司账面价值	乙公司公允价值
资产			
货币资金	4 100	500	500
存货	6 200	200	400
应收账款	2 000	2 000	2 000
长期股权投资	4 000	2 100	3 500
固定资产	12 000	3 000	4 500
无形资产	9 500	500	1 500
商誉	0	0	0
资产合计	37 800	8 300	12 400
负债和所有者权益			
短期借款	2 000	2 200	2 200
应付账款	4 000	600	600

	甲公司账面价值	乙公司账面价值	乙公司公允价值
负债合计	6 000	2 800	2 800
股本	18 000	2 500	
资本公积	5 000	1 500	
盈余公积	4 000	500	
未分配利润	4 800	1 000	
所有者权益合计	31 800	5 500	9 600
负债和所有者权益总计	37 800	8 300	

要求:编制甲公司的合并会计分录。

2. 华兴公司 20×2 年 2 月 2 日从其拥有 80% 股份的被投资企业华达公司购进其生产的设备一台。华达公司销售该产品的销售成本为 84 万元,销售价款为 120 万元,销售毛利率为 30%。华兴公司支付价款总额为 140.4 万元(含增值税),另支付运杂费 1 万元、保险费 0.6 万元、发生安装调试费用 8 万元,于 20×2 年 5 月 20 日竣工验收交付使用。华兴公司采用直线法计提折旧,该设备用于行政管理,使用年限为 3 年,预计净残值为原价的 4%(注:抵销该固定资产包含的未实现内部销售利润时不考虑净残值)。

要求:(1) 计算确定华兴公司购入该设备的入账价值。

(2) 计算确定华兴公司该设备每月应计提的折旧额。

(3) 假定该设备在使用期满时进行清理,编制华兴公司 20×2 年度、20×3 年度、20×4 年度、20×5 年度合并财务报表时有关购买、使用该设备的抵销分录。

(4) 假定该设备于 20×4 年 5 月 10 日提前进行清理,在清理中发生清理费用 5 万元。设备变价收入 74 万元(为简化核算,有关税费略)。编制华兴公司 20×4 年度合并财务报表时有关购买、使用该设备的抵销分录。(答案以万元为单位)

本章主要参考文献

[1] APB Opinions NO. 16:Business Combinations. 1970.

[2] FASB. Proposed Statement of Financial Accounting Standards:Business Combinations and Intangible Assets. Sep. 7,1999.

[3] FASB. Statement of Financial Accounting Standards No. 141:Business Combinations. 2001.

[4] FASB. Proposed Statement of Financial Accounting Standards:Business Consolidated Financial Statements:Policy and Purpose. June 30,1995.

[5] 陈少华. 财务会计研究[M]. 北京:中国金融出版社,2007.

[6] 邓小洋. 高级财务会计学[M]. 上海:立信会计出版社,2009.

[7] 刘永泽,傅荣. 高级财务会计[M]. 大连:东北财经大学出版社,2009.

[8] 汤湘希. 高级财务会计[M]. 北京:经济科学出版社,2008.

[9] 王华,石本仁.财务会计研究前沿[M].北京:机械工业出版社,2008.

[10] 王则斌.高级财务会计专题[M].上海:复旦大学出版社,2007.

[11] 杨智勇.论企业合并理论框架对会计实务的影响[J].财会研究,2009(3):43-57.

第二章　外币业务与外币报表折算

导入案例

中信泰富(00267.HK)2008年10月20日发布公告,其外汇期权交易亏损达150亿美元,并有可能影响年度经营结果,公司随后发布了2008年盈利警告。中国中铁(601390)2008年10月21日公布的三季报显示,2008年1~9月份,H股募集资金共取得存款利息收入5.87亿元,汇兑损失23.51亿元,因结构性存款产生净损失1.75亿元,合计净损失19.39亿元。

中信泰富与中铁的问题不是个案,由此引发的"澳元门"事件值得人们深思。在经济全球化的背景下,越来越多的企业将面临外币业务和外币报表折算的问题,随之而来的外汇风险也将成为企业风险管理中日益重要的组成部分。那么,企业应当如何对外币交易进行处理? 如何对境外经营机构(包括子公司、合营企业、联营企业和分支机构)的外币财务报表进行折算? 国际金融市场的剧烈动荡究竟会给企业带来哪些外汇风险? 企业该如何有效地进行外汇风险管理?

内容提要

在当今世界经济发展日趋一体化和高速化的经营环境下,跨国企业在世界市场纵横逐利的同时也越来越面临着难以回避巨大的外汇风险,不断扩大的外汇风险对于跨国公司的生产、经营、筹资乃至企业的价值形成和信誉的确立等诸多方面产生越来越复杂而深远的影响。对于跨国企业而言,外币报表折算风险对其总体外汇风险有着极为重要的影响。

本章将以金融学、经济学相关知识为基础,从会计角度系统阐述外币交易和外币报表折算的处理,介绍外汇风险管理的基本方法,并讨论相关理论的未来发展方向,为读者更深刻、更全面地理解和解决上述问题提供一定的参考和启示。

通过本章学习,应达到以下目标:

1. 理解外币业务与外币报表折算的基本概念;

2. 理解外币业务与外币报表折算的经济学及会计学理

论基础；

3. 掌握外币业务与外币报表折算的会计处理；

4. 了解我国准则与美国准则、国际准则的差异及未来发展方向。

第一节　外币业务与外币报表折算概述

本节将介绍外币业务中的一些基本概念，包括外币和外汇的概念、外汇汇率的分类、外币业务的基本类型以及汇兑损益的确认等，为进行外币业务的处理打下基础。

一、外币和外汇

（一）金融学中的外币与外汇

在金融学中，外币通常是指除了本国货币以外的其他国家或地区的货币。国际货币基金组织（IMF）规定：外汇是指货币行政管理当局以银行存款、国库券、长短期政府债券等形式保有的在国际收支逆差时可以使用的债权。我国《外汇管理暂行规定》中定义：外汇是指以外币表示的用于国际结算的支付手段以及可用于国际支付的特殊债券和其他货币资产。具体包括：外国货币，包括纸币、铸币；外币有价证券，包括政府公债、国库券、公司债券、股票、息票等；外汇收支凭证，包括票据、银行存款凭证、邮政储蓄凭证等和其他外汇资金。

（二）会计学中的外币

我国现行《企业会计准则第 19 号——外币折算》（简称 19 号准则）中规定外币是指记账本位币以外的货币。记账本位币是指企业经营所处的主要经济环境中的货币。企业通常应选择人民币作为记账本位币。业务收支以人民币以外的货币为主的企业，可以选定其中一种货币作为记账本位币。列报货币是指企业编制财务报表时所采用的货币。

同一企业的记账本位币与列报货币可能一致，也可能不一致。我国《会计法》规定，业务收支以人民币以外的货币为主的单位，可以选定其中一种货币为记账本位币，但是对外编报的财务报告应当折算为人民币。

（三）记账本位币的确定与变更

1. 境内经营记账本位币的确定

境内经营企业选定记账本位币时应当考虑的因素包括：

（1）该货币主要影响商品和劳务的销售价格，通常以该货币进行商品和劳务的计价和结算；

（2）该货币主要影响商品和劳务所需人工、材料和其他费用，通常以该货币进行上述费用的计价和结算；

（3）融资活动获得的货币以及保存从经营活动中收取款项所使用的货币。

在确定企业的记账本位币时，上述因素的重要程度因企业具体情况不同而不同，需要企业管理当局根据实际情况进行判断。一般情况下，综合考虑前两项即可确定企业的记账本位币，第三项为参考因素，视其对企业收支现金的影响程度而定。在综合考虑前两项因素仍不能确定企业记账本位币的情况下,第三项因素对企业记账本位币的确定起重要作用。

2. 境外经营记账本位币的确定

境外经营是指企业在境外的子公司、合营企业、联营企业、分支机构。企业在境内的子公司、合营企业、联营企业、分支机构,采用不同于本企业记账本位币的,也视同境外经营。此外,境外经营选定记账本位币还应当考虑的因素包括:

(1) 境外经营对其所从事的活动是否拥有很强的自主性。如果境外经营所从事的活动是视同企业经营活动的延伸,该境外经营应当选择与企业记账本位币相同的货币作为记账本位币;如果境外经营所从事的活动具有极大的自主性,应根据所处的主要经济环境选择记账本位币。

(2) 境外经营活动中与企业的交易是否在境外经营活动中占有较大比重。如果境外经营与企业的交易在境外经营活动中所占的比例较高,境外经营应当选择与企业记账本位币相同的货币作为记账本位币;反之,应根据所处的主要经济环境选择记账本位币。

(3) 境外经营活动产生的现金流量是否直接影响企业的现金流量、是否可以随时汇回。如果境外经营活动产生的现金流量直接影响企业的现金流量,并可随时汇回,境外经营应当选择与企业记账本位币相同的货币作为记账本位币;反之,应根据所处的主要经济环境选择记账本位币。

(4) 境外经营活动产生的现金流量是否足以偿还其现有债务和可预期的债务。如果境外经营活动产生的现金流量在企业不提供资金的情况下,难以偿还先有债务和正常情况下可预期的债务,境外经营应当选择与企业记账本位币相同的货币作为记账本位币;反之,应根据所处的主要经济环境选择记账本位币。

3. 记账本位币的变更

企业记账本位币一经确定,不得随意变更,除非企业因经营所处的主要经济环境发生重大变化,确需变更记账本位币的,应当采用变更当日的即期汇率将所有项目折算为变更后的记账本位币,折算后的金额作为新的记账本位币的历史成本。由于采用同一即期汇率进行折算,因此,不会产生汇兑差额。但是,企业需要提供确凿的证据证明企业经营所处的主要经济环境确实发生了重大变化,并应当在附注中披露变更的理由。

企业记账本位币发生变更的,其比较财务报表应当以可比当日的即期汇率折算所有资产负债表和利润表项目。

二、外汇汇率的分类

(一) 汇率标价方法

汇率是指一国的货币兑换成另一国货币的折算比例,也称兑换率或外汇牌价。汇率标价分为直接标价法和间接标价法两种。

直接标价法是用一定单位的外国货币为标准来计算应折合若干单位本国货币的方法。如1美元可以兑换8.00元人民币($1=￥8.00)。间接标价法是以一定单位的本国货币来计算应折合若干单位的外国货币。如1元人民币可兑换0.125美元($0.125=￥1)。

直接标价法是国际通行的惯例。除英、美外,其余国家均采用直接标价法。我国国家外汇管理局对外公布的外汇牌价,采用的就是直接标价法。英国一直采用间接标价法。美国以前也采用直接标价法,但后来由于美元在国际贸易中作为计价标准的交易较多,纽约外汇市场从

1978年9月1日开始也改用间接标价法,但对英镑的汇率仍沿用直接标价法。

(二)汇率的类别

按照不同的分类标准,汇率有以下几种分类方法:

1. 固定汇率、浮动汇率和多重汇率

固定汇率(Fixed Rate)也称法定汇率或官方汇率(Official Rate),是指政府为稳定外汇市场而规定的外汇汇率。在对外汇进行管制的国家,固定汇率通常表现为国家公布的外汇牌价。固定汇率是相对概念,某些时候,政府会根据特定的情况分别制定不同的固定汇率,例如,对某些商品的进口规定较低的固定汇率,而对另一些商品的进口采用较高的汇率,这就是所谓的多重汇率(Multiple Rate)。浮动汇率也叫市场汇率,是指由外汇市场的供求变化来决定的汇率。可自由浮动汇率的货币,必须进入国际外汇市场挂牌交易,并可自由兑换,如美元、日元等。

2. 买入汇率、卖出汇率和中间汇率

此处的买入和卖出是从经营外汇的银行或经纪人的角度来讲的。买入汇率也称买入价,是指银行向同业或客户买入外汇时所使用的汇率,卖出汇率即银行向同业或客户卖出外汇时所使用的汇率。采用直接标价法时,外币折合本币数较多的那个汇率是卖出价,采用间接标价法时则相反。买入卖出之间的差价即为银行买卖外汇的收益,一般为1‰~5‰。银行同业之间买卖外汇时使用的买入汇率和卖出汇率也称同业买卖汇率,即外汇市场买卖价。中间汇率是买入价与卖出价的平均数。例如,1992年5月1日上午10时美国纽约外汇市场美元兑英镑的外汇牌价为:买入价US\$1.7785=1英镑,卖出价US\$1.7795=1英镑,两者的差额为US\$0.0010。中间价为US\$1.7790=1英镑。有时,外币交易要用到套算汇率,即根据两种外币对本国货币的汇率套算出两种外币间的汇率。

3. 即期汇率和远期汇率

外汇市场有现汇市场和期汇市场两种,相应的,其交易也就成为现汇交易和期汇交易,汇率也有即期汇率和远期汇率之分。即期汇率(Spot Rate)也称现汇汇率,是指在现汇交易中所使用的汇率,即期外汇交易通常隔两个营业日交割。远期汇率(Forward Rate)是指在期汇交易中所使用的汇率。期汇交易,也称远期外汇交易,是指在外汇买卖成交后,先有买卖双方订立合同,规定外汇买卖的数量、交割日期以及汇率等条款,到合同约定日再行办理交割的外汇交易。期汇交易的交割期,大都为30天、60天、90天或180天,但也可以约定其他的到期日。从事期汇交易,无论汇率发生何种变化,都应按期汇合同约定的汇率,在约定的期限到期时进行交易。因此,期汇交易常被进出口商和外汇债权债务人用作规避外汇风险的一种手段。

4. 现行汇率、历史汇率和平均汇率

现行汇率是指资产负债表编制日以单位本国货币兑换成外币金额的比率。历史汇率是和现行汇率相对应的术语。当取得外币资产或承担外币负债之日就是资产负债表编制之日时,现行汇率和历史汇率实际上是指同一汇率。在记录外币原始交易之日,使用的折算汇率是现行汇率,但只要此日已过,这一汇率就是历史汇率了。所以,现行汇率和历史汇率是相对于资产负债表编制日而言的。平均汇率则是会计上为了处理的简便,而将现行汇率与历史汇率进行简单加权平均后的汇率。

5. 即期汇率和即期汇率的近似汇率

即期汇率,通常是指中国人民银行公布的当日人民币外汇牌价的中间价。企业发生的外币兑换业务或涉及外币兑换的交易事项,应当按照交易实际采用的汇率(即银行买入价或卖出价)折算。即期汇率的近似汇率,是指按照系统合理的方法确定的、与交易发生日即期汇率近似的汇率,通常采用当期平均汇率或加权平均汇率等。加权平均汇率需要采用外币交易的外币金额作为权重进行计算。确定即期汇率的近似汇率的方法应在前后各期保持一致。如果汇率波动使得采用即期汇率的近似汇率折算不适当,应当采用交易发生日的即期汇率折算。至于何时不适当,需要企业根据汇率变动情况及计算近似汇率的方法等进行判断。

三、外币业务的基本类型

外币业务分为外币交易和外币财务报表的折算两大类。外币交易是指企业以外币计价或者结算的交易。具体包括:买入或者卖出以外币计价的商品或者劳务,借入或者借出外币资金及其他以外币计价或者结算的交易。外币财务报表的折算是指为了特定的目的把用一种货币表述的财务报表换用另外一种货币来表述。

四、汇兑损益的基本概念

(一)汇兑损益的概念

如果企业对外币业务的会计处理只是单一地采用历史汇率,而且外汇汇率是稳定不变的,那么外币业务的结算和兑换就非常简单,也不会发生由于汇率的不同而产生的损益。但是在浮动汇率的环境下,外汇汇率瞬息万变,使企业的外币交易变的十分复杂。由于汇率变动,企业的外币债权债务在发生日、资产负债表日、结算日折合为记账本位币的金额就会不相等,从而产生差额,该差额应作为汇兑损益处理。

汇兑损益是指发生的外币业务折合为记账本位币记账时,由于业务发生的时间不同,所采用的汇率不同而产生的记账本位币的差额;或者是不同货币兑换,由于两种货币采用的汇率不同而产生的折合为记账本位币的差额。汇兑损益会给企业带来收益或者损失,是衡量企业外汇风险的一个指标。

(二)产生汇兑损益的情形

(1)通常,产生汇兑损益的情形包括:① 债权债务的结算:在发生以外币计价的交易业务时,因收回或偿付债权、债务而产生的汇兑损益。② 货币兑换:在发生外币与记账本位币或一种外币与另一种外币进行兑换时产生的汇兑损益。③ 资产负债表日按期末汇率进行调整:在现行汇率制下,会计期末将所有外币性债权、债务和外币性货币资金账户,按期末汇率进行调整而产生的汇兑损益。④ 外币财务报表折算:会计期末为了合并会计报表或为了修正会计记录和重编会计报表,而把外币计量单位的金额转化为记账本位币计量单位的金额,在此过程中产生的汇兑损益。

企业除了上述四种正常经营期间内发生的一般外币业务汇兑损益以外,还有非正常经营期间发生的汇兑损益和经营期间特殊外币业务发生的汇兑损益。如企业开办期间收到外币性投资而产生的资本折算差额的汇兑损益,企业筹建期间由于外币收付业务产生的汇兑损益,企业清算期间由于企业各项资产及外币性长短期债权、债务的调整和结算处理而产生的汇兑损益。企业经营期间发生的特殊外币业务,如外币长期投资、外币长期负债、外币风险规避措施等也会产生汇兑损益。

(2)汇兑损益的分类。按照业务归属分类,汇兑损益可分为外币交易损益和报表折算损益。按照汇兑损益在当期是否已经实现分类,汇兑损益可分为已实现的和未实现的汇兑损益。

已实现的汇兑损益是指通过新的外币业务的开展,正式得以实现的汇兑损益。这种损益一般不会再随汇率的变化而变化,是已定的收益或损失,如应收的债权已经收回,应付的债务已经偿付,外币兑换过程已经结束等等。未实现的汇兑损益是指由于汇率变动在账户中已经产生,但一直没有实现的汇兑损益。如果汇率发生新的变化,这部分汇兑损益还会随之变化,与此有关的损益尚未最终确定,如资产负债表日的调整和报表折算时产生的汇兑损益,一般是由于在期末对外币账户余额与报表项目进行折算形成的,实际上本期并没有由于会计处理而使企业获得收益或受到损失,因此是未实现的汇兑损益。而外币交易汇兑损益中的折算损益,如果应收的债权尚未收回或者应付的债务尚未支付,此时记录在账上的汇兑损益也是未实现的汇兑损益。

上述两种汇兑损益的分类,可通过图 2-1 反映其关系。

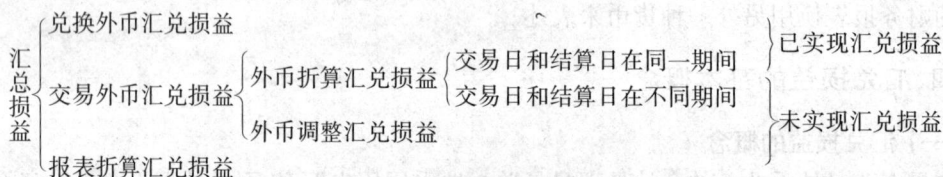

图 2-1　汇兑损益的分类

(三) 汇兑损益的确认

1. 关于汇兑损益确认的两种观点

关于汇兑损益的确认存在两种观点。一种观点认为对于计入本期损益的汇兑损益应以收付实现制为核算基础,即本期实现的汇兑损益应确认为本期损益,本期未实现的汇兑损益不能确认为本期损益。这种处理方法能够真实反映本期损益,但是企业其他业务都采用权责发生制核算基础,唯独外币业务采用收付实现制,有悖于一致性原则。

另一种观点认为对于计入本期损益的汇兑损益应以权责发生制为核算基础,即已实现的和未实现的汇兑损益都应计入本期损益,只要汇率发生变动,就应确认其汇兑损益已经实现。因此期末应对各项外币性债权债务和货币资金按现行汇率调整所有外币账户的余额,产生的汇兑损益不管是否在本期内实现,均应计入本期损益。这种处理方法与企业整个经济业务的处理一致,但是在汇率波动较大或汇率持续单向变动时,账面所反映的损益会长期虚增或虚减,直接影响企业的利润分配,虚增时会超额分配利润,虚减时会影响企业的盈利能力和信用度。

2. 我国会计准则对汇兑损益的处理原则

对于汇兑损益,我国准则中针对不同项目的计价原则规定了不同的处理原则,具体规定如下:

(1) 外币货币性项目:采用资产负债表日即期汇率折算。因资产负债表日即期汇率与初始确认或者前一资产负债表日即期汇率不同而产生的汇兑损益,计入当期损益。

(2) 以历史成本计量的外币非货币性项目:采用交易发生日的即期汇率折算,不改变其记账本位币金额。

(3) 企业收到投资者以外币投入的资本:采用交易发生日即期汇率折算。

(4) 编制合并财务报表:在所有者权益"外币报表折算差额"项目单独列示。

第二节　外币业务与外币报表折算理论

一、外币业务与外币报表折算的经济学理论

(一) 外汇及外汇市场

1. 外汇

国际货币基金组织(IMF)对外汇的概念从静态和动态两个方面进行解释。从静态角度考虑,外汇是以外币表示的能用于国际结算的支付手段;从动态角度考虑,外汇是将一国的货币兑换成另一国的货币,以清偿国际债权债务关系的一种支付行为。

外汇具有两个特征:① 必须是以外币表示的国外资产;② 必须是可以自由兑换成其他形式支付手段的外币资产,凡不能兑换成其他国家货币及支付手段的外国货币不能视为外汇。外汇是一种特殊的商品,在外汇市场上可以按一定的价格买入或卖出。外汇作为国际结算的支付手段,是国际间经济交流不可缺少的工具,且以外汇清偿国际间债权、债务关系,可以节省运送现钞的费用,避免运送风险,加速资金周转,从而促进国际间商品交换和资本流动的发展。

2. 外汇市场

外汇市场是指经营不同种货币兑换的交易场所。按外部形态,外汇市场可以分为有形外汇市场和无形外汇市场。

有形外汇市场,也称具体外汇市场,是指有具体的固定场所的外汇市场。这种市场最初流行于欧洲大陆,故其组织形式被称为大陆方式。有形外汇市场的主要特点是:固定场所(一般是外汇交易所)通常位于世界各国金融中心;从事外汇业务经营的双方都在每个交易日的规定时间内进行外汇交易。无形外汇市场,也称抽象外汇市场,是指没有固定、具体场所的外汇市场。这种市场最初流行于英国和美国,故其组织形式被称为英美方式。无形外汇市场的主要特点是:没有确定的开盘与收盘时间;外汇买卖双方无需进行面对面的交易,外汇供给者和需求者凭借电报、电话等通信设备与外汇机构联系;各主体之间有较好的信任关系,否则,这种交易难以完成。目前,除个别欧洲大陆国家的一部分银行与顾客之间的外汇交易还在外汇交易所进行外,世界各国的外汇交易均通过现代通讯网络进行,无形外汇市场已成为今日外汇市场的主导形式。

目前,世界上大约有 30 多个主要的外汇市场,它们遍布于世界各大洲的不同国家和地区。其中,最重要的有欧洲的伦敦、法兰克福、苏黎世和巴黎,美洲的纽约和洛杉矶,澳洲的悉尼,亚洲的东京、新加坡和香港。

外汇市场的功能主要表现在以下三个方面:

(1) 实现购买力的国际转移。国际贸易和国际资金融通至少涉及两种货币,这就要求将本国货币兑换成外币来清理债权债务关系,使购买行为得以实现。外汇市场所提供的就是这种购买力转移交易得以顺利进行的经济机制,它的存在使各种潜在的外汇售出者和外汇购买者的意愿能联系起来。同时,由于发达的通讯工具已将外汇市场在世界范围内联成一个整体,使得货币兑换和资金汇付能够在极短时间内完成,购买力的转移变得更加迅速、方便。

(2) 提供资金融通。外汇市场为国际贸易提供了保证,当进口商没有足够的现款提货时,

出口商可以向进口商开出汇票,允许延期付款,同时以贴现票据的方式将汇票出售,拿回货款。外汇市场便利的资金融通功能也促进了国际借贷和国际投资活动的顺利进行。

(3)提供外汇保值和投机的机制。在以外汇计价成交的国际经济交易中,交易双方都面临外汇风险。由于市场参与者对外汇风险的判断和偏好的不同,有的参与者愿意花费一定的成本来转移风险,而有的参与者则愿意承担风险以实现预期利润,由此产生了外汇保值和外汇投机两种不同的行为。在浮动汇率制度下,外汇市场既为套期保值者提供了规避外汇风险的场所,也为投机者提供了承担风险、获取利润的机会。

(二)国际货币制度的演变

迄今为止,国际货币制度经历了从国际金本位制到布雷顿森林体系再到牙买加体系的演变过程。

1. 国际金本位制

世界上首次出现的国际货币制度是国际金本位制,1880—1914年的35年间是国际金本位制的鼎盛时期。在这种制度下,黄金充当国际货币,各国货币之间的汇率由它们各自的含金量比例决定,黄金可以在各国自由输出输入,在"黄金输送点"的作用下,汇率相对平稳,国际收支具有自动调节的机制。1914年第一次世界大战爆发,各参战国纷纷禁止黄金输出,纸币停止兑换黄金,国际金本位制受到严重削弱。在1929—1933年的经济大危机冲击下,国际金本位制终于瓦解,随后,国际货币制度一片混乱,直至1944年重建新的国际货币制度——布雷顿森林体系。

2. 布雷顿森林体系

1944年7月在美国新罕布什尔州的布雷顿森林召开由44个国家参加的联合国联盟国家国际货币金融会议,通过了以"怀特计划"为基础的《国际货币基金协定》和《国际复兴开发银行协定》,总称《布雷顿森林协定》。这个协定建立了以美元为中心的资本主义货币体系。布雷顿森林体系的主要内容是:① 以黄金作为基础,以美元作为最主要的国际储备货币,实行"双挂钩"的国际货币体系,即美元与黄金直接挂钩,其他国家的货币与美元挂钩;② 实行固定汇率制;③ 国际货币基金组织通过预先安排的资金融通措施,保证向会员国提供辅助性储备供应;④ 会员国不得限制经常性项目的支付,不得采取歧视性的货币措施。

3. 浮动汇率制度

以美元为中心的布雷顿森林体系,对第二次世界大战后资本主义经济发展起过积极作用。但是随着时间的推移,该体系的种种缺陷也渐渐暴露。20世纪60年代以后,美国外汇收支逆差大量出现,黄金储备大量外流,导致美元危机不断发生。1971年8月15日美国公开放弃金本位,同年12月美国又宣布美元对黄金贬值,1972年6月到1973年初,美元又爆发两次危机,同年3月12日美国政府再次将美元贬值。1974年4月1日起,国际协定正式排除货币与黄金的固定关系,以美元为中心的布雷顿森林体系彻底瓦解。1976年1月,国际货币基金组织国际货币制度临时委员会在牙买加举行会议,达成了著名的《牙买加协定》。同年4月,国际货币基金组织理事会通过《国际货币基金协定第二次修正案》,并于1978年4月1日正式生效,从而形成了新的国际货币制度牙买加体系。其核心思想是:汇率安排多样化,黄金非货币化,国际储备多元化,国际收支调节机制多样化。

在浮动汇率下,诸如通货膨胀、利率和国际贸易收支情况等因素都能对汇率产生影响,因此汇率波动的幅度和频率很难预计,从而给有外币收支业务的企业尤其是跨国公司的外汇管理和外币会计带来了前所未有的问题,也使外币折算的程序变得更为复杂和困难。

(三) 外汇风险及管理

1. 外汇风险

对企业而言,外汇风险(Foreign Exchange Exposure)是指在一定时期内,以外币表示的资产与负债因未预料的外汇汇率的变动而引起的价值的增加或减少的可能性。企业外汇风险可分为以下三类:

(1) 交易风险(Transaction Exposure),是指运用外币计价收付的交易中,经济主体因外汇汇率变动而蒙受损失的可能性。交易风险主要发生在以下几种情况:商品劳务进口和出口交易中的风险,资本输入和输出的风险,外汇银行所持有的外汇头寸的风险。

(2) 折算风险,又称会计风险(Accounting Exposure),指在会计期末按期末汇率调整企业所有外币账户余额时,折算为记账本位币后与原来账面金额之间的差异给企业带来损失的风险。

(3) 经济风险(Economic Exposure),又称经营风险,指意料之外的汇率变动通过影响企业的生产销售数量、价格、成本等,引起企业未来一定期间收益或现金流量减少的一种潜在损失。

2. 外汇风险管理

外汇风险管理是指外汇资产持有者通过风险识别、风险衡量、风险控制等方法,预防、规避、转移或消除外汇风险,从而减少或避免可能的经济损失,实现在风险一定条件下的收益最大化或收益一定条件下的风险最小化。

一般来说,交易风险可以采取提前与延后收付、设立再结算中心、加入外汇保值条款等操作性策略来分散;折算风险可以采取套期保值策略;经济风险主要通过生产经营分散和融资币种来分散。最基本的套期保值工具有远期、期货、期权和互换,但是,对折算风险本身采取的保值措施可能会增加交易风险,因此保值策略更多地被用于管理交易风险,而折算风险则主要通过操作性策略来加以管理。

具体来说,折算风险管理有以下两种基本方法:一是调整外汇净受险资产,以达到避免外汇风险的目的。跨国企业总公司与国外分公司之间以及国外各分公司之间通常有很多的资金往来,可以通过提前或延缓支付的方式调整外汇受险额。提前或延缓支付的基本原则是:当预计某种外币即将贬值时,应加速收款而延缓付款;当预计某种货币即将升值时,应推迟收款而加速付款。二是采用资产负债表保值方法以轧平净受险资产,基本原理就是使公司合并资产负债表中的外币风险资产与外币风险负债相等,即净受险资产等于零,那么汇率变化引起的风险资产价值变化恰好被风险负债的价值变化抵销。在实务操作中,如果公司预测今后一定时期内汇率将发生变动,而公司的资产负债表存在净受险资产时,就可以通过分别调整国外资产和负债来进行资产负债表保值。

当然,上述风险管理方法也存在管理成本,主要是利润与利息收入下降、货币利息成本(机会成本)上升、对企业形象有负面影响等。因而企业需要根据成本效益原则并结合自身实际情况正确地选择使用,以有效地管理外汇风险。

(四) 汇率决定理论

汇率决定理论(Exchange Rate Determination Theory)是国际金融理论的核心内容之一,主要分析汇率受什么因素决定和影响。汇率决定理论随经济形势和西方经济学理论的发展而发展,并为一国制定汇率政策提供理论依据。汇率决定理论主要有国际借贷学说、购买力平价学说、利率平价学说、国际收支说、资产市场说。

(1)国际借贷学说(Theory of International Indebtedness),出现和盛行于金本位制时期,理论渊源可追溯到14世纪并于1961年由英国学者 G. I. Goschen 较为完整地提出。该学说认为,汇率由外汇市场上的供求关系决定,而外汇供求又源于国际借贷。国际借贷分为固定借贷和流动借贷两种。前者指借贷关系已形成,但未进入实际支付阶段的借贷;后者指已进入支付阶段的借贷,只有流动借贷的变化才会影响外汇的供求。这一理论的缺陷是没有明确哪些因素会具体影响外汇供求。

(2)购买力评价说(Theory of Purchasing Power Parity)的理论渊源可追溯到16世纪。1914年,第一次世界大战爆发,金本位制崩溃,各国货币发行摆脱羁绊,导致物价飞涨,汇率出现剧烈波动。1922年,瑞典学者 Cassel 出版了《1914年以后的货币和外汇》一书,系统地阐述了购买力平价学说。该学说认为,两种货币间的汇率决定于两国货币各自所具有的购买力之比(绝对购买力平价学说),汇率的变动也取决于两国货币购买力的变动(相对购买力平价学说)。假定 A 国的物价水平为 P_A,B 国的物价水平为 P_B,e 为 A 国货币的汇率(直接标价法),则依据绝对购买力平价学说:$e=P_A/P_B$。

> **思维拓展**
>
> 汇率决定理论经历了怎样的发展过程?各种理论的适用范围如何?分别存在哪些缺陷?

购买力平价学说虽然指出了汇率的长期决定因素,但也存在缺陷:只考虑了可贸易商品,而没有考虑不可贸易商品,且忽视了贸易成本和贸易壁垒;没有考虑到越来越庞大的资本流动对汇率产生的冲击;存在一些技术性问题,如一般物价水平(物价指数)很难计算,是选择居民消费价格指数(CPI)还是 GDP 平减指数并无统一标准。

(3)利率平价学说(Theory of Interest Rate Parity),理论渊源可追溯到19世纪下半叶并于1923年由凯恩斯系统地阐述。该理论认为两国之间的即期汇率与远期汇率的关系与两国的利率有密切的联系,主要出发点是投资者投资于国内所得到的短期利率收益应该与按即期汇率折成外汇在国外投资并按远期汇率买回本国货币所得到的短期投资收益相等。一旦出现由于两国利率之差引起的投资收益的差异,投资者就会进行套利活动,其结果使远期汇率固定在某一特定的均衡水平。与即期汇率相比,利率低的国家的货币的远期汇率会下跌,而利率高的国家的货币的远期汇率会上升。远期汇率同即期汇率的差价约等于两国间的利率差。

利率平价学说从资金流动的角度指出了汇率与利率之间的密切关系,有助于正确认识现实外汇市场上汇率的形成机制,有特别的实践价值,它主要应用在短期汇率的决定。但是利率平价学说也有一定的缺陷:忽略了外汇交易成本;假定不存在资本流动障碍,实际上,资本在国际间流动会受到外汇汇率管制和外汇市场不发达等因素的阻碍;假定套利资本规模是无限的;假定投资者追求在两国的短期投资收益相等,而现实世界中有大批热钱追求汇率短期波动带来的巨大超额收益。

(4)国际收支学说。1944年到1973年布雷顿森林体系实行期间,各国实行固定汇率制度。这一期间的汇率决定理论主要是从国际收支均衡的角度来阐述汇率的调节,这些理论统称为国际收支学说。它的早期形式就是国际借贷学说,其中有影响的理论主要有局部均衡分析的弹性论、一般均衡分析的吸收论、内外均衡分析的蒙代尔-弗莱明模型(Mundell-Fleming

Model)以及注重货币因素在汇率决定中重要作用的货币论。

国际收支学说分析了影响国际收支的主要因素如何通过国际收支作用于汇率,是关于汇率决定的流量理论,指出了汇率与国际收支之间存在的密切关系,有利于全面分析短期内汇率的变动和决定。但是国际收支学说并没有对影响国际收支的众多变量之间的关系及其与汇率之间的关系进行深入分析,也没有得出具有明确因果关系的结论。

(5)资本市场说。1973年布雷顿森林体系解体,固定汇率制度崩溃,浮动汇率制度开始施行,汇率决定理论有了更进一步的发展。资本市场说在20世纪70年代中后期成为了汇率理论的主流。与传统理论相比,汇率的资本市场说更强调了资本流动在汇率决定中的作用,汇率被看作资产的价格,由资产的供求决定。一国居民可持有三种资产,即本国货币、本国债券和外国债券,其总额应等于本国所拥有的资产总量。当各种资产供给量发生变动,或者居民对各种资产的需求量发生变动时,原有的资产组合平衡就被打破,这时居民就会对现有资产组合进行调整使其符合自己的意愿持有量,达到新的资产市场均衡。在对国内外资产持有量进行调整的过程中,本国资产与外国资产之间的替换就会引起外汇供求量的变化,从而带来外汇汇率的变化。

二、外币业务与外币报表折算处理的会计学理论

(一) 外币购销交易会计处理的两种观点

企业外币交易业务所涉及的外币债权债务账户,由于发生和结算时采用不同的汇率换算而产生的记账本位币金额上的差额,究竟应确认汇兑损益,还是应调整原来业务的对应账户,则取决于如何看待外币债权债务的“发生”与“结算”之间的关系,即所谓的一笔交易观(单业务观)和两笔交易观(双业务观)。

1. 一笔交易观

所谓一笔交易观,是指将外币交易业务与其以后发生的外币债务按债务结算业务视为同一笔业务,亦即将“购货”与“付款”或者“销货”与“收款”视为单笔业务。持这种观点的人认为,结算时出现的汇兑损益源于以往发生的交易(购销)业务。因此,汇兑损益不应该单独反映,而是应该追溯调整原购销业务的采购成本或销售收入。

采取一笔交易观时,到最后结账时才决定交易业务的交易额。因此,买卖业务发生时的入账金额只是一个估计值,待实际进行现金收入时,再根据实际收到或支付的现金对原来入账的交易收入或采购成本进行调整。只有到这时,才认为这一外币交易业务的最终完成。

2. 两笔交易观

所谓来两笔交易观,是指将外币交易业务与其以后发生的外币性债权债务结算业务是为两笔相互独立的业务。持这种观点的人认为,结算时出现的汇兑损益应单独反映,不应用于调整原来已入账的销售收入或采购成本。

在两笔交易观下,对于未实现的汇兑损益存在两种处理方式:一种是按全部数确认,即把未实现的汇兑损益计入当期损益,列入当期利润表;另一种是按实现数确认,列入资产负债表,直到完成结算才作为已实现的损益入账。

下面举例说明两种观点的差异。

【例2-1】 2009年10月20日,甲公司销售产品一批,售价为1 000美元,货已发出。当时的汇率为1美元=7.80元人民币;12月31日的汇率为1美元=7.70元人民币;结算日为

2010年2月16日,当天的汇率为1美元=7.60元人民币。双方约定以美元结算,甲公司的记账本位币为人民币。

表2-1 不同交易观点下的会计处理方法

日期	一笔交易观	两笔交易观	
		按全部数确认	按实现数确认
2009年10月20日	借:应收账款 7 800 　　　(1 000×7.80) 　贷:主营业务收入 7 800	借:应收账款 7 800 　　　(1 000×7.80) 　贷:主营业务收入 7 800	借:应收账款 7 800 　　　(1 000×7.80) 　贷:主营业务收入 7 800
2009年12月31日	借:主营业务收入 100 　[1 000×(7.80−7.70)] 　贷:应收账款 100	借:财务费用—汇兑差额 100 　[1 000×(7.80−7.70)] 　贷:应收账款 100	借:递延收益—汇兑差额 100 　[1 000×(7.80−7.70)] 　贷:应收账款 100
2010年2月16日	借:主营业务收入 100 　[1 000×(7.70−7.60)] 　贷:应收账款 100 同时: 借:银行存款 7 600 　贷:应收账款 7 600	借:财务费用—汇兑差额 100 　[1 000×(7.80−7.70)] 　贷:应收账款 100 同时: 借:银行存款 7 600 　贷:应收账款 7 600	借:递延收益—汇兑差额 100 　[1 000×(7.70−7.60)] 　贷:应收账款 100 同时: 借:银行存款 7 600 　贷:应收账款 7 600

　　从上例可以看到,两种观点下三种处理方法的差异主要体现在对折算差额的处理方面。一笔交易观,是将外币折算差额作为对销售收入和购货成本的调整;两笔交易观下,无论是按全部数确认或是按实现数确认,所发生的外币折算差额都作为汇兑损益入账,只是入账的时间不同,前者当期作为损益实现,后者递延到后期实现。但是,上述两种观点在不同货币之间的直接兑换业务处理上的做法是相同的,都可以单独确认汇兑损益,并计入当期损益。

　　由于两笔交易观点在思路上比较清晰,方法简便,所以实务中多采取两笔交易观。而对于按全部数确认与按实现数确认的选择,如果未实现汇兑损益金额不大、时间跨度较小,这两种方法的差异产生的影响不大。相比较而言,全部数确认法更为简单,它使当期会计报表能及时反映汇率变动对企业财务状况的潜在影响。但若未实现汇兑损益金额较大、时间跨度较长,这种方法可能会影响企业经营成果的真实性,误导投资者。因此,对于长期性外币项目的未实现汇兑损益,选择按实现数确认更为合理。

　　目前,大多数国家都采用两笔交易观,且其中按全部数确认汇兑损益的较多。国际会计准则理事会(IASB)在第21号准则《汇率变动的影响》(以下简称IAS 21)中建议采用两笔交易观处理外币业务,美国财务会计准则委员会(FASB)在第52号公告《外币折算》(以下简称SFAS 52)中也建议采用两笔交易观,并要求采用全部数确认,我国现行做法也是如此。

(二)外币报表折算方法

　　外币报表折算主要解决两个主要问题:一是外币报表各项目折算汇率的选择,二是折算汇率与原入账汇率不同所产生的外币折算损益的处理。折算目的不同,其相应的折算方法也各不相同。从目前世界各国外币财务报表折算的情况来看,基本上可以划分为单一汇率法和多种汇率法两大类。单一汇率法主要是现行汇率法,多种汇率法主要包括流动与非流动法、货币与非货币法、时态法等三种折算方法。

1. 流动与非流动法

流动与非流动法是早期普遍采用的方法。美国注册会计师协会(AICPA)会计程序委员会(CAP)早在 1939 年的第 4 号会计研究公报(ARB)《国外经营活动与外汇利得》中就推荐使用流动与非流动法。

采用流动与非流动法,首先要将被折算的国外子公司或附属公司资产负债表各项目划分为流动和非流动两大类,对流动资产和流动负债各项目的外币金额,应按编报日的现行汇率折算成国内母公司或总公司的记账本位币金额。对非流动资产和非流动负债各项目,则按取得资产或承担债务时日的历史汇率折算。对公司的实际资本或股本项目,按实际收到资本或发行股本时日的历史汇率折算。留存收益项目,则为报表折算的轧差平衡数。损益表项目,其中的折旧费和摊销费按取得有关资产时的实际历史汇率折算,其余的收入、费用项目均按编报期间的平均汇率进行折算。

随着该方法在实务中的广泛应用,其缺陷日益暴露。现行成本学说的代表 Chambers 就曾指出,把存货列为流动项目按现行汇率折算,将导致折算结果与实施不符。因为存货与现金相比,受汇率变动的影响程度不同,汇率变动可使现金贬值或升值,但它不会直接影响到存货价值,除非存货被出售。另外,按历史汇率折算属于非流动资产的长期应收款和非流动的长期应付款、长期借款等项目,由于它们按外币表述的金额是固定的,实际上也承受汇率变动的风险,因而以历史汇率折算也不合理。

因此,1965 年美国注册会计师协会会计原则委员会(APB)发布第 6 号意见书对此作了修正,将长期应收款和长期应付款改为以现行汇率折算。但这样做又违背了根据流动与非流动项目来选择折算汇率的原则。现在只有少数国家仍使用该法,如新西兰、萨尔瓦多、巴基斯坦、赞比亚、伊朗、南非等。

2. 货币与非货币法

1957 年由美国密治安大学教授 Samuel Hepworth 提出,应从汇率变动对资产和负债项目的不同影响入手,将资产和负债项目区分为货币性和非货币性项目,即货币与非货币法,此法亦得到了全美会计师协会(The National Association of Accountants)的支持。

采用货币与非货币法,首先需要根据资产负债表中各项目所代表的货币量是否固定不变为标准,分为货币性项目和非货币性项目两大类。货币性项目表示将在未来收到或付出一笔固定的外币金额的权利或责任,应按编报日现行汇率折算。对于非货币性项目和所有者权益项目,按原入账时的历史汇率计算。损益表项目中折旧费和摊销费应按取得有关资产时的历史汇率折算,其他收入和费用项目均按报告期平均汇率折算。但销售成本中的存货成本则应按历史汇率折算。对于报表折算过程中形成的折算损益,在货币与非货币法下一般不予递延,而是计入当期损益。

> **思维拓展**
> 外币报表折算主要解决什么问题?存在哪几种折算方法?不同折算方法具有哪些优势和缺陷?

货币与非货币法同流动与非流动法相比,更恰当分析了汇率变动对资产和负债项目的影响,然而仍有缺陷。外币报表折算涉及的是会计计量问题而不是简单的分类问题,FASB 在第 8 号财务会计准则公告《外币交易折算会计和报告》(以下简称 SFAS 8)中认为单从货币性与非货币性项目的区分中不能推导出折算的全面原则;在不同情况下,非货币性资产和负债是根据不同基础计量的,均按历史汇率折算不恰当。

由于存在上述缺陷,货币与非货币法也逐渐被实务界摒弃,而由更为完善的时态法所取代。目前仍使用货币与非货币法的国家和地区主要有瑞典、韩国、菲律宾、中国台湾、哥斯达黎加、尼加拉瓜等。

3. 时态法:母公司理论

时态法也叫时间度量法,是由美国注册会计师协会的研究人员列奥纳德·洛伦森于1972年在其研究报告中针对货币性与非货币性项目法的不足而提出来的,并于1975年为美国财务会计准则委员会的SFAS 8所采用。时态法的理论依据在于,外币报表折算的过程,实际上是将以外币表述的报表转换成另一种货币单位重新表述的过程。在这一过程中,只应改变计量单位,而不应改变其计量基础。因此应根据资产负债表上各项目发生的时态来选择采用的汇率。

在时态法下,外币会计报表的现金、应收项目和应付项目采用现行汇率折算;对于按历史成本反映的非货币性资产,采用历史汇率折算;对于按现行成本反映的非货币性资产,采用现行汇率折算;所有者权益中除未分配利润以外的其他项目均采用历史汇率折算,未分配利润项目则为轧算的平衡数额;对收入、费用项目,采用交易发生时的实际汇率或当期加权平均汇率(业务频繁时)折算;对于折旧费用和摊销费用,按照取得有关资产时的历史汇率折算;对于销货成本,则要在对期初存货、当期购货、期末存货等项目按不同的适用汇率分别折算后的基础上计算确定。

时态法的实质在于,折算后的财务报表各项目应当保持该资产和负债项目在子公司原外币财务报表中的计量属性。由于合并报表是母子公司作为一个完整的实体,而不是单个企业的集合来编制的。因此,国外附属公司、分支机构都被认为是母公司的延伸,这样,交易自然都应以母公司所在国的货币计量和报告。但是,这种折算方法也存在争议。比如,有些项目的时态难以确定,会影响到如何正确选择汇率;当子公司都以各自公司的利益为基础来决定汇率的选择时,各子公司选择的折算汇率各不相同,据此编制的合并财务报表将缺乏一致性。目前使用时态法的国家主要有美国、加拿大、奥地利、阿根廷、智利等。

4. 现行汇率法:子公司理论

现行汇率法又称期末汇率法或单一汇率法,是指将外币报表中的所有资产和负债项目都按期末的现行汇率进行折算。它是所有外币报表折算方法中最简便也是实务中采用较普遍的一种方法。

在现行汇率法下,以编报日的现行汇率折算所有的资产负债、收入和费用项目。只有公司的实收资本或股本项目,仍按收到资本或发行股份时的历史汇率折算。但是,如果收入和费用的发生是大量的,为简化起见,通常也可以按照编报当期的加权平均汇率折算。因报表折算产生的折算损益,应在资产负债表的股东权益中以单独项目予以列示,而不计入当期损益。

采用现行汇率法,实际上是将外币报表的资产和负债项目乘上一个常数,只是改变了外币报表的表现形式,而没有改变资产和负债的内部结构,因而采用这一方法能够保持国外子公司个别会计报表原来的内容结构和比例关系。但是,这种方法存在一个明显缺陷,即假设子公司的所有资产都暴露在外币汇率的风险之下,这显然不符合事实。

现行汇率法是1967年英镑贬值后,由英格兰和威尔士特许会计师协会在1968年的会计实务公告中提出来的,并得到《帕金森研究报告》的推崇。但在折算方法的发展过程中,该法同时态法一度处于对立局面。FASB在1975年发布SFAS 8中,以时态法为唯一的折算原则;而英国等主要西欧国家则流行使用现行汇率法。随着经济的发展,国外子公司成为独立的经营实体时,母子公司之间主要只是投资关系,汇率变动对子公司净资产的影响越来越受到重视,现行汇率法也就得到更广泛的认可。1981 年 FASB 发布的 SAFS 52《外币折算》(用以取代 SFAS 8)从适用性角度出发,同时推荐时态法和现行汇率法,2003 年 12 月,IASB 发布改进后的 IAS 21,推荐使用现行汇率法。

目前世界上采用现行汇率法的国家和地区主要有美国、英国、澳大利亚、哥伦比亚、丹麦、德国、法国、日本、新加坡、荷兰、瑞士、中国香港等。根据我国第 19 号准则,我国对外币财务报表的折算采用现行汇率法。

表 2-2 列示了不同的外币报表折算方法下,对特定的资产负债项目所选用的汇率。

表 2-2 不同折算方法下折算资产负债表各项目所用汇率

资产负债表项目	流动与非流动项目法	货币与非货币项目法	时态法	现行汇率法
货币资金	C	C	C	C
应收账款	C	C	C	C
存货				
按成本	C	H	H	C
按市价	C	H	C	C
投资				
按成本	H	H	H	C
按市价	H	H	C	C
固定资产	H	H	H	C
其他资产	H	H	H	C
应付账款	C	C	C	C
长期借款	H	C	C	C
实收资本/股本	H	H	H	H
未分配利润	※	※	※	※

说明:C=现行汇率;H=历史汇率;※=剩余的平衡数,代表连续使用现行汇率的综合结果。

(三) 外币报表折算损益的处理

国际上对折算损益的会计处理与折算程序一样存在多种方法。折算损益的会计处理观点涉及从"递延"到"非递延"法和位于这两种方法之间的各种混合方法。

1. 递延法

帕克森(Parkinson)提出了支持递延法的理由:外币报表折算损益涉及母公司对国外子公司的长期投资,也许是永久性投资;在国外子公司被关闭并且其全部净资产被返还给母公司之前,这些利得或损失没有真正实现;到那时或者在那时之前,汇率也许已经发生了相反的变化,也就不会再实现任何利得或损失。在此期间按照货币重估价记录的经营成果(并且按照现行汇率折算)标志着国外经营价值的增加或减少,而在这样的环境中没有必要在利润表中记录那些转瞬即逝的利得或损失——事实上这种记录会使人产生误解。

将折算损益排除在当期收益之外的做法得到了普遍拥护,因为,这些调整额仅仅是重编报表的产物。一个国外子公司净资产的本国货币等值变化不是真正实现的变化,对国外主体带来的当地货币现金流量没有任何影响。所以,将这些调整包括在当期收益中会产生误导。在这样的环境下,折算调整额应该分开累计,并作为合并权益的一部分。然而,递延法也遭到了反对,因为汇率不会自己发生逆转。即使汇率能够逆转,进行外汇调整的递延也是以对汇率的预测为前提的,而这恰恰是实务中最大的问题。递延折算损益在一定程度上掩盖了汇率变动的真相,根据 SFAS 8 的规定,"汇率是变动的,不应该通过会计信息的列报让人感到它是稳定的"。

2. 递延和摊销

一些学者主张递延折算损益并且在相关的资产负债表项目的寿命周期内摊销这些调整额。例如,假设企业通过借债筹资购置固定资产,可以认为,归还借款本金和支付利息的资金来自于固定资产使用期内产生的现金流量。因此,与借款相联系的折算损益应该在固定资产存续期限内摊销,也就是说,以和折旧费用相同的方式计入相关期间的收益。另一个可选择的做法是,将负债中产生的折算损益递延并在负债余额的偿还期限内作为利息费用的调整。

但是这样的处理可能遭到理论和实务上的批评。例如,根据财务理论,关于固定资产投资的资本预算决策是解决如何筹措资金的独立决策。而如果将筹资与折算损益摊销联系在一起,更像是一种拉平收益的技巧,而且调整利息的做法也是值得怀疑的。本国借款成本的确并没有因为市场利率变动或负债公允市价变动而进行调整,那外币价值的变动会产生这样的影响吗?

3. 部分递延

进行折算损益会计处理的第三种选择是,损失在发生时立即确认,而利得则在真正实现时才确认。尽管这样处理比较稳健,但仅仅因为折算利得是"利得"就递延处理的做法否认了汇率的变动。此外,在递延折算利得的同时确认折算损失是自相矛盾的,这种做法也缺乏确认折算利得实现时间的明确标准,对于递延折算的利得如何确定递延金额也并无确定的方法。过去,从当期折算利得中扣除前期的折算损失而将其差额予以递延,但是这种做法意味着折算利得和损失不是期间项目,它们将在公司的较长时期内被摊销。如果是这样,递延在实务中就会产生各种问题。

4. 不予递延

最后一个选择是不予递延,立即在利润表中确认折算利得和损失。任何类型的递延都被认为是粉饰或误导,递延的标准因不一致和实施上的不可行而经常受到抨击。将本期发生的外币报表折算损益全部计入本期利润表,因为汇率的变动是客观存在的,汇率变动已引起资产负债折算后价值的改变,使资产净值发生变动。而利润可界定为净资产的增加,因此将折算产生的调整额作为本期损益合乎情理。但是,在当期收益中包含折算损益会在收益中引入一个包含随意性的"账面"利得和损失,从而误导报表使用者,因为这些调整不能提供与汇率变动对企业现金流量预期经济影响相一致的信息。

在四种外币报表折算方法中,流动与非流动法主张对折算损失当期确认,折算利得予以递延;货币与非货币法和时态法则采用当期确认法;现行汇率法则主张采用递延法。

引申案例

有关人民币升值的讨论

一、人民币汇率走势

2005 年 7 月 1 日晚,中国人民银行宣布,中国开始实行有管理的浮动汇率制度。人民币汇率不再盯住单一美元,而是参考一篮子货币进行有管理的浮动。当日,人民币升值 2%,美元兑人民币 1:8.11。标志着人民币汇率改革的正式开始。

2010 年 6 月 19 日晚,中国人民银行宣布:进一步推进人民币汇率形成机制改革,增强人民币汇率弹性,即按照已公布的外汇市场汇率浮动区间,对人民币汇率浮动进行动态管理和调节。央行强调,汇率改革重在坚持以市场供求为基础,参考一篮子货币进行调节。标志着人民币汇率改革的进一步深化。

自 2005 年 7 月人民币汇率的 1:8.11 至 2011 年 3 月的 1:6.47,人民币对美元升值已超过 20.22%。汇率走势图如图 2-2 所示:(数据来源:http://finance.yahoo.com)

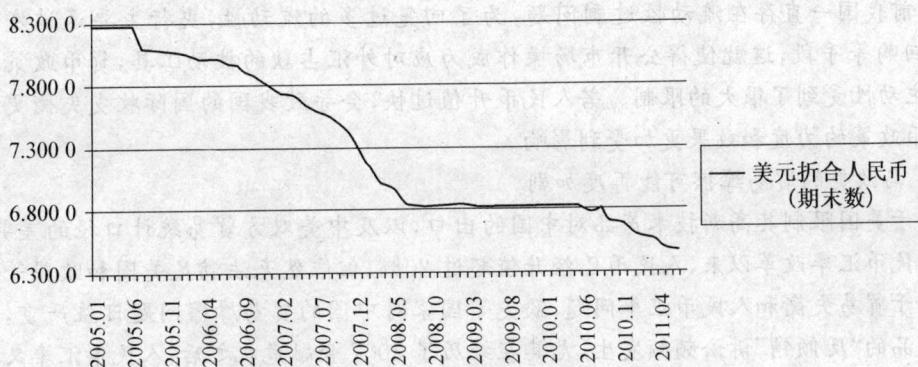

图 2-2 人民币汇率走势图

二、人民币升值的原因探讨

1. 国内因素

汇率政策导致货币政策缺乏独立性。随着我国资本账户的逐步开放,资本流入显著增加,这会导致本币货币供给量的增加,通货膨胀的压力加大;当央行以提高本币利率来防止通货膨胀压力时,直接结果是增加了国内与国外的利差,在美联储量化宽松的货币政策和人民币升值预期下,进一步刺激短期资本流入,推高人民币走势——人民币升值虽然可以在一定程度上弱化通货膨胀的国际传导,却使利率调整问题陷于矛盾,利率这一重要的货币政策工具的运用空间受到了极大限制。

汇率政策影响我国的国际收支调节功能。国际收支平衡是汇率政策的一个重要政策目标,但由于目前我国仍是参考别国汇率,汇率的自由浮动仍然受到限制,不能随外汇供求的变化而变化,所以难以通过汇率的调整来实现国际收支的动态平衡。

2. 国际因素

我国改革开放 30 多年以来,经济处在长期的增长状态。而且近年来我国一直保持巨额贸易和资本项目双顺差,以中美贸易为例,据统计,2010年中美双边贸易额为3 853亿美元,其中,中国对美国出口2 833亿美元,增长28.3%,中国对美国进口1 020亿美元,增长31.7%;而美方贸易逆差为1 813亿美元,增长26.4%。2010年2月,中国的外汇储备首次超过日本,成为全球外汇储备第一大国。中国连年增长的经济、多年的贸易顺差和高额的外汇储备让某些国家感到不安,一些国家通过政治的、经济的、外交的等各种手段,不断在人民币升值问题上施加压力。

自2005年中国汇率改革以来,以美国为首的西方发达国家要求人民币升值的呼声日益高涨,希望通过人民币升值改善对华贸易逆差的局面。尤其是2007年金融危机以来,美国经济持续低迷,美元持续走低,而中国经济却出现良好的复苏迹象。因此,以美国为首的一些国家对人民币升值问题又开始提出强硬要求,这无疑给人民币升值造成很大的压力。

三、人民币升值的影响

1. 人民币升值对我国货币政策的影响

目前我国一直存在流动性过剩问题,为了回笼过多的流动性,央行主要通过发行票据、正回购等手段,这就使得公开市场操作成为应对外汇占款的被动工具,货币政策的独立性、主动性受到了很大的限制。若人民币升值过快,会导致我国的国际收支失衡更加严重,货币政策的力度和效果更加受到影响。

2. 与欧美的贸易摩擦可能再度加剧

由于美国限制其高新技术产品对中国的出口,以及中美双方贸易统计口径的差异,虽然自人民币汇率改革以来,人民币已经升值超过20%,但依然无法满足美国和欧盟等的要求。由于贸易失衡和人民币汇率问题,欧美等国家对中国的贸易摩擦问题日益严重,针对中国产品的"反倾销"诉讼频频发生,尤其在经历了2007金融危机之后,人民币汇率又称为欧美等发达国家的众矢之的,要求人民币升值的外部压力卷土重来。

3. 人民币升值会影响外商对我国投资的积极性

自改革开放以来,大批外资企业和跨国公司因各种优惠条件进入我国,人民币汇率的提高会影响外商对华投资的积极性,降低外国投资者的利润,削弱外商直接投资的积极性。而海关总署署长指出:我国贸易顺差主要由外资企业贡献,人民币升值将导致外资企业出口和进口减少,外资企业将是人民币升值的直接受害者。

4. 人民币升值对进出口贸易的影响

人民币升值对某些以数量和廉价劳动力为导向的行业和企业将具有毁灭性的打击。这些以生产出口产品为主的劳动密集型企业,利润率已经很低,为了出口时能够获得相等的人民币收入,必须提高外币销售价格,但价格的提高必然会影响出口销售,甚至面临亏本。2011年以来,在浙江、广东等省出现的中小企业倒闭潮说明人民币升值的影响已经开始显现。当然,人民币升值对我国出口商品结构的改善也有一定的积极作用。人民币升值将迫使我国的劳动密集型企业向技术密集型转变,积极参与国际合作和分工,提高附加值,提高科技含量。而且人民币升值使企业可以更少的资金购买先进技术设备,直接降低技术研发成本,间接促进企业不断更新技术,提高管理水平,增强核心竞争力,从而促进我国产业结构调整,改善我国在国际分工中的地位。

四、人民币升值趋势下的措施和建议

1. 逐步完善人民币汇率市场化机制

中国目前是实行参考一揽子货币的汇率制度,利率和汇率没有完全自由浮动,这也是我国现阶段稳定发展经济的需要。根据中国加入 WTO 的承诺,中国将逐步放开金融管制,允许经济变量由市场决定,实现利率及汇率市场化。现阶段,作为央行货币政策调控目标的人民币汇率,央行干预是影响其变动的重要因素。随着汇率市场化改革进一步深入,要求央行逐步放弃汇率目标,不再以央行调控为直接目标,而是要通过调整基准利率来影响人民币汇率的变动,逐步完善人民币汇率定价体系,最终达到人民币不同汇率之间的变动由市场供给和需求自动调节。

2. 扩大内需,促进经济合理发展

我国经济对出口的依赖性很高,而人民币升值对出口贸易的负面影响非常大。而且,作为世界上人口最多的发展中国家,单纯以出口导向作为国家经济发展动力也是不合理的,因为这种模式很容易受到国外市场的冲击,从而直接影响经济的持续发展。因此,我国应合理转变经济发展方式,变出口导向为"内需拉动"导向,不断扩大内需,促进经济的可持续发展。

3. 加大进口力度,改善贸易不平衡状况

在扩大内需的同时,应高度重视我国进口增长方式的转变。有效及时地扩大进口,一方面可以缓解国际社会要求人民币升值的压力,另一方面,可通过引进先进技术来缩短与发达国家的差距。同时,利用我国充足的外汇储备加大对基础资源的进口,也可以为出口创造更好的环境,有利于实现全球范围内的资源优化配置。

可以看出,外币报表折算方法选择的争议还没有结束,随着我国跨国公司在国外投资项目的不断扩大,外币报表折算业务会越来越多,对外币报表折算的理论研究也将日益深入。此外,人民币汇率的形成机制和国际金融经济环境的日益复杂化也将使得对外汇业务和外币报表折算深入研究的重要性不断增加。

第三节　外币业务与外币报表折算的会计处理

本节主要介绍依据我国企业会计准则第 19 号,外币交易和外币报表折算的会计处理方法。

一、外币交易的核算程序

(一) 外币统账制和外币分账制

外币交易的记账方法有外币统账制和外币分账制两种。外币统账制是指企业在发生外币

交易时,即折算为记账本位币入账。外币分账制是指企业在日常核算时分别币种记账,资产负债表日分别对货币性项目和非货币性项目进行调整:货币性项目按资产负债表日即期汇率折算,非货币性项目按交易日即期汇率折算,产生的汇兑差额计入当期损益。

从我国当前情况看,绝大多数企业采用外币统账制,只有银行等少数金融企业由于外币交易频繁,涉及外币币种较多,可以采用分账制记账方法进行日常核算。采用分账制记账方法或统账制记账方法,虽然财务处理的程序不同,但产生的结果应当相同,即计算出的汇兑损益差额相同,相应的会计处理也相同。本章主要介绍外币统账制下的账户设置及其会计核算程序。

(二)账户设置

外币统账制方法下,对外币交易的核算不单独设置科目,对外币交易金额因汇率变动而产生的差额可在"财务费用"科目下设置二级科目"汇兑差额"反映。该科目借方反映因汇率变动而产生的汇兑损失,贷方反映因汇率变动而产生的汇兑收益。期末余额结转入"本年利润"科目后一般无余额。

(三)会计核算的基本程序

企业发生外币交易时,其会计核算的基本程序为:

(1)将外币金额按照交易日的即期汇率或即期汇率的近似汇率折算为记账本位币金额,按照折算后的记账本位币金额登记有关账户;在登记有关记账本位币账户的同时,按照外币金额登记相应的外币账户。

(2)期末,将所有外币货币性项目的外币金额,按照期末即期汇率折算为记账本位币金额,并与原记账本位币金额相比较,其差额计入"财务费用——汇兑差额"科目。

(3)结算外币货币性项目时,将其外币结算金额按照当日即期汇率折算为记账本位币金额,并与原记账本位币金额相比较,其差额计入"财务费用——汇兑差额"科目。

二、外币交易的会计处理

(一)外币交易的初始确认原则

外币交易初始计量应采用交易发生日的即期汇率将外币金额折算为记账本位币金额,也可以采用按照系统合理的方法确定的、与交易发生日即期汇率近似的汇率折算。

(二)不同外币交易的会计处理

1. 外币兑换

卖出外币时,将实际收取的记账本位币(按银行买入价折算)登记入账,同时将付出的外币折合按当日即期汇率折算为记账本位币;两者的差额作为汇兑损益,计入财务费用。买入外币时,将实际支付的记账本位币(按银行卖出价折算)登记入账,同时将收到的外币按当日即期汇率折算为记账本位币;两者的差额作为汇兑损益,计入财务费用。

【例 2-2】 3 月 1 日,甲公司将 100 美元出售给银行,当日银行买入价为 1 美元等于 7 元人民币,当日即期汇率(中间价)为 1 美元等于 7.1 元人民币。3 月 8 日,甲公司向银行买入 100 美元,当日银行卖出价为 1 美元等于 7.2 元人民币,当日即期汇率(中间价)为 1 美元等于 7.1 元人民币。

会计处理如下:

3 月 1 日

借:银行存款——人民币　　　　　　　　　　700(100×7.0)

```
    财务费用                                    10
      贷:银行存款——美元户                      710(100×7.1)
3月8日
借:银行存款——美元户                          710(100×7.1)
    财务费用                                    10
      贷:银行存款——人民币                      720(100×7.2)
```

2. 外币购销

企业以外币购入原材料和固定资产,按当日即期汇率将支付(或应付)的外币折算为记账本位币,以确定购入货物及债务的入账价值,同时按照外币的金额登记有关外币账户。

企业出口商品,按照即期汇率将外币销售收入折算为人民币;对于取得的款项或发生的外币债权,按照折算为人民币的金额入账,同时按照外币金额登记有关外币账户。

【例 2-3】　3 月 1 日,甲公司从境外购入一台设备,设备价款和境外运费共 100 万美元(款项未付),关税及境内运费共 15 万元人民币(已用人民币支付)。当日即期汇率为 1 美元等于 7 元人民币。3 月 11 日,甲公司出口商品一批,共 50 万美元(款项已收),当日即期汇率为 1 美元等于 7 元人民币。假设不考虑相关税费。

会计处理如下:

```
3月1日
借:固定资产                                  7 150 000
    贷:应付账款——美元户                      7 000 000(1 000 000×7.0)
       银行存款                              150 000
3月11日
借:银行存款——美元户                          3 500 000(500 000×7.0)
    贷:主营业务收入                          3 500 000
```

3. 外币借款

借款发生时,以当日的即期汇率入账。期末,以当日的即期汇率计算并计提利息,并计算外币借款本金及利息的汇兑损益。

【例 2-4】　甲公司 2010 年 1 月 1 日以面值发行美元公司债 1 000 美元,年利率为 8%,期限为 2 年,合同约定,每年 1 月 1 日支付利息,到期还本。甲公司的记账本位币为人民币,外币业务采用业务发生当日的即期汇率折算。已知 2010 年 1 月 1 日市场汇率为 1 美元=7.70 元人民币。2010 年 12 月 31 日,市场汇率为 1 美元=7.20 元人民币。

会计处理如下:

```
2010年1月1日:
借:银行存款——美元户                          7 700(1 000×7.70)
    贷:应付债券——美元户                      7 700
2010年12月31日:
(1)计提利息
借:财务费用                                  576
    贷:应付利息——美元户                      576(1 000×8%×7.2)
(2)计算汇兑损益
```

外币债券本金及利息汇兑损益＝1 000×(7.20－7.70)＋80×(7.20－7.20)＝－500 元。

借:应付债券——美元户　　　　　　　　　　　500

　　贷:财务费用　　　　　　　　　　　　　　　500

4. 接受外币投资

【例2－5】　甲公司2010年5月28日接受外商投资,收到10 000 美元,当日即期汇率为1美元等于7元人民币。按照投资协议约定汇率为1美元等于7.5元人民币。

企业接受外币投资时,以当日即期汇率入账。

5月28日收到投资时:

借:银行存款——美元户　　　　　　　　　　　70 000

　　贷:实收资本——外商　　　　　　　　　　　70 000

(三) 外币交易的后续确认原则

资产负债表日,外币交易的余额要区分货币性项目和非货币性项目分别进行处理。

1. 外币货币性项目的处理

货币性项目,是指企业持有的货币资金和将以固定或可确定的金额收取的资产或者偿付的负债。资产负债表日,货币性项目应采用资产负债表日即期汇率折算,因资产负债表日即期汇率与初始确认时或者前一资产负债表日即期汇率不同而产生的汇兑差额,计入当期损益。需要计提减值准备的,按资产负债表日的即期汇率折算后,再计提减值准备。

【例2－6】　2010年3月31日,甲公司银行存款——美元户的账面余额为100万美元,当日即期汇率为1美元＝7.2元人民币。4月份没有发生相关外币业务,4月30日的即期汇率为1美元＝7元人民币。

4月30日,甲公司计算"银行存款——美元户"的汇兑损益为100×(7.00－7.20)＝－20万元,会计处理如下:

借:财务费用　　　　　　　　　　　　　　　200 000

　　贷:银行存款——美元户　　　　　　　　　200 000

2. 外币非货币性项目的处理

非货币性项目是指货币性项目以外的项目。资产负债表日,非货币性项目的处理具体可分以下三类:

(1) 以历史成本计量的,仍采用交易发生日的即期汇率折算,不改变其记账本位币金额。

(2) 以成本与市价孰低计量的存货,如果其可变现净值以外币确定,则在确定存货的期末价值时,应先将可变现净值折算为记账本位币,再与以记账本位币反映的存货成本进行比较。

(3) 以公允价值计量的,采用公允价值确定日的即期汇率折算,其公允价值变动计入当期损益的,相应的汇率变动的影响也应当计入当期损益。

【例2－7】　甲公司的记账本位币为人民币。2009年12月5日以每股3.5港元的价格购入乙公司的 H 股10 000 股作为交易性金融资产,当日汇率为 HKD1＝CNY0.95,款项已支付。2009年12月31日,当月购入的乙公司 H 股的市价变为每股3港元,当日汇率为 HKD1＝CNY0.97。2010年2月7日,甲公司将所购乙公司 H 股按当日市价每股4港元全部售出,所得价款为40 000 港元,按当日汇率 HKD1＝CNY0.99。假定不考虑相关税费的影响。

会计处理如下:

2009年12月15日

借:交易性金融资产——成本　　　　　　33 250(3.5×10 000×0.95)
　　贷:银行存款——港元　　　　　　　　　　　　33 250
2009 年 12 月 31 日
借:公允价值变动损益　　　　　　　　4 150(3.5×0.95×10 000－3×0.97×10 000)
　　贷:交易性金融资产——公允价值变动损益　　4 150
2010 年 2 月 7 日
借:银行存款——港元　　　　　　　　　　39 600
　　交易性金融资产——公允价值变动　　　4 150
　　贷:交易性金融资产——成本　　　　　　　　33 250
　　　　投资收益　　　　　　　　　　　　　　10 500
同时:
借:投资收益　　　　　　　　　　　　　4 150
　　贷:公允价值变动损益　　　　　　　　　　　4 150

三、外币报表折算的会计处理

(一) 外币报表折算的必要性

具体来说,需要进行外币报表折算的事项主要有:

(1) 编制跨国公司合并会计报表的需要。由于编制合并报表的主要目的是为了满足母公司股东和债权人等的需要,因而合并报表通常应以母公司报表所用货币来表述。

(2) 母(总公司)公司为了考核、评价国外子公司(分支机构)的财务状况、经营成果以及现金流量情况,也需要将国外子公司用外币表述的报表转换为按母公司(总公司)所用货币表述的报表。

(3) 在国外资本市场有证券上市交易的公司,必须按上市地区的货币对外报告,或有义务向其他国家的投资者和债权人报告财务信息。

(二) 外币报表折算方法

外币财务报表折算的方法可以分为流动与非流动项目法、货币与非货币项目法、时态法、现行汇率法四类,各种方法的计价原则及优缺点已在第二节中详细介绍。当综合考虑资产负债表项目以及利润表项目所应采用的汇率时,有以下组合:

表 2-3　外币报表折算方法组合

资产负债表	利润表
流动与非流动项目法	历史汇率或平均汇率
货币与非货币项目法	历史汇率或平均汇率
时态法	历史汇率或平均汇率
现行汇率法	平均汇率或现行汇率

而无论怎样组合,报表折算损益都无法避免。第二节中已经介绍,在报表中可以采用不同的方法对报表折算汇兑损益加以处理:① 作为正常汇兑损益的一部分加以列示;② 作为对资本公积的调整;③ 对上述方法加以组合。因此,把相关汇率的选择与处理报表折算汇兑损益

的不同方法进行组合时,就可能出现大量的组合结果。

(三)我国准则规定外币报表折算的原则

我国准则中虽然没有明确指出,但是从原则判断,应该是现行汇率法。在对企业境外经营财务报表进行折算前,应当调整境外经营的会计期间和会计政策,使之与企业会计期间和会计政策相一致,根据调整后会计政策及会计期间编制相应货币(记账本位币以外的货币)的财务报表,再按照以下方法对境外经营财务报表进行折算:

1. 资产负债表项目的折算

(1)资产和负债项目应采用资产负债表日的即期汇率折算。

(2)所有者权益项目的具体处理如下:实收资本(或股本)采用发生时的汇率(历史汇率)折算;资本公积采用发生时的汇率(历史汇率)折算;期初盈余公积为以前年度计提的盈余公积按相应年度平均汇率折算后金额的累计,当期计提的盈余公积采用当期平均汇率折算;期初未分配利润记账本位币金额为以前年度未分配利润记账本位币金额的累计,期末未分配利润为其他项目折算后加减计算数。

(3)外币财务报表折算差额:在资产负债表中所有者权益项目下的单独列示,其中属于少数股东权益的部分,并入少数股东权益。比较财务报表的折算比照上述规定处理。

2. 利润表项目的折算

收入和费用项目应当采用交易发生日的即期汇率折算,也可以采用按照系统合理的方法确定的、与交易发生日即期汇率近似的汇率折算。

3. 现金流量表项目的折算

外币现金流量以及境外子公司的现金流量采用现金流量发生日的即期汇率。也可以按照系统合理的方法确定的、与现金流量发生日即期汇率近似的汇率折算。汇率变动对现金的影响额应当作为调节项目,在现金流量表中单独列报。

4. 特殊项目的处理

实质上构成对境外经营净投资的外币货币性项目产生的汇兑差额的处理:母公司含有实质上构成对子公司(境外经营)净投资的外币货币性项目的情况下,在编制合并财务报表时,应分别以下两种情况编制抵销分录:

(1)实质上构成对子公司净投资的外币货币性项目以母公司或子公司的记账本位币反映,则应在抵消长期应收应付项目的同时,将其产生的汇兑差额转入"外币报表折算差额"项目。

(2)实质上构成对子公司净投资的外币货币性项目以母、子公司的记账本位币以外的货币反映,则应将母、子公司此项外币货币性项目产生的汇兑差额相互抵销,差额转入"外币报表折算差额"。如果合并财务报表中各子公司之间也存在实质上构成对另一子公司(境外经营)净投资的外币货币性项目,在编制合并财务报表时应比照上述编制相应的抵销分录。

5. 境外经营的处置

企业在处置境外经营时,应当将已列入合并后的资产负债表中所有者权益项目的、与该境外经营相关的外币财务报表折算损益,自所有者权益项目转入处置当期损益;部分处置境外经营的,应当按处置的比例计算处置部分的外币财务报表折算损益,转入处置当期损益。

(四)恶性通货膨胀的影响

1. 恶性通货膨胀经济的判断

当一个国家经济环境显示出(但不局限于)以下特征时,应当判断该国处于恶性通货膨胀经济中:① 三年累计通货膨胀率接近或超过 100%;② 利率、工资和物价与物价指数挂钩;③ 一般公众不是以当地货币、而是以相对稳定的外币为单位作为衡量货币金额的基础;④ 一般公众倾向于以非货币性资产或相对稳定的外币来保存自己的财富,持有的当地货币立即用于投资以保持购买力;⑤ 即使信用期限很短,赊销、赊购交易仍按补偿信用期预计购买力损失的价格成交。

2. 恶性通货膨胀经济中境外经营财务报表的折算

通货膨胀水平是决定汇率的重要因素之一,在恶性通货膨胀下,外币报表折算既要消除通货膨胀对会计信息的影响,又要选择适当的折算方法将国外主体会计报表折算为母公司报告货币。为此,国际上形成了两种不同的折算观点。

(1) 先调整后折算法。即先按各子公司所在国的通货膨胀影响进行调整,对当地货币进行重新表述,然后再折算为母公司的报告货币。此方法是从子公司的角度出发,调整子公司所在国通货膨胀的影响,强调了子公司所在国环境的影响,是实体理论相一致的,此方法与现行汇率法相配合。

(2) 先折算后调整法。先将各子公司的当地货币报表换算为母公司报告货币,然后再根据母公司所在国的通货膨胀率对换算后的报表进行调整。此方法是从母公司货币观点出发的,相当于报表各项目按交易发生时的汇率就折算为母公司的报告货币,母公司的货币理应按母公司所在国的物价指数来进行调整,是与母公司理论相一致的,故此法宜与时态法相配合。

3. 我国准则的规定

企业在通过合并或权益法核算将处于恶性通货膨胀经济中境外经营的财务报表纳入本企业财务报表时,需要先对财务报表进行重述:对资产负债表项目运用一般物价指数予以重述,对利润表项目运用一般物价指数变动予以重述,然后按照重述后的财务报表进行折算。在境外经营不再处于恶性通货膨胀经济中时,应当停止重述,按照停止之日的价格水平重述的财务报表进行折算。

具体重述的方法如下:

(1) 资产负债表项目的重述。在对资产负债表项目进行重述时,由于现金、应收账款、其他应收款等货币性项目已经以资产负债表日的计量单位表述,因此不需要对其进行重述;通过协议与物价变动挂钩的资产和负债,应根据协议约定进行调整;非货币项目中,有些是以资产负债表日的计量单位列示的,如存货如果已经以可变现净值列示,资产负债表日就不需要进行重述。其他非货币性项目,如固定资产、无形资产等,应自购置日起以一般物价指数变动予以重述。

(2) 利润表项目的重述。在对利润表项目进行重述时,所有项目金额都需要自其初始确认之日起,以一般物价指数变动进行重述,以使利润表的所有项目都以资产负债表日的计量单位表述。由于上述重述而产生的差额计入当期净利润。

对资产负债表和利润表项目进行重述后,再按资产负债表日的即期汇率将资产负债表项目和利润表项目折算为记账本位币报表。

【例 2-8】 国内甲公司的记账本位币为人民币,该公司在意大利有一子公司乙公司,乙公司确定的记账本位币应为欧元。根据合同约定,甲公司拥有乙公司 70%的股权,并能够对乙公司的财务和经营政策施加控制。2007 年 12 月 31 日,甲公司确认其在乙公司的投资应分享或分担的乙公司实现的净损益的份额时,需要先将乙公司的欧元财务报表折算为人民币表述。乙公司有关资料如下:2007年12月31日的汇率为1欧元=11元人民币,2007年的平均汇率为1欧元=10元人民币,实收资本、资本公积发生日的即期汇率为1欧元=8元人民币,2006年12月31日的累计盈余公积为140万欧元,折算为人民币1190万元,累计未分配利润为100万欧元,折算为人民币900万元,甲、乙两公司均在年末提取盈余公积。

表2-4 利润表

编制单位:乙公司　　　　　　　　　　2007年　　　　　　　　　　单位:万元

项目	期末数(欧元)	折算汇率	折算为人民币金额(人民币)
一、营业收入	3 000	10	30 000
减:营业成本	1 800	10	18 000
管理费用	200	10	2 000
财务费用	100	10	1 000
二、营业利润	900	—	9 000
加:营业外收入	100	10	1 000
三、利润总额	1 000	—	10 000
减:所得税费用	300	10	3 000
四、净利润	700	—	7 000
五、每股收益	—		—

表2-5 所有者权益变动表

编制单位:乙公司　　　　　　　　　　2007年　　　　　　　　　　单位:万元

	实收资本			盈余公积			未分配利润		外币报表折算差额	所有者权益合计
	欧元	折算汇率	人民币	欧元	折算汇率	人民币	欧元	人民币		人民币
一、本年年初余额	6 000	8	48 000	140		1 190	100	900		50 090
二、本年增减变动金额										
(一)净利润							700	7 000		7 000
(二)直接计入所有者权益的利得和损失										19 250
其中:外币报表折算差额									19 250	19 250
(三)利润分配										
1.提取盈余公积				160	10	1 600	-160	-1 600		
三、本年年末余额	6 000	8	48 000	300		2 790	640	6 300	19 250	76 340

表 2-6　资产负债表

编制单位:乙公司　　　　　　　2007 年 12 月 31 日　　　　　　　单位:万元

资产	期末数(万欧元)	折算汇率	折算为人民币金额(万人民币)	负债和股东权益	期末数(万欧元)	折算汇率	折算为人民币金额(万人民币)
流动资产				流动负债			
银行存款	1 000	11	11 000	应付账款	360	11	3 960
应收账款	1 800	11	19 800	应付职工薪酬	800	11	8 800
存货	1 500	11	16 500				
流动资产合计	4 300		47 300	流动负债合计	1 160		12 760
非流动资产				非流动负债			
长期应付款	1 000	11	11 000	长期负债	1 200	11	13 200
固定资产	3 000	11	33 000	非流动负债合计	1 200		13 200
无形资产	1 000	11	11 000	负债合计	2 360		25 960
非流动资产合计	5 000		55 000	股东权益			
				实收资本	6 000	8	48 000
				盈余公积	300		2 790
				未分配利润	640		6 300
				外币报表折算差额			19 250
				股东权益合计	6 940		76 340
资产总计	9 300	—	102 300	负债和股东权益总计	9 300		102 300

(五) 外币业务信息披露

外币报表折算需要披露的信息包括:

(1) 企业及其境外经营选定的记账本位币及选定的原因,记账本位币发生变更的,说明变更理由。

(2) 采用近似汇率的,近似汇率的确定方法。

(3) 计入当期损益的汇兑差额。

(4) 处置境外经营对外币财务报表折算差额的影响。

第四节　外币业务与外币报表折算的国际比较与未来发展方向

本节主要介绍我国与美国、国际准则对外币业务处理的原则和方法的比较,并介绍外币业务处理未来可能的发展方向。

一、与美国会计准则的比较

（一）外币的概念

1975 年 3 月，FASB 发布了 SFAS 8《外币交易折算会计和报告》，其主要内容就是要求采用时态法折算外币报表。1981 年 FASB 发布了 SFAS 52，它是以 SFAS 8 为基础的较大规模的折中修改，加入了现行汇率法的运用，并引入了"功能货币"的概念。

功能货币，是指某一国外主体从事经营活动和创造现金流量的主要经营环境的通货，外币则为功能货币以外的货币。如果国外主体的经营活动相对来说是自主的，并形成了一个独立的整体，它的功能性货币通常是当地货币，这一货币观点可称为"子公司观点"。相反，如果国外主体的营业活动只不过是母公司的营业活动在国外的扩展，就像母公司直接在国外从事这项营业活动一样，它的功能性货币就可能是母公司所在国货币，这一货币观点可称为"母公司观点"。确定功能性货币是决定选择何种折算方法和如何处理折算差额的关键。

（二）外币交易的处理

（1）外币交易的初始确认：企业发生外币业务，折算汇率应采用业务发生日的汇率或接近业务发生日的汇率。

（2）外币交易的后续确认：如果在业务发生日和结算日之间编制资产负债表，外币业务涉及的账户余额应按照编表日的当日汇率调整，不区分货币性项目和非货币性项目。但是有两个例外，即对国外实体的净投资的经济保值的外币业务和公司间的长期外币业务，此时与业务有关的各方将按合并、联合或按权益法计算折算损益。

（3）汇兑损益的处理：未实现的汇兑损益应按照全部数确认，计入当期损益，列入当期利润表。

（三）外币报表折算方法的选择

（1）折算汇率的选择：SFAS 52 综合了时态法和现行汇率法，创造了功能货币法。若功能货币为当地货币，该国外实体用现行汇率法；若功能货币为本国货币，该国外实体用时态法；若功能货币既非本国货币又非当地货币，按时态法将当地货币重新计量为功能货币，再按现行汇率法折算为本国货币。

记账货币＝功能货币≠报告货币，则功能货币折算（现行汇率法）为报告货币

记账货币≠功能货币≠报告货币，则记账货币重新计量（时态法）为功能货币，再折算（现行汇率法）报告货币

记账货币≠功能货币＝报告货币，则记账货币重新计量（时态法）为功能货币

这种方法实际上是把国外的子公司或分支机构分为两种类型：对自主经营的国外经济实体采用现行汇率法，对作为母公司经营延伸的国外分支机构采用时态法。这在一定程度上结合了两种方法的优点。

（2）通货膨胀的考虑：当外币报表在通货膨胀环境中编制时，应将财务报表先调整再进行折算。

二、与国际会计准则的比较

为了规范涉及外币活动的会计处理，国际会计准则委员会（IASC）在 1983 年 7 月发布了《国际会计准则第 21 号——汇率变动影响的会计》，该准则于 1985 年 1 月起生效。1989 年，

IASC 在指定的"财务报表的可比性"项目中,决定对 IAS 21 进行修改。1992 年 5 月,IASC 发布了第 44 号征求意见稿(E44)《汇率变动的影响》。1993 年 11 月,IASC 发布了经过重新修订的 IAS 21《汇率变动的影响》,该准则于 1995 年 1 月起生效。1998 年,IAS 21 第 2 段被修改,提到了《国际会计准则第 39 号——金融工具:确认和计量》(IAS 39)。1999 年,IAS 21 第 46 段又略作修改。2001 年 4 月国际会计准则理事会(IASB)成立并正式运作,启动了"改进国际会计准则"项目,IAS 21 的改进就是项目内容的一部分。2003 年 12 月,IASB 发布改进后的 IAS 21,对自 2005 年 1 月 1 日或以后开始的报告期的年度财务报表有效。

　　IAS 21 适用于外币交易和余额的会计核算,以及对那些通过合并或权益法包含在主体财务报告中的国外经营成果和财务状况所进行的折算。IAS 21 并未涉及外币项目套期会计的处理,外币衍生工具的会计处理,主要通过 IAS 39《金融工具:确认和计量》进行规范,但是在 IAS 39 规范范围之外的外币衍生工具,仍适用 IAS 21 的规定。

　　(一) 外币

　　IAS 21 几乎完全采纳了 SFAS 52 有关功能货币的规定,将"报告货币"的概念划分为"功能货币"和"列报货币",并取消了对"构成报告企业经营整体组成部分的国外经营"和"国外实体"的区分。

　　功能货币是指主体经营所处的基本经济环境的货币,而外币是指主体功能货币以外的货币。主体应区分"国外经营"和"国外经营净资产",国外经营,是指经营活动所在国家或采用货币与报告主体不同的子公司、联营主体、合营主体或分支机构。国外经营净资产是指报告主体在国外实体净资产中所享有的份额。

　　(二) 外币交易的处理

　　外币交易的初始确认:外币交易在初次确认时,应当以功能货币进行记录,外币金额按交易日功能货币和外币的即期汇率进行折算。

　　外币交易的后续确认:在每一个资产负债表日,外币货币性项目应以期末汇率予以报告,以外币历史成本计价的非货币性项目应采用交易日汇率予以报告,以外币公允价值计价的非货币性项目应采用确定价值时存在的汇率予以报告。各项目的入账金额要结合其他相关准则加以考虑,无论以何种方式计量,如果涉及外币,都要按本准则的要求折算成功能货币。

　　汇兑损益的处理:构成报告主体对国外经营净投资的货币性项目产生的汇兑损益,应确认为损益,在包括国外经营和报告主体的财务报表(当国外经营为报告主体的子公司时即为合并财务报表)中,该汇兑损益应作为一个单独组成部分加以初始确认,并在处置该项净投资时确认为损益。

　　对于非货币性项目按照其他准则规定进行重估产生的利得或损失而发生的汇兑损益,则应区分以下两种情况:① 若非货币性项目的利得或损失在权益中确认,则该汇兑损益在权益中确认;② 若非货币性项目的利得或损失在损益中确认,则该汇兑损益在损益中确认。

　　(三) 外币报表折算方法的选择

　　IAS 21 允许主体以任何一种或若干种货币列报其财务报表,只要列报货币和功能货币不同,主体本身以功能货币计量的经营成果和财务状况就需要进行折算。

　　当主体的功能货币不是恶性通货膨胀经济中的货币时,应采用以下程序折算:资产和负债项目(包括比较期间),均应按照资产负债表日的期末汇率折算;收益和费用项目(包括比较期间),均应按照交易日的汇率折算,可以简化采用平均汇率;产生的所有汇兑损益均应作为权益的一个单独组成部分确认。

当主体的功能货币是恶性通货膨胀经济中的货币时,应采用以下程序折算:① 若列报货币也是一种恶性通货膨胀经济中的货币,则当期和比较期间财务报表中的项目,均应按照最近资产负债表日的期末汇率进行折算。② 若列报货币不是恶性通货膨胀经济中的货币,则当期财务报表中的所有项目均应按照最近资产负债表日的期末汇率进行折算;而比较期间财务报表项目仍采用这些比较信息在相关的以前年度财务报表中所列报的金额,作为当期的比较信息,不考虑这些信息在以前年度列报以后价格水平和汇率的后续变化。

表 2-7 反映了我国准则、美国准则及国际准则的比较:

表 2-7　外币业务与外币报表折算不同准则的比较

比较项目	我国准则	美国准则	国际准则
外币的概念	区分记账本位币和外币	区分功能货币和外币	区分功能货币和外币
外币交易的处理	初始确认采用交易日的汇率;资产负债表日区分货币性项目和非货币性项目分别调整;未实现的汇兑损益应按照全部数确认计入当期损益	初始确认采用交易日的汇率;资产负债表日按当日汇率调整;未实现的汇兑损益应按照全部数确认计入当期损益	初始确认采用交易日的汇率;资产负债表日区分货币性项目和非货币性项目分别调整;未实现的汇兑损益应按照全部数确认计入当期损益
外币报表折算方法的选择	现行汇率法;通货膨胀环境中先调整后折算	综合了时态法和现行汇率法,采用功能货币法;通货膨胀环境中先调整后折算	现行汇率法;通货膨胀环境中先调整后折算

三、未来发展方向

尽管我国企业会计准则实现了与国际会计准则的趋同,但是在外币交易和外币报表折算中依然存在很多差异和争论。对于外币准则的未来发展方向,实务界和理论界都在进行积极的探讨。

(一) 汇兑损益会计处理的改进

有学者认为,有些企业在处理外币业务时随意性较大,不利于会计信息的可比,同时也隐含了账务风险。因此,汇兑损益的处理方法应遵循一致性原则,便于比较、分析不同时期的汇兑损益对企业经济效益的影响程度,便于管理层采取相应措施,减少不必要的损失,同时也有利于提高会计信息质量。

(1) 设置固定汇率。对于汇率变动频繁且外币业务较多的企业,为了方便核算,在具体操作时,可以在平时核算时类似于材料采购采用计划价格,采用计划汇率,等到会计期末再用期末汇率进行调整。当计划汇率与实际汇率偏离程度较大时,就对计划汇率实施修订。

(2) 分别列示本期已实现和未实现的汇兑损益。以收付实现制和权责发生制为核算基础确认的汇兑损益均有不足之处,更可行的办法是对本期已实现的汇兑损益计入本

> **思维拓展**
> 比较我国准则、美国准则及国际准则,外币业务和外币报表折算存在哪些差异?未来有哪些可供研究的方向?

期损益,对未实现的汇兑损益,则开设递延账户或先计入待摊费用,在以后的实现期内摊销并计入损益,使各期反映的经营成果和财务状况比较接近实际情况。

（3）减少汇兑损失,防范汇率风险,提高企业经济效益。企业在具体进行外币业务时应选择合适的结算方式,并多元化资产结构,选择两种以上的外币存款以分散风险,并积极参加金融市场交易业务,利用各种金融工具包括衍生金融工具等手段进行交易,降低金融风险,减少损失,增加收入。

（二）外币报表折算方法的改进

解决外币会计报表折算问题的根本途径,是根据外币报表折算的目标来选用折算汇率,并且要对整个折算方法体系作通盘考虑。对外币报表折算中的两个基本问题（折算汇率的选择和折算损益的处理）,不同的折算模式提出了不同的折算目标、概念依据和折算假设。针对当前外币会计报表折算中的诸多问题,西方国家在外币报表折算的会计处理方面进行了一些有益的尝试。

（1）按照不同情况和层次的合并来编制不同的合并报表。如用时态法折算和用现行汇率法折算的国外子公司报表分别合并,这种方法在跨国公司内部经营管理上非常有用。

（2）把特殊情况的子公司报表排除在合并之外。如把在高通货膨胀国家从事经营的子公司排除在合并范围之外,因为这种国家往往会实施外汇管制,它的资金不能自由地汇回本国。但这种方法并不能解决上述所有的问题,如它对兼用时态法和现行汇率法所产生的问题就无能为力。

通过以上比较可见,我国外币折算会计准则从我国的实际情况出发,尽可能借鉴了国际惯例,充分实现与 IAS 21 的协调和趋同。但是,我国外币折算会计准则与国际准则还有一定的差异,还有许多问题没有解决。所以,关于外币会计报表折算方法的研究将是一个漫长的过程,需要我们不断地努力,使其更具国际性,为我国在国际贸易中的会计核算更好地服务。

综合案例

"澳元门"对企业汇兑风险管理的启示

一、中信泰富引爆"澳元门"

2008 年,全球金融危机愈演愈烈,10 月以来美元大幅走高,其他主要货币大幅贬值,全球股市期市全线暴跌。因全球资本的流动,危机波及中国。随着上市公司三季报陆续披露,一条消息震惊全国:一向稳健的中信泰富外汇期权交易亏损达 150 亿港元。根据 2008 年 10 月 20 日的公告,中信泰富购买的澳元累计期权合约共 90.5 亿澳元,平均价为每 1 澳元兑换 0.87 美元,而合约规定中信泰富每月都要买入,当汇率低于 0.78 美元时,公司更要两倍买入,直到 2010 年 10 月。

继中信泰富遭受巨额损失之后,越来越多的企业卷入"澳元门"漩涡之中。中国中铁2008 年 10 月 21 日公布的三季报显示,2008 年 1～9 月份,H 股募集资金共产生存款利息收入 5.87 亿元,汇兑损失 23.51 亿元,因结构性存款产生的净损失 1.75 亿元,合计净损失19.39 亿元。没有参与任何衍生品交易。公司三季度亏损 5.5 亿元。

中信泰富与中铁的问题不是个案,国内众多上市公司的外汇资产在剧烈的金融动荡中可能普遍遭遇较大损失,这些损失对国内企业的汇兑风险管理敲响了警钟。

二、澳元汇率走势回顾

自次贷危机起,澳元/人民币汇率的剧烈变动可以说是三十多年来最为动荡的。从2001年4月至2008年7月,澳元持续了八年的增长,且澳元/人民币在跳水之前曾在6.5左右盘整了近4年。

然而自2008年7月次贷爆发后,澳元开始急剧下跌,速度之快、跌幅之深让人难以想象。在短短的三个月内澳元/人民币从6.61跌到4.25,跌幅高达36%,澳元兑美元汇率跌幅更是高达40%。

此后,在世界各国央行和政府的联手行动下,恐慌情绪慢慢在金融市场上消退,世界主要央行向金融市场保证,货币会充分供应,融资需求会得到有效满足。各主要国家央行利率急剧降低至前所未有地步。各国政府出台大额经济刺激计划。自2009年3月,澳元/人民币开始了快速攀升的过程,至2009年10月,已经上升至6.2,涨幅接近46%,几乎达到跳水前的高度。澳元同时期对其他货币也是大幅反弹。

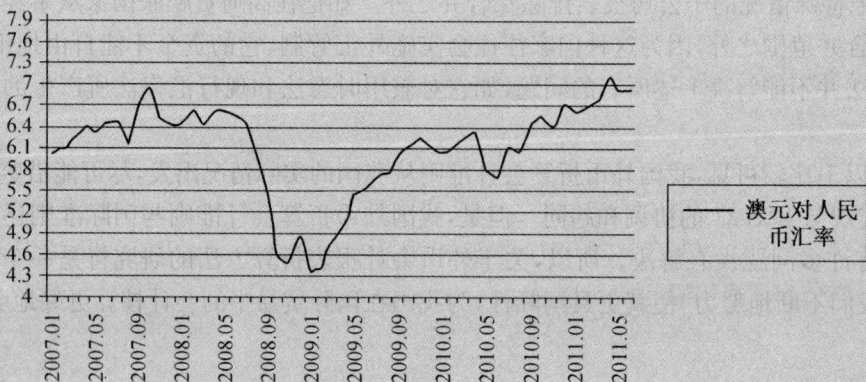

澳元汇率走势图

三、中国企业为何身陷"澳元门"

澳元汇率的大幅变动,使中国企业遭受巨额损失的原因是多方面的,但最重要的是由于企业普遍缺乏有效的汇兑风险管理机制,而这一问题又可以大体分为两类:一类是以中信泰富、中国国航为代表的衍生品使用不当,一类则是以中国中铁、中国铁建为代表的没有使用任何外汇避险工具。

1."套期保值"合约详解

中信泰富签订的累计期权合约(Accumulator),是近几年新兴的一种金融衍生产品,其一般运作模式是,由大的投资银行等机构向客户(对手)出售一份期权合约,合约规定客户可以在固定的期限内,以一定的折扣价格连续购入一定数量的资产,如果资产价格上涨到一定的程度,卖方有权终止合约;但是如果资产价格跌破协议接货价,客户必须以协议价格赔钱购入资产,直至协议到期。对客户来说,这样的协议收益有限,风险却无限。而累计期权的卖方在设计产品时,凭借定价优势,一般会为期权合约在执行时间上预留了足够的反转空间,因此客户承担相当大的风险。

中信泰富要对澳大利亚一笔约 42 亿美元的投资项目做汇率套期保值。这笔投资首期支付 16 亿澳元,其后 25 年中,年运营费用 10 亿澳元,为了降低项目面对的货币风险,公司先后与 13 家外资银行签订了 24 款外汇累计期权合约,币种涉及澳元、欧元及人民币。其中多份合约涉及澳元,最大交易金额为 94.4 亿澳元。

中信泰富投资的杠杆式外汇合约主要有 4 种,分别为澳元累计目标可赎回远期合约、每日累计澳元远期合约、双货币累计目标可赎回远期合约、人民币累计目标可赎回远期合约。

在澳元合约中,双方约定的接货汇率为澳元兑美元 0.87,若汇率低于此数值,公司须以两倍数量接货;双币合约规定,中信泰富必须以 0.87 的澳元兑美元的汇率、或者 1.44 的欧元兑美元汇率,按照表现更弱的一方来接盘澳元或者欧元,直到 2010 年 7 月;而人民币合约则参考美元兑人民币汇率 6.84 计算盈亏。

合约规定,每份澳元合约都有最高利润上限,当达到这一利润水平时,合约自动终止。所以在澳元兑美元汇率高于 0.87 时,中信泰富可以赚取差价,但到一定利润水平对方可以不再执行合约,如果该汇率低于 0.87,不能自动终止协议,中信泰富必须不断以高汇率接盘,理论上亏损可以无限大。

再来看中国国航的合约。中国国航燃油成本占到公司总运营成本的 40% 以上,因此需要利用期货市场套期保值对价格风险进行有效规避。为控制燃油成本,中国国航于 2008 年 7 月选择了双向的期权头寸,即同时卖出一个看跌期权(如果到期日市场价格 S 低于行权价 X_1,公司不得不以 X_1 价格从对方买入原油产品,亏损 X_1-S);买入一个看涨期权(如果到期日市场价格 S 高于行权价 X_2,公司有权利以 X_2 价格向对方买入一定数量的原油,盈利 $S-X_2$)。如果油价低于 X_1,公司将出现亏损;如果高于 X_2,公司将出现盈利;如果介于 X_1 和 X_2 之间,则公司不盈不亏。

公司的初衷是固化成本,但航空公司做套期保值的人员并不是都对期货交易很精通,更多的是依靠行业分析和报告来判断和操作。由于 2007 年乃至 2008 年上半年,几乎所有的投行分析报告都认为国际油价在 2008 年下半年会继续攀升,高看至 200 美元,航空公司因此误判了趋势,造成巨大损失。

2. 是投机,而非避险

中信泰富和中国国航两个事件均为国内企业参与国际衍生品市场交易不当而遭受巨额损失,其性质应为"对赌投机"而非"套期保值"。我们可以根据套期保值各要件进行逐一分析:

第一,从交易目的和合约内容实质上看,都带有明显的投机性。中信泰富买入累计期权的初衷是为了对冲投资澳大利亚矿业项目的外汇风险(澳元升值风险),但从合约内容上看,该公司为了回避有限的汇率上涨风险,却附带了在汇率下跌时可带来巨大敞口风险的对价协议(按约定汇率双倍买入),在期权市场的做空行为使其实际上成为国际市场上大型金融机构才能承担的角色—发售期权的庄家,在买进看涨期权的同时,进一步赌注澳元汇率不会下跌,其强烈看涨澳元汇率并期望从中获取高额利润的动机由此可见。中国国航通过买入看涨期权锁定原料成本的愿望可以认定为套保,但其基于牛市判断而卖出看跌期权,在规避了油价上涨产生的风险的同时,也成为期权的庄家,产生了一个新的价格下跌的敞口风险。

由以上两案来看,两公司都存在这样的问题:其订立的合约如分为两部分的话,前半部分买入看涨期权可以看作出于保值的愿望和行为,但后半部附带的作为前半部合约对价的卖出协议,使两公司都成为期权的庄家,从而使整个交易成为投机交易。

第二,从交易方向来看,中信泰富买入看涨期权方向符合套期保值要求——公司目前手中没有澳元,在现货方向上可以视作是持有空头部位,因此在衍生品方向上应当买入;但作为对价部分的卖出期权规定(汇率跌破 0.87 时向对手出售澳元),则与其外汇现货所需方向相同。目前中信泰富手中没有澳元,相当于卖出了澳元,但合约后半部的对价协议却要向对手卖出澳元,二者方向相同,已不属于套保交易。中国国航和中信泰富情况一样,在现货部位为空头时,合约前半部分为套保操作,在合约后半部分的对价中向对手卖出期权,不符合套保原则,从而使整个交易成为投机行为。

第三,从时间上来看,交易时间约定已脱离套保原则。在套期保值时间周期上,一般每笔交易应对应于相应的现货周期,如中信泰富,如投资付款方式为一年结算的话,套期保值操作则应以一年为期限,但实际上中信泰富 2007 年所签(从公告上推测出的时间)衍生交易合约期限至 2010 年,与现货周期极度不符。中国国航所签衍生交易合约期限最长至 2011 年,如果该公司以一年一付款的方式购买航油,其衍生品交易周期与现货周期不对应。因此,两公司在时间上均并未严格对应其现货市场交易周期,超出部分可视为投机。

第四,从数量上来看,由于衍生品履约周期为三年,远远长于现货贸易周期,造成两公司衍生品量都大大超过实际所需保值量。中信泰富买入外汇金融衍生产品的初衷是为了对冲投资澳大利亚矿业初期投资 16 亿澳元的外汇风险,加上一年 10 亿澳元的运营费用,一年所需澳元总量也不过 26 亿澳元,但在外汇衍生品上的投资实际上最终持有超过 90 亿澳元(仅以其一笔最大的合约头寸计),金额比实际矿业投资额高出 3 倍多,大大超出所需保值部分,带来新的数十亿澳元敞口风险。中国国航航油套期保值量为其年需求量的 50% 上下,但一保三年的操作,使其实际上拥有所需保值量 3 倍的衍生产品。可见,两公司的操作均已经背离套期保值原则,带来了新的敞口风险。

实际上,一般情况下,通过对远期、期货、互换、期权等进行组合即可实现保值需求,复杂的结构性产品一般都有投机的成分。如果两公司完全从保值避险出发,出于避免澳元上涨或航油上涨目的,则完全可以购买看涨期权,其最大的损失无非为权利金这一"保险费"。

3. 外汇完全曝险

以中国中铁和中国铁建为代表的企业对于外汇暴露风险的态度则过于保守,公司没有采取任何措施降低外汇暴露风险。

中铁 2009 年前三季度对其外币资产计提减值损失达 19.39 亿元,截至 2009 年 10 月 30 日,公司仍持有澳币资产 8.5 亿元,按照澳币 10 月份内贬值 20% 的幅度计算,公司在四季度仍有可能计提 10 亿元以上的汇兑损失。中铁表示,澳元一直以来属于强势货币,通过结构性存款,公司上半年实现了约 3.65 亿元的利息收益,但金融风暴以来外汇波动剧烈,导致公司汇兑损失有所加大。

同样受困的还有中国铁建,公司被爆出持有超过 5 亿元的澳元。中国铁建则表示,将加快募集资金的投资和使用,尽快将外汇存款转换成人民币,以减少由于人民币升值而造成的汇兑损失。

公开资料显示,截至 2009 年 6 月,中国企业 2007—2008 年间在澳大利亚可能投资超过

300亿澳元,投资额为此前一年的3倍多,主要是收购澳洲资产。公开资料显示,主要有12家上市公司有相关业务项目,除中国中铁、中国铁建以及中国石油外,还包括宝钢股份、中国铝业、鞍钢股份、云南铜业、西部矿业、华菱管线以及兖州煤业等资源类大型上市企业。

中铁与铁建两家公司均表示,目前并未持有外汇衍生产品,相关资产仅以存款等形式存在,当前的汇兑损失也仅仅是账面浮亏,不影响公司正常经营。虽然这样的损失并没有直接影响到"两铁"公司的正常经营,但是这也提醒了国内企业应该把汇兑风险提到应有的战略高度来加以重视。

三、防范汇兑风险应成为企业管理的重要课题

随着全球经济的日益一体化,中国上市公司的外币业务往来日趋频繁,外币风险防范也日益突出。

来自中国国际金融有限公司对有关外汇以及金融衍生品风险敞口的最新调查显示,中金公司所覆盖的中资上市公司(包括A股、B股、H股)中,有80多家A股或港股公司拥有各种外汇资产总额,折合人民币超过了2 400亿人民币。其中,54家上市公司还进行了总额上百亿的外汇衍生品投资,另外有10家以上上市公司的衍生品投资额超过了亿元。持有超2 400亿人民币外汇资产的这80家上市公司主要分布在基建、石油化工、房地产、港口及远洋运输、造纸、有色金属、能源等涉外业务频繁的行业。

由于中国当前还极度缺乏对冲避险工具,特别是金融衍生品,使得一些企业为了避免外汇损失而选择相应国衍生品作为对冲工具。由于语言理解、外汇波动风险等因素的存在,企业参与国外市场面临更多的风险因素或更大的成本;场外市场通常信息不透明、不对称,且存在一定的信用风险(如安然事件);从品种类型上看,远期、期货、互换、掉期、期权等基础性风险管理工具风险相对较小,使用简单便利,完全可以管理相应资产风险,而复杂的结构性产品不易理解和使用,部分品种设计中隐含的条件可能带来较大风险。

面对严峻的大环境,面对剧烈波动的外汇市场,外汇风险防范应该成为企业经营管理中的重要课题。如何通过自身的对冲操作,尽量回避风险已成当务之急。企业应选择风险相对小的衍生产品,比如无杠杆的远期外汇合约或者货币互换等方式。且远期外汇合约的操作应与实际的外汇需求相结合,衍生品的合约头寸应与实际的业务头寸相接近,这样才能在金融环境恶化的环境下降低公司的损失。

从风险可控性来说,衍生品市场的使用,国外市场不如国内市场,场外市场不如场内市场,结构性产品不如基础性产品。不过,我们不能因为这些失败的企业个案,就此否定衍生品市场的套期保值功能,甚至因此停滞对整个衍生品市场的发展。相反,应该反省的是为何这些境内企业经常因为保值的初衷而进入投机领域。这个问题,部分原因是由于国内衍生品市场发展大大落后于国际市场,产品开发设计和市场营销能力也处在较低层面,更重要的是,国内企业缺乏人才,风险管理技术水平落后,贪图眼前利益而涉足投机。

因此,进一步发展境内场内衍生品市场,增强企业风险意识,培育企业现代市场高端经营人才,引导企业正确利用期货市场管理风险是当务之急。

本章练习题

甲股份有限公司(本题下称"甲公司")外币业务采用即期汇率的近似汇率进行折算,假定每月月初的市场汇率与交易发生日的即期汇率近似,按季核算汇兑损益。20×2 年 3 月 31 日有关外币账户余额如下:

项目	外币金额(万美元)	折算汇率	折算人民币金额(万元)
银行存款(借方)	300	8.26	2 478
应收账款(借方)	250	8.26	2 065
长期借款(贷方)	1 000	8.26	8 260
应付利息(贷方)	30	8.26	247.8

长期借款 1 000 万美元,系 20×0 年 10 月借入的一般借款,建造某生产线使用了该外币借款,借款期限为 24 个月,年利率为 12%,按季计提利息,每年 1 月和 7 月支付半年的利息。至 20×2 年 3 月 31 日,该生产线正处于建造过程之中,已使用外币借款 650 万美元,预计将于 20×2 年 12 月完工。20×2 年第二季度各月月初、月末市场汇率如下:

日期	市场汇率
4 月 1 日	1 美元＝8.26 人民币元
4 月 30 日	1 美元＝8.24 人民币元
5 月 1 日	1 美元＝8.24 人民币元
5 月 31 日	1 美元＝8.26 人民币元
6 月 1 日	1 美元＝8.26 人民币元
6 月 30 日	1 美元＝8.27 人民币元

20×2 年 4 月至 6 月,甲公司发生如下外币业务(假定不考虑增值税等相关税费):4 月 1 日,为建造该生产线进口一套设备,并以外币银行存款 70 万美元支付设备购置价款。设备于当月投入安装。4 月 20 日,将 80 万美元兑换为人民币,当日银行美元买入价为 1 美元＝8.20 人民币元,卖出价为 1 美元＝8.30 人民币元。兑换所得人民币已存入银行。5 月 1 日,以外币银行存款向外国公司支付生产线安装费用 120 万美元。5 月 15 日,收到第一季度发生的应收账款 200 万美元。6 月 30 日,计提外币专门借款利息。

要求:

(1) 编制 20×2 年第二季度外币业务的会计分录。

(2) 计算 20×2 年第二季度的汇兑净损益。

(3) 编制与期末汇兑损益相关的会计分录。

本章主要参考文献

[1] 沈颖玲,等.国际财务报告准则——阐释与应用[M].上海:立信会计出版社,2007:308-319.

[2] 美国会计准则第 52 号公告(SFAS 52)外币交易和外币报表折算的会计处理[EB/OL].
http://www.gasb.org/pdf/fas52.pdf.

[3] John Larsen E. Modern Advanced Accounting [M]. 7th ed. 大连:东北财经大学出版社,
1998:808 - 879.

[4] 王跃堂,陈丽花. 财务会计[M]. 南京:南京大学出版社,2007:237 - 298.

[5] 沈坤荣,耿强,付文林. 宏观经济学教程[M]. 南京:南京大学出版社,2008:274 - 299.

[6] 梁莱歆. 高级财务会计[M]. 北京:清华大学出版社,2004:181 - 238.

[7] 理查德·刘易斯,戴维·彭迪尔. 高级财务会计[M]. 第 7 版. 钱爱民,译. 北京:中国人民
大学出版社,2006:463 - 501.

[8] 弗洛伊德 A. 比姆斯,约翰 A. 布罗若夫斯基,克雷格 D. 舒尔德斯. 高级会计学[M]. 第 7
版. 储一昀,译. 上海:上海财经大学出版社,2002:505 - 592.

[9] 中华人民共和国财政部. 企业会计准则 2006[M]. 北京:经济科学出版社,2006.

[10] William H Beaver, Mark A Wolfson. Foreign Currency Translation and Changing
Prices in Perfect and Complete Markets [J]. *Journal of Accounting Research*, 1982
(2): 528 - 550.

[11] William H Beaver, Mark A Wolfson. Foreign Currency Translation Gains and Losses:
What Effect Do They Have and What Do They Mean? [J]. *Financial Analysts Journal*, 1984(2): 28 - 29,32 - 36.

第三章 盈余管理

导入案例

利润稳定增长是大多数公司的目标。例如,迪斯尼公司可以决定什么时候从《白雪公主》录像带再次展售中确认收益;银行和保险公司可以通过调节自己储备金水平进行利润平滑工作。许多公司可以通过小心地选择资产账面价值减值的时间来达到目的。美国通用电气公司(以下简称 GE)便是其中一个典型的代表。

GE 是世界上最大的多元化服务性公司,同时也是高质量、高科技工业和消费产品的提供者。从飞机发动机、发电设备到金融服务,从医疗造影、电视节目到塑料,GE 公司致力于通过多项技术和服务创造更美好的生活。GE 在全世界 100 多个国家开展业务,在全球拥有员工近 30 万人。

GE 在 1994 年旗下子公司 Kidder Peabody 投资银行因其雇员的交易行为损失 12 亿美元,GE 因此损失 7.5 亿美元。这一巨额损失可能会毁了大多数公司当年的盈利信息,甚至陷入财务危机,但 GE 基本上没有因此而削弱它持续稳定收益增长的历史趋势。虽然 1991 年和 1993 年的净收益由于与退休福利相关的会计原则发生变更而有所下降,但 GE 的收益每年都在增长,收益增长率保持在 1.7%~17% 的范围内。

在其他许多公司受商业周期困扰、收益不稳定的情况下,GE 超然于商业周期困扰之外、收益稳定增长的表现非同寻常,极少数公司能够做到这一点。GE 保持利润稳定增长的奥秘何在? 一个不可否认的解释因素是它旗下工业企业和金融服务部门在错综复杂的世界经济环境下的竞争优势,使其能够保持强劲、持续利润增长势头的能力。但实现利润稳定增长的另一个办法是"盈余管理",即合理利用会计准则,精心安排确认收益和损失的时间来消除利润波动,特别是防止利润下降。GE 是一个积极的盈余管理实践者。为了消除利润波动,GE 常用重组费用来抵销出售大型资产带来的一次性收益。这样做能避免收益上升得太高,导致在以后年度里无法再超越。GE 还选择一些权益资本的出售甚至是收购活动的时间,以便在需要的时候"制造"利润。

内容提要

在现代企业经营中,盈余管理现象普遍存在,而盈余管理的对象——会计盈余信息同时具有信息和管理双重角色。

从信息角色角度来看,投资者需要利用会计盈余信息预测公司的未来现金流量并评估公司的风险。从管理角色来看,由于上市公司经营权与所有权的分离,经理人作为代理人为全体股东管理公司,作为一个追求自身利益最大化的经理人,其目标与全体股东并不完全一致,因此产生了代理问题。对于股东而言,会计盈余既可以提供监督经理人行为的信息,也可以通过薪酬契约的设计激励经理人使其个人利益与股东利益趋同。

盈余管理的存在,模糊了真实的会计盈余,一方面为经理人及内部股东利益最大化提供了途径,另一方面可能造成外部投资者及政府机构利益的损失。因此掌握盈余管理的基本理论,不仅有助于了解企业财务会计处理本质,更对企业经理人、内部股东、外部投资者、政府监管机构具有实务意义。

那么,什么是盈余管理?盈余管理产生的原因及动机有哪些?盈余管理主要存在哪些方式和工具?怎样识别盈余管理?本章将对上述盈余基本问题进行探讨。

通过本章学习,应达到以下目标:

1. 了解什么是盈余管理及企业进行盈余管理的原因。

2. 了解企业进行盈余管理的类型与手段。

3. 掌握识别盈余管理的方法。

第一节　盈余管理概述

一、会计信息的真实性

2001年8月份的《财经》杂志揭露了银广夏造假事件。红光实业、蓝田股份、东方锅炉、黎明股份、大庆联谊、郑百文等也因会计造假受到了证监会处罚。在国外,2001年12月,美国能源巨头安然公司突然破产,其暴露的问题就是会计信息失真,安然公司利用"特殊目的实体""空挂应收账款"等手段,操纵会计报表,虚报盈利,欺骗股民,其股价从80美元一路狂降到1美元。这说明,会计信息失真是一个国际性的问题。

财务会计的目标主要是满足资本市场的需要,目的是为投资者提供决策有用的信息。根据财务会计的目标,会计信息的真实性是会计信息能够客观、真实地反映企业的财务状况、经营成果及各项经济活动中所包含的经济内容。

会计理论界有观点认为现行会计标准包含太多的主观判断空间,实务中公司管理当局拥有多种处理会计数据的方式,即使在遵守准则时也拥有改变盈余的途径。有人就此认为需要一套完整的会计标准来全方位指导每一笔经济业务的处理,尽可能地减少会计主观性以消除盈余管理。那么，会计信息存在绝对的真实性吗？

由于会计盈余是基于应制制会计的结果，而应计制会计不可避免地存在大量的会计选择和判断。一方面，会计实务中存在大量的会计政策选择，例如存货计价方法的选择、长期股权投资的后续计量、借款费用的处理等等，不同的会计政策会对企业的会计盈余产生不同的影响。具体的会计政策选择需要管理人员根据企业所处的特定经营环境和经营状况，选择最能恰当地反映企业的财务状况、经营成果和现金流量情况的会计处理方法。另一方面，会计实务中还存在大量的会计估计判断，在会计核算中，有些经济业务本身就具有不确定性，因而需要管理人员根据经验判断作出估计，这就使会计报表提供的信息常常具有近似的性质。例如，坏账准备、固定资产预计使用年限和残值、无形资产和递延资产的摊销年限、公允价值的判断等等，这些估计在一定程度上是不可避免的。因此主观性是会计盈余的固有特征。

由于会计盈余的主观性，不同的管理人员在会计政策选择和会计估计判断上会存在一定的差异性，并且这一主观性导致会计盈余只可能尽量客观、真实地反映企业的财务状况和经营成果，会计盈余与企业真实的利润之间仍可能存在一定的差异。

尽管会计信息存在主观性，它仍有存在的价值，因为会计信息有助于解决公司制企业和资本市场存在和发展面临的基本问题——信息不对称。

在公司治理中，由于所有权与经营权分离，一些成员拥有其他成员无法拥有的私人信息（Private Information），占有信息优势，由此造成信息不对称（Information Asymmetry）。在委托代理关系中，拥有信息优势的一方被称为"代理人"，处于信息劣势的一方被称为"委托人"。信息不对称将导致代理人的逆向选择与道德风险问题。

逆向选择是指代理人的信息优势会影响委托人的交易能力。譬如在旧车市场中，假设市场中好车与坏车并存，每 100 辆二手车中有 50 辆质量较好的、50 辆质量较差，质量较好的车在市场中的价值是 30 万元，质量较差的价值 10 万元。二手车市场的特性是卖方（经销商或原车主）知道自己的车是好车或坏车，但买方在买卖交易时无法分辨。在买方无法确知车子的好坏时，聪明的卖方知道，无论自己手中的车是好车还是坏车，宣称自己的车是为"好车"一定是最好的策略。尽管市场中有一半好车、一半坏车。买方知道他买的车有一半几率是好车、有一半几率是坏车，因此最高只愿出价 20 万元（20＝10×1/2＋30×1/2）买车。这样将导致，市场拥有的好车的原车主开始惜售，一台 30 万元的好车却只能卖到 20 万元，有一些车主宁愿留下自用，亦不愿忍痛割爱，因此好车逐渐退出市场。当部分好车退出市场时，情况变得更糟。举例而言，当市场中的好、坏车比例由 1∶1 降到 1∶3 时，消费者此时只愿花 15 万元（10×3/4＋30×1/4）买车，车市中成交价降低（由 20 万降至 15 万）迫使更多的好车车主退出买卖，到最后，车市中只剩下坏车在交易，买卖双方有一方信息不完全，因而形成了一种市场的无效率性。会计信息可以通过充分披露，减轻内幕信息的问题，有助于控制逆向选择。

道德风险是指一方处于信息劣势会导致另一方采取自利的行为。例如，当某人获得某保险公司的保险，某人行为的成本将由那个保险公司部分或全部承担。此时保险公司面临着道德风险。如果此人违约造成了损失，他自己并不承担全部责任，而保险公司往往需要承担大部分后果。此时某人缺少不违约的激励，所以只能靠他的道德自律。他随时可以改变行为造成保险公司的损失，而保险公司要承担损失的风险。会计信息可以通过计量业绩，解决考核经理人努力程度的问题，有助于控制道德风险。

二、盈余管理的概念

(一) 盈余管理基本概念

盈余管理是目前国内外经济学与管理学广泛研究的课题。会计学界对于盈余管理的定义存在诸多不同意见。从以下几个权威性的定义可以看出盈余管理的基本含义。

美国会计学家雪珀(Schipper，1989)最早提出了"盈余管理"(Earnings Management)的概念，他将盈余管理定义为：公司管理当局对财务报告处理过程的干涉，目的是为了获得私利，而不是为了保持财务报告的处理过程的中立性。这一观点强调了盈余管理是为了获取私人利益，他认为盈余管理存在于对外披露过程的任何一个环节，而且采用的形式也是多种多样。美国会计学家斯考特(Scott，2000)认为盈余管理是在公认会计原则(GAAP)允许的范围内，通过对会计政策的选择使经营者自身利益或市场价值达到最大化的行为。该观点认为盈余管理是一种机会主义行为，它主要是针对会计盈余或利润的控制，是一种典型的"经济收益观"，因此也称为"会计政策管理"。美国会计学家希里(Healy，1999)对盈余管理的定义进行了扩展，将盈余管理定义为：盈余管理发生在管理当局运用职业判断编制财务报告以及管理当局通过构造交易事项变更财务报告时，目的是为了误导股东对公司内在经济业绩的判断，或者影响那些报告会计数字为基础的契约的博弈结果。美国会计学家罗恩和雅利(Ronen 和 Yarri，2007)对盈余管理的定义是：盈余管理是通过提前确认产品和投资收益的行为，或通过会计选择影响盈余数字以及真实的盈余实现后的解释。盈余管理是一个经理人的决策集合，该集合导致了不报告真实的、短期的、价值最大化的收益。通过以上几个定义，可以看出盈余管理具有以下几个基本特征：

(1) 盈余管理的主体是企业管理当局，包括经理人员和董事会。尽管经理人员和董事会进行盈余管理的动机并不完全一致，但他们对企业会计政策和对外盈余都有重大影响，企业盈余信息的披露由他们各自作用的合力决定。

(2) 盈余管理的客体是企业对外报告的盈余信息。盈余管理不仅指对会计收益的调整和控制，而且包括对其他会计信息披露的管理。

(3) 盈余管理的方法是在公认会计原则(GAAP)允许的范围内综合运用会计和非会计手段来实现对会计收益的控制和调整，主要包括会计政策的选用、应计项目的管理、交易时间的改变等。盈余管理不同于盈余操纵(Earning Manipulation)。盈余操纵是违反公认会计原则(GAAP)的，而盈余管理的方法是符合公认会计原则(GAAP)的。

> **思维拓展**
> 什么样的盈余管理对投资者有正面作用？什么样的盈余管理对投资者有负面作用？

(4) 盈余管理的目的是误导股东对企业内在经济业绩的判断，或者影响那些报告会计数字为基础的契约的博弈结果，最终使得盈余管理主体自身利益最大化。其中又包括经理人自身利益的最大化和董事会成员所代表的股东利益的最大化。

(5) 盈余管理对投资者的影响是不确定的。一方面，盈余管理可能有助于经理人表达公允信息，帮助投资者评估企业的真实价值；另一方面，盈余管理可能会误导投资者，对资源配置产生不利影响。同时，盈余管理的结果可能反映短期的真实绩效。

综上所述，盈余管理就是企业管理当局在遵循公认会计原则(GAAP)的基础上，通过对企业对外报告的会计盈余信息进行控制或调整,以达到主体利益最大化所采取的行动,盈余管理对投资者的影响是不确定的。

(二) 盈余管理的"投机观"与"效率观"

对于盈余管理,学术界存在"投机观"与"效率观"两类观点。

1. 盈余管理的"投机观"

盈余管理的"投机观"认为,盈余管理可能是源于经理人的机会主义行为。经理人可能投机性地运用盈余管理,以牺牲契约其他参与方的利益为代价增加他们自己的利益。例如,经理人可能利用盈余管理,增加自己的薪酬。

从盈余管理的"投机观"看,盈余管理有以下弊端:第一,盈余管理虽然保证了财务数据的相对真实性,但降低了财务报表的可靠性、公允性和可比性。控股股东、经理人通过盈余管理向投资者和债权人传递不公允的盈余信息,将使其产生"不利选择"行为,进而使社会资源(包括物质资财和企业家资源)得不到有效配置,降低整个社会的效率。同时,盈余管理使投资者无法区别普通股间的质量差异,损害了投资者的利益,将误导企业利益相关者的判断和决策,并损害市场资源有效配置的功能,从而使企业价值受损。第二,集团内部的控股股东、经理人为了获取更多的私利,其在内部资本市场中实施的盈余管理行为往往只是注重公司的短期收益表现,而非长远利益,这不利于企业价值最大化目标的实现。

2. 盈余管理的"效率观"

盈余管理的"效率观"认为盈余管理可以向市场传递内部信息,维护契约的有效性。一方面,盈余管理可以作为一种向市场传递内部信息,使股价更好地反映公司前景的机制。经理人可能存在一些内部信息,例如某一项目的发展前景(盈利的趋势)、持续盈利能力等。经理人需要将这些内部信息传递给投资者,以帮助投资者更好地评估公司的价值,但这一信息传递的成本却非常大,即产生了沟通摩擦(Blocked Communication)。这样,经理人会试图去消除或缓解这种交流障碍,在财务报告中盈余管理可以作为实现这一目的的机制。将报告净收益控制在从长远来看可以实现的水平,可以向资本市场传递这样一个信号,即公司的盈利能力是持续的,发展前景也很乐观。例如经理人需要向投资者传递公司持续盈利能力的信息,如果公司由于出售一个分部而实现利润 2 亿美元,经理人不想让净利润超过长期可实现的水平,可以通过计提 1.8 亿美元的重组准备金,从而把当期盈余降低到其认为的今后可实现水平。

另一方面,盈余管理可以维护契约的有效性,减少订约成本。企业是由一系列契约组成的集合体。签订契约需要花费订约成本,而由于企业经营的不确定性,契约总是具有不完全性和刚性。适当的盈余管理可以给刚性的契约增添些许灵活性,从而降低契约成本,提高企业价值。

因此,盈余管理不能盲目说成是坏事,它也有好的一面。一定的盈余管理有助于解决信息不对称的问题,能反映企业的发展前景。

三、盈余管理的理论阐释

(一) 盈余管理的契约理论解释

美国会计学家詹逊和梅克林(Jensen & Meckling,1976)认为企业作为一种组织只是法律上的一种虚构,其职能是为个人之间的一组契约充当联结点,即企业是"一组契约的集合"。这一组契约的参与方包括企业投资者、债权人、经理人、员工、政府、税收部门、消费者、供应商、社会公众等各类利益相关者。

不同的利益相关者具有不同的效用函数，存在不同的利益驱动。所有者关注的是投入的资本是否能够保值增值；经理人关心的是业绩的增加能否给自己带来额外的经济收益。企业的内部交易主要通过利益相关者各方以合同与法律的形式确定权利与义务关系的契约来维系，以划分各方的权、责、利，便形成了如薪酬契约、股利分配契约、债务契约等一系列事先设立的管理契约和规则，以最大程度提升企业价值。在这一系列契约中，会计的作用便是通过计量各相关个体在企业投入的资源价值，以确定他们根据契约所应得的回报。例如，投资者有意购买企业的股票前，必须借助会计信息评估企业未来的盈利能力以及投资的风险与报酬，在投资后，也需要借助会计信息了解其资本保全情况；在债务契约中，债权人在与企业签订债务契约前，也需要借助企业会计信息分析企业的偿债能力与信誉，以决定是否贷款。在契约签订后，债权人为了保证企业按时还本付息，依然要根据企业的财务状况和经营成果判断企业是否违反了限定性条款。由于不同利益相关者的利益驱动不同，不同的契约之间不可避免存在矛盾冲突。例如，债务契约要求在支付利息前不得向所有者支付股利，这与所有者的利益是相冲突的。这种利益相关者之间的利益冲突为经理人盈余管理提供了动机。

同时，在现实中契约往往是不完备的和刚性的，不能适应现实中企业自身的变化以及变化万千的经济环境，因此，契约与现实需求存在矛盾，产生了"契约摩擦"（Blocked Contract）。这种契约的不完备性为盈余管理创造了条件，企业经理人作为企业资源的实际控制人，有能力并以现行会计准则及会计职业判断和选择为掩护，采取机会主义行为，进行盈余管理，以达到自身利益的最大化。

（二）盈余管理的委托代理理论解释

委托代理理论，又称信息经济学，其本质是信息不对称博弈理论在经济学中的应用。这里的信息不对称指在社会政治、经济等活动中，一些成员拥有其他成员无法拥有的私人信息（Private Information），占有信息优势，由此造成信息不对称（Information Asymmetry）。在委托代理关系中，拥有信息优势的一方被称为"代理人"，处于信息劣势的一方被称为"委托人"。

在完全竞争的市场条件下，信息是充分的，参与市场交易的每一个主体都拥有完全信息，这种情况下，会计信息提供者——经理人与会计信息使用者——利益相关者对信息的了解与掌握程度是相同的，那么即便管理当局有动机进行盈余管理，但通常也不会这么做，因为这种行为很容易被信息使用者发现并识破。但现实生活中，完全竞争市场并不存在。所有权与经营权的分离是现代企业的基本特征，资本市场的出现在扩宽企业融资渠道的同时，进一步加剧了两权分离程度。不同的市场参与者掌握的信息情况是有所差异的，经理人对企业资源具有实际控制权，更了解企业的经营状况，所以经理人作为会计信息的提供者，相对于投资者、债权人等会计信息使用者具有信息优势。这种信息不对称阻碍了信息交流和沟通，使得代理人与委托人之间存在沟通摩擦（Blocked Communication），这种沟通摩擦会导致经理人的逆向选择（Adverse Selection）与道德风险（Moral Hazard）问题。

逆向选择是代理人出于追求自身效用最大化的考虑，做出不利于委托人利益的行为。例如，在经理人与投资者的委托代理关系中，企业经理人相对于外部投资者拥有更多关于公司现状和未来发展前景的私人信息。当这种私人信息对经理人不利时，经理人会出于利益的考虑，选择不披露这类信息，从而通过牺牲投资者的利益来满足自身效用最大化。由于投资者无法区分经理人是否掩盖了不利信息，只能通过估计或既定的标准进行投资，可能造成投资失误。

当这种私人信息对经理人有利时，他们也可以将这种内部信息传递给投资者，使投资者受益。会计盈余信息作为财务会计信息中最有价值的信息之一，是企业经理人与外部信息使用者关注的重点，因此，经理人有动机通过盈余管理行为使会计盈余信息对自己或投资者均有利。

道德风险是指由于委托人无法观察到代理人的努力程度，因此代理人有偷懒的倾向，使自身利益而不是委托人利益最大化，例如企业经理人进行在职消费。由于会计盈余信息在一定程度上能衡量经理人的业绩，即间接衡量经理人的努力程度，并且会计盈余信息也是利益相关者最容易获得的信息，所以许多契约都依赖会计盈余信息来约束来代理人的行为，评价代理人的经营成果。例如，在经理人与投资者的委托代理关系中，由于经理人的行动不可观察，投资者在最终评价企业的生产经营状况时，依据的多是生产经营的结果，有关的信息通常限于以财务报告形式披露的部分。在经理人与债权人、中介机构、政府等其他外部信息使用者的委托代理关系中，信息使用者获取的信息往往也局限于由财务报告对外披露的部分。在信息不对称普遍存在的情况下，由于代理人总是比委托人拥有更多的信息，经理人可能为获取私人收益而采取盈余管理行为。

第二节　盈余管理的原因

盈余管理的原因是盈余管理的产生的决定性因素。根据国内外学者的研究成果，盈余管理产生的原因不仅包括经理人作为理性经济人不可避免的内在动机，还存在客观的外在条件。

一、内在动机

内在动机是指企业经理人为了谋求个人利益或股东利益最大化而进行盈余管理的原因，具体而言，这类动机主要包括：契约动机、政治成本动机、避税动机、资本市场动机。

（一）契约动机

会计盈余信息经常用来帮助监控经理人与利益相关者的契约。例如，经理人薪酬契约用于使经理人利益与外部股东利益趋同。债务契约用于限制经理人做出有利于股东却损害债权利益的行为。沃兹和齐默尔曼（Watts & Zimmerman，1978）指出由于利益相关者识别盈余管理的难度很大，因此这类契约为盈余管理创造了动机。常见的契约动机主要包括薪酬契约动机、债务契约动机。

1. 薪酬契约动机

在委托代理理论中，所有者与经理人之间由于代理关系的存在，产生了薪酬契约。在签订、履行和评价薪酬契约时的主要依据就是会计盈余信息。在以会计盈余信息为基础的薪酬契约中，所有者将根据当期的会计盈余信息对经理人进行分红，一个典型的分红计划如图3-1所示。

图3-1中，横轴表示报告的会计盈余，竖轴表示经理人的分红金额。分红计划规定一个盈余上限和盈余下限。在当期报告的会计盈余低于盈余下限时，经理人不能获得分红；在当期报告的会计盈余位于盈余下限与盈余上限之间时，分红金额呈线性增长；在当期报告的会计盈余高于盈余上限时，经理人获得的分红不会沿虚线持续增加，将沿实线保持不变，即超过盈余

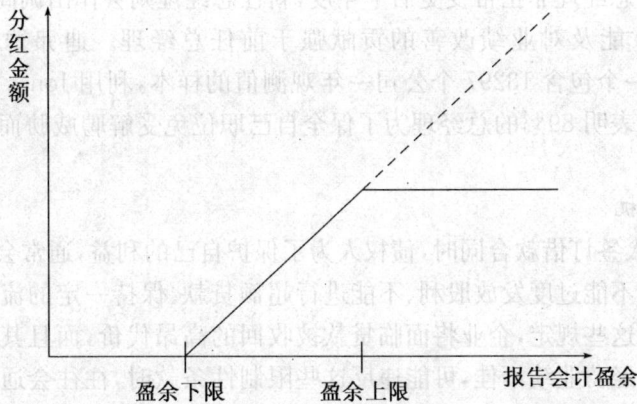

图 3-1 典型的分红计划

上限的报告会计盈余部分不能获得奖励。

　　由于获得的薪酬与会计盈余信息挂钩，为了自身利益最大化，经理人可以通过会计政策和程序的选择，使企业会计盈余向有利于他们的方向变动。会计盈余的提高或降低，取决于现实的会计盈余是低于盈余下限、介于盈余下限与上限之间还是高于盈余上限。若实现的会计盈余高于盈余上限，经理人就有可能递延收益来降低报告收益，因为高于上限的收益并不能给经理人带来额外的收益，把超额收益递延，可以提高预期的未来报酬。若实现的会计盈余介于盈余下限与盈余上限之间，经理人就有可能操纵收益，使之等于盈余上限，提早获得增加的报酬。若实现的会计盈余低于盈余下限，经理人就有进一步降低会计盈余，以提高未来年度得到红利的可能性。

　　对于经理人的薪酬契约动机，西方学者进行利用经验研究的方法进行了验证。例如，古基瑞等（Guidry 等，1998）的研究发现大型跨国企业的分部经理人在未获得分红收益和获得最高分红奖励时递延会计盈余的可能性较大。希里（Healy，1985）和霍特霍森等（Holthausen 等，1995）的研究也显示，相比分红计划不存在盈余上限的企业，分红计划存在盈余上限且当期报告的会计盈余达到分红上限的企业报告的会计盈余更有可能递延收入。

　　总经理的变更也是出于薪酬动机常见的盈余管理动因之一。当总经理发生变更时，前任总经理在离职前有动机通过盈余管理增大会计盈余，以获得更多的红利；后任总经理在就职当年有动机通过盈余管理减小会计盈余，并把责任推给前任总经理，使今后能轻松地提高企业业绩。并且总经理对自己工作安全的关注也是造成其权衡当期和未来相对业绩而进行盈余管理的动因，经营业绩的低下增加了总经理被解雇的可能性。因此，当公司当前业绩较差时，总经理就会把未来的盈余转移到当期，从而减少当前被解雇的可能性；而当公司未来的预期收益较差时，总经理会将当期的盈余转移到未来，来减少未来被解雇的可能性。

　　例如，德裘和斯隆（Dechow & Sloan，1991）的研究发现，总经理会通过直接影响投资决策达到盈余管理的目的，且会计盈余为基础的业绩衡量方法易导致总经理行为的短期化，总经理在其任期最后一年里存在显著的人为削减研发（R&D）支出的现象。保尔谢奥（Pourciau，1993）以 1985—1988 年 73 家发生总经理非正常变更的公司为样本，研究发现在总经理非正常变更前一年度，原总经理为了保全其职位会作出增加收益的盈余管理行为；而在发生总经理非正常变更的年度，新任总经理会作出调减收益的盈余管理行为，并将收益的减少归因于前任总经理的经营失败;在总经理非正常变更后一年度,新任总经理则会作出调高收益的盈余管理行为,以表明其经营才能及对业绩改善的贡献强于前任总经理。迪弗德和帕克(Defond & Park,1997)选择了一个包含13297个公司一年观测值的样本,利用Jones模型来估计操控性应计利润,研究结果表明89%的总经理为了保全自己职位免受解聘威胁而作出收入平滑的盈余管理行为。

2. 债务契约动机

在企业和债权人签订借款合同时,债权人为了保护自己的利益,通常会在契约中加入一些限制性条款。例如,不能过度发放股利、不能进行超额贷款、保持一定的流动比率或利息保障倍数等,一旦违反了这些规定,企业将面临贷款被收回的高昂代价,而且其经营活动还会受到限制。所以,当企业经营业绩不佳,可能违反这些限制性条款时,往往会通过盈余管理来提高会计利润,从而降低违约可能性。

许多学者对接近债务契约临界点的上市公司是否进行盈余管理进行了研究。例如,德丰和吉姆巴沃(Defond & Jiambalvo,1994)、斯维尼(Sweeney,1994)对违反借款合同企业的盈余管理行为进行了研究。其中,迪弗德和吉姆巴沃(Defond & Jiambalvo,1994)的研究发现,企业往往在违反借款合同的前一年,会利用操纵性应计项目增加报告的会计盈余。斯维尼(Sweeney,1994)的研究也发现违反借款合同企业存在增加会计盈余的会计政策变动,但是这种会计政策变动是发生在违反借款合同后,这种行为可能是为了降低未来违反借款合同的可能性。

(二)政治成本动机

企业是现代社会运行中重要的参与者,不可避免地受到政府部门的关注与管制。一般而言,企业的盈利能力与受到的管制与监控正相关,企业的会计盈余越高,政府部门有可能提高企业的征税或施加其他管制,影响企业的经营,对于一些战略性产业、特大型企业、垄断性企业,这种现象更为严重。这种由政府管制带来的企业成本的提高就是政治成本。

1. 反垄断监管动机

许多巨型企业、战略性生产企业(例如,石油和天然气企业)和垄断或接近垄断的企业(例如,电信和能源电力公司)由于自身特点会受到明显的政治关注,在其报告盈余较高时容易引起媒体和消费者的注意,政府迫于政治压力往往会对其开征新税、进行管制或赋予更多的社会责任。政府实施限制垄断和竞争管制的手段通常包括:限制个别垄断企业的规模和市场占有率、价格管制、营业许可证管制、产量管制以及进出口管制等。企业为了减少政治成本和避免政府利用会计数据来限制企业行为,往往采用能递延利润或降低收益的会计政策,以实现企业的既定目标。

在我国,政府也会通过审计署等监管部门对邮政、电力、电信等公益事业行业的净收益进行审计,并对报告的不实净收益进行问责。例如,国家审计署2002年的审计调查显示,原国家电力公司2002年决算报表反映当年利润总额为215亿元,经审计确认应为247亿元,净增加32亿元,调增15%。1998年至2002年,累计少计利润78亿元。损益不实的原因,主要是少计收入、收益和多列成本。政府对相关的责任人进行了处罚。① 因此,为了避免发生政治成

① 赵磊,孟娜,李金华《原国家电力公司领导班子存在瞒报利润、决策严重失误等问题》[EB/OL].(2004-06-24). http://www.China.com.cn/zhuanti2005/txt/2004-06/24/content_5593573.htm

本,降低企业税负,经理人在企业盈利较好时,通常会设法降低报告的会计盈余,以低盈利的形象出现在社会公众面前。

许多经验研究对企业的政治成本动机进行了验证。例如,卡汉(Cahan,1992)研究了美国48家在1970—1983年间受反垄断调查的企业的盈余管理行为,发现在反垄断调查期间,企业使用了更多调减会计盈余的应计项目。柯(Key,1997)的研究也发现电缆行业受到行业管制时更倾向于递延会计收益。

2. 行业监管动机

一些行业(如银行、保险和公用事业)容易受到严格的行业监管,银行业的规范要求银行必须达到以会计数字衡量的一定资本充足率,保险业的规范要求保险公司要符合最低财务质量标准,而公用事业有史以来一直被规定收益率并且只允许赚取正常回报,这些监管政策可能为企业带来巨大的成本和费用。行业监管通常直接与会计数据相联系,从而激发了经理人进行盈余管理的动机,促使通过管理损益表和资产负债表的数据来应对监管。

大量证据表明临近最低资本要求的银行具有高贷款损失准备和低贷款注销额,并且确认了非正常的证券投资组合利得(Beatty等,1995;Collins等,1995)。阿狄耳(Adiel,1996)对保险公司自1980年至1990年1294个年度数据进行了检验,发现这些年度数据中有1.5%存在通过再保险来避免违反行业监管规定的现象。也有证据表明财力不足且具有监管风险的财产保险公司通过少提理赔损失准备和从事再保险业务来操纵利润(Petroni,1992)。

（三）避税动机

避税是短期盈余管理最明显的动机。短期来说,通过调节企业当期盈余的高低能够影响到当期的应纳税额,或者达到延缓支付税款的目的,从而节约公司当期的现金支出和增加营运资金,对提高公司当期的盈利水平和改善财务状况具有很大帮助。实务中有多重税收筹划方法可以达到避税目的。例如,在会计上可以通过调整存货计价方法、改变折旧方法与折旧年限、分期收款销售、将收入项目调整为其他项目(如债权、负债、投资)、预提预交①等实现避税目标。在业务上也存在多种避税方法,例如,集团公司内部利用关联交易的转移定价,将利润向亏损、免税或低税企业转移。但是,由于税务部门采用税务会计的规定来计算应纳税款,因此一定程度上缩小了企业可操纵的空间。

冈瑟(Guenther,1994)研究了美国1986年的所得税改革,研究发现了税务成本对公司收益转移的影响。托马斯等(Thomas等,1998)进一步研究发现,收益转移主要集中于税务筹划更为激进的公司。王跃堂等(2009)研究了所得税法改革的情况下公司是否会通过跨期收益的转移来实现公司税收成本最小化的问题,发现税率降低公司存在利润推迟的盈余管理行为。

（四）资本市场动机

资本市场是公司获取资金的重要场所。为了在资本市场中顺利融资,企业必须满足一定的条件。在这些条件中,会计盈余信息是其中最重要的信息,因而经理人有动机运用盈余管理的手段,影响企业的短期经营业绩,以便在资本市场中顺利融资。这类盈余管理主要原因包括:为股票首次发行和上市,因配股和增发动机,为了规避退市风险等。

---

① 预提预交指未在中国境内设立机构的外国企业境内所得按20%预提,企业所得税各月或各季预交中少交的税款不作为偷税处理。

1. 股票首次发行和上市的动机

我国的证券市场的股票发行制度在改革开放和现代化建设中逐步成长起来的,经历了审批制、核准制两个阶段。1990 年我国证券市场建立初期,由于法规不够健全,市场各方参与者不够成熟,要求上市的企业过多且质量参差不齐,各行业、各地区发展又不平衡,急需加以宏观调控和严格审查,因而对股票发行申请采用了审批制。审批制是一种带有较强行政色彩的股票发行管理制度。这主要表现在:股票发行实行下达指标的办法,同时对各地区、部门上报企业的家数也作出限制;掌握指标分配权的政府部门对希望发行股票的企业进行层层筛选和审批,然后作出行政推荐;监管机构对企业发行股票的规模、价格、发行方式、时间进行审查。实施这一制度,对于当时协调证券市场的供求关系,为国有企业改制上市、筹集资金和调整国民经济结构,起到了积极的作用,但其缺陷也逐步暴露出来。主要是:用行政办法无法实现社会资源优化配置,不适应社会主义市场经济要求;政府部门和监管机构对发行事项高度集中管理,减少了发行人和承销商的自主权,制约了中介机构的发育;一些中介机构违反有关法律法规,帮助企业虚假"包装",骗取发行上市资格,影响了市场的公正;发行额度计划管理方式,容易使股票发行审批中出现"寻租"现象。在市场自律机制不完善的情况下,证券市场也积累了一定的风险。

近年来,随着我国证券市场不断规范发展,实行股票发行核准制的条件已基本成熟。我国《证券法》在借鉴国际证券市场有益经验的基础上,明确规定将股票发行审批制改为核准制。股票发行核准制改变了由政府部门预先制订计划额度、选择和推荐企业、审批企业股票发行的行政本位,确立了由主承销商根据市场需要推荐企业,证监会进行合规性初审,发行审核委员会独立审核表决的规范化市场原则。核准制的核心是监管机构健全股票发行中信息披露的法规和标准,审查发行申请是否符合这样的法规和标准,即发行人对投资者所要求的信息披露是否真实、准确、充分、完整。2000 年 3 月 16 日,中国证监会发布了《关于发布〈中国证监会股票发行核准程序〉通知》,标志着我国股票发行体制开始由审批制向核准制转变。2001 年 3 月 17 日,我国股票发行核准制正式启动。

在核准制下,企业上市需要满足着严格的规定。其中最重要的如:"公司必须在最近三年内连续盈利",才能申请上市。当企业为了获取上市资格而本身又达不到盈利要求时,往往会通过盈余管理对财务报表进行包装。同时,在发行额度一定的情况下,募集资金的多少由股票发行价格的高低决定。在招股说明书中披露的会计盈余信息是确定发行价格的重要信息,根据中国证监会发行监管部和创业板发行监管部 2012 年 5 月下发的《关于新股发行定价相关问题的通知》,企业的发行价格将参考行业平均市盈率,发行人根据询价结果拟定的发行价格(或发行价格区间上限)市盈率高于同行业上市公司平均市盈率 25% 的,发行人需召开董事会对发行定价进行讨论确认,分析并披露定价的风险性因素及其相关影响,主承销商需对发行定价的合理性以及风险因素进行分析披露。因此,在发行市盈率受限的情况下,为了获得理想的发行价,经理人运用盈余管理的手段,影响企业短期经营的业绩,使企业显示出一个稳定增长的盈利状况,以此刺激投资者对股票的需求。

此外,会计信息还与企业分红多少相关,根据证监会 2008 年《关于修改上市公司现金分红若干规定的决定》(证监会令第 57 号),上市公司公开发行证券需符合最近三年以现金或股票方式累计分配的利润不少于最近三年实现的年均可分配利润的百分之三十;对于报告期内盈利但未提出现金利润分配预案的公司,应详细说明未分红的原因、未用于分红的资金留存公司的用途;应披露现金分红政策在报告期的执行情况;应以列表方式明确披露公司前三年现金分红的数额、与净利润的比率。在我国证券市场,利润多分红少的现象普遍存在。为了降低分红金额,经理人有动机运用盈余管理的手段,在满足上市的条件下一定程度上降低企业的会计盈余。

不少学者对盈余管理的上市动机进行了研究。例如,弗利德男(Friedlan,1994)选取了美国1981—1984年间首次发行的155家企业为样本,对企业上市前的盈余管理现象进行了检验,发现首次发行的企业在上市之前的会计年度中,更多地采用了增加盈余的应计项目。

2. 配股与增发动机

我国的上市公司具有强烈的再融资需求,其中股权融资是上市公司再融资的重要渠道。目前,我国允许的股权再融资方式主要有配股和增发两种,这两种股权再融资方式均对企业的盈利能力存在较为严格的规定。2006年5月8日起实施的《上市公司证券发行管理办法》,对配股企业的盈利要求为"最近三个会计年度连续盈利",对增发企业的盈利要求为"最近三个会计年度加权平均净资产收益率平均不低于百分之六"。为了获取再融资,许多公司经理人不惜利用盈余管理的手段来达到盈利要求。

国内学者通过大量的经验研究对上市公司的配股增发盈余管理动机进行了验证。例如,陈小悦等(2003)的研究发现上市公司有很强的激励动机将净资产收益率维持在配股及格线以上。陆正飞和魏涛(2006)年的研究发现我国1998—2001年间上市公司首次配股后会计业绩下降的现象,研究结果表明,配股公司在配股前存在盈余管理行为,无后续融资行为的公司配股后业绩下降且操控性应计利润在配股后发生反转。

3. 避免退市动机

根据我国《公司法》与证监会《亏损上市公司暂停上市和终止上市实施办法》的规定,如果上市公司连续三年出现亏损,公司将被处以暂停股票上市并允许其申请一年的宽限期,若在宽限期内仍无法扭亏为盈,将被终止上市。在我国,上市"壳"资源极度稀缺,退市意味着一种稀缺资源的损失,所以退市将使企业的经理人、投资者、债权人等利益相关者的利益均受到损失,因而经理人有动机通过盈余管理避免企业退市。

二、外在客观条件

盈余管理的存在,还需要一系列外部环境,具体包括会计准则的缺陷、外部审计的不完善性。

(一) 会计准则的缺陷

会计准则的制定过程是一个利益相关者多方博弈的结果,各利益相关方都会对准则制定机构施加压力,各方力量权衡的结果就是会计准则兼顾了各方的利益,这造成了会计准则的非唯一性,赋予了企业一定的会计政策选择权。例如,固定资产的折旧方法、存货计价方法等。这种会计准则的灵活性为企业经理人进行盈余管理提供了可能,企业经理人可以通过选择不符合企业实际情况的会计政策,以实现自身利益或企业价值最大化。

另一方面,企业的经营方式多种多样,外在社会、法律、经济环境变化万千,不同的企业的具体经营情况千差万别,这使得会计准则不可能针对企业所有的交易、事项,面面俱到地作出明确的规定。因此,会计准则具有不完全性,这种不完全性为企业自行选择会计处理方法进行盈余管理提供了可能。并且,由于企业经营环境的复杂性,许多会计事项具有不确定性,需要依赖于会计人员的专业判断,例如,固定资产的使用年限、净残值,对费用的预提、摊销、递延,资产减值损失,对某些收入收回可能性的未来确认等等。这种人为判断或估计的结果,使得会计信息具有不清晰性、不确定性和不精确性,为经理人进行盈余管理提供了很大的空间。

此外,会计计量原则——权责发生制本身也存在一定的缺陷。权责发生制是国际上通用的会计确认基础,它不以现金的收支期间作为确定收入或者费用的期间,而是以实质取得收到现金的权利或支付现金的责任权责的发生为标志来确认本期收入和费用及债权和债务,于是就产生了许多待摊和应计项目。因此,企业经理人可以通过调节应计项目来影响会计盈余,例如通过提前确认收入或者递延确认费用来调高会计盈余,或通过推后确认收入或提前确认费用来调低会计盈余。因此,权责发生制的存在,为企业经理人进行盈余管理提供了可能。

(二)独立审计的不完善性

审计报告作为上市公司会计信息的“试金石”,在保证其质量、防范企业盈余管理行为等方面具有重大的作用。但是,独立审计具有不完善性,并不能完全杜绝上市公司的盈余管理行为。

一方面,独立审计本身具有局限性。首先,现代审计采用的是抽样审计的方法,这使得审计风险的存在成为必然,即独立审计不可能发现财务报表中存在的所有问题。那么,即使注册会计师对企业财务报表出具了无保留审计意见,审计风险的存在也不能确保财务报告中不存在盈余管理现象。此外,现代审计是一种风险导向审计,因此注册会计师在执行审计程序时,必须考虑成本效益原则,不可能对企业财务报告进行全面的审计,这也为企业经理人进行盈余管理提供了空间。

另一方面,我国审计人员的独立性还有待提高。我国审计市场充斥着许多不正当竞争现象,为了笼络客户,许多会计事务降低审计收费甚至妥协于客户,这进一步降低了外部审计识别企业盈余管理的能力。

第三节 盈余管理的手段

盈余管理内在动机的差异决定了企业进行盈余管理的类型多种多样。企业会计准则的缺陷为企业进行盈余管理提供了多种手段。

一、盈余管理的类型

盈余管理的发生有两类手段,一类是在 GAAP 范围内运用会计判断来操纵报告盈余,比如会计方法的选择、会计估计的改变或交易记录时点的选择(提前确认收入或推迟记录费用等)等,通常被称为“应计操纵”,在实务中被称为“会计盈余管理”;第二类方法是通过经营决策,构建真实交易去影响报告盈余,例如,通过提高价格折扣去增加销售、减少可操纵性支出(如研发支出、广告支出等)、进行过量生产去降低销货成本、通过资产销售或股份回购来增加报告盈余等,通常被称为“真实盈余管理”,在实务中可被称为“业务盈余管理”。

(一)会计盈余管理

会计盈余管理是指通过会计政策和会计估计的合理选择使会计报表呈现期望的结果。

这一类会计盈余管理主要是利用会计政策和会计估计进行的。这类盈余管理手段通常只影响不涉及现金流量的应计项目，而不影响各期实际的现金流量，所以又可称为应计项目管理。例如，利用摊销费用、应收账款变动、存货变动等待摊预提项目和应计项目，经理人可以通过提前确认收入和递延确认费用来调高利润，也可采用相反的方法来调低利润。其次，管理当局对经济活动中存在的大量未来经济事项必须作出判断，例如长期资产的预计使用年限和预计残值、递延税款以及坏账损失等，即使对于同类经济业务，也必须在公认的会计方法中选择其中一种处理方法，如折旧方法中的加速折旧法与直线折旧法，发出存货计价中的先进先出法、后进先出法和加权平均法等，这些不同的判断和方法都会导致不同的会计盈余。

会计盈余管理使用最多、最为人们熟知，也是成本最低、最简捷的盈余管理手段。会计盈余管理对企业经营不会产生实质影响，却可以改变经营的会计结果。会计盈余管理要求对会计准则灵活把握和应用。

（二）业务盈余管理

业务盈余管理，是指公司经理人通过构造具体交易并控制交易发生时间所进行的盈余管理。按照业务盈余管理对利润的影响，可以分为线上和线下两种。线上的业务盈余管理行为包括加大销售折扣以扩大销售，减少酌量性费用如管理费用、营业费用和财务费用的支出，扩大生产以摊薄固定成本，另外由于中国上市公司存在较复杂的关联方关系，因此上市公司还可以通过关联方真实业务交易来实现线上盈余增加。线下项目的操控如进行资产处置以获得营业外收益，另外由于某些企业与地方政府关系密切，还可以通过政府补贴实现盈余的增加。

业务盈余管理手段通常既影响各期盈余，也影响各期实际的现金流量，通常不会增加公司价值，而且在某些情况下还会损害公司价值。例如，存货水平及其采购和发出的时间安排、应收账款的管理、固定资产的购入、非经常性交易（债务重组、企业合并、资产转让）等都会对会计收益产生较大的影响。关联方之间的控制关系，更为盈余管理提供了便捷的手段，有的上市公司可以通过秘密控制某个公司进行关联交易，但该公司在法律形式上并不具备成为其子公司的条件，而不必纳入合并报表，此时，隐蔽性就更强。

相对于会计盈余管理，业务盈余管理方式可在全年度任何时间进行，风险较少。但是业务盈余管理是通过实际经营活动进行操控，长期下来会减弱企业的竞争能力，给企业带来长远利益的减少，比起应计项目调整，更损害投资者的利益。相对于会计盈余管理，业务盈余管理的实施难度更大，而且也超越了企业财务高管的职权范围，需要公司运营部门和财务部门共同筹划，规划不当就可能对企业的经营和发展产生负面影响。

二、盈余管理的模式

盈余管理的模式是指由盈余管理内在动机决定的盈余管理对会计盈余的影响方向及程度的大小差异，主要包括"洗大澡"、利润最小化、利润最大化以及利润平滑四种。

（一）洗大澡

"洗大澡"（Big Bath）是指当企业当年会计盈余不好时，经理人将会大幅度压低当年的会计盈余，以提高未来年度盈利可能性。这一盈余管理类型通常发生在企业当年会计盈余低于分红计划规定的盈余下限时，经理人通常会进行"洗大澡"，形成一个"利润蓄水池"，为今后获得更多的红利作准备。此外，新任经理人刚上任时，也倾向于把公司盈余做差，把责任推给前任,轻装上阵。"洗大澡"常见的手法包括:大规模计提坏账准备、资产减值准备,导致当年业绩大减甚至亏损,在下一年度则恢复正常计提,形成业绩大幅增长的假象。

(二) 利润最小化

利润最小化(Minimization)类似于"洗大澡",也是一种经理人降低当年会计盈余的手段,但没有"洗大澡"那么极端。一般而言,受到政治关注的企业在高盈利的年度,会采用利润最小化的方式,防止企业税赋被提高或被增加监管,以降低政治成本。使利润最小化采用的常见方式包括费用化广告支出和研究开发支出、改变存货的计价方法等。

(三) 利润最大化

与利润最小化相反,利润最大化(Maximization)是指经理人通过盈余管理增加当年会计盈余。这种类型的盈余管理一般被应用在经理人为了获得更多的分红时,若当年的会计盈余高于分红下限时,经理人倾向于增加报告的会计盈余,只要净会计盈余不超过分红计划中规定的盈余上限。与此类似,面临违反借款合同条款规定的企业也会采取这种方式增加会计盈余以避免违反借款合同。利润最大化采用的常见方式包括转回资产减值准备、改变存货的计价方法、资产重组、关联方交易、提前确认收入、推迟结转成本等。

(四) 利润平滑

利润平滑(Smoothing)是指通过盈余管理,降低期间内企业会计盈余的波动,使企业的会计盈余呈现稳定的趋势或保持在特定的范围内。一方面,显现出稳定的会计盈余可以降低企业的风险,提升企业的市场价值;另一方面,经理人倾向于将企业的会计盈余保持在分红计划的盈余上限与盈余下限之间,当企业的会计盈余超过分红计划的盈余上限时,为了防止超出部分丧失获得红利的机会,经理人倾向于盈余做小,将做小的部分用于增加以后期间的会计盈余。这种类型的盈余管理,企业一般利用其他应收款、其他应付款、应收款项、应付账款等往来账项,以及待摊费用、预提费用、递延资产等账户调节利润。

三、盈余管理的具体手段

在经济交易和编制财务报告中存在的各种不同的判断,为企业经理人进行盈余管理提供了工具和有利的条件。按照盈余管理对象的不同,盈余管理的具体手段分为业务层面的盈余管理与账面层面的盈余管理。其中,业务层面的盈余管理主要通过管理企业的业务改变企业的会计盈余。常见的具体手段包括关联方交易、改变交易时间、资产重组、利用非经常性损益业务等等。账面层面的盈余管理主要通过会计政策、会计估计选择等等。

(一) 收入确认

根据企业会计准则的规定,企业收入的入账时间与交易发生的时间密切相关。适度地提前或延迟交易时间,就能达到盈余管理的目的。

1. 提前确认收入

按会计惯例,收入应在收入的赚取过程已经完成和交易已经发生以后才可以确认和记录,但企业管理当局纷纷在过程完成之前即确认和记录收入。如有提前开具销售发票,在未来存在巨大不确定性时仍确认为收入,仍需提供进一步服务时确认收入等手段。这些手段的共同点就是提前确认了收入,虚增会计盈余。

2. 递延确认收入

与提前确认收入正好相反,递延确认收入是将应在本期确认的收入推迟到未来期间确认。

企业一般会在当前收益较为充裕而未来收益预计可能下降时才会使用此种盈余管理手段。递延收入可以平滑企业的收益,使企业收益呈现一种稳定上升的趋势。但推迟确认收入会误导投资者,使投资者高估本期收益。

在调节收入确认的时间方面,具体有以下几种方法:一是控制收入的结算方式。不同的收入结算方式收入确认的时间不同,如分期收款销售、现款销售、托收承付等不同的收入结算方式在确认收入时间上是不同的。二是控制收入的确认条件,即控制交易的时间、签订交易合同的时间、交易的过程,例如开具发票的时间。三是控制收入的计算方法,工程合同收入、劳务收入的计算方法能够自行选择,即可采用完工百分比法,即使采用完工百分比法,在实务中完工进度的衡量也存在按完成劳动量的比例、已发生成本的比例等多种衡量方法,经理人仍可进行一定程度的调节和操纵。

3. 创造收入事项

创造收入事项是企业为达到增加利润的目的而人为制造经济业务以增加收入行为。例如:有上市公司在年度时做一笔销售,再于第二年度退货,从而达到虚增当年利润,实现扭亏保盈目的。还有一些上市公司利用一家子公司按市价销售给第三方,确认该子公司销售收入,再由另一家子公司从第三方手中购回的做法,使合并会计报表收入和利润同时增加,达到盈余管理的目的。一些上市公司为达到盈利目标还可能放弃一贯采用的信用政策,例如,突然放宽信用标准,延长信用期限,把风险较大的客户也作为赊销对象,把以后年份的销售提前到当年,不顾一切地创造没有现金收入的盈利。

(二) 费用确认

调节成本费用同样可以达到直接影响净利润数字的目的,而且成本费用可调节的范围更广,因而手段更加多样。常用的手段有以下几类:

1. 费用资本化

主要是借款费用和研究开发费用资本化。借款费用资本化表现为利息资本化。在新制度颁布前,会计制度规定,企业为在建工程和固定资产等长期资产支付的利息费用,在这些长期资产投入使用之前,可予以资本化。在实际工作中,不少上市公司就滥用利息资本化终止时间的弹性进行盈余管理。如在资产先交付使用,后办理竣工决算的情况下,为了增加利润,就以某项资产还处于试生产阶段为借口,把办理竣工决算手续的时间作为资本化终止的时间,有些上市公司甚至拿出当地政府职能部门对"在建工程"的定性,利息费用年年资本化,同时固定资产账户也暂不提折旧,以此达到虚增资产和利润的目的。此外,上市公司还利用自有资金和借入资金在实际运用中无法分清其界线的事实,通过人为划定资金来源和资金用途,将用于非资本性支出的利息资本化。

对于研究开发费用,我国至今还没有正式颁布有关的具体会计准则,一些上市公司就可以根据当地政府鼓励企业研究开发的优惠税务规定,从销售收入中预提研发费用,自由度颇大。而无形资产准则中,对于企业自行研发的无形资产只能以中介费为准入账,而这相对于研发费用微不足道,结果造成了要么公司研发费用过低,后继发展无力;要么采用盈余管理方法以将研发费用资本化,一些上市公司会将研发部门单独分离成其子公司,使研发费用资本化。

2. 费用的递延和提前确认

根据权责发生制原则,当期的收入与其相关费用应相互配比,然而现实中费用的受益期很难确定,如很难确定广告费到底能使哪个会计期间的收入增加及增加了多少。对这种费用如何在各个会计期间分配及分配多少需要一定的主观判断,上市公司管理层正是利用这一点,随意确定摊销时期进行盈余管理。

3. 潜亏挂账

潜亏挂账是指不确认可能发生的损失,导致账面资本价值的虚计和本期利润的虚增,从而达到管理盈余的目的。这种方式的盈余管理手法多样,归纳起来有低转产品成本、高估存货、投资损失不冲销、不良债权长期挂账、财产盘亏与损失挂账、少提不提折旧、少计负债等手段,以此导致企业虚增资产和利润。

(三) 会计政策、会计估计的选择与变更

会计政策是指企业进行会计核算和编制会计报表时所采用的具体原则、方法和程序。会计估计是指对结果不确定的交易或事项以最近可利用的信息为基础所作出的判断。由于会计政策、会计估计选择具有灵活性,企业可根据自身经营状况与经营环境的变化调整会计政策、会计估计。但会计政策、会计估计的频繁调整一方面削弱了企业财务报表的真实性,增加了投资者分析企业会计信息的难度,另一方面也为企业经理人进行盈余管理提供了便利。具体而言,在会计政策、会计估计方面企业主要的盈余管理手段包括折旧政策变更、存货计价方法的变更等等。

1. 折旧政策的变更

固定资产的折旧期限、折旧计算方法等存在很多的选择,给予了经理人较大的盈余管理空间。延长固定资产折旧年限,本期折旧费用减少,相应减少了本期的成本费用,增加了本期账面利润;相反,减少固定资产折旧年限,本期折旧费用增多,相应提高本期的成本费用,降低本期账面利润。如将固定资产折旧方法由平均年限法改为加速折旧法,将增加本期折旧费,降低本期账面利润;反之,则将增加企业账面利润。企业的固定资产比例越大,固定资产折旧政策对企业净利润的影响越大。

【例 3-1】 陆家嘴利用折旧政策隐藏真实利润

从 2003 年开始,陆家嘴一直在通过会计政策和会计估计隐藏其真实利润,由于真实利润远远超出账面利润,陆家嘴手中持有大量的现金。2005 年公司实现净利润 5.70 亿元,与 2002 年相比只增长了 11.27%。与之相反的是,陆家嘴的货币资金却与日俱增,2005 年末达到 42.39 亿元,比 2002 年底增长了 1.54 倍。2006 年 9 月 30 日,公司的货币资金达到 54.93 亿元,占总资产的比例高达 44.15%。

陆家嘴在 2005 年年报中披露了一项会计估计变更称:公司办公所在地上海市浦东大道 981 号办公楼属临时建筑。公司曾向有关政府部门申请延长建筑的有效使用期。政府部门答复建筑的有效使用期不能延长,如遇规划实施时,此建筑应立即无条件拆除。变更前公司对此房产按 30 年直线法折旧,考虑到浦东新区新一轮开发建设的快速启动与滨江两岸规划的实施进度,从谨慎性原则出发,公司拟变更此项资产的折旧年限,在 2005—2009 年五年间,将资产净值扣除必要残值后全部折旧完毕。如将来有证据表明此资产的实际可使用年限低于五年,则根据实际情况再行相应缩短折旧年限。这一会计估计的变更减少本年度合并报表净利润 910.94 万元。[①]

---

① 孙萍,张敏《中国上市公司盈余管理的手段及案例分析研究》,《经济研究导刊》2009 年第 18 期,第 78-79 页。

2. 存货计价方法的变更

由于企业的主营业务成本是根据存货(产成品)的发出来计算的,因此存货计价方法的选择将直接影响企业的成本,进而影响企业的本期会计盈余。根据新的《企业会计准则第 1号——存货》第 14 条明确规定:"企业应当采用先进先出法、加权平均法或者个别计价法确定发出存货的实际成本"。方法一经确定不得随意变更,如需变更应在会计报表附注中予以披露。通过调整存货计价方法提高期末存货定价,或降低期初的存货计价,当期的会计收益将增加;反之,降低期末存货定价,或提高期初存货定价,当期的会计收益将减少。

3. 合并政策的变更

合并会计报表的合并范围是指纳入合并会计报表编报的子公司的范围,主要明确哪些子公司应当包括在合并会计报表编报范围之内,哪些子公司应当排除在合并会计报表范围之外。一般来说,纳入合并会计报表范围的为母公司控制的子公司。在编制合并报表时,纳入合并报表范围的子公司的财务状况和经营成果将直接影响合并报表的会计信息结果。合并报表的编制时点仅在 12 月 31 日这天。因此,上市公司通过在年度间收购或出售子公司等手段,改变合并会计报表年报编报的合并范围,快速改变企业当年或以后年度的会计盈余。例如,若企业需要提升盈利水平,可以在原来合并的基础上减少一些亏损或盈利能力差的子公司,从而提升合并后的利润;反之亦然。

【例 3-2】　凯地地产通过购买子公司恢复上市

2001 年 12 月 30 日,PT 凯地(000411)在其 2001 年第三次临时股东大会上审议通过了重大资产置换暨关联交易案,同意将其部分资产置换公司第一大股东浙江华龙实业发展总公司持有的浙江英特药业有限公司(以下简称英特药业)99%的股权。

2002 年 4 月 19 日,公司在 2001 年年报中披露:英特药业 100%股权交易价格确定为164 420 046 元,公司以无法人资格的凯地丝绸印染厂和凯地丝绸服装厂的资产作价 125 393 099元,置入 99%的股权,其差额部分用现金补足。年报同时称未将英特药业 2001 年利润表纳入公司合并利润表的范围。

表 3-1　PT 凯地和英特药业 2001 年主要经营成果　　　　单位:万元

	主营业务收入	主营业务利润	净利润
PT 凯地	2 403	−533	946
英特药业	114 819	6 108	594

表 3-1 为 PT 凯地和英特药业主要经营成果。公司 2001 年合并利润表中,主营业务收入 2 403 万元,主营业务利润−533 万元,净利润 945 万元。英特药业上述三项财务数据分别是 114 819 万元、6 108 万元、594 万元。毋庸讳言,英特药业 99%的股权将是 PT 凯地的核心资产,该公司的一举一动对于上市公司的影响巨大。

2002 年,公司在第一季度报告中披露:主营业务收入 30 316 万元,比 2001 年同期 1 009 万元递增 29.05 倍;主营业务利润 1 787 万元,比 2001 年同期−221 万元增加 2 008 万元;净利润15 万元,比 2001 年同期−955 万元增加 970 万元。公司明确表示这种变化是由于英特药业的利润表纳入合并利润表的范围所致。其效果正如 2001 年年报中所述:这项资产置换"将有效调整公司产业结构,改变公司主营业务,对公司的长远发展将产生积极而深远的影响"。同年5 月 13 日,凯地公司发布公告,称深交所决定受理公司恢复股票上市的申请。6 月 30 日,凯地公司 2001 年年度股东大会正式审议通过将公司名称变更为"浙江英特集团股份有限公司"。①

4. 变更长期股权投资核算方法

《企业会计制度》规定,长期股权投资的核算方法有成本法和权益法两种。成本法适用的范围是投资企业对被投资单位无控制、无共同控制且无重大影响,一般认为投资企业拥有被投资单位 20% 以下的表决权资本的即符合上述条件,用成本法核算。成本法核算的特点是,只有被投资单位宣告分派利润或现金股利时,才按照一定的方法确认为投资收益,而不管当期是否实现净损益。权益法适用的范围是投资企业对被投资单位具有共同控制或重大影响时,通常认为投资企业拥有被投资单位 20% 以上(含 20%)的表决权资本的即符合上述条件,采用权益法核算。权益法核算的特点是,要对被投资单位当年实现的净损益确认投资收益,而不管其是否发放股利。由此可见,这两种核算方法下确认的投资收益是完全不一样的,因此,上市公司便可通过持股比例的变动而改变长期投资的核算方法来进行盈余管理。

> **思维拓展**
>
> 在企业会计准则各准则中,分别有哪些可能的盈余管理手段?

由于我国上市公司普遍存在分红少的现象,而且初始投资的企业一般都是盈利状况比较好的企业,因而大多数投资企业更愿意采用权益法确认对被投资企业的投资收益。但被投资企业出现亏损,他们就会减持被投资企业的股份到 20% 以下,将长期股权投资的核算方法由权益法改为成本法,从而免受因被投资企业亏损而确认负的投资收益的影响。

5. 利用计提"八项"减值

根据新的企业会计准则规定,要求提取减值准备的资产主要包括应收账款、存货、长短期投资、固定资产、无形资产等。一般来说,长期资产减值损失一经确定,在以后会计期间不得转回。可以转回减值损失的资产包括应收账款、存货、消耗性生物资产、建造合同形成的资产、递延所得税资产、融资租赁中出租人未担保余值等资产、采用公允价值后续计量的投资性房地产、未探明矿区权益。尽管如此,现行会计准则仍为企业进行盈余管理留下了一定的空间。

由于资产减值损失影响当年的会计盈余信息,当企业业绩较好时,可以计提较多的减值准备,作为"业绩储备",以便在企业业绩较差时转回减值准备。对于那些急需恢复上市或"摘帽"的公司来说,计提和转回更是成为它们跨年度调节利润的捷径,在铁定亏损的年度大幅计提减值,在必须扭亏的年度大幅转回,实现盈利。

【例 3-3】 大唐电信业绩"变脸"

大唐电信(600198)2007 年 4 月 5 日,发布了一则公告,称 2006 年度其业绩报告将亏损。由于 2004 年度和 2005 年度业绩已经连续出现亏损,按照相关规定,大唐电信即将被实行退市风险警示(即冠以＊ST)。对此,大唐电信 4 月 5 日的公告如此解释:"公司尽管 2006 年度主营业务规模和主营业务盈利能力大幅提高,但鉴于无线、光通信等传统通信设备产业历年经营留存大量资产带来预期的收益能力有限,仍需对整合后的无线、光通信资产大幅计提减值准备,由此将造成 2006 年度业绩亏损。"

知情人士指出,大唐电信的减值计提原本是要分摊到未来数年里的,但是现在经理人希望一次性地将其摊掉。此前大唐电信 2006 年公布的三份业绩报告无不显示为盈利:一季报、半

---

① 陈政文《上市公司利用合并会计报表范围变动进行盈余管理的案例分析》,《上海会计》2003 年 12 期,第 57—59 页。

年报和三季报显示的净利润分别为817万元、2208万元和2761万元。有论者认为,是为了促使有关方面加速对大唐电信集团的重组;也有论者认为,是大唐电信集团故意"示弱",借以对国家有关部门施加压力,以获更大的照顾和扶持。[①]

(四) 利用关联方交易

根据《企业会计准则第36号——关联方披露》的规定:"一方控制、共同控制另一方或对另一方施加重大影响,以及两方或两方以上同受一方控制、共同控制或重大影响的,构成关联方。关联方交易,是指关联方之间转移资源、劳务或义务的行为,而不论是否收取价款。"常见的关联方交易包括购买或销售商品、购买或销售商品以外的其他资产、提供或接受劳务、担保、提供资金(贷款或股权投资)、租赁、代理、研究与开发项目的转移、许可协议、代表企业或由企业代表另一方进行债务结算、关键经理人薪酬等等。通过以高于或低于正常交易的价格进行关联交易,可以帮助企业调节收入费用、转移利润,因此,关联交易是上市公司常用的盈余管理手段。

1. 关联购销

关联购销包括关联方之间的商品、劳务或资产的交易。这种关联交易为企业通过转移定价进行管理盈余创造了机会。上市公司可以通过高价向关联方销售产品或者低价取得关联方的原材料,轻易达到增加收入、降低成本的目的。

2. 转嫁费用

由于上市公司与母公司之间较多存在费用支付和分摊问题,当上市公司利润不理想时,可能通过改变费用分摊标准或承担其部分费用来改变上市公司会计盈余。例如,母公司可以降低或豁免上市公司应交的管理费、销售费用或研发费用,从而降低上市公司当年的费用,使上市公司的会计盈余增加。

3. 资金占用费

上市公司与关联方的资金往来及资金占用现象非常普遍。因此,通过向关联方收取资金占用费也是上市公司常见的盈余管理手段之一。

4. 租赁

由于各类资产租赁的市场价格难以确定,租赁已成为上市公司与关联公司之间盈余管理极为方便的手段。例如,在土地使用费方面,同等使用面积的土地价格可能有天壤之别,即使上市公司披露有关信息,投资者也难以作出准确判断。因此上市公司一方面可以通过有了稳定的租赁费收入,获得必要的"保底利润",改善经营成果;一方面可以把从母公司租赁来的资产反过来又租赁给母公司,在母子公司间转移利润。

【例3-4】 ST本钢通过关联方交易增加利润

ST本钢板材2002年报显示,主业收入和净利润分别大幅增长47.83%和40.05%,分析表明,ST本钢板材与大股东本钢集团之间发生的采购金额为54.07亿元,占采购总额的87.63%,其营业成本比率比上年同期下降3.13%,董事会公告称,主要原因是原料采购成本的下降,由此增加利润1.68亿元。

众所周知,在当时全行业原材料价格以上涨为背景,其公告明显缺乏说服力,关联方发生销售额34亿元,占销售总额54.84%,分析表明,关联交易毛利率10.65%,非关联交易毛利率

---

① 孙萍,张敏《中国上市公司盈余管理的手段及案例分析研究》,《经济研究导刊》2009年第18期,第78-79页。

7.96%，两者相差 2.69%，由此增加利润 9 146 万元，通过显失公允的关联交易，目的很明显，就是为了不断增加利润。[①]

（五）资产重组

资产重组是指企业资产的拥有者、控制者与企业外部的经济主体进行的，对企业资产的分布状态进行重新组合、调整、配置的过程，或对设在企业资产上的权利进行重新配置的过程。上市公司利用资产重组进行盈余管理的手段主要有：股份转让、资产置换、对外转让资产、对外收购兼并等。上市公司通过资产的转让和处置，可以将不良资产转让给控股子公司；或者，以低价从母公司购入优质资产。通过这种形式，上市公司不仅可以以很低的成本获得母公司优质资产的使用权，还可以避免经营不良资产产生的损失或亏损，提高企业的会计盈余。

【例 3-5】 浙江东方通过资产重组配股成功

浙江东方（600120）2004 年实现利润 19 143.6 万元，净利润 10 201 万元，正常经营利润 5 339 万元，其中，处置资产产生收益 3 236.87 万元，占公司当年净利润的 31.7%。公司 2002 年、2003 年、2004 年净资产收益率分别为 13.59%、10.29%、10.34%，连续三年平均净资产收益率在 10% 以上，2004 年顺利配股。

【例 3-6】 ST 寰岛通过资产重组顺利"摘星"

ST 寰岛（000691）是通过与关联方的资产置换和股权转让实现"摘星"。在 2007 年进行了一系列的收购兼并、资产剥离、资产出售和股权转让等资产重组，优化资产，提高利润，在 2007 年中报上果然出现了净利润 3 725.05 万元的大跨度转亏，无疑是资产重组的贡献。[②]

（六）利用非经常性损益调节利润

目前我国利用非经常性损益进行盈余管理的手段主要有出售资产、转让股权、资产置换、债务重组、税收减免、利息减免、政府补贴等。通过非经常性损益交易，可以快速增加企业的净利润，改善企业的经营成果。

【例 3-7】 黄河科技："非经常性损益"扭亏为盈

在 600381 这个上海证券交易所的证券代码下，曾有过三次名字的更迭：西安黄河、ST 黄河科技、广电网络。曲折的改名道路同时告诉人们一个不平凡的会计历程。

ST 黄河科技自 1992 年 2 月 24 日上市，除了当年未亏，此后，年年都与亏损沾边。上市第二年的中期，就报亏 274.40 万元，年度亏损 937.50 万元；1996 年中期亏损 3 768.84 万元，年度更是报亏 23 538.69 万元，是迄今为止亏损额最大的一年。但从 1997 年开始，事情就发生了戏剧性的变化。这一年中期报亏 354.22 万元，但年报就显示扭亏为盈，实现净利润 583.06 万元，后调整为 306.25 万元。接着，连续两年又如法炮制，1998 年中期报亏 1 452.67 万元，年报盈利 685.08 万元，后调整为 636.35 万元；1999 年中期报亏 2 136.97 万元，年报又盈利 3 904.01 万元，每股收益 0.35 元，净资产收益率 34.3%，奇迹般地实现扭亏为盈。

---

① 申草《中国上市公司九大收入陷阱案例分析》，新浪财经，2005 年 11 月 7 日。
② 孙萍，张敏《中国上市公司盈余管理的手段及案例分析研究》，《经济研究导刊》2009 年第 18 期，第 78-79 页。

表 3-2　ST 黄河科技 1999 年非经常性损益项目明细　　　　单位:元

非经常性损益项目	涉及金额
长岭黄河集团有限公司让债收入	26 000 000.00
黄河机器制造厂让债收入	30 000 000.00
出售黄河机器制造厂 30 亩土地实现利润	22 513 407.67
根据公司与黄河机器制造厂减债协议以部分商品抵债务形成销售利润	9 458 914.07
以上四项共计影响利润	87 972 321.74

不过,仔细分析该公司的 1999 年年度报告,ST 黄河科技的每股收益在扣除非经常性损益后则为亏损 0.44 元,这就是说,该公司净利润剧增的 513.5%,皆为资产出售和转让债务所致,在该年的审计报告中,注册会计师就已经对涉及影响其 1999 年度利润变化的几个重大问题出具了保留意见。

第一,将库存电视机以账面价值 1.16 亿元划转给母公司长河集团,账面价值高于同品牌、同型号电视机正常市价,且含产成品成本差价 5 570 万元,并以部分电视机、电冰箱按略高于市价的账面含税价 4 837.44 万元抵债销售给 786 厂,由此减少年末存货 3 891.54 万元,增加主营利润 945 万元。

第二,由 786 厂对公司于 1997 年以账面价值 976 万元转让给该厂的综合大楼增补差价 800 万元,并增加转让该大楼占用及附近的 30 亩土地使用权,转让费 2 940 万元。

此外,结合表 3-2 中 ST 黄河科技 1999 年报表中披露的非经常性损益项目,可以看出当年的非经常性损益为近 8 800 万元,是全年净利润的两倍。非经常性损益所支撑起的“绩优”结果自然无法持久,企业事实上的情况是主营业务收入萎缩 58%,营业利润项下有 1 700 万元的亏损。

第四节　识别盈余管理的方法

盈余管理为投资者及其他财务信息使用者的投资决策分析和监管分析带来了一些障碍,因此识别盈余管理、把盈余管理限制在合理的范围内对财务信息使用者非常有必要。识别上市公司的盈余管理对财务信息使用者而言并非易事,一方面盈余管理的手段千变万化、纷繁复杂;另一方面,经理人总是千方百计地对盈余管理进行遮掩,这也增加了处于信息劣势的使用者甄别盈余管理的难度。当经理人采用各种手段进行盈余管理时,总有一些客观的方面是其无法操纵或掩盖的,通常都能从其财务报告中找到蛛丝马迹。财务信息使用者就可以利用这些方面的线索来对盈余管理进行经验识别,判断是否存在盈余管理。

一、寻找盈余管理的预警信息

一些上市公司直观且易获得的信息往往表明企业有可能进行了盈余管理,例如企业的基本指标、审计师意见、分红信息。

（一）对上市公司的基本财务情况进行分析

一些上市公司的基本财务指标往往隐含着上市公司盈余关系的信息，因此，财务信息使用者可以通过关注上市公司的一些基本财务指标识别公司是否有盈余管理的嫌疑。

1. 收益指标

一般来说，巨亏公司、微利公司以及净资产收益率处于增发、配股线边缘的企业往往有动机进行盈余管理。如第二节所述，我国上市公司经常出于避免退市和再融资而进行盈余管理，因此财务信息使用者可以通过关注上市公司净资产收益率等收益指标，对这类企业的盈余管理行为加以关注。

2. 成长性指标

成长性指标包括企业营业收入增长率、总资产增长率、利润增长率等。当高成长性企业速度放慢甚至倒退时，经理人为了保持成长性一致的表象，往往会进行盈余管理。因此，财务信息使用者对高成长性企业的盈余管理也应加以关注。

（二）关注审计报告及注册会计师的变更

注册会计师具有丰富的会计、审计及管理知识、经验，能够独立地对公司的财务状况及其变动和经营成果进行分析和考察，形成自己的专业判断。因此，他们的意见应是投资者进行判断企业是否进行盈余管理的主要线索。

1. 充分关注注册会计师出具的非标准审计报告

这类报告往往表明注册会计师对企业会计报表所反映的财务状况、经营成果等与企业经理人有不同意见。财务信息使用者可根据审计报告以及企业经理人对注册会计师所提意见的辩解，清楚地了解到企业是否存在盈余管理行为。例如，注册会计师若强调"应收账款金额巨大"，很可能意味着这些应收账款很难收回或提取的坏账准备金过低。

2. 关注上市公司会计师事务所变更

若上市公司更换了会计师事务所且更换前的注册会计师出具了保留意见的审计报告，则很有可能是前任注册会计师与上市公司没有在审计意见上达成一致，上市公司为了寻找一个"听话"的审计师而更换了会计师事务所，这时上市公司的财务报告有可能存在盈余管理的嫌疑。

（三）关注公司盈利与股利分配的对比

上市公司在实现利润之后，为了回报股东往往要进行利润分配。企业要进行利润分配有两个前提条件：一是要有足够的可分配利润；二是要有足够的现金。通常企业的利润可以通过盈余管理实现，但现金却是实实在在的，无法通过盈余管理调节利润产生。因此，当企业有足够的利润却一直不进行利润分配的一种解释就是企业的利润是"盈余管理"而来的。因此，丰厚的利润与微薄的股利也是企业存在盈余管理一条潜在的线索。

二、分析企业财务报表

（一）检查报表间科目的配比关系

由于盈余管理是一个系统过程，需要各个科目之间的协调配合，难免有个别科目间出现不配比现象，因此，通过分析资产负债表、利润表、现金流量表三大报表科目之间的关系是否合理是识别盈余管理的有效途径之一。

例如，通过分析企业当期税金，如企业所得税与利润比率、企业销售税金及附加占营业收入之比的大小及不同年度间的变化趋势,可以估算企业当期的税率,若企业的税率过低,或企业税率在不同年度间存在大幅波动,企业当期的收益可能存在盈余管理的嫌疑。银广夏1999年利润总额1.76亿元,所得税仅508万元,账面税率仅为4%,表明当期利润很可能是盈余管理的结果。再比如,提前或推迟确认收入与费用的盈余管理手法,通常会引起会计报表相关项目的异常,因此,应对应收账款和存货等重点项目作特别关注。以应收账款为例,若应收账款的增长远远超过了收入的增长,这或许是因客户陷入财务困境而无力支付所致,也可能是公司记录虚假销售、提前确认销售收入,或者放松信用政策有意扩大赊销份额的盈余管理手段所致。

(二) 分析性复核

分析性复核是对公司中比率(如销售利润率、毛利率、净资产利润率等)的变化或者趋势进行分析,以发现其异常变动项目。通过分析性复核,可以发现公司会计报表中的异常波动,进而识别公司是否进行了盈余管理。比如,蓝田股份上市后,业绩增长令人惊叹,该公司1995年的净利润2 743.72万元,1996年上市当年翻番实现5 972万,1997年至1999年三年分别为1.43亿元、3.65亿元和5.43亿元,而其所宣称的利润来源的可信度值得怀疑。

此外,滥用盈余管理会引起相关指标的异常。例如,存货占资产总额比例上升、存货周转率下降、主营业务毛利率上升、销售费用及存货比率下降,这些都可能预示公司存在虚增利润行为。而且,同属一个行业的各公司的财务指标之间,特别是一些相对数指标之间一般不会出现非常大的差异,如果存在异常差异,则预示着公司存在盈余管理甚至财务欺诈的可能。

(三) 对利润表进行对比分析

选择主营业务收入、主营业务成本、其他业务利润、利润总额等数据与该公司上年及同行业相关企业的有关数据进行比较分析,结合企业所处行业的发展情况,剔除例外性因素,检验其经营成果的合理性。如企业当年未进行较大的固定资产投入,行业状况又无特别事项,但企业主营业务利润率明显高于历史或行业指标,应收账款又有大幅增长,则表明企业存在虚增销售的可能。

(四) 分析现金流量表

现金流量表是企业经营成果的测谎器,通过现金流量和会计利润的对比分析,很容易发现企业的盈余管理行为。现金流量分析法是指将经营活动产生的现金净流量、投资活动产生的现金净流量、现金净流量分别与主营业务利润、投资收益和净利润进行比较,以判断企业盈利的质量。一般而言,没有相应现金流量的利润,其质量是不可靠的。如果企业现金流量长期低于净利润,将意味着已经确认为利润的成本费用可能已经转化为不能带来现金流量的虚拟资产。这表明企业可能存在粉饰会计报表的可能。

例如银广夏1999年、2000年的除权后每股收益分别为0.25元和0.83元,增长了近3倍,而其现金净流量却由1999年的27 806万元降为2000年的22 735万元,运用现金净流量分析,可以清楚地看到该公司财务比率的异常变动,从而提高警惕。

三、分析会计政策及会计估计变更

会计政策及会计估计变更是企业常见的盈余管理方式之一。会计政策和会计估计的变更及其影响会在财务报告中予以说明,通过对这些内容的阅读、分析,可以判断会计政策和估计的变更是否合理,是否存在操纵利润的盈余管理行为。

四、剔除企业异常利润

无论是上市公司的资产重组给企业带来的巨额利润,还是关联交易产生的大量收益,以及其他盈余管理行为带给企业的丰厚利润,在会计报表中大多表现为其他业务利润、投资收益、营业外收入等项目。对于一个上市公司而言,这些项目的利润很难有持久性,被视为异常利润。一般而言,异常利润的高低反映出上市公司盈余的质量,或者说盈余的持久性。异常利润越高,盈余质量越低;反之亦然。因此在分析财务报表时,不妨将这些异常利润从利润总额中予以剔除,以利于分析和评价利润来源的稳定性。

五、剔除企业不良资产

不良资产指待摊费用、待处理流动资产净损失、待处理固定资产净损失、开办费等虚拟资产和高龄应收账款、存货跌价损失、投资损失等可能存在潜亏的资产项目。因此,为谨慎地分析上市公司的财务报表,可将这些虚拟资产从报表中剔除,将这些潜在不良资产总额与净资产或总资产比较,以及将不良资产的增加额及增加幅度与净利润的增加额及增加幅度比较,以判断上市公司的资产质量。如果不良资产总额接近或超过净资产,或不良资产的增加额超过净利润的增加额,说明企业存在盈余管理行为。

六、关注企业的关联方交易

上市公司会计报表附注需详细披露关联方关系及其交易,通过计算公司从关联交易中取得的利润在利润总额中所占的比重,以及计算关联方交易未结算金额分别占关联方交易总额和未结算总额的比例,就能够分析企业的盈利能力在多大程度上依赖于关联企业。如果将来自关联企业的营业收入和利润予以剔除,则通常可以更客观地判断企业的盈利基础是否扎实、利润来源是否稳定。如果公司的营业收入和利润主要来源于关联企业,会计信息使用者就应当特别关注关联交易的定价政策,分析公司是否以不等价交换的方式与关联企业发生交易,进行盈余管理。

关联交易非关联化手段的应用使不公允关联交易变得更加隐蔽,被操纵程度更高,因而危害也更大。所以,应加强对形式上非关联化的关联交易的识别,在判断某一方是否是报告主体的关联方时,应遵循"实质重于形式"原则,关注双方关系的实质而非外在形式。

七、关注企业合并报表范围的变动

根据我国会计制度,集团公司应编制合并会计报表。因此,哪些子公司纳入合并范围,哪些不纳入就是合并报表的一个重要问题。由于子公司的利润直接决定集团公司的利润,因此公司可以通过改变合并范围来调节利润,进行盈余管理,即将那些盈利状况较好的子公司纳入合并范围,而将那些盈利状况不佳甚至亏损的子公司从合并范围内剔除。一些企业还通过资产重组等产权交易行为改变对子公司投资的权益比例以达到调节合并范围的目的。也就是说,通过分析财务报告中有关合并范围的变动信息,可以发现利润操纵型的盈余管理行为。

八、盈余管理识别方法的运用

上述方法为财务报告使用者识别盈余管理提供了一定的线索,但是这些方法在针对某一特定公司分析时,不可能都全部适合,但如果公司某些迹象符合以上分析的某些方面时,该公司存在盈余管理的可能性极大。

【例 3-8】　天津磁卡屡逃退市的奥秘

1. 天津磁卡简介

天津磁卡(600800)的全称为天津环球磁卡股份有限公司,曾经简称为 S＊ST 磁卡、＊ST 磁卡,是一家卡类产品、高档包装印刷产品、有价证券产品印刷、软件及配套、机具的开发和设计、数据卡及专用读写机具、日用电子器具制造、银行机具的开发与制造、网络集成技术与高新技术产品的卡发和销售、房地产开发及商品房销售等上市公司,其前身为天津人民印刷厂,1992 年 8 月更名为天津环球磁卡公司,1993 年 11 月 29 日公司转为股份有限公司。

2. 盈余管理动机识别

天津磁卡自 2002 年起经营不利,营业利润屡屡为负,却能屡屡逃过停牌、退市的厄运,个中诀窍何在?

表 3-3　天津磁卡 2001—2008 年主要经营成果

项目 ＼ 年份	2001	2002	2003	2004	2005	2006	2007	2008
主营业务收入(亿元)	6.16	2.44	4.01	3.18	1.77	1.87	1.98	2.20
净利润(亿元)	0.84	-2.80	0.61	0.37	-3.11	-3.91	0.12	1.88
扣除非经常性损益的净利润(亿元)	0.65	-2.68	-1.29	-1.46	-2.94	-3.32	-4.14	-2.61
基本每股收益(元/股)	0.153	-0.523	0.111	0.067	-0.533	-0.713	0.022	0.34
扣除非经常性损益的每股收益(元/股)	0.116	-0.565	-0.235	-0.027	-0.533	-0.601	-0.75	-0.47

表 3-3 为天津磁卡 2001—2008 年主营业主收入、净利润及每股收益的数据。从这些基本的财务指标,我们可以看出该公司在 2001—2008 年 8 个会计年度中,有 3 个会计年度的净利润为负数,即亏损。从这一基本的财务数据可以看出天津磁卡有避免退市的盈余管理动机。

3. 盈余管理手段识别

由表 3-3 可知,若扣除非经常性损益,天津磁卡有 7 个年度的净利润为负数,即天津磁卡 2002—2008 年的 7 个年度全部为亏损,可见非经常性损益对公司避免被退市起到了"救驾"的作用,帮助其逃过连续三年亏损被暂停上市甚至最终退市的"劫难"。

表 3-4 天津磁卡盈余管理年度非经常性损益明细   单位:元

项目 \ 年份	2003	2004	2007
营业外收入	483 305.42	404 500.06	217 601.72
营业外支出	−363 397.48	11 150 389.62	—
补贴收入	768 193.97	24 535.91	—
资产减值准备转回	107 056 986.22	—	—
收取资金占用费	35 960 000.00	5 020 000.00	—
非流动资产处置损益	46 817 525.00	166 970 503.35	—
非经常性损益所得税影响	—	—	—
委托贷款的投资收益	—	—	—
联营或合营公司分配来的利润	—	—	—
期末调整的被投资公司所有者权益净增减额	—	—	—
股权投资转让收益	—	—	—
投资减值准备	—	—	—
捐赠支出	—	—	—
对外担保损失	—	—	—
债务重组损益	—	—	464 308 735.50
与公司主营业务无关的预计负债产生的损益	—	—	−37 527 496.10
其他营业外支出	—	—	−692 914.70
合计	190 722 613.13	183 569 928.94	426 305 926.42

2002 年该公司通过"洗大澡",计提了大额资产减值准备,巨亏 2.8 亿元。仅应收款项一项就新增计提 1.29 亿元。为以后"扭亏为盈"形成了巨额的利润蓄水池。

表 3-4 为天津磁卡盈余管理年度非经常性损益明细情况。由表 3-4 可知,2003 年该公司如没有非经常性损益"帮忙",净利润为−1.29 亿元,将继续带上"＊ST"的帽子。而在公司的非经常性损益中,资产减值准备转回的金额就达 1.07 亿元。

2004 年 12 月该公司于天津和兴房地产开发有限公司签订回购协议,因天津和兴房地产延迟交房等原因,天津和兴房地产开发有限公司将天津磁卡预购的 41 501 平方米的和兴大厦房产购回,该项资产账面价值 3.181 亿元,回购价 6.29 亿元,扣除原预付款 1.09 亿元,实际应收款 5.2 亿元,这项交易的一买一卖增加了天津磁卡的利润 1.67 亿元,如无这 1.67 亿元垫底,该年度的净利润不是其报告的 0.37 亿元,而应是亏损 1.4 亿元之巨。

该公司在经过 2005 年、2006 年连续两年亏损之后,2007 年企业经营没有任何起色,企业利润为−4.14 亿元,眼看公司即将达到连续三年亏损而被暂停上市的情况下,2007 年开始实施的"新"债务重组准则规定,债务重组利得可计入当期损益。天津磁卡"运筹帷幄",从大股东磁卡集团借入 6 亿元资金（因此导致天津磁卡"其他应付款"增长 99.17%），与各债权银行达成还本免息的债务重组协议，从而获得免息债务重组利得 4.64 亿元，实现会计报表上的盈利 0.12 亿元，又一次化险为夷。[①]

综合案例

四川长虹（600839）扭亏

一、案例背景

四川长虹（600839）始创于 1958 年，是我国"一五"期间的 156 项重点工程之一，主要经营彩电、冰箱等家用电器。在 1998 年前，四川长虹不仅仅是中国的彩电大王，而且还成为在海内外享有盛誉的国际化企业集团。其股价曾一度创 50 元的天价，是上海 A 股市场的龙头老大。

历史上，长虹曾经是沪市绩优股概念的代表，长虹的每股收益在 1996 年和 1997 年均排名沪市第一，1998 年下滑至第 5 名，而自 1999 年起，长虹就在绩优榜中消失了。长虹 2000 年年度报告显示的业绩令投资者大失所望：每股收益 0.13 元，净资产收益率 2.08%，不仅利润实现数再次低于公司自己预测的一半，其不分配不转增的预案也使公司已连续 3 年未分配。2001 年，虽然下半年经营业绩比上半年有较大增长，但长虹全年经营业绩与 2000 年度同期相比仍有较大幅度下降，主营业务收入较上年基本持平，但利润总额比 2000 年下降 50% 以上。2002 年，随着彩电行业的复苏，长虹的经营业绩明显好转，主营业务收入为 125.85 亿元，同比增长 32.3%；净利润更是达到 1.76 亿元，比 2001 年猛增 109.7%。2003 年长虹的主营业务收入、净利润、净资产收益率等指标和 2002 年相比有很大的提高。这似乎让很多人又看到了昔日绩优股重新崛起的希望。但长虹 2004 年的中报给乐观的投资者以沉重的打击。2004 年中报显示：长虹实际净利润为 6 507.15 万元，同比下降 44.37%，每股收益仅 0.03 元；主营业务收入也出现一定幅度的下滑：上半年实现主营业务收入、主营业务利润分别为 51.63 亿元和 6.8 亿元，同比分别下降 2.6% 和 14.57%。而且，长虹在南方证券的 2 亿元委托理财金因故无法如期收回，这也给长虹的未来业绩蒙上了阴影。

2005 年 4 月 16 日，长虹发布 2004 年年报，这份年报的公布使四川长虹最终以 36.8 亿元的巨额亏损位居上市公司历年年度亏损之最，成为中国历史上首个发生巨额亏损的上市公司。根据年报披露，其发生巨亏的主要原因是该公司一次性计提了 37 亿元的资产减值准备，包括：对 APEX 公司按个别认定法计提的坏账准备 25.97 亿元，对存货计提的存货跌价准备 10.13 亿元，对南方证券公司委托理财项目全额计提的委托理财投资跌价准备 1.828 亿元。而仅仅相隔一天，也就是 2005 年 4 月 17 日，四川长虹又公布了 2005 年第一季度季报。季报显示，公司在本年第一季度以 1.7 亿元的税后利润一举扭亏为盈。究竟是什么原因让这个曾经的沪市绩优股老大、中国国产彩电行业的龙头企业的业绩在 2004 年出现如此惊人的亏损？这些亏损的确是在 2004 年度才发生的吗？出现如此巨亏之后又为何能在短短一个季度之内迅速扭亏为盈？

---

① 沈烈《会计准则与上市公司盈余管理研究》，经济科学出版社，2010 年。

2005年第一季度,四川长虹净利润合并数为1.73亿,母公司数为1.72亿;2005年年报的净利润为2.85亿,其中费用项目由2004年的40.2亿变成2005年的3.4亿。四川长虹的业绩变腐朽为神奇。考察四川长虹2004年和2005年的资产减值明细表发现:短期投资、应收款项、存货的减值准备损失分别由2004年2.22亿元、25.07亿元、10.14亿元变为2005年的0.59亿元、0.03亿元、0元,相反存货跌价准备转回却由2004年0.018亿元变为2005年的10.42亿元。

二、四川长虹主要业绩及其主要资产减值计提情况

四川长虹主要业绩及其主要资产减值比例

年份	Revenue	NI	CFO	S-I	A-R	Inventory
1999	10 095 156	525 318	3 032 983	0	0.023 473	2.699 763
2000	10 707 214	274 236	2 274 978	0	0.121 687	3.610 991
2001	9 514 619	88 536	1 373 435	0	0.210 251	4.211 013
2002	12 585 184	176 203	−2 987 957	0	0.301 045	3.713 797
2003	14 133 196	241 652	−744 026	3.606 69	1.938 657	4.313 99
2004	11 538 698	−3 681 120	760 458	40.898 16	51.466 33	18.097 51

注:1. Revenue、NI、CFO分别为营业收入、净利润、经营活动产生的现金流量,单位为千元。

2. S-I、A-R、Inventory分别短期投资、应收款项、存货的减值比例,计算方法为:当年该项目计提减值数/(当年该项目计提减值数+当年该项目的期末余额)×100%。

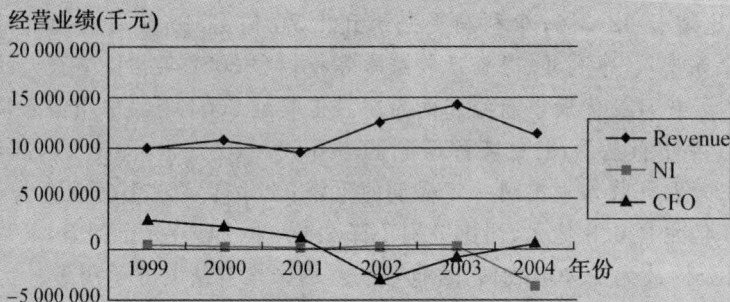

四川长虹经营业绩变化图

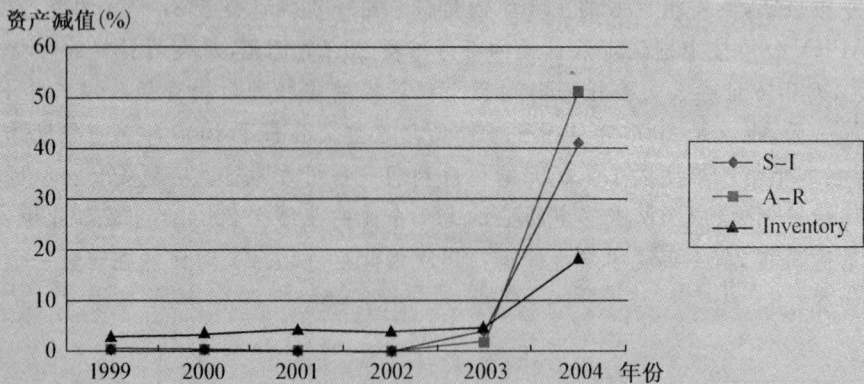

四川长虹短期投资、应收款项、存货的减值比例变化图

三、四川长虹的盈余管理手段分析

1. 坏账准备

四川长虹应收款项减值准备计提

年份	期末余额(资产项目)	计提数	转回数	计提比例(%)	转回比例(%)
2002	2 622 210 918.87	4 736 358.67	0.00	0.102 9	0.000 0
2003	2 526 125 448.20	96 085 470.67	6 476 143.80	1.803 9	0.121 6
2004	18 288 181.95	2 507 837 266.25	216 376.22	50.459 6	0.004 4
2005	12 934 991.22	5 353 190.73	57 139 061.79	0.122 9	1.312 1
2006	0.00	12 934 991.22	84 954 391.97	0.589 7	3.872 8

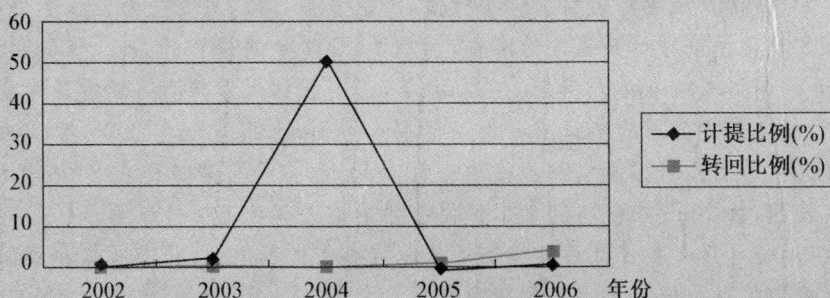

四川长虹应收款项减值计提比例、转回比例变化图

观察以上图和表可知：四川长虹对坏账准备的计提，从 2003 年开始激增，2004 年更是提取了高达 25.08 亿元的减值准备，占净亏损的百分比达到 68.1%，占当年计提的所有资产减值准备的 50.49%。长虹对此的官方解释是：因美国进口商 APEX 公司 2004 年由于经营不善、涉及专利费、美国对中国彩电反倾销等因素，其全额支付所欠本公司货款存在较大困难。故依据谨慎性原则，用账龄分析法已经不能准确反映，故改用个别确认法对其计提减值准备。但是，2005 年长虹又大量转回了坏账减值准备，长虹解释的原因是采用账龄分析法的话，APEX 公司的应收账款不应计提如此多的减值准备。

因此，四川长虹对同一个公司的相同几笔应收账款的确认方式前后差异较大，其利用会计政策的变动，对应收账款项目进行盈余管理的可能性非常大。

2. 短期投资减值准备

四川长虹短期投资减值准备计提

年份	期末余额(资产项目)	计提数	转回数	计提比例(%)	转回比例(%)
2002	1 136 356 405.74	95 055.00	22 125 796.37	0.008 53	1.985 58
2003	959 820 502.50	35 913 838.61	0.00	3.606 77	0.000 00
2004	372 971 202.71	222 180 458.20	0.00	37.331 74	0.000 00
2005	210 418 713.93	59 273 383.59	1 211 136.60	22.077 31	0.451 11
2006	139 109 226.30	0.00	110 603 715.77	0.000 00	388.008 19

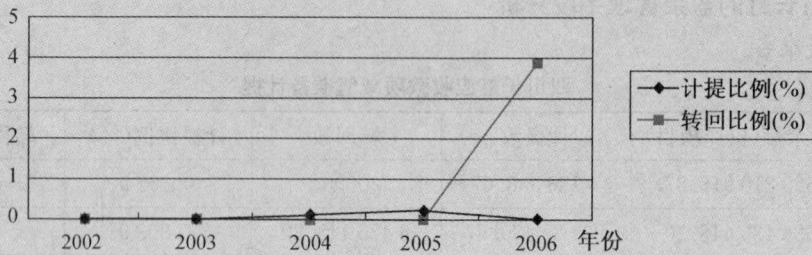

四川长虹短期投资减值计提比例、转回比例变化图

观察上下图和表可知：四川长虹在 1999 至 2003 年计提的委托理财投资跌价准备一直为零，但在 2004 年却一次性计提了高达 1.828 亿元的跌价准备，占当期净亏损的 4.97%。长虹的官方原因是：南方证券公司目前资不抵债，严重亏损，因此对委托南方证券公司的国债投资余额约 1.828 亿元全额计提了跌价准备，计入了 2004 年的投资损益。2005 年由于股票投资损失，故继续增提减值准备。但是，在 2006 年，四川长虹大量转回短期投资的减值准备，原因是：公司已经向南方公司的清算组申报了债权。然而，申报发生在 2005 年，但长虹在申报当年却没有进行转回。申报债权并不能确保收回，长虹亦没有清楚交代 2006 年根据什么确定债券可以收回，故 2006 年就转回 1.1 亿似乎并不符合会计谨慎性原则。

因此，四川长虹只有在计提短期投资减值时符合谨慎性原则，转回时却和原则相悖，可见其可能通过短期投资减值准备进行利润操纵。

四川长虹委托投资理财跌价准备的计提对利润的影响

年度	委托投资理财跌价准备净计提额	净利润	委托投资理财跌价准备/净利润(净亏损)(%)
1999	0.00	525 318 232.31	0.00
2000	0.00	274 236 481.37	0.00
2001	0.00	88 535 874.77	0.00
2002	0.00	176 202 704.06	0.00
2003	0.00	241 651 875.00	0.00
2004	182 800 000.00	−3 681 120 380.21	−4.97
2005	−110 603 715.77	285 036 668.99	38.80

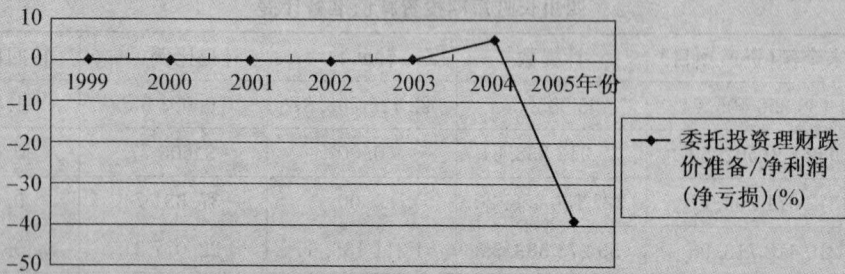

四川长虹委托投资理财跌价准备的计提对利润的影响

3. 存货跌价准备

四川长虹存货减值准备计提

年份	期末余额(资产项目)	计提数	转回数	计提比例(%)	转回比例(%)
2002	7 192 873 908.77	4 635 113.40	0.00	0.064 4	0.00
2003	7 005 589 932.36	38 414 697.63	0.00	0.545 4	0.00
2004	6 689 953 612.21	1 014 666 441.04	1 877 907.17	13.172 8	0.02
2005	4 766 757 763.46	6 437 425.73	1 042 446 445.40	0.172 6	27.94
2006	5 301 543 549.22	11 344 702.45	23 850 001.98	0.214 5	0.45

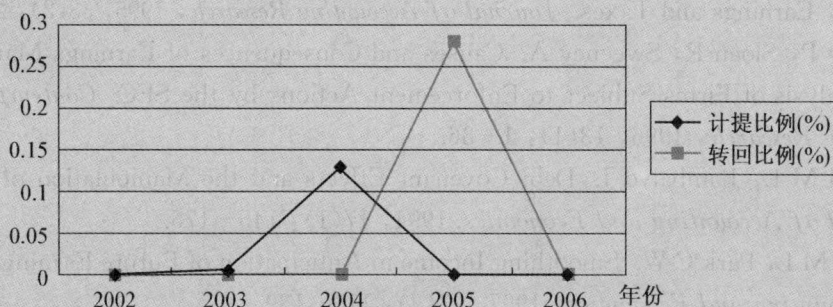

四川长虹存货减值计提比例、转回比例变化图

观察上图和表可知:四川长虹自2003年开始公司加大了存货跌价准备的计提力度,尤其在2004年该公司一次性计提了10亿元的存货跌价准备。长虹的官方原因是:2004年终止与APEX公司的合作,导致大量的专用零件和专用机积压,故秉着谨慎性原则,计提跌价准备。2005年,长虹又转回了10.42亿的跌价准备,其中由于非货币性资产交换而转出的有7.34亿。长虹的年报显示,此次交换基本是同其子公司之间的交易。因此,四川长虹2004年计提大量存货跌价准备,2005年又通过关联方交易大量转回,很可能通过存货跌价准备进行了利润操纵。

2004年,四川长虹发生了高管变更,请思考这一事件与上述现象的联系。

本章练习题

1. 什么是盈余管理?它是怎么产生的?

2. 请简述盈余管理的动机有哪些?

3. 公司盈余管理的手段有哪些?如何识别企业的盈余管理?

4. 请运用盈余管理的识别方法,选择一家上市公司的年度报告进行分析,判断这家上市公司是否有盈余管理的嫌疑。

本章主要参考文献

[1] Adiel T. Reinsurance and the Management of Regulatory Ratios and Taxes in the Property-casualty Insurance Industry. *Journal of Accounting and Economics*, 1996, 22 (1-3): 207-40.

[2] Beatty A, Chamberlain S, Magliolo J. Managing Financial Reports of Commercial Banks: the Influence of Tax, Regulatory Capital and Earnings. *Journal of Accounting Research*, 1995, 33(2): 195-212.

[3] Cahan S. The Effect of Antitrust Investigations on Discretionary Accruals: A Refined Test of the Political Cost Hypothesis. *The Accounting Review*, 1992, 67(1): 77-95.

[4] Collins J, Shackelford D, Wahlen J. Bank Differences in the Coordination of Regulatory Capital, Earnings and Taxes. *Journal of Accounting Research*, 1995, 33(2): 263-291.

[5] Dechow P, Sloan R, Sweeney A. Causes and Consequences of Earnings Manipulation: An Analysis of Firms Subject to Enforcement Actions by the SEC. *Contemporary Accounting Research*, 1996, 13(1): 1-36.

[6] DeFond M L, Jiambalvo J. Debt Covenant Effects and the Manipulation of Accruals. *Journal of Accounting and Economics*. 1994, 17(1): 145-176.

[7] Defond M L, Park C W. Smoothing Income in Anticipation of Future Earnings. *Journal of Accounting and Economics*, 1997, 23(2): 115-139.

[8] Friedlan L M. Accounting Choices of Issuers of Initial Public Offerings. *Contemporary Accounting Research*, 1994, 10(1): 1-31.

[9] Guenther, David A. Earnings Management in Response to Corporate Tax Rate Changes: Evidence from the 1986 Tax Reform Act. *The Accounting Review*, 1994, 69(1): 230-243.

[10] Guidry F, Leone A, Rock S. Earnings-Based Bonus Plans and Earnings Management by Business Unit Managers. *Journal of Accounting and Economics* (*January*), 1999 (26): 113-142.

[11] Holthausen R, Larcker D, Sloan R. Annual Bonus Schemes and the Manipulation of Earnings. *Journal of Accounting and Economics*, 1995(19): 29-74.

[12] Healy P. The Effect of Bonus Schemes on Accounting Decisions. *Journal of Accounting and Economics*, 1985(7): 85-107.

[13] Healy P M, Wahlen J M. A Review of the Earnings Management Literature and its Implications for Standard Setting. *Accounting Horizons*, 1999, 13(4): 365-383.

[14] Michael C Jensen, William H Meckling. Theory of the Firm: Managerial Behavior, Agency Costs and Ownership Structure. *Journal of Financial Economics*, 1976, 3(4): 305-360.

[15] Key K G. Political Cost Incentives for Earnings Management in the Cable Television Industry. *Journal of Accounting and Economics*, 1997, 23(3): 309-337.

[16] Petroni K. Optimistic Reporting in the Property-Casualty Insurance Industry. *Journal of Accounting and Economics*, 1992, 15 (4): 485-508.

［17］Pourciau S. Earnings Management and Nonroutine Executive Changes. *Journal of Accounting and Economics*，1993，16(1－3)：317－336.

［18］Ronen，Joshuaa，Yarri Varda L. Earnings Management：Emerging Insights in Theory，Practice，and Research，Springer Series in Accounting Scholarship. New York：Springer-Verlag，2007.

［19］Schipper Katherine. Commentary on Earnings Management. *Accounting Horizons*，1989，3(4)：91－102.

［20］William R Scott. Financial Accounting Theory. Prentice Hall，2000.

［21］Sweeney A P. Debt-Covenant Violations and Managers' Accounting Responses. *Journal of Accounting and Economics*，1994(5)：281－308.

［22］Thomas J Lopez，Philip R Regier，Tanye Lee. Identifying Tax-Induced Earnings Management around TRA 86 as a Function of Prior Tax-Aggressive Behavior. *Journal of the American Taxation Association*，1998，20(2)：37－56.

［23］Watts R L，Zimmerman J L. Towards A Positive Theory of the Determination of Accounting Standards. *The Accounting Review*，1978，53 (1)：112－134.

［24］陈小悦,肖星,过晓艳.配股权与上市公司利润操纵[J].经济研究,2000(1):30~36.

［25］陆正飞,魏涛.配股后业绩下降:盈余管理后果与真实业绩滑坡[J].会计研究,2006(8):52~59.

［26］蔡昌.盈余管理[M].西安:西安交通大学出版社,2004.

［27］威廉 R 斯科特.财务会计理论[M].第 3 版.北京:机械工业出版社,2006.

［28］朱红军,储明宏.公司盈余管理的手段及其识别[J].上市公司,2000(7).

第四章　财务报告分析

导入案例

　　国美电器是一家在香港上市的电器连锁企业。在 2008 年年底其董事会主席黄光裕涉嫌经济犯罪被捕之前，该企业长期稳居国内电器连锁企业第一的位置。然而，黄光裕被捕事件不到一个月，国美电器的股价相对于年初已暴跌了近 80%，[①]随后宣布停牌。紧随其后，经营活动也开始出现困局：银行收紧信贷，供应商暂停供货或采用现金交易。[②] 国美电器还面临 2009 年即将到期 56 亿港元的可转换债券的赎回压力，截止 2008 年底其资产负债率达 69.83%，企业随时面临资金链断裂的风险。

　　接替黄光裕的陈晓一方面引进贝恩资本投资，另一方面改变国美的扩张经营战略为关店策略。国美电器度过了危机最困难的时刻，却也在 2010 年度被苏宁电器超越，失去了行业老大的地位。更为重要的是，大股东黄光裕家族与陈晓因贝恩资本的投资条件和关店策略发生严重分歧，并引发了国美电器的控制权之争。

　　2010 年 8 月 23 日，国美电器发布中期报告显示，国美电器上半年收入 248.73 亿元，同比增长 21.55%；公司净利润 9.62 亿元，同比增长 65.86%。公司的业绩表现创 2008 年年底以来新高。国美董事局主席陈晓认为国美电器的经营水平已达到历史最佳。[③] 然而，8 月 24 日凌晨黄光裕即对外发布了另外一个版本的半年报解读，质疑国美的"最好"业绩，认为财报数据与过去 3 年同期数据相比并没有大幅增长，与主要竞争对手相比也仍有明显差距。[④] 对于这一指责，陈晓也予以反驳称黄光裕家族给出的业绩数据不反映上市公司表现。[④] 同样一份财务报表，为何出现了不同的解读？

---

① 张良《国美电器总裁陈晓否认公司近期售服传闻》，http://www. techweb. com. cn/people/2008-12-17/380942. shtml。

② 李敏《国美变局》. 广东经济出版社，2009 年。

③ 殷洁《黄光裕解读国美中报：国美逐渐丧失市场份额》，http://homea. people. com. cn/GB/12533787. html。

④ 牛颖惠《两份财报正面交火：黄氏家族质疑国美业绩不佳》，http://homea. people. com. cn/GB/12533478. html。

内容提要

财务报表提供了公司经营、筹资和投资活动等情况的信息，以帮助报表使用者对公司潜在现金流的金额、时间和风险进行预测、比较和评估，从而进行投资、借贷和其他业务决策。

不同报表使用者决策所需的信息内容不同，而财务报表提供的是通用信息，无法直接满足特定使用者的信息需求。此时，投资者和其他报表使用者就需要通过财务报表分析，找出适合其决策所需的信息。

那么，什么是财务报表分析?财务报表分析的内容有哪些?财务报表分析主要存在哪些方法和工具? 本章将对上述财务报表分析基本问题进行探讨。

通过本章学习，应达到以下目标:

1. 了解财务报表分析的内容及基本分析方法。

2. 了解企业财务报表的体系结构。

3. 熟悉会计分析的主要步骤和方法。

4. 掌握财务分析的方法。

第一节　财务报表分析概述

一、财务报表分析的概念和意义

(一) 财务报表分析的概念

财务报表分析是指以财务报表和其他资料为依据和起点，采用专门的分析方法，系统分析和评价企业过去和现在的财务状况、经营成果及现金流量等，目的是了解过去、评价现在、预测未来，以得出可用于商业决策的各种估计和结论。对财务报表分析概念的理解关键在于对报表分析目的的把握，不同的分析目的将决定分析内容及选择的分析方法的差异。简单来讲，财务报表分析的目的就是将报表数据转换为决策所需的信息。随着社会经济的发展，经济决策主体及其决策类型不断得以拓展，从而也促进了财务报表分析体系的发展。

财务报表分析产生于 19 世纪末 20 世纪初，早期主要是作为银行对贷款人信用调查和分析的手段。资本市场形成后，开始对企业盈利能力、筹资结构、利润分配进行分析，发展出比较完善的外部分析体系。公司组织发展起来后，财务报表分析由外部分析扩大到内部分析，为改善内部管理服务。

目前，典型的财务报表分析体系主要包括经营战略分析、会计分析、财务分析和前景分析四个组成部分。其中，经营战略分析的目的是确定企业主要的盈利模式和经营风险并定性评估公司的盈利能力，分析内容包括行业分析和公司竞争战略分析等;会计分析的目的是评价企业会计反映基本经营现实的程度，包括评估企业会计的灵活性和会计政策(及会计估计)的恰当性以及会计数据的修正等内容;财务分析的目的是运用财务数据评价公司当前和过去的业绩及其可持续性,一般包括比率分析和现金流量分析等内容;前景分析的目的则是预测公司的未来,主要包括财务报表预测和公司估价等内容。

本章主要讨论会计分析和财务分析的有关内容。

(二)财务报表分析的意义

报表固有的目标应当与报表使用者的信息需求是一致的,但现实中的财务报表本身往往无法很好地实现其目标,而财务报表分析的意义在于找到从现实的报表内容通向报表目标的途径。关于财务报告的目标,目前会计界主要有受托责任观和决策有用观两种理论,从这两方面分别展开讨论可以更清楚地体现出财务报表分析的意义所在。

受托责任观产生于所有权与经营权的分离,以委托代理理论为理论基础。在现在企业组织中,股东与经理人之间、股东和外部债权人之间是两种①典型的委托-代理关系,这两种代理关系都可能产生道德风险的问题。此时,财务报表充当反映代理人受托责任履行情况的信息载体,财务报表分析的意义便首先体现在借助报表等相关材料评价经理层对股东、股东对债权人的受托责任履行情况。

决策有用观是在资产市场高度发展的背景下产生的,美国注册会计师协会1973年发表的《财务报表的目标》指出,财务报表的基本目标是提供有助于作出经济决策的信息。在发达的资本市场上,由于可以通过组合投资分散投资风险,投资者所关注往往是股票行情而非公司的具体运营。投资者只需卖出经营绩效不好的公司的股票(或债券),并买进其更加看好的公司的股票(或债券),而不需要直接更换经营者。不过,财务报告的使用者不仅包括现有投资者还包括潜在的投资者,债权人、注册会计师、证券分析师、政府监管部门、供应商、客户、新闻媒体等也会根据自己的利益需要,借助财务报告了解企业的产生经营情况,作出各自的经济决策。

不同报表使用者决策所需的信息内容不同,而财务报表提供的是通用信息,无法直接满足特定使用者的信息需求。此时,投资者和其他报表使用者就需要通过财务报表分析,找出适合其决策所需的信息。

除了报表的通用性和个体决策的个别性矛盾外,报表结构乃至企业会计准则自身一些不合理的方面也是需要考虑的问题。全球各准则制定机构一直致力于修订出更加合理有效的会计信息确认和列报准则。2008年10月,国际会计准则委员会(IASB)和美国会计准则委员会(FASB)共同成立的项目组发表了长达168页的《改进财务报表列报咨询建议》,改进的报表列报方案2011年1月1日开始在全球范围的上市公司实施。这些事件从侧面表明财务报表分析的必要性或意义所在。

此外,现实中财务报告的逆向选择性更是一个不容回避的问题。财务报告披露的信息会影响公司股价和债券的信用评级,进而影响公司的融资成本。显然,公司股票的发行价格越高、借款利率越低,现有股东的价值就越大。在股东财富最大化的目标下,经理层出于对股东的受托责任(或者仅仅是自身业绩考核的考虑)就可能披露不可靠甚至不真实的财务数据。而近年不断出现的审计失败案例则表明,注册会计师独立审计也无法保证财务数据的可靠性。因此,投资者有必要对公司的财务数据保持怀疑态度,通过灵活的报表分析不断揭示被分析企业真实的财务状况。

---

① 在股权较集中的中国资本市场还有一种比较突出的委托代理关系存在于大股东和广大中小股东之间。

二、财务报表分析的理论框架

(一) 从经营活动到财务报表

有效的财务分析的前提就是合理的分析程序,该分析程序的基础应当是与财务报表数据的产生相吻合的。经营环境和企业战略将决定企业的经营结果,而会计环境和会计策略等又将影响这些经营成果在财务报表中的呈现。因此,欲通过财务报表分析从财务报告中提取出企业内部的信息,就需要通过分析企业所面临的行业环境和其所采取的竞争策略并辅以会计分析以加强对企业财务报告的解读。按照这一思路,哈佛大学的三位教授创立了融战略分析与财务分析于一体的"哈佛分析框架"。相应地,该框架包括从经营活动到财务报表和从经营报表到企业分析两部分,分别如图4-1和图4-2所示:

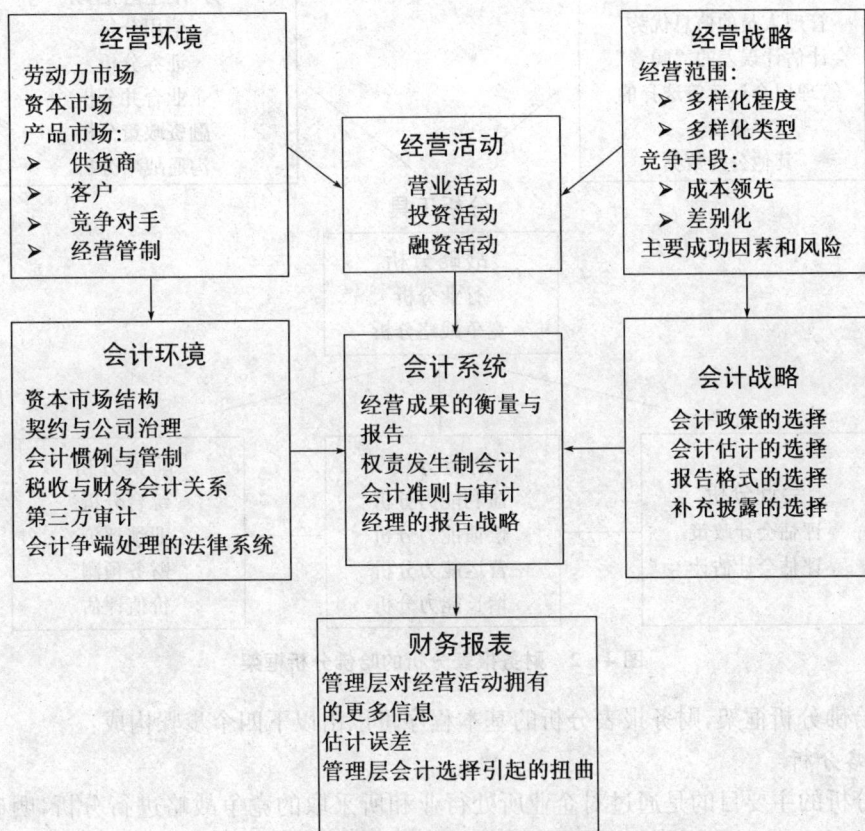

图4-1 从经营活动到财务报表

通过图4-1可以看出,公司的经营活动难以一一向外报告,公司的会计系统提供了对经营活动加以挑选、计量并汇总为财务报表数据的机制。因此,在进行财务报表分析时,必须理解财务报表数据是企业经营活动和会计系统共同影响的结果。

会计系统对财务报表数据的影响主要表现在以下三个方面:权责发生制、会计准则与审计、管理层的报告战略。权责发生制是协调企业持续经营和会计分期的结果,也是编制财务报表的基础。权责发生制还为管理层盈余管理提供了客观条件,为了限制管理层对报表数据的扭曲,形成了统一的会计准则和会计惯例。统一的会计准则一方面可以减少管理层采用不同方法记录同类业务的可能性,另一方面也将部分牺牲财务报表反映真实经营差异的灵活性。审计对财务报表数据真实性的影响也是双面的,它既为管理层所作的会计判断提供了合理保证,也会抑制会计准则和惯例的发展。最后,由于会计准则不可能完全消除管理的灵活性,且这种做法也是不经济的,管理层的职业判断权利对财务报表数据有着重要的影响。管理层可以通过选择有利的会计政策和会计方法对公司真实业绩提供乐观预计,或者控制自愿性信息披露的范围来影响财务报表数据的质量。会计系统的影响使财务报表中的数据产生了"噪音"。

(二) 从财务报表到企业分析

财务报表分析以获得对企业的深刻洞察为目标,但分析人员首先需要区分财务报表中的信息和"噪音",同时依靠对公司所在行业及其竞争战略的了解来解释财务报表。

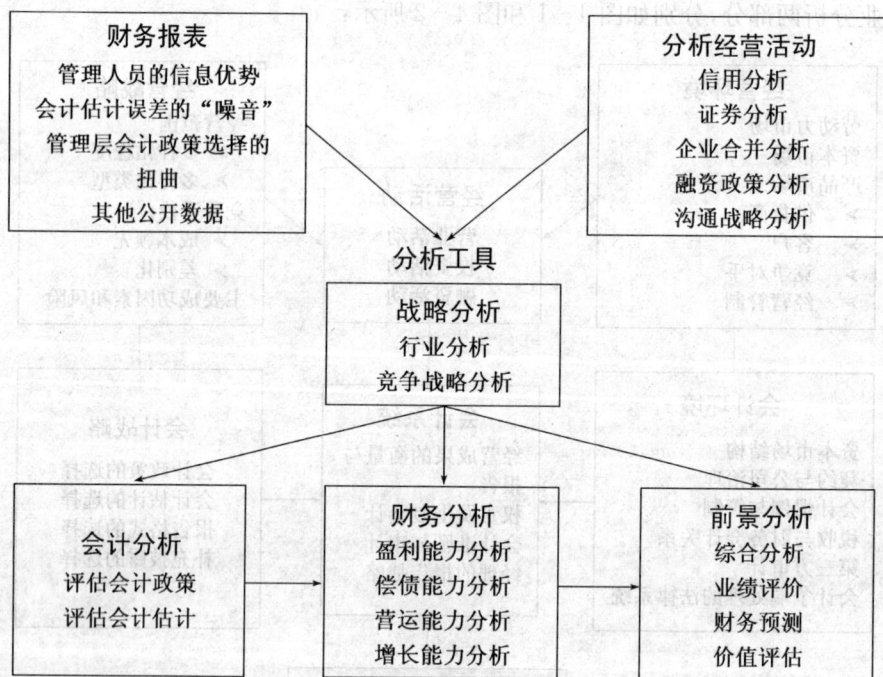

图 4-2 财务报表分析的哈佛分析框架

根据哈佛分析框架,财务报表分析的基本程序可以由以下四个步骤构成:

1. 战略分析

战略分析的主要目的是通过对企业所处行业和所采取的竞争战略进行分析,明确企业的行业性质、行业地位和经营模式。具体包括行业分析和竞争战略分析两个方面。

2. 会计分析

会计分析的主要目的是通过对企业所采取的会计政策和会计估计的合理性进行分析,从而判断该企业财务报表反映其财务状况和经营成果的真实程度。具体包括评估会计政策和评估会计估计两个方面。

3. 财务分析

财务分析的主要目的是对企业的盈利能力、偿债能力、营运能力和增长能力等进行分析,从而评价该企业的财务状况、经营成果和现金流量等情况,具体包括盈利能力分析、偿债能力分析、营运能力分析和增长能力分析四个方面。

4. 前景分析

前景分析的目的是在上述三种分析的基础上,利用一些专门的技术和方法,同时结合财务报表分析人员的主观经验,对企业的财务状况和经营业绩进行综合分析评价,对其未来盈利和发展前景进行预测与评估,具体包括综合分析、业绩评价、财务预测和价值评估四个方面。

三、财务报表分析的分析模式和基本方法

财务报表分析的分析模式主要包括横向分析和纵向分析,不同的分析模式常用于不同的分析目的。

横向分析是指一企业与其他企业在同一时点(或时期)上的比较。在企业兼并与收购中所作的目标公司估价、管理当局的业绩评估与报酬计划、财务危机预测以及超额利润税的公共政策制定等领域,都需要进行横向分析。纵向分析除了有助于发现趋势,从而借以预测未来外,在管理当局业绩评价等方面,也可以借以纵向分析观察利润变化由公司以外的因素影响的比例。

财务报表分析的基本方法主要分为三类:比较分析法、比率分析法和因素分析法。

(一) 比较分析法

比较分析法是对不同时期和空间的同质财务指标进行对比,确定其增减差异,以评价财务指标状况优劣的方法。比较分析法的主要作用在于揭示客观存在的差异,利用这种差异可以考察任务完成情况,显示财务指标变动趋势,从而评价企业经营管理的工作绩效。

比较分析法按其比较基数不同,有实际与计划比较、不同时期比较、同类企业间比较等形式。将财务指标实际数据与计划数值比较,能够检查财务指标的计划完成情况;将不同时期的指标数据比较,能够考察财务指标的变动趋势;将本企业的财务指标数据同竞争企业的相同财务数据相比较,能够总结本企业的相对竞争优势从而继续保持,发现相对竞争劣势和改进方向。

由于所考察的对象和分析要求不同,比较分析法一般可划分为直比分析和趋势分析两大类型。趋势分析,就是连续分析数期财务报表中相同指标,确定其增减变动的方向、数额和幅度,来说明企业财务状况、经营成果和现金流量变化趋势的分析方法。无论采用哪种比较形式,都要注意对比指标的可比性。

(二) 比率分析法

比率就是两数相比所得的分数式。比率分析法是通过计算互为相关的财务指标之间的相对数值,从而考察和衡量企业某一方面的业绩、状况或能力的分析方法。

比率分析法与比较分析法虽然都是将两个数据进行对比,但比较分析法一般是对同质的指标进行比较,而比率分析法主要是将不同质但相关的不同指标进行比较。而且比较分析法的分析结果主要强调绝对差异的大小,相对差异只是绝对差异的辅助说明;比率分析法的分析结果则纯粹以相对数值表示,以说明指标数值之间的相对关系。

在财务报表中,具有重要联系的相关数字很多,可以计算得到一系列有意义的比率,通常把这些比率叫做财务比率。

(三) 因素分析法

一个经济指标的质量往往同时受多种因素的影响,根据分析指标与其驱动因素的关系,从数量上确定各因素对分析指标的影响方向及程度的分析方法就是因素分析法。

因素分析法的基本原理是:总体指标是受各种有相互依存关系的连锁因素共同影响的,首

先把总指标分解为各项有次序性的连锁因素;然后顺次把其中一个因素视为可变,其他因素暂时视为不变,依次逐项进行替代,每一次替代在上一次基础上进行;最后将每一次替代后的结果反向两两相减,测算出各项因素变动对总体指标的影响程度和影响方向。

第二节 财务报表体系

财务报表提供了公司经营、筹资和投资活动等情况的信息,以帮助报表使用者对公司潜在现金流的金额、时间和风险进行预测、比较和评估,从而进行投资、借贷和其他业务决策。因此,了解财务报表的组成和结构是进行财务报表分析的基础。本节将讨论四种基本的财务报表:资产负债表、损益表、现金流量表和所有者权益变动表,[①]财务报表的分析将在本章第三节和第四节介绍。

一、基本财务报表内容

(一) 资产负债表

资产负债表,也称财务状况表,反映特定时间(通常为公司会计年度的期末)公司的各种资源(资产)以及对这些资源的索求权(负债和股东权益)。资产的不同分类是公司投资决策的结果,负债和股东权益部分报告了公司融资决策的结果。表 4-1 是洋河股份 2009 年 12 月 31 日的资产负债表。[②]

表 4-1 资产负债表

编制单位:洋河股份　　　　　　　　2009 年 12 月 31 日　　　　　　　　单位:万元

资　产	年末余额	年初余额	负债和股东权益	年末余额	年初余额
流动资产:			流动负债:		
货币资金	467 642	103 211	短期借款		700
交易性金融资产			交易性金融负债		
应收票据	467	284	应付票据	14 520	5 700
应收账款	2 667	404	应付账款	16 846	10 432
预付款项	14 017	3 262	预收账款	16 763	3 425
应收股利			应付职工薪酬	6 493	2 110
应收利息			应交税费	28 426	21 244
其他应收款	1 585	847	应付利息		
存货	91 405	59 497	应付股利		

---

① 对于公开发行上市公司而言,根据《公开发行证券的公司信息披露内容与格式准则第 2 号——年度报告的内容与格式准则》(2007 年修订)第五十三条规定:财务报表包括公司报告期末及其前一个年度末的比较式资产负债表、近两年度的比较式利润表、现金流量表、该年度所有者权益(股东权益)变动表和财务报表附注。其中,财务报表附注对报表中的有关项目作出说明,是财务报表的有机组成部分。

② 说明:洋河 2009 年年报中以元为单位,本章列示其年报时以万元为单位,取四舍五入近似数。

续表

资　产	年末余额	年初余额	负债和股东权益	年末余额	年初余额
一年内到期的非流动资产			其他应付款	43 064	21 100
其他流动资产			预计负债		
流动资产合计	577 783	167 505	一年内到期的非流动负债		
			其他流动负债		
			流动负债合计	126 112	64 711
非流动资产：			非流动负债：		
可供出售金融资产			长期借款	40	40
持有至到期投资			应付债券		
长期股权投资	680	775	长期应付款		
长期应收款			专项应付款	14 956	15 102
固定资产	49 336	23 606	递延所得税负债		
在建工程	5 695	11 281	其他非流动负债	84	133
固定资产清理			非流动负债合计	15 080	15 275
无形资产	13 646	13 586	负债合计	141 192	79 986
开发支出			股东权益：		
商誉			股本	45 000	40 500
长期待摊费用			资本公积	255 641	108
递延所得税资产	1 932	1 520	盈余公积	18 968	9 442
其他非流动资产			未分配利润	187 872	88 237
非流动资产合计	71 289	50 768	减：库存股		
			少数股东权益	399	
			股东权益合计	507 880	138 287
资产总计	649 072	218 273	负债和股东权益总计	649 072	218 273

　　资产是企业的资源，如厂房和设备，可以在将来为企业带来收益。如果公司拥有厂房和设备，可以生产产品以便将来出售，该公司就可以预期这些资产（厂房和设备）在未来产生的现金流入。负债是企业对外所负的债务，代表企业在将来以现金流出的形式向借贷者偿还债务的承诺。所有者权益，反映公司的所有权，代表不属于借贷者而属于公司所有者的那部分价值。

　　资产负债表反映了资产同负债和所有者权益之间的平衡关系，即资产＝负债＋所有者权益。表中左侧的资产和右侧的负债及所有者权益实质上是同一事物的两个侧面：资产代表企业拥有的各种经济资源，负债和所有者权益分别代表了债权人和股东对企业各种资源的求偿权。因此，资产负债表的左右两侧在数量上是恒等的。

　　在进行偿债能力分析时，一种常用的方法便是考察资产负债表中各项目之间的关系。例如,如果流动资产超过流动负债,意味着公司拥有足够的可快速变现的资源以支付短期债务。而如果长期债务与股东权益的比值较小,则意味着股东投入的资本较多,公司长期债务到期不能足额支付本息的风险相对较低。然而在使用资产负债表时必须注意:企业的有些资源并不以资产列示在资产负债表中,比如人力资源、品牌等;一些资源其账面价值可能与市场价值相差甚远,比如土地;有些对企业的特定求索权也不作为债务在资产负债表中反映,比如航空公司飞机的租金等。

此外,资产负债表中不同资产所采用的计量属性也可能是不同的,中国目前主要采用的依然是历史成本计价,但投资性房地产、交易性金融资产和长期股权投资都可能采用公允价值计量。所有这些因素使得资产负债表反映的公司财务状况既是不完整的,也是不精确的。在进行财务报表分析时就需要考虑对相关项目进行适当的调整,以充分反映企业的实际情况。

(二)利润表

利润表反映企业在某个期间内的收益与费用情况,由收入、成本项目、利得损失、所得税以及净利润组成,有时还会包括每股净利润。报告期限通常为一个季度、六个月或一年。表4-2是洋河股份2009年度的利润表。

表4-2 利润表

编制单位:洋河股份　　　　　　　　　　2009年度　　　　　　　　　　单位:万元

项　目	本年金额	上年金额
一、营业收入	400 205	268 220
减:营业成本	166 225	127 807
营业税金及附加	4 186	2 660
销售费用	40 518	22 659
管理费用	24 598	16 973
财务费用	-2 065	-1 696
资产减值损失	249	1
加:公允价值变动收益		
投资收益	75	18
二、营业利润	166 569	99 834
加:营业外收入	2 087	684
减:营业外支出	1 325	1 235
三、利润总额	167 331	99 283
减:所得税费用	41 970	24 978
四、净利润	125 361	74 305

公司关于生产和营销的经营决策可以带来营业收入,同时产生营业成本,营业收入和营业成本之间的差额叫做毛利。此外,公司在经营过程中还将产生管理费用和一般费用,如管理费用和广告费等。毛利减去这些费用后就得到息税前利润(EBIT)。公司的经营决策主要影响利润表中从营业收入到息税前利润的部分。公司的筹资决策的结果则在利润表剩余的部分反映出来,财务费用和所得税费用都受到筹资决策的影响,若不考虑营业外收支,息税前利润减

去财务费用和所得税费用,就得到净利润。

如表4-2所示,公司在利润表中除了报告其在一定期间内取得的营业收入与发生的费用外,还必须报告公司的其他综合收益等。即净利润包括所有的收入、费用、收益和损失,其基本思想被称为总括收益观:公司的收益应该反映公司所有活动的结果,无论是营业方面的还是非营业方面的。一般认为,企业主营业务产生的利润比营业外收支具有较强的持续性,因而也具有更高的价值相关性。通过分析利润表中不同的利润来源和构成,有助于预测企业利润的可持续性。

利润数据常用作管理层薪酬激励的指标,也是评估公司价值的重要数据,这就会使管理层产生"操纵"收益的动机。因此,在进行财务报表分析时需要保持警惕,报表中所报告的收益也许不能很好地说明企业未来的收益情况。公司报告的净利润中也许包括重组或者资产减值费用,非持续经营业务或者营业外的收益、利得和损失,或者仅仅是由于会计政策变更所带来的调整。

企业管理层也可以使用更为微妙的方法进行盈余管理。比如削减广告费用或者研发支出,或者在其薪酬激励考核期内推迟维护费用,以便增加收益。[①]

2006年颁布的新企业会计准则使财务报表开始由利润表观向资产负债表观转变。之前的利润表观首先考虑与某类交易相关的收入和费用的直接确认和计量,按照实现原则确认收入和费用。此时,资产负债表只是确认与合理计量收益的跨期摊配的中介。而资产负债观认为收入和费用仅是资产和负债的变化:收入是资产的增加或负债的减少,费用是资产的减少或负债的增加,而收益仅是资产和负债变化的结果。

(三)现金流量表

现金流量表是反映企业在一定会计期间内现金流入和流出的报表。表4-3是洋河股份2009年度的现金流量表。

表4-3 现金流量表

编制单位:洋河股份　　　　　　　　　2009年度　　　　　　　　　单位:万元

项 目	本年金额	上年金额
一、经营活动产生的现金流量:		
销售商品、提供劳务收到的现金	481 457	381 902
收到的税费返还		
收到其他与经营活动有关的现金	20 739	8 854
经营活动现金流入小计	502 196	390 756
购买商品、接受劳务支付的现金	165 536	187 688
支付给职工以及为职工支付的现金	23 094	19 027
支付的各项税费	132 936	91 808
支付其他与经营活动有关的现金支出	37 795	25 743

---

① 关于盈余管理的具体内容在本书的第三章进行了详细介绍。

项　目	本年金额	上年金额
经营活动现金流出小计	359 361	324 266
经营活动产生的现金流量净额	142 835	66 490
二、投资活动产生的现金流量：		
收回投资收到的现金	5 000	50
取得投资收益收到的现金	75	74
处置固定资产、无形资产和其他长期资产收回的现金净额	122	64
处置子公司及其他营业单位收到的现金净额		
收到其他与投资活动有关的现金		
投资活动现金流入小计	5 197	188
购置固定资产、无形资产和其他长期资产支付的现金	21 506	15 596
投资支付的现金	5 560	
支付其他与投资活动有关的现金		
投资活动现金流出小计	27 066	15 596
投资活动产生的现金流量净额	−21 869	−15 408
三、筹资活动产生的现金流量：		
吸收投资收到的现金	260 900	
取得借款收到的现金	500	4 700
收到其他与筹资活动相关的现金		
筹资活动现金流入小计	261 400	4 700
偿还债务支付的现金	1 200	5 400
分配股利、利润或偿付利息支付的现金	16 268	8 199
支付其他与筹资活动有关的现金	467	
筹资活动现金流出小计	17 935	13 599
筹资活动产生的现金流量净额	243 465	−8 899
四、汇率变动对现金及现金等价物的影响		
五、现金及现金等价物净增加额	364 431	42 183
加：期初现金及现金等价物余额	103 211	61 028
六、期末现金及现金等价物余额	467 642	103 211
补充资料		
1. 将净利润调节为经营活动现金流量：		
净利润	125 361	74 306

续表

项　目	本年金额	上年金额
加:资产减值准备	249	1
固定资产折旧、油气资产折耗、生产性生物资产折旧	2 726	1 918
无形资产摊销	317	297
长期待摊费用摊销		
处置固定资产、无形资产和其他长期资产的损失(收益以"一"号填列)	424	14
固定资产报废损失(收益以"一"号填列)		
公允价值变动损失(收益以"一"号填列)		
财务费用(收益以"一"号填列)	68	99
投资损失(收益以"一"号填列)	−75	−18
递延所得税资产减少(增加以"一"号填列)	−412	−512
递延所得税负债增加(减少以"一"号填列)		
存货的减少(增加以"一"号填列)	−31 907	−14 489
经营性应收项目的减少(增加以"一"号填列)	−13 584	−242
经营性应付项目的增加(减少以"一"号填列)	59 668	5 116
其他		
经营活动产生的现金流量净额	142 835	66 490
2. 不涉及现金收支的投资和筹资活动:		
债务转为资本		
一年内到期的可转换公司债券		
融资租入固定资产		
3.现金及现金等价物净增加情况:		
现金的期末余额	467 642	103 211
减:现金的期初余额	103 211	61 028
加:现金等价物的期末余额		
减:现金等价物的期初余额		
现金及现金等价物净增加额	364 431	42 183

现金流量表前三项分别列示企业经营活动产生的现金流量、投资活动产生的现金流量和筹资活动产生的现金流量,包括各项现金流入、流出量和现金净流量。如果公司只是通过出售资产(投资活动)或发行更多的证券(融资活动)获取资金来源,将无法长期生存下去。企业要想获得长期更好的发展,必须能够通过经营活动产生现金流。

经营活动产生的现金流量是三种活动中最复杂的,实践中通常根据该部分现金流量的计算方法将现金流量表的编制分为两种方法——直接法和间接法。所谓直接法就是直接把报表期间的所有现金流入和流出汇总,直接计算出经营活动产生的现金流。这种方法的优势在于通过汇总过程可以更清晰地了解公司的各项业务产生的现金流状况,但缺点也非常明显,实际的操作会非常困难。间接法的基本原理则是以企业报告期内按照权责发生制计算出的净利润为起点,根据流动资产和流动负债以及每个非现金经营项目的变动对净利润进行调整,剩余的金额就是经营活动产生的现金净流量。表4-3中的补充资料给出了将净利润调节为经营活动现金流量的过程,采用的即是间接法。

(四)所有者权益变动表

所有者权益变动表反映的是企业在一定会计期间内各种所有者权益项目发生的增减变化过程和结果。表4-4是洋河股份2009年度的股东权益变动表。

表4-4 股东权益变动表

编制单位:洋河股份　　　　　　2009年度　　　　　　单位:万元

项　目	股本	资本公积	减:库存股	盈余公积	未分配利润	股东权益合计	上年金额(略)
一、上年期末余额	100	10		40	730	880	
加:会计政策变更							
前期差错更正							
二、本年年初余额	100	10		40	730	880	
三、本年增减变动金额							
(一)净利润					136	136	
(二)直接计入股东权益的利得和损失							
1. 可供出售金融资产公允价值变动净额							
2. 权益法下被投资单位其他股东权益变动的影响							
3. 与计入股东权益项目相关的所得税影响							
4. 其他							
上述(一)和(二)小计					136	136	
(三)所有者投入和减少资本							
1. 所有者投入资本							
2. 股份支付计入股东权益的金额							
3. 其他							

项　目	本年金额						上年金额
	股本	资本公积	减:库存股	盈余公积	未分配利润	股东权益合计	(略)
(四)利润分配							
1. 提取盈余公积				60	−60	0	
2. 对股东的分配					−56	−56	
3. 其他							
(五)股东权益内部结转							
1. 资本公积转增股本							
2. 盈余公积转增股本							
3. 盈余公积弥补亏损							
4. 其他							
四、本年期末余额	100	10	0	100	750	960	

所有者权益变动表主要是作为资产负债表和利润表之间的连接,向报表使用者提供有关各个权益类科目变动状况的更多详细信息。

所有者权益变动表囊括了资产和负债的改变,净利润作为股东权益的增项出现。在 2009 年度,洋河股份净利润 136 万元,提取 60 万元的盈余公积后未分配利润减少 60 万元,与此同时盈余公积增加 60 万元,总的效果是所有者权益并没有发生变动。但向所有者分配的 56 万元则不同,该分配使所有者权益减少了 56 万元。最终 2009 年度所有者权益增加额为 80(136−56)万元,由期初的 880 万元增加到 960 万元。

(五) 财务报表附注

公司的财务报表除了包含资产负债表、利润表、现金流量表和所有者权益变动表所提供信息外,还包含其他信息。这类信息通常由财务报表的附注提供,包括公司的会计政策和对报表中部分数据的进一步解释等。由于公司所处的环境与公司性质不同,提供的报表附注也可能不同。

二、财务报表列报改革[①]

(一) 财务报表列报改革的背景

2008 年国际金融危机爆发后,二十国集团(G20)峰会、金融稳定理事会(FSB)倡议建立全球统一的高质量会计准则,着力提升会计信息透明度,将会计准则的重要性提到了前所未有的高度,也为各方完善相应的制度、规则提供了机会。国际会计准则理事会(IASB)和美国财务会计准则委员会(FASB)这两个全球最具影响力的准则制定机构在 2007—2009 年加快了财务会计诸多领域的改革,财务报表列报改革是其中非常重要的一项。

2001 年,IASB 与 FASB 同时将修订业绩报告的问题提上日程,并各自启动了相关项目。2004 年,双方达成共识,决定联合推进该项目,并于该年 4 月公布了日程表,将《国际会计准则

[①] 此部分内容参考王跃堂、李侠《财务报表列报改革及启示》,《审计与经济研究》2012 年第 1 期,第 48 - 59 页。

第 1 号——财务报表列报》(以下简称 IAS 1)的修订分为三个阶段,并预计于 2011 年完成这一项目。第一阶段:发布修订的 IAS 1;第二阶段:取代 IAS 1 和《国际会计准则第 7 号——现金流量表》(以下简称 IAS 7);第三阶段:修订中期财务报告准则(IAS 34)。

2006 年 3 月,IASB 发布 IAS 1 修订稿的征求意见,在考虑了对征求意见稿的评论后,IASB 于 2007 年 9 月发布修订的 IAS 1,该修订影响了权益变化和综合收益的列报,使得 IAS 1 在很大程度上与 FASB 的第 130 号财务会计准则《综合收益报告》(SFAS 130)一致。2008 年 10 月 16 日,IASB 与 FASB 联合发布《财务报表列报初步意见》(以下简称"讨论稿"),是该项目第二阶段的要求,此次征求意见的截止日期为 2009 年 4 月 14 日。

(二) 财务报表列报改革的主要内容

讨论稿对现行的 IAS 1 进行了实质性改革,标志着财务报表列报的新方向和新思路,因而了解讨论稿的主要内容对于理解此次改革,并积极参与改革进程具有重要意义。

1. 现行财务报表存在的问题

根据 IASB 和 FASB 归纳,长期以来,使用者对于现行财务报表列报存在很多批评,具体表现在以下几个方面:

第一,已确认的交易或事项在不同报表中的分类不同。例如现金流量表要求披露经营活动现金流,但是综合收益表和财务状况表中没有单独提供经营活动的信息,使用者很难通过比较"经营收入"和"经营活动现金流"来评估实体盈利质量,因此使用者很难理解某一张报表和其他报表之间的钩稽关系。

第二,根据现行准则编制的财务报表,存在可供选择的不同列报方式,这会影响不同实体财务报表的可比性,例如现金流量表可以采用直接法或间接法编制。随着资本市场和投资机会日益全球化,列报方式的差异给使用者带来的不便将日益严重。

第三,某些情况下,报表信息没有充分分解。例如某些实体只列示产品成本和管理费用的总额,这种总括数据让使用者很难计算实体主要活动的收入和成本之间的关系,也很难对同行业的公司进行竞争力分析。因此现行报表将某些性质不同的项目汇总成一个数字在报表中列示,掩盖了一些重要的差异性信息。

2. 财务报表列报的目标

针对以上现行财务报表存在的问题,讨论稿中提出了此次改革的三大目标:

(1) 描述一个实体业务活动内在一致的财务状况。该目标要求各报表各项目之间关系清楚,且报表之间尽可能相互补充。理想情况下,财务报表的每一个项目都应是内在一致的,以帮助使用者在每张报表的相同或相似位置找到某一资产、负债及它们的变化带来的影响,找到不同报表之间相互关联的信息。然而在执行时,每一个项目都内在一致可能不可行。例如某一会计期间内引起现金流入或收入增加的某项资产在该会计期末尚不符合资产确认的条件,那么这项资产就不应列示在财务状况表中。因此,实体只需要遵循"内在一致"这一列报原则即可。

(2) 分解信息以有助于预测实体未来现金流量的金额、时间分布和不确定性。如果各项目的经济意义不同,使用者就需要合理分解财务信息,且实体应采用相似的方式对各张财务报表的信息进行分解。除所有者权益变动表之外,实体应将价值创造的信息(即业务活动信息)与融资活动信息分开列示,并将业务活动信息进一步划分为经营活动和投资活动;将非持续经营与持续经营分开列示;将所得税信息与财务状况表和现金流量表中其他信息分开列示。

（3）帮助使用者评价实体的流动性和财务弹性。有关流动性的信息能帮助使用者评价实体在金融合约到期时的履约能力，而有关财务弹性的信息能帮助使用者评价实体投资和临时融资的能力。

3. 财务报表分类列报的方法

为实现以上目标，讨论稿提出把财务报表信息按照不同于现行报表的方式进行分类列报，即把财务状况表、综合收益表、现金流量表中的所有项目都划分为业务、融资、所得税、非持续经营、权益五大类，实现各项目在不同报表间的相互对应。这种列报方式不仅是对现行报表列报格式的彻底变革，也对信息列报的原则和方法提出了新的要求。

实体在分解信息、对交易或事项分类时该依据何种原则、采用何种方法呢？讨论稿中引入了"管理法"的概念，即按照资产、负债在实体内部的使用方式来分类，分类依据要作为会计政策在财务报表附注中列示。讨论稿认为，管理法编制的财务报表能反映管理层如何管理经营实体及其资源，使用者可以获悉不同实体各项活动的独特信息。

在使用管理法时，应以财务状况表为核心，以满足"内在一致"这一目标，即先确定各项资产、负债在财务状况表中如何分类，以此决定这些资产、负债的变化引起的收入、费用、现金流等在综合收益表和现金流量表中的分类。例如，与"经营资产"和"经营负债"相关的收入、费用、利得、损失和现金流应在综合收益表和现金流量表的"经营活动"部分列示。

各类别内各项目的列报顺序没有统一规定，只要在实体自身的每张报表中一致即可，但是应以最有利于使用者理解实体活动为原则。

报表中应合理列示各小计、总计金额，实体可以自行选择是否在财务状况表中列示资产、负债的总额，综合收益表中要列示利润、损失或净收益的小计及综合收益合计数。这一要求符合"内在一致"的目标，可以帮助使用者比较不同报表之间的小计、合计数。例如，使用者可以很容易计算引起经营收入、经营现金流入的经营资产和负债的金额。

虽然使用"管理法"，但是实体在将资产、负债、权益分类到所得税、非持续经营和权益类时，应参考现行准则的要求。

4. 重要术语的定义

为了使实体更好地理解各类别的含义，提高分类的准确性和分类列报信息的有用性，讨论稿对此次改革中提出的重要术语进行了定义。

（1）业务类包括管理层将其视为持续业务活动组成部分的资产、负债及它们的变动。业务活动指在创造价值的活动，例如生产产品或提供劳务。

经营部分包括管理层视为与实体业务活动核心目的相关的资产和负债。经营资产和经营负债的任何变动，都应列示于综合收益表和现金流量表的经营部分。投资部分包括管理层认为与实体业务活动核心目的无关的资产和负债。实体可能利用投资资产和投资负债取得回报，例如，通过利息、股利、市场价格上涨等方式取得回报，但是不将这些资产和负债用于主要收入和费用的创造活动中。投资资产和投资负债的任何变动，都应列示于综合收益表的投资类别和现金流量表的投资部分。

讨论稿中特别指出，如果实体不能清晰地识别某项资产、负债是与经营、投资还是融资活动相关，那么实体应认为该资产、负债是与经营活动相关的。

（2）融资类包括融资资产和融资负债，是管理层为实体业务活动和其他活动筹资而形成的资产和负债。由于提倡使用"管理法"，所以生产企业和金融企业"融资"类包含的具体项目可能不同。融资资产和融资负债的任何变动,都应列示于综合收益表和现金流量表相应的融资类别。

(3)权益类包括所有符合现行准则"权益"定义的项目,如普通股、留存收益等。权益类引起的现金流应列示于现金流量表的权益类别,跟所有者有关的权益变化应列示于所有者权益变动表,其他权益变化应列示于综合收益表的权益类别。

(4)非持续经营类包括所有与非持续经营有关的资产和负债。非持续经营资产、负债的所有变化应列示于综合收益表和现金流量表的非持续经营类别。

(5)所得税类包括所有当期和递延所得税资产和负债。所得税引起的现金流应全部列示于现金流量表的所得税类。为了与现行准则一致,实体可以把部分所得税费用或收益列示于综合收益表的非持续经营或其他综合收益类。

5.财务报表列报格式

此次改革提出的分类列报方式不适用于权益变动表,该表的列报要求与现行 IAS 1 没有差异。其他报表的格式与现行 IAS 1 的差异主要体现在以下几个方面:

(1)财务状况表:资产、负债按照经营活动、投资活动和融资活动分类,每一类分短期和长期两个小类,除非实体认为按流动性列示能提供更相关的信息。若按流动性列示,则应按流动性递增或递减的顺序,并在附注中披露短期合同类资产和负债的到期日。所有实体都应在附注中披露长期合同类负债的到期日。现金等价物应以类似"其他短期投资"的方式列示。实体不得把任何证券作为现金的组成部分列示。计量属性不同的资产、负债应分别列示。实体可选择在财务状况表或附注中列示资产、负债合计数,短期和长期资产、负债的小计数。

(2)综合收益表:取消利润表和综合收益表分两表列示的方法,实体应提供单一的综合收益表,并在其中单列"其他综合收益"。实体应列示利润、损失或净收益的小计数及综合收益的总计数。实体应说明"其他综合收益"中的各个项目是否与经营、投资或融资活动相关。如果现行准则中有规定,实体可以将"其他综合收益"中的项目重新分类至该表的其他类别中,并和产生这项收入或费用的资产、负债在财务状况表中的位置一致。

实体应按照"功能法"把收入、费用划分至经营、投资或融资活动,并按照"性质法"在每一类别中进一步分解,除非这种分类方法无法提高财务信息对实体未来现金流预测的有用性。当某一项目的分解列示能增强对未来现金流预测的有用性时,实体应分解列示。实体应按照现行准则的规定列示所得税,这可能导致部分所得税在"非持续经营"或"其他综合收益"类中列示,实体不得把所得税分配至"业务"和"融资"类。

(3)现金流量表:取消"间接法",实体应采用直接法编制现金流量表,直接法列示有助于使用者将经营性资产和负债、经营收益和费用与经营现金收入和支出联系起来。由于现金等价物实际上和投资类资产具有较强关系,应改变现行准则中将现金和现金等价物同等对待的做法,将现金和现金等价物分离。该表中只列示现金的期初余额、本期变化额和期末余额。

(4)财务报表附注:实体应在附注中披露以下信息:资产、负债的分类会计政策及变化。与流动性和财务弹性相关的信息:经营周期超过一年的实体应在附注中披露其经营周期。非现金活动的信息:实体应在附注中披露所有重大的非现金活动,除非该信息在其他地方提供。调节明细表:实体应列报将现金流量调节为综合收益的明细表,并将综合收益分解为现金基础收益、重新计量收益、除重新计量以外的应计制基础收益。

基于以上要求,讨论稿中给出了改革后财务报表分类列报的基本格式,如表 4-5 所示。

表 4-5 财务报表分类列报简表

财务状况表	综合收益表	现金流量表
业务 • 经营资产和负债 • 投资资产和负债	业务 • 经营收入和费用 • 投资收入和费用	业务 • 经营现金流量 • 投资现金流量
融资 • 融资资产 • 融资负债	融资 • 融资资产收入 • 融资负债支出	融资 • 融资资产现金流 • 融资负债现金流
所得税	所得税 持续经营(经营和投资)的所得税	所得税
非持续经营	非持续经营 扣除所得税后的金额	非持续经营
	其他综合收益 扣除所得税后的金额	
权益	权益	权益

　　截至 2009 年 4 月 14 日,IASB 在其网站上公布了来自各个国家和地区的 229 封评论信。根据只建克、高建华(2010)的统计分析,总体评价中以不同意者居多,占有效意见的 83.4%。其中,公司、行业联合会、金融机构、银行、准则制定方、政府机构等大多持反对意见,评级机构更是全面反对,这可能是因为他们更多地出于实务层面和执行成本的考虑。与之相对应,学者和咨询公司大部分持同意意见,这可能与学者和咨询公司更多地出于理论层面的考虑。

　　截至 2010 年 11 月,《会计瞭望》(Accounting Horizons)上共发表了两篇对该讨论稿的评论论文。① 以此为代表,西方学者对此次改革既有赞同也有反对意见。

(三) 财务报表列报改革的可取之处

1. 财务报表列报目标明确

　　对于财务报表列报的目标,现行 IAS 1 中的表述为:对广大使用者制定经济决策提供有关实体财务状况、盈利状况和现金流的有用的信息,财务报表也反映管理层对受托资源的经营管理责任的履行情况。这是一种较为宽泛的表述,属于把会计信息的"决策有用观"和"受托责任观"并提。正在修订的《财务报告概念框架初步意见》缩小了"使用者"的范围,认为财务报表无法同时满足投资者、客户、员工、政府等所有使用者的信息需求,而把"使用者"直接定义为"资本提供者",不仅概念上更加明晰,也使得财务报表列报的目标有所改变。

　　与之相对应,讨论稿中取消了"受托责任观",将财务报表列报的目标直接界定为"决策有用",指出该联合改革项目的目标是:提高财务报表信息的有用性,帮助"资本提供者"提高决策能力,并把这一总体目标分解为"内在一致、信息分解、流动性和财务弹性的评价"三个具体目标,表述更加明确。

　　学者们普遍同意讨论稿中提出的三大目标,但也有学者建议,应单独增加第四个目标:帮

---

① Mark B, Carolyn C, Jack C, et al. The American accounting association's financial reporting policy committee's response to the preliminary views on financial statement presentation [J]. Accounting Horizons, 2010, 24(2): 279-296.

Stephen M, Thomas S, Karim J, et al. Response to the financial accounting standards board's and the international accounting standard board's joint discussion paper entitled preliminary views on financial statement presentation[J]. Accounting Horizons, 2010, 24(1): 149-158.

助使用者评估实体财务杠杆。此次金融危机中,很多公司因过度使用财务杠杆而破产,因此单独列示这一目标对使用者评估某一实体的未来表现具有重要作用。

2. 分类列报模式和信息分解

分类列报是此次改革的核心,讨论稿中要求把业务活动和融资活动分开列示,业务类再划分为经营和投资两部分。由于目前最常用的定价方法是自由现金流(非现金部分调整后的税后经营利润＋折旧－资本性支出)－净金融负债＝权益价值,因此分类列报有利于使用者计算相关指标,从而对实体更准确地定价。Nissim 和 Penman(2001)的研究根据经营和融资活动重新构造财务报表,并推导出财务报表分析的一种程序化方法。其研究结论表明,这种重新构造可以帮助使用者更有效地识别出在预测未来收益时需要计算的结构性比率。目前有 100 多篇已发表论文在不同程度上验证了 Nissim 和 Penman(2001)提出的框架,且大部分研究结果表明:把公司盈利和财务状况表中的项目区分为经营活动和融资活动可以提高盈利预测的准确性。

对于信息分解能否提高信息有用性,目前已有大量的研究文献。总结这些文献,对信息分解进行成本效益分析表明:经过分解的财务报表项目,尤其是会计盈利项目,比总括性的数据更能说明市场定价的差异,且会计期间越短,这种优势越明显。但是这种优势取决于管理层是否完全按照准则的要求披露信息,由于讨论稿中对各财务报表应披露的项目要求太宽泛,可能会降低信息分解的有用性。

3. "管理法"的引入

管理法对财务报表列报的影响至少体现在两方面:管理层决定某一交易或事项在五大类别中的哪一类披露(业务、融资、所得税、非持续经营、权益),管理层决定每一类别中各个项目的披露详细到何种程度。

在对交易或事项分类时,是使用管理法还是使用标准法,属于"会计选择"的问题,而大量研究文献表明会计选择能否提高信息有用性取决于特定的条件。若管理层和股东的目标一致,则管理法可以提高信息价值;反之,管理法也给管理层提供了"机会主义分类"和进行盈余操纵的可能性。在现有环境下,还很难量化分析这一风险的成本。

而目前专门针对管理法的研究只涉及《美国会计准则第 131 号——分部报告准则》(SFAS 131),该准则在 1997 年修订后要求管理层以内部业绩评估时划分的分部为分部进行信息披露。很多研究表明,131 号准则发布后提高了分部报告信息的有用性。但是这些研究结论对讨论稿中提出的"管理法"不一定适用。因为管理层应用 131 号准则时不会遇到不确定性,而且如何划分分部不会影响公司的净利润。

但是实体在分类列报中使用管理法时,对于如何划分交易或事项没有明确的标准,存在不确定性。例如某些交易可能与多个类别有关,某些交易所属的类别可能会随着时间而改变。而且交易或事项的分类不同,很可能会影响实体的利润或经营现金流,管理层有为了追求短期利益而操纵分类的动机,管理层能否持续提供公允信息也存在很大的不确定性。

因此,学者建议不能过度依赖管理法,如果确实采用管理法对交易或事项进行分类,那么对各财务报表,尤其是综合收益表中各类别下必须披露的项目应有更详细的规定,以降低管理法可能存在的风险。

(四)财务报表改革可能存在的问题

对于讨论稿提出的改革,学者并没有全盘接受,而是纷纷指出其存在的问题,主要观点集中于以下几个方面:

1. 准则发布的时机不合适

研究财务列报通常涉及两个层次：第一层次是财务列报原则和依据；第二层次是财务列报形式和内容。显然，讨论稿强调的是第二层次的改革，而第一层次的改革则涉及财务报告的概念框架问题。

最早对"概念框架"给出定义的是 FASB。1976 年 12 月 2 日，FASB 发表了"概念框架项目的范围和含义"的征求意见稿，指出"概念框架是一部章程"。1980 年 5 月，FASB 发布 SFAC 2，把"概念框架"重新定义为"由目标和相互关联的基本概念组成的连贯的理论体系"。

IASB 的前身 IASC 也于 1989 年发布了《财务报表编制和列报的框架》，并被 IASB 采用。该框架指出，高质量的财务会计框架能评估并据以修订既有的会计准则，指导会计准则制定机构发展新的会计准则，在缺乏会计准则的领域内起到基本的规范作用。

鉴于概念框架的重要作用，IASB 和 FASB 决定联合致力于制定一份完整的、内在一致的趋同概念框架，并取代各自目前的框架。该项目将分八个阶段完成，目前仅在 2006 年 7 月 6 日发布了初步意见，而财务报表列报进行改革也应符合概念框架联合趋同项目的要求，所以，现在对财务报表列报准则进行改革可能为时过早。学者认为，应首先完成概念框架的修订，以确保财务报表列报准则与整个概念框架的一致性。

2. 使用者学习成本巨大

此次改革的目的是为了提高财务信息的决策有用性，而使用者需要投入一定的初始学习成本来适应新的列报形式。对使用者来说，最难理解的可能是资产负债表，因为"资产＝负债＋所有者权益"的等式已经深入人心，而根据新的列报形式，要评估这个等式是否成立都很困难。而且信息报告技术也在不断更新之中（如 XBRL 的发展），必须考虑财务报表列报的改变对使用者数据处理的影响。有学者建议，可以要求公司在网站上先尝试公布电子表格，能够在不同报表之间相互链接，以降低使用者学习成本。

对于使用者来说，此次改革还可能使信息复杂化。既有研究表明，信息复杂化至少有两个方面的影响：对复杂信息，分析师倾向于用简化的方式处理；信息越复杂，分析错误的可能性越大。因此，需要展开进一步研究，以判断从使用者的角度考虑，新的列报方式是否使财务信息复杂化。

3. 取消间接法缺乏依据

讨论稿要求用直接法编制现金流量表，不得使用间接法。而现在大部分实体都是使用间接法，该变化的执行成本可能很高，而且并没有经验数据表明直接法更有利于未来现金流的预测。

另一方面，大量实证研究表明，会计盈余信息相对现金流量信息与企业价值更相关。因此，此次改革过分强调现金流量信息的重要性可能并不恰当。

4. "业务"活动的定义不恰当

有学者认为，把实体活动分为业务和融资两大类并不恰当，应用"经营（Operating）"代替"业务（Business）"，理由如下：

（1）现行的财务理论中最常使用的二分法是把企业的活动分为经营和融资活动，即增加企业价值的活动和不增加企业净现值的活动。如果分成"业务"和"融资"则会引起误解。

（2）"业务"应和"非业务"相对，而不是和"融资"相对。讨论稿中区分"经营"和"投资"活动的标准为是否是实体的核心活动，那么将"业务"进一步划分为"核心""非核心"活动比划分为"经营""投资"活动更直观,更容易理解。

(3) 虽然讨论稿中提议的现金流量表依然有经营、投资、融资三类活动,但各具体项目所属类别变化很大。例如购买固定资产的支出由"投资"部分改到"经营"部分,交易性金融资产的买卖由"投资"部分改到"融资"类,若继续使用"投资"和"经营"这两个术语,可能会引起误解。

5. 所得税和现金列报不符合信息分解的目标

讨论稿中没有要求将所得税在经营活动和融资活动之间分配,但是使用者经常要计算一些税后指标。例如在定价时,使用者遇到的最大困难就是如何确定经营活动和融资活动各自的税负,缺乏这一信息,使用者只能自行主观分配。

主流财务学观点认为,由于信息不对称,管理层作为内部人,拥有更多的关于企业经营的内部信息。学者普遍认为,将所得税单独列报而不分配,不符合"管理法"的要求,也无法满足"信息分解"的目标。虽然任何对所得税的分配方法都是主观的,但是如果管理层掌握更多的信息,那么由管理层在报表中提供所得税分类列报的信息就更有利于实现信息有用性的目标。目前的文献中尚没有相关研究,需要日后进一步探讨。

同理,讨论稿要求将现金列示于经营类或融资类,但是不能同时列示于这两类中,也遭到了学者批评。因为投资者需要区分经营资产和融资资产,经营性现金是为了持续经营所必须持有的现金,融资性现金是因其他原因而持有的剩余现金。既然此次改革引入了"管理法",认为管理层能够把交易或事项划分为五大类,那么管理层也应能把现金在这两类中分配。即使分配不完美,也能提供更有用的信息。

第三节　会计分析

本章第二节简要介绍了财务报表的内容和形式,分析人员在进行财务分析之前还需要确认会计弹性的存在并评估会计估计和会计政策的恰当性,以评价会计信息质量。除了评价财务报表对公司经营现实的反应程度,会计分析的另一个重要职能在于消除财务信息中的"噪音",重新计算会计数据,以提高财务分析结论的可靠性。

一、会计分析的意义

财务报表的会计分析是指通过对会计灵活性的确认,评价企业会计政策和会计披露的适当性,以揭示财务报表数据反映企业财务状况和经营成果的真实程度。会计分析是财务分析的基础。

一般情况下,报表分析人员无法得到企业内部信息,因此财务报表分析往往只能从公开的财务数据获取信息,但是公司披露的财务信息与企业原始财务信息是有区别的,是按照企业会计准则经过加工处理的。而进行会计分析就是理解公司会计信息处理,了解会计政策的灵活性,评价公司会计处理反映经济业务的真实程度,尽可能消除财务报表分析的"噪音",为提高财务报表分析的可靠性奠定基础。

二、会计分析的方法步骤

会计分析主要是为了评价会计信息质量,并消除财务分析过程中的"噪音"干扰。为此,报表分析人员需要具备财会、审计等多方面的能力。首先,需要熟悉企业经济业务到财务报表数据的过程,即要清楚各项经济业务的会计确认计量方法以及相关的会计政策;其次,需要了解常用以进行盈余管理的会计政策和会计估计,或其他可能影响报表数据可靠性的方面;最后,报表分析人员还要在识别出财务报表"噪音"的基础上,努力消除会计信息失真。分析人员除了具备全面的知识以外,还要具有丰富的实务经验。复杂而紧贴实际的特点令会计分析方法更多的是一种实践经验,而难以直观地通过文字来描述具体的分析方法,这也是目前财务报表分析相关书籍较少涉及会计分析的原因之一。

本节主要参照哈佛分析框架来介绍会计分析方法。

(一) 确认关键会计政策

企业战略的实施、风险的管理都要通过特定的经济行为去实现,这些经济行为在财务报表中的反映又受企业特定会计政策的影响。会计政策即企业在会计确认、计量和报告中所采用的原则、基础和会计处理方法。由于企业经济业务的复杂性和多样化,财务报表的编制通常要求从数种可接受的选择中选出特定的会计方法及政策。报表分析人员首先要确认和评估企业所在行业特定的会计政策,以及企业风险管理的选择会计政策,并判断这些基本会计政策的有效性。

确认关键会计政策回答的是企业应当采用何种会计确认、计量和披露方法的问题。

(二) 评估会计弹性

所谓会计弹性,一方面可能指公认会计准则给企业留下的政策空间以及不同的会计政策、会计估计所带来的潜在结果之间的差异;另一方面,会计弹性也可能指企业财务数据可供管理层进行管理的空间,这时的会计弹性是一个与盈余管理相关的概念。

公认会计准则的颁布和执行是为了增强财务信息的一致性、可信度,减少对财务数据的操纵,使其更客观、准确。但经济业务是复杂多变的,公认会计准则允许职业判断的空间越小,会计真实反映业务的灵活性越差,反而可能丧失会计信息的真实性和相关性。因此,会计准则一般对涉及重大判断的业务,均给管理人员留有较多的空间。

一般而言,企业会计政策一旦选定就不会轻易地改变,企业对一贯会计政策的背离可能是会计操纵。财务报告分析人员在发现企业主动进行会计政策变更时,需要给以足够的关注,分析会计政策变更内容、理由的合理性以及变更数据影响大小。大多情况下会计政策的运用是和某些决策密切相关的,例如计提充分的准备可能是为了进行资产再投资,也可能是为了进行利润在不同期间的转移;管理当局可以通过调整会计政策的运用来影响收入和费用的确认,进而影响收益水平。财务报告分析人员在进行分析时需要甄别管理当局的意图,从中发现管理层对未来收益的预期,这样才能作出恰当的判断。

会计弹性的另一个含义与目前采用的应计制会计有关,即把应计项目的大小作为会计弹性的度量。在应计制下,应归属本期的收入和费用,不仅包括本期实际收到的收入和实际支出的费用,也可能包括下期收到的收入和支付的费用,还可能包括上期已经取得的收入和付出的费用。通过会计政策选择、会计估计变更等会计方法操控应计项目是管理盈余常用的方法,因为这种盈余管理不会影响到企业实际的经营活动。但由于应计项目回转的特性,企业通过调整应计项目进行管理盈余的空间是有限的。该空间越大意味着会计弹性越大,反之亦然。

通过评估会计弹性,报表分析人员可以估计企业会计信息可能失真的空间大小。

（三）评价会计策略

简单来讲，会计策略反映的是管理层对企业会计的态度。公认会计准则赋予各项经济业务会计处理一定的灵活性，其本意是为了让报表数据更好地反映经济业务的实质。管理层既可以运用这种灵活性服务公司经营战略的实施，也可能借此操纵公司利润，隐瞒公司真实业绩。财务报表分析人员可以从以下几个方面对对象公司的会计策略作出初步的评价：

（1）公司的会计政策是否反映行业特征。如果不能反映行业特征，究竟是企业采用了特殊的经营战略，还是其会计政策存在问题。

（2）公司的会计政策和估计是否一贯符合实际。公司会计政策的持续性如何，一般而言，企业会计政策一旦选定就不会轻易地改变，除非是强制变更或经济业务发生实质变更。报表分析人员应考查目标公司是否自愿披露会计政策和估计变更的原因，并考虑原因是否恰当。

（3）公司管理层是否具有运用会计政策或会计估计进行盈余管理的强烈动机。动机是管理层进行盈余管理的必要条件，而管理层为了进行盈余管理就可能采取相应的会计策略，因而动机也是报表分析人员评价企业会计策略的重要切入点。

通过对企业会计策略的评价，报表分析人员可以了解企业会计信息失真的主观因素。

（四）评价会计信息披露质量

会计信息披露质量是衡量会计信息质量的重要方面，对会计信息披露质量的关注也是会计分析的重要组成部分。

对于在深圳证券交易所上市的公司，报表分析人员可以参考该所发布的信息披露质量考评结果。深交所自2001年发布了《深圳证券交易所上市公司信息披露工作考核办法》，开始对上市公司信息披露进行考评。具体办法是从信息披露的及时性、准确性、完整性、合法性四个方面分等级评价，同时考虑上市公司所受奖惩情况以及与深交所的工作配合情况形成最终考评结果。该考评以一个年度为一个考核期间，对当年上市满6个月的上市公司信息披露工作进行考核，并将考评结果分为优秀、良好、及格和不及格四个等级。表4-6为洋河股份和其他几家深交所上市的白酒企业2009年度的信息披露考评结果：

表4-6 深交所几家白酒企业信息披露考评结果

上市公司	洋河股份	泸州老窖	古井贡酒	酒鬼酒	五粮液
考评结果	良好	优秀	良好	良好	合格

资料来源：深交所网站 http://www.szse.cn/main/disclosure/bulliten/cxda/xxplkp/.

此外，以下五个方面也可以作为报表分析人员评价企业会计信息披露质量的切入点：

（1）公司是否自愿披露一些法律、法规或公认会计准则没有强制要求披露的重大经济事项。对于坏消息，企业是否主动披露并制订相应解决方案。

（2）公司对与信息披露相关的内部控制的披露是否充分。完善的内部控制是会计信息披露质量的有效保障，而糟糕的内部控制则意味着较高的信息失真的可能性。

（3）公司是否对主要的会计政策、会计估计以及相应的变更作出充分解释。有经验的报表分析人员会发现公司对重大会计政策变更可能会作为报表信息、报表附注信息披露，也可能作为重大会计事件单独披露。

（4）公司与投资者以及审计师的关系。公司之前的财务报告是否遭到投资人的强烈质疑；公司年报是否在规定期限末才披露，这可能意味着管理层与审计师就某些事项难以达成一致。

（5）公司是否经常需要通过财务重述来更正以前披露的信息。财务重述常常被作为强制信息披露质量的衡量指标，一般认为，发生财务重述的公司强制信息披露质量较低。

（五）识别危险信号

在对公司整体会计信息披露质量评价的基础上，报表分析人员需要仔细观察，识别是否存在潜在危险信号。常见的潜在危险信号有：① 原因不明的未加解释的会计政策和会计估计变动，尤其是经营恶化时出现此类变动；② 在业绩糟糕的情况下，出现未加解释的旨在"提升"利润的异常交易；③ 公司增长迅速，但与销售收入增长相比，应收账款或者存货有异常增长；④ 公司净利润与经营活动产生的现金流量之间的缺口持续增加；⑤ 会计利润与应纳税所得之间的缺口日益加大；⑥ 过分热衷于融资机制，如与关联方合作从事研究开发活动，带有追索权的应收账款转让；⑦ 管理当局的一些异常决策，如出人意料的大额资产冲销、期末期初的大额调整等；⑧ 被出具非标准无保留审计意见或更换会计师事务所或注册会计师的理由不充分等等。

出现上述信号意味着管理层可能利用手中信息"粉饰"会计报表，报表分析人员对于出现上述信息应持有相当的职业谨慎。

（六）消除会计信息失真

通过上述分析，报表分析人员对公司会计信息质量形成了基本判断。若公司的会计信息客观真实反映了企业的经营特征，分析人员就可以展开进一步的财务分析；若公司的会计信息严重歪曲了客观实际，进一步的报表分析就没有意义。此时，分析人员应当尽可能消除歪曲会计信息的影响，然后才能继续进一步的分析。

报表分析人员应该根据已经进行的分析，选择合适的方法消除会计信息失真，还原企业真实的资产经营情况。报表分析人员可能用到的消除会计信息失真的方法包括：不良资产剔除法、异常利润剔除法、关联交易剔除法和现金流量分析法等，其中前三种方法在第三章第四节已详细介绍，此处主要介绍现金流量分析法。

会计利润基于权责发生制，可以通过虚假销售、提前确认销售、扩大赊销范围或者关联交易调节，而现金流量是基于收付实现制的，上述调节会计利润的方法不能增加现金流量。因此，现金流量指标可以弥补利润指标在反映公司盈利能力上的信息失真。美国安然（Enron）公司破产的一个重要原因就是现金流量恶化，对高收益低现金流的公司，报表分析人员需要关注其持续经营能力。

现金流量分析法就是指将经营活动产生的现金流量、投资活动产生的现金流量、现金净流量分别与主营业务利润、投资收益和净利润进行比较分析，以判断企业主营业务利润、投资收益和净利润的质量。如果企业的现金净流量长期低于净利润，将意味着与已经确认为利润相对应的资产可能属于不能转化为现金流量的虚拟资产，表明企业可能存在虚增利润的情况。

三、虚增利润的识别和调整

（一）利用资产重组操纵利润的识别和调整

资产重组本身是通过资产置换和股权置换来优化企业资产组合、调整资本结构和实现战略转移的一种方法，但因资产重组需要将企业某些以历史成本记账的资产转换为现时价值，所以给原资产升值留下了想象空间，导致资产重组被滥用。特别是在上市公司中，这种方法被广泛用于利润操纵。典型做法是凭借关联交易,用上市公司的劣质或闲置资产,以大大高于账面价值的金额,与其母公司的优质资产相交换,从而实现巨额利润。

识别这种操纵利润,可以从利润表的营业外收入、投资收益、其他业务利润等项目及其明细表中查出虚增的利润金额,也可以从资产负债表有关长期资产项目及其明细表中查出其置换资产的性质和金额,还可以从财务报表附注的说明中了解资产置换的其他情况。掌握这些信息,就可以调整这部分人为虚增的利润。

思维拓展

虚增利润的常用手段包括哪些?如何识别和调整?

例如,某上市公司2001年实现利润20 000万元,其中本年度将账面价值为5 000万元的土地使用权作价18 000万元卖给母公司,并以账面价值为4 000万元的股权作价8 000万元从母公司换回8 000万元的优质资产。这两笔资产重组后合计产生利润17 000万元。由于这17 000万元的利润是利润操纵的结果,因此需要从企业利润20 000万元中扣除,扣除后的企业真实利润仅为3 000万元。

(二) 利用关联交易调节利润的识别和调整

利用关联交易虚增利润的方式多种多样,既可以利用产品和原料的转移价格调节收入和成本,也可以利用资产重组定价获取资产增值收益,还可以利用高回报率的委托经营方式虚增业绩,利用利率差异降低财务费用,利用管理费用、共同费用分摊等形式调节利润等。

上述调节利润的方法,除转移定价和管理费用(共同)分摊外,其他方法所产生的利润基本上都体现在"投资收益""营业外收入"和"财务费用"等具体项目中,其识别相对容易。首先,计算各项目中关联交易产生的盈利分别占项目总额的比重和这些项目占利润总额的比重,以此判断企业盈利能力对关联企业的依赖程度;其次,分析这些关联交易的必要性和公允性;最后,将非必要和非公允关联交易产生的利润从企业利润总额中剔除,以反映这些项目的真实状况。

对转移定价引起的"营业外收入""营业成本""管理费用"等项目脱离实际状况的识别难度较大,报表分析人员需要掌握市场价格和企业的定价策略等信息。在分析过程中,可以充分利用财务报表附注中的相关明细表及其说明。如果关联交易占销售货物和采购货物的比重较大(如以20%为参照),那么就有必要分析、比较关联交易与非关联交易的价格差异。如果价格差异过大,则有操纵利润之嫌,需要调整因价格差异而产生的利润额。

(三) 利用虚拟资产调节利润的识别和调整

资产是指能为企业带来未来经济利益的经济资源。由于会计中普遍采用权责发生制核算损益,将一些已经发生的费用作为待摊费用、递延资产、待处理财产损益等项目,列入资产负债表的资产中。但这些项目严格地说是不能够为企业带来未来经济利益的,不是企业真实的资产,而只是一种虚拟资产。这些虚拟资产的存在,为企业操纵利润提供了一个"蓄水池"。企业可以通过递延摊销、少摊销或不摊销已经发生的费用或损失来增加利润,即通过增加不良资产来虚增利润。

采用这类方法虚增利润的共同点是:虚拟资产的多记少摊。因此,识别时应重点检查各类虚拟资产项目的明细表,以及注意财务报表附注中关于虚拟资产确认和摊销的会计政策,特别注意本年度增加较大和未予正常摊销的项目,如发现有人为操纵行为,应予调整。

(四) 利用借款费用资本化调节利润的识别和调整

《企业会计准则》规定,企业构建固定资产发生的借款费用,在固定资产尚未完工投入使用之前,应计入固定资产的成本,即作为资本化支出。这是为了满足收入与成本配比原则的需要,但在实务中不少企业将它作为一种操纵利润的手段。

利用借款费用资本化调节利润可以做到非常隐秘,因为无论自有资金还是借入资金,一旦投入使用后就难以区分,这就给企业人为划分资金来源和资金用途提供了可能,使企业能够将非资本性支出的利息资本化,从而达到减少本期财务费用增加利润的目的。这种隐秘性利润操纵的识别比较困难,主要是分析在建工程项目占总资产的比例。一般而言,借款费用资本化的比例应当与该比例基本相当。过高则有操纵利润的嫌疑,如果资本化的借款费用显著大于在建工程项目的平均余额与借款利率之积,那么基本肯定存在操纵利润的行为,应予以调整。

(五) 利用应收和应付款调节利润的识别和调整

把应收账款作为调节营业收入的工具早被广泛滥用。如年底虚开发票,同时增加应收账款和营业收入,到次年又以多种名义将其冲回,使本年营业收入虚增;或者将应次年确认的营业收入提前进行确认。此外,高龄应收账款是最可能发生潜亏的项目,企业明知某些高龄应收账款已成坏账,但为了虚增利润就是不冲销。识别这类利润操纵相对容易,首先,大胆怀疑年底突发性产生的与应收账款相对应的营业收入。这类营业收入即使不是虚增的也极有可能是企业提前确认了次年的收入。其次,大胆剔除高龄应收账款(例如三年以上的应收账款)。

在正常情况下,其他应收款和其他应付款的余额不应过大,如果出现余额过大甚至超过应收账款、应付账款余额的异常情况时,分析师就应特别注意是否有操纵利润的情况。

(六) 关注利润与现金流的差异

企业必须具备造血功能才能持续健康地发展,即企业利润需要以净现金流作为支撑。因此,在识别利润操纵过程中,分析师还应注意企业现金流量分析。

通过本章第二节现金流量表间接法的编制过程可以看出,企业经营活动产生的现金净流量等于税后利润加上资产减值损失、固定资产折旧和长期资产摊销等。因此,一般情况下,企业经营活动产生的现金净流量应该大于经营活动产生的净利润。如果企业的现金净流量长期低于其净利润,那么就意味着企业可能存在虚假销售或者将某些费用化支出作为虚拟资产。出现这种情况,也应对利润进行调整。

一旦企业的经营活动产生的净利润大于经营活动产生的现金净流量,报表分析人员就应该充分关注这一问题,并将企业若干会计期间的经营活动产生的现金净流量和营业净利润进行比较。若企业在连续几个会计期间的经营活动净现金流都小于营业净利润,那么基本可以断定该企业存在粉饰财务报表的行为,分析师可以将经营活动净现金流作为确定营业净利润的依据,并相应调整各种虚拟资产。

(七) 关注利润构成

公司利润由经营性收益和非经营性收益组成,其中经营性收益具有较高的稳定性,可以作为评价公司价值的基础,而非经营性收益不可能持续发生,不能作为预测公司盈利能力的基础,在通常情况下,当一家企业经营性收益不足,影响到企业形象甚至生存时,往往会考虑通过出售资产、债务重组等方式来获取收益,以这些方式获取的收益都属于非经营性收益。关注企业利润的构成,可以将企业的非经营性收益从总收益中剔除,从而揭示企业真实的盈利能力。

四、会计分析的局限

会计分析是用来判断财务信息真实性,评估会计信息对公司基本经营情况的反映程度,并尽可能消除会计歪曲,是企业财务报表分析的基础。但由于以下原因,会计分析并不能发现所有失真的会计信息,也不能将发现的失真的会计信息的影响全部消除。① 报表分析人员和企业的管理层掌握的信息不对称,管理层始终具有内部信息的优势,对会计政策、会计估计、信息披露等具有相当的控制力,报表分析人员则处于被动地位。② 会计分析综合复杂的特点向报表分析人员提出了很高的要求,报表分析人员受自身知识水平、专业阅历等的约束,不能够区分所有的特殊会计问题和会计信息失真。③ 现有的公认会计准则和会计信息披露本身也处于不断完善的过程中。

第四节　财务分析

会计分析实质上是明确会计信息的内涵与质量,即从会计数据表面提示其实际含义。财务分析实际上是分析的真正目的所在,它是在会计分析的基础上,应用专门的分析技术与方法,对企业的财务状况与成果进行分析。通常包括对企业投资收益、盈利能力、短期支付能力、长期偿债能力、企业价值等进行分析与评价,从而得出对企业财务状况及成果的全面、准确评价。

财务报表中有大量数据,可以组成涉及企业经营管理各个方面的许多财务比率。为了尽可能贴近现实,本章将以实际上市公司——洋河股份有限公司(以下简称"洋河股份")的财务报表数据为例。该公司 2009 年(以下称"本年")资产负债表、利润表、现金流量表和股东权益变动表,如表 4-1、表 4-2、表 4-3 和表 4-4 所示。

一、盈利能力分析

盈利能力是指企业获取利润的能力,即公司在一定时期内利用其所控制的全部资源——无论是所有者权益还是负债——赚取利润的能力。企业盈利能力是所有人都关注的问题。利润是投资者取得投资收益、债权人收取本息的资金来源,也是职工薪酬福利不断完善的重要保障。

对于管理层而言,企业盈利能力是其经营业绩和管理效能的集中表现,也常常作为管理者的薪酬考核指标。对公司盈利能力的分析,就是对公司利润率的深层次分析,可以发现经营管理环节出现的问题。因此,企业盈利能力分析十分重要。反映公司盈利能力的指标很多,通常使用的主要有销售净利率、总资产报酬率、净资产收益率等。

(一) 销售净利率

1. 计算方法

销售净利率又简称"净利率",是指净利润与销售收入的百分比,通常用百分数表示。其计算公式为:

$$销售净利率 = (净利润 \div 销售收入) \times 100\%$$

根据洋河股份的财务报表数据:

$$本年销售净利率 = (125\ 361 \div 400\ 204) \times 100\% = 31.32\%$$
$$上年销售净利率 = (74\ 305 \div 268\ 220) \times 100\% = 27.70\%$$
$$变动 = 31.32\% - 27.70\% = 3.62\%$$

销售净利率直接概括企业的全部经营成果,是反映企业盈利能力的一项重要指标。该项指标越高,说明企业从主营业务收入中获取利润的能力越强。

2. 驱动因素

通过上面的计算可以看出,同上年度相比,洋河的销售净利率提高了3.62%。要找出销售净利率变动的原因,需要分析利润表各项目的变动。我们可以借助利润表的同型报表来实现这一目的,同型报表排除了规模差异的影响,提高了数据的可比性。表4-7列示了洋河股份利润表的同型报表。其中"本年结构"和"上年结构",是各项目占销售收入的百分比,"百分比变动"是指本年结构百分比与上年结构百分比的差额。

表4-7　利润表结构百分比变动

项　目	本年金额（万元）	上年金额（万元）	变动金额（万元）	本年结构（%）	上年结构（%）	百分比变动（%）
一、营业收入	400 205	268 220	131 985	100.00	100.00	0.00
减:营业成本	166 225	127 807	38 418	41.53	47.65	−6.12
营业税金及附加	4 186	2 660	1 526	1.05	0.99	0.06
销售费用	40 518	22 659	17 859	10.12	8.45	1.67
管理费用	24 598	16 973	7 625	6.15	6.33	−0.18
财务费用	−2 065	−1 696	−369	−0.52	−0.63	0.11
资产减值损失	249	1	248	0.06	0.00	0.06
加:公允价值变动收益						
投资收益	75	18	57	0.02	0.01	0.01
二、营业利润	166 569	99 834	66 734	41.62	37.22	4.40
加:营业外收入	2 087	684	1 403	0.52	0.26	0.26
减:营业外支出	1 325	1 235	90	0.33	0.46	−0.13
三、利润总额	167 331	99 283	68 047	41.81	37.02	4.79
减:所得税费用	41 970	24 978	16 991	10.49	9.31	1.18
四、净利润	125 361	74 305	51 056	31.32	27.70	3.62

（1）金额变动分析:主要是受益于营业收入增加131 985万元的同时,营业成本只增加了38 418万元,洋河股份2009年净利润增加51 056万元。这可能有两方面的原因,一方面表明洋河股份可能正享受着规模经济带来的好处,另一方面可能是公司改变了经营策略(调整产品或提高售价)。从该表中还可以看出,加大营销宣传可能是促进营业收入增加的重要因素,公司在本年度的销售费用增加了近一倍,不过从其占营业收入的比重看还是划算的。

（2）结构比率分析:销售净利率增加了3.62%。有利因素包括营业收入的增加,营业成本减少了6.12%,管理费用和营业外支出均有所减少。

3. 利润项目分析

关注金额变动和结构百分比变动较大的项目可以将有限的资源投入到最有效的选择中,

从而实现公司盈利能力的显著提升[①]。对公司盈利影响较大重点项目,需要深入分析公司哪些业务是盈利的主要来源,哪些业务消耗资源而不能带来收益。财务报表附注提供的资料一般会对企业的业务构成(收入来源、成本项目)作出说明。

洋河股份财务报表在管理层讨论与分析部分显示了分产品的毛利资料,如表4-8所示。

表4-8 洋河股份分产品毛利资料

产品类别	营业收入(万元)		营业成本(万元)		营业毛利(万元)		毛利率(%)	
	本期数	上期数	本期数	上期数	本期数	上期数	本期数	上期数
中高档白酒	337 843	216 039	111 961	80 502	225 882	135 537	66.86	62.74
普通白酒	57 145	49 259	49 836	45 105	7 309	4 154	12.79	8.43
合 计	394 988	265 298	161 797	125 607	233 191	139 691	59.04	52.65

通过表4-8和其他背景资料可知:中高档白酒占销售收入的较大部分,其也是毛利的主要贡献来源。普通白酒的营业收入比例和毛利率均较低,但2009年同样保持了4%的增长。此外,从营业收入比重看,本期毛利率较高的中高档白酒比重有所上升,这也印证了金额变动分析的结果。

需要说明的是,净利润包括了营业外损益,同营业收入的口径并不一致,所以理论上营业毛利率比营业净利率更能反映企业主营业务的获利能力。尤其是当营业外利润占净利润的大部分的时候,这一点需要引起足够的注意。

(二)总资产报酬率

1. 计算方法

总资产报酬率是指净利润与总资产的比率,反映的是公司运用全部资产所获得利润的水平,即每1元的资产平均能获得多少元的利润。该指标越高,表明公司投入产出水平越高,资产运营越有效,成本费用的控制水平越高。其计算公式为:

总资产报酬率=(净利润÷总资产)×100%

根据洋河股份的财务报表数据:

本年总资产报酬率=(125 361÷649 072)×100%=19.31%

上年总资产报酬率=(74 305÷218 273)×100%=34.04%

变动=19.31%-34.04%=-14.73%

总资产报酬率是企业盈利能力的关键。虽然股东报酬由总资产报酬率和财务杠杆共同决定,但提高财务杠杆能获得税收上的好处,同时增加企业财务风险[②],并不一定增加企业价值。此外,财务杠杆的提高有诸多限制,使企业经常处于财务杠杆不可能再提高的临界状态。因此,驱动净资产收益率的基本动力是总资产报酬率。

2. 驱动因素

影响总资产报酬率的驱动因素是销售净利率和总资产周转率。

---

① 具体可参见第五章"波斯顿矩阵分析"的相关内容。
② 除了财务风险以外,有时债权人为了控制企业违约风险会在债务契约中添加限制条款,这又会影响企业的经营决策,进而影响公司价值。

$$总资产报酬率=\frac{净利润}{总资产}=\frac{净利润}{销售收入}\times\frac{销售收入}{总资产}=销售净利率\times总资产周转率$$

销售净利率上面已经介绍过。总资产周转率是指企业在一定时期营业收入同平均资产总额[①]的比率,该比率体现了企业经营期间全部资产从投入到产出的流转速度,是考察企业资产运营效率的一项重要指标。[②]

有关总资产报酬率因素分解的数据准备,如表 4-9 所示。

表 4-9　总资产报酬率的分解

	本年	上年	变动
营业收入	400 205	268 220	131 985
净利润	125 361	74 305	51 055
总资产	649 072	218 273	430 799
总资产报酬率(%)	19.313 9	34.042 7	-14.728 8
销售净利率(%)	31.324 2	27.703 3	3.620 8
总资产周转次数(次)	0.616 6	1.228 8	-0.612 2

尽管销售净利率比上年上升了 3.6208%,洋河股份的总资产报酬率却比上年降低了-14.73%。其原因主要是总资产周转率降低了。具体影响可以使用差额分析法进行定量分析。

销售净利率变动影响=销售净利率变动×上年总资产周转次数=3.620 8%×1.228 8=4.449 2%

总资产周转次数变动影响=本年销售净利率×总资产周转次数变动=31.324 2%×(-0.612 2)=-19.176 7%

$$合计=4.45\%-19.18\%=-14.73\%$$

由于销售净利率提高,使总资产报酬率上升 4.449 2%;而由于总资产周转率下降,使总资产报酬率下降-19.176 7%。两者共同作用使总资产报酬率下降-14.73%,因此应主要关注总资产周转率下降的原因。进一步了解资产负债表的相关信息不难发现,首发上市洋河股份的资产在本年度大幅增加,而且增加的资产主要集中在现金类资产(包括预付账款)、存货和固定资产,使总资产周转率下降。

(三) 净资产收益率

净资产收益率是净利润与所有者权益的比率,它反映的是每 1 元股东资本赚取的净利润。其计算公式为:

$$净资产收益率=(净利润\div股东权益)\times100\%$$

根据洋河股份的财务报表数据:

本年净资产收益率=(125 361÷507 880)×100%=24.683 2%

上年净资产收益率=(74 305÷138 287)×100%=53.732 4%

净资产收益率的分子是归属于股东的所得,分母是股东的投入。对于股权投资者来说,具

---

① 由于企业年报中只披露资产的期初、期末余额,因此平均资产总额一般取二者均值,但外部报表使用者也可直接用资产负债表的期末金额代替。

② 关于总资产周转率的更多分析,参见营运能力分析部分的内容。

有非常好的综合性,概括了企业的全部经营业绩和财务业绩。洋河股份2009年股东的报酬率减少了,总体来讲不如上一年。

对净资产收益率驱动因素的分析将在后续杜邦分析体系中详细展开。

(四) 每股收益和市盈率

1. 基本每股收益

基本每股收益指税后净利润与普通股股数的比值,它是综合反映公司获利能力的重要指标,也是测定股票投资价值的重要指标之一。其计算公式为:

基本每股收益＝净利润÷发行在外普通股的加权平均数

分子中的净利润应当是归属于公司普通股股东的净利润,即公司当期实现的净利润总额首先要扣除少数股东权益部分;其次,如果公司发行有优先股,那么还应当扣除优先股的股利。[①]

分母中发行在外普通股的加权平均数是指该期间存在股份变动的情况,不同时间段的股份以时间为权重加权平均。根据《企业会计准则第34号——每股收益》第五条规定,计算发行在外普通股加权平均数,作为权数的具体时间单位通常按天数计算;在不影响计算结果准确性的前提下,也可以采用简化的计算方法,如按月数计算。其计算公式如下:

发行在外普通股加权平均数＝期初发行在外普通股股数＋当期新发行普通股股数×发行在外时间÷报告期时间－当期回购普通股股数×已回购时间÷报告期时间

公司年度报告一般会在"主要会计数据和财务指标"部分给出每股收益(包括基本每股收益和稀释每股收益)的数据。洋河股份2009年年报给出了基本每股收益的计算过程,如表4-10所示:

表4-10　基本每股收益计算过程

项　目		2009年度	2008年度
归属于公司普通股股东的净利润(元)	1	1 253 620 006.49	743 057 507.69
非经常性损益(元)	2	9 922 244.93	2 184 861.02
扣除非经常性损益后归属于普通股股东的净利润(元)	3＝1－2	1 243 697 761.56	740 872 646.67
期初股份总数	4	405 000 000	135 000 000
报告期因公积金转增股本或股票股利分配等增加的股份数	5		270 000 000
报告期因发行新股或债转股等增加股份数	6	45 000 000	
报告期月份数	7	12	12
增加股份次月起至报告期期末的累计月数	8	2	11

---

① 我国目前尚无优先股,所以实际计算时一般不必考虑优先股的影响而可以直接采用合并利润表中"归属母公司所有者的净利润"的数据。

续表

项　　目		2009 年度	2008 年度
发行在外的普通股加权平均股数	9＝4＋5＋6×8/7	412 500 000	405 000 000
基本每股收益	10＝1/9	3.04	1.83
扣除非经常性损益基本每股收益①	11＝3/9	3.02	1.83

　　从表 4-10 中可以看出,由于净利润的大幅增长,基本每股收益的增长也超过了六成。然而对于投资者而言,每股收益并不是越高越好,要评估某只股票的投资价值还要看股价的高低。

　　2. 市盈率

　　市盈率是指普通股每股市价与每股收益的比值,反映资本市场上投资者对每元净利润所愿支付的价格,用来估计股票的投资报酬和风险。其计算公式为:

$$市盈率＝每股市价÷每股收益$$

　　一般所说的市盈率指的是静态市盈率,即以目前市场价格除以已知的最近公开的每股收益后的比值②。由于正常情况下股票交易是连续进行的,相应的每股市价也是即时数据。但一般认为每一天的收盘价最具有代表性,所以在计算某天的市盈率时的分子一般采用当天的收盘价。同时,按照中国现行规定,每年的 1 月 1 日到 4 月 30 日是上市公司披露上一年度年报的时间。在资产负债率日并不能知道当期的每股收益数据,所以分母中的每股收益应当是当时市场已知的最新财务数据。

　　例如:洋河股份 2009 年 12 月 31 日普通股的收盘价为 113.99 元,但洋河股份 2009 年度的财务报表是在 2010 年 3 月 5 日披露的,当天收盘价为 108.92 元。所以,2009 年 12 月 31 日市盈率＝113.99÷1.83＝62.29,2010 年 3 月 5 日市盈率＝108.92÷3.02＝36.07。

　　每股市价实际上反映了投资者对未来收益的预期,因此该比率常用于衡量投资者对公司前景的预期。如果投资者预期收益将大幅增长,市盈率就会较高;如果投资者预期公司未来收益会下降,市盈率就会较低。如果当期公司盈利水平为微利时或者存在炒作概念而受到市场追捧时,市盈率指标可能会非常高。如果公司当期发生亏损,那么其市盈率将为负值。这两类情况下市盈率指标就基本失去了分析的意义。

　　3. 稀释每股收益

　　稀释每股收益,即以基本每股收益为基础,假设企业所有发行在外的稀释性潜在普通股均已转换为普通股,从而分别调整归属于普通股股东的当期净利润以及发行在外普通股的加权平均数计算而得的每股收益。

　　《企业会计准则第 34 号——每股收益》规定:企业存在稀释性潜在普通股的,应当分别调整归属于普通股股东的当期净利润和发行在外普通股的加权平均数,并据以计算稀释每股收益。

　　(1)稀释性潜在普通股。

　　潜在普通股是指赋予其持有者在报告期或以后期间享有取得普通股权利的一种金融工具

---

　　①　表 4-10 中除了本书讨论的基本每股收益外,还计算扣除非经常性损益后的基本每股收益,这主要是因为非经常性损益一般被认为是不具有可持续性的,因而这是一种更为稳健的做法。

　　②　采用还没有真正实现的下一年度的预测利润计算的市盈率即为动态市盈率。

或其他合同。目前,在我国主要包括可转换公司债券、认股权证和股份期权①等。稀释性潜在普通股,就是指假设当期转换为普通股会减少每股收益或增加每股亏损金额的可转换公司债券、认股权证和股份期权等。这就是说,并非所有的潜在普通股都具有稀释性,只有具有稀释性(即转换为普通股将会减少每股收益或增加每股亏损)的潜在普通股才需要在计算稀释每股收益时加以考虑。

上述稀释性潜在普通股目前并不是真正的普通股,但其附有转换成普通股的权利。一旦其持有者行使该权利,这些潜在的普通股就会成为现实的普通股,并导致每股收益的稀释。按照现行规定,当存在多项稀释性潜在普通股时,应按照稀释性由大到小的顺序逐步计入稀释每股收益,直到稀释每股收益达到最小值。因此,稀释性每股收益有助于投资者充分了解投资的收益和风险。

(2)计算方法。

调整当期净利润:在计算稀释每股收益时,应当根据下列事项对归属于普通股股东的当期净利润进行调整:① 当期已确认为费用的稀释性潜在普通股的利息;② 稀释性潜在普通股转换时将产生的收益或费用。上述调整应当考虑相关的所得税影响。

调整普通股股数:计算稀释每股收益时,当期发行在外普通股的加权平均数应当为计算基本每股收益时普通股的加权平均数与假定稀释性潜在普通股转换为已发行普通股而增加的普通股股数的加权平均数之和。

其中,对假定稀释性潜在普通股转换为普通股而增加的普通股股数的计算应当考虑两方面的问题:一是转换比率,当存在不止一种转换基础时,选择对潜在普通股持有者最有利的转换率或执行价格;二是转换时间,即确定时间权数。以前期间发行的稀释性潜在普通股,应假设在当期期初转换;当期发行的,应假设在发行日转换;当期被注销或终止的稀释性潜在普通股,应按照当期发行在外的时间加权平均计入稀释每股收益。当期被转换或行权的稀释性潜在普通股,应当从当期期初至转换日(或行权日)计入稀释每股收益中,从转换日(或行权日)起所转换的普通股则计入基本每股收益中。总体而言,无论是转换比率和转换时间的确定均与"稀释每股收益达到最小值"的原则保持一致。

在实际计算中,当确定了净利润和普通股股数的调整值以后,往往并不直接同基本每股收益相应数据相加计算稀释每股收益,而是先计算增量每股收益以确定其稀释性,增量每股收益越小则稀释性越大。在存在多项稀释性潜在普通股时,即是按照该稀释性的大小顺序排序,然后逐一计入稀释每股收益,直到稀释每股收益达到最小值。

(3)举例计算稀释性每股收益。

可转换债券是公司发行的含有转换特征的债券,在招募说明中发行人承诺根据转换价格在一定时间内可将债券转换为公司普通股。可转换债券在转换成股票之前是纯粹的债券,但在转换成股票之后,债券持有人就由债权人变成了公司的股东,可参与企业的经营决策和红利分配,并影响公司的每股收益。

一般可以采用假设转换法判断可转换公司债券的稀释性,并计算稀释每股收益。首先,假设这部分可转换公司债券在当期期初(或发行日)已转换成普通股,从而一方面增加了发行在外的普通股股数,另一方面节约了债券的利息费用,增加了归属于普通股股东的当期净利润。

---

① 股份期权又称虚拟股票计划,是股票期权的一种变通方式,一般为非上市公司所采用。

然后,用增加的净利润除以增加的普通股股数,得出增量股的每股收益,与原来的每股收益比较。如果增量股的每股收益小于原每股收益,则说明该可转换公司债券具有稀释作用,应当计入稀释每股收益的计算中。

【例 4-1】 安泰科技稀释每股收益分析

安泰科技股份有限公司(证券代码:000969)是一家以先进金属材料为主导产业的国家高技术企业。公司 2009 年度归属于普通股股东的净利润为 171 168 017.41 元,报告期间441 263 680 股普通股股数未发生变动,因此基本每股收益为 0.387 9 元。

公司于 2009 年 9 月 16 日按向社会公开发行了 750 万张面值 100 元的可转换公司债券,期限 6 年,即自 2009 年 9 月 16 日至 2015 年 9 月 16 日。转股起止日期自可转债发行结束之日起满 6 个月后的第一个交易日起至可转债到期日止。债券第一年的利率为 1.0%,第二年的利率为 1.2%,第三年的利率为 1.4%,第四年的利率为 1.6%,第五年的利率为 1.8%,第六年的利率为 2.0%。本可转债的初始转股价格为 22.30 元/股。假设公司不存在其他稀释性潜在普通股[①]。

此次发行总额 75 000.00 万元(即平价发行),其中 12 123.00 万元用于特种精密合金带钢生产线项目的投资,本期资本化率为 5.99%,资本化开始时点为 2009 年 9 月。

安泰科技 2009 年度财务报告中还作了如下说明:公司期末发行在外的可转换公司债券750 万张,在初始计量时分拆为负债和权益工具。公司预计该可转换公司债券可以全部转换为股份。

这表明该可转换债券在初始计量时已经按照《企业会计准则第 37 号——金融工具列报》的规定进行了分拆。因为可转换债券附加了一种选择权,其票面利率往往低于市场利率,所以其价值会大于类似的不含转换权的债券。多出的部分,应当确认为是权益部分的公允价值。因此可转换公司债券的市场价值含负债成分公允价值和权益成分公允价值。

假设类似的不具有转换权的公司债券利率为 2%,则安泰科技 2009 年稀释每股收益计算如下:

负债部分的公允价值:$75\,000 \times 1.0\% \div (1+2\%) + 75\,000 \times 1.2\% \div (1+2\%)^2 + 75\,000 \times 1.4\% \div (1+2\%)^3 + 75\,000 \times 1.6\% \div (1+2\%)^4 + 75\,000 \times 1.8\% \div (1+2\%)^5 + 75\,000 \times (1+2.0\%) \div (1+2\%)^6 = 72\,850.95$(万元)

权益部分的公允价值:$75\,000 - 72\,850.95 = 2\,149.05$(万元)

假设转换将增加的净利润:$(72\,850.95 \times 2\% \times 106 \div 365) \times (1 - 12\,123 \div 75\,000 \times 5.99\%) \times (1 - 15\%) = 356.18$(万元)

假设转换将增加的普通股股数:$75\,000 \div 22.30 \times 106 \div 365 = 976.718\,5$(万股)

增量每股收益:$356.18 \div 976.72 = 0.364\,7$(元/股)

增量每股收益小于基本每股收益,表明该可转换债券具有稀释作用。

稀释每股收益:$(171\,168\,017.41 + 356.18) \div (441\,263\,680 + 9\,767\,185) = 0.387\,9$(元/股)

(五) 市净率

市净率是指普通股每股市价与每股净资产的比率,这里的每股净资产也称为每股账面价

[①]　安泰科技本年度其他稀释性潜在普通股包括 764.06 万份的股份期权,所以本例中仅包括可转换债券的稀释每股收益小于年报披露的值。

值,是指普通股股东权益与流通在外普通股加权平均股数的比率,它反映每只普通股享有的净资产。市净率可用于投资分析,一般来说市净率较低的股票,投资价值较高;相反,则投资价值较低。其计算公式如下:

$$市净率＝每股市价÷每股净资产$$

$$每股净资产＝普通股股东权益÷流通在外普通股$$

既有优先股又有普通股的公司,普通股每股净资产的计算需要两步。首先,从股东权益总额中减去优先股的权益,包括优先股的清算价值及全部拖欠的股利,得出普通股权益。其次,用普通股权益除以流通在外普通股,确定普通股每股净资产。我国目前尚不存在优先股。

二、营运能力分析

资产管理效率与获利能力密切相关。资产管理效率高,获利能力相应也较高,资产管理比率是衡量企业资产管理效率的财务比率,常见的有:流动资产周转率、应收账款周转率、存货周转率、非流动资产周转率和总资产周转率等。

(一) 流动资产周转率

流动资产周转率是营业收入与流动资产的比率,是评价企业资产利用率的一项重要指标。其计算公式为:

$$流动资产周转次数＝销售收入÷流动资产$$

$$流动资产周转天数＝365÷(销售收入÷流动资产)＝365÷流动资产周转次数$$

根据洋河股份公司的财务报表数据:

本年流动资产周转次数＝400 205÷[(577 783＋167 505)÷2]＝1.07(次/年)

本年流动资产周转天数＝365÷1.07＝341(天/次)

流动资产周转率从企业全部资产中流动性最强的流动资产角度对企业资产的利用效率进行分析,以揭示影响企业资产质量的主要因素。一般情况下,该指标越高,表明企业流动资产周转速度越快,盈利能力越强。通常,流动资产中应收账款和存货占绝大部分,因此它们的周转状况对流动资产周转具有决定性影响。

(二) 应收账款周转率

1. 计算方法

应收账款周转率是销售收入与应收账款的比率。主要有两种表现形式:应收账款周转次数、应收账款周转天数。其计算公式如下:

$$应收账款周转次数＝销售收入÷应收账款[①]$$

$$应收账款周转天数＝365÷应收账款周转次数$$

根据洋河股份的财务报表数据:

本年应收账款周转次数＝400 205÷[(2 667＋404＋467＋284＋198＋64)÷2]＝196.0(次/年)

本年应收账款周转天数＝365÷196＝1.9(天/次)

---

① 应收账款周转率不能仅仅用资产负债表中"应收账款"项目的数值作为计算依据。按照新企业会计准则规定,企业赊销业务产生的债权,除"应收账款"科目外,还可能涉及"应收票据"等科目。资产负债表"应收账款"项目,根据"应收账款"和"预收账款"科目期末借方合计余额减去"坏账准备"科目期末余额后的金额填列。所以,计算应收账款周转率时需要考虑应收票据和坏账准备,报表附注中应收账款账龄分析部分一般会提供坏账准备余额的数据。计算过程中的 198 万元、64 万元即为报表附注中期末、期初的坏账准备余额。

从理论上讲,应收账款是赊销引起的,其对应的流量是赊销额,而非全部销售收入。因此,计算时应使用赊销额而非销售收入。但是,外部分析人员无法取得赊销数据,只好直接使用销售收入计算。

在实际计算中,由于应收账款是特定时点的存量,容易受季节性、偶然性和人为因素影响。在用应收账款周转率进行行业业绩评价时,最好使用多个时点的平均数,以减少这些因素的影响。这里我们采用了洋河股份的应收账款期初、期末余额的均值。

需要说明的是,如果赊销有可能比现销更有利,周转天数并非越少越好。收现时间的长短与企业的信用政策有关。而信用政策的评价涉及多种因素,不能仅仅考虑周转天数的缩短。应收账款分析还应与销售额分析、现金分析相联系。正常情况下,三者之间应该保持一定的联动关系。如果一个企业应收账款日益增加,而销售和现金日益减少,则可能是销售出了比较严重的问题。

(三) 存货周转率

在流动资产中所占比重较大的另一项目便是存货,存货周转率主要用以考核存货的流动性。而存货的流动性将直接影响企业的流动比率。因此,必须特别重视对存货的分析。

1. 计算方法

存货周转率是销售收入与存货的比率,存货一般取期初和期末余额的平均数。其计算公式如下:

$$存货周转次数=销售收入÷存货$$

$$存货周转天数=365÷(销售收入÷存货)=365÷存货周转次数$$

根据洋河股份的财务报表数据:

本年存货周转次数＝400 205÷[(91 405＋59 497)÷2]＝5.3(次/年)

本年存货周转天数＝365÷5.3＝68.8(天/次)

一般来说,在保持了必要的存货水平的前提下,存货周转率次数越高越好,说明存货水准较低,周转快,资金使用效率较高。不过,任何财务分析都以认识经营活动本质为目的,不可根据数据高低作简单结论。

2. 在对存货周转率进行分析时应注意的问题

(1) 计算存货周转率时,使用"销售收入"还是"销售成本"作为周转额,要看分析的目的。在短期偿债能力分析中,为了评估资产的变现能力需要计量存货转换为现金的金额和时间,应采用"销售收入"。在分解总资产周转率时,为系统分析各项资产的周转情况并识别主要的影响因素,应统一采用"销售收入"计算周转率。如果是为了评估存货管理的业绩,应当使用"销售成本"计算存货周转率,使其分子和分母保持口径一致。实际上,两种周转率的差额是毛利引起的,用哪一个计算都能达到分析目的。

(2) 应关注构成存货的原材料、在产品、自制半成品、产成品和低值易耗品之间的比例关系。正常情况下,它们之间存在某种比例关系。如果产成品大量增加,其他项目减少,很可能是销售不畅,放慢了生产节奏。此时,总的存货金额可能并没有显著变动,甚至尚未引起存货周转率的显著变化。因此,在财务分析时既要重点关注变化大的项目,也不能完全忽视变化不大的项目,其内部可能隐藏着重要问题。各类存货的明细资料以及存货重大变动的解释,应在报表附注中披露。

洋河股份 2009 年度年报财务报表附注中有关存货分类的数据,如表 4-11 所示。

表 4-11　存货分类　　　　　　　　　　　　单位:元

存货种类	期末数			期初数		
	账面余额	跌价准备	账面价值	账面余额	跌价准备	账面价值
原材料	239 404 428.79		239 404 428.79	180 484 935.60		180 484 935.60
自制半成品	330 607 842.21		330 607 842.21	219 425 067.49		219 425 067.49
在产品	30 385 846.85		30 385 846.85	31 163 552.78		31 163 552.78
库存商品	313 094 508.87		313 094 508.87	163 897 655.99		163 897 655.99
周转材料	553 401.29		553 401.29			
合计	914 046 028.01		914 046 028.01	594 971 211.86		594 971 211.86

(四)非流动资产周转率

非流动资产周转率是销售收入与非流动资产的比率。其计算公式为:

$$非流动资产周转次数＝销售收入÷非流动资产$$

非流动资产周转天数＝365÷(销售收入÷非流动资产)＝365÷非流动资产周转次数

根据洋河股份的财务报表数据:

本年非流动资产周转次数＝400 205÷[(71 289＋50 768)÷2]＝6.6(次/年)

本年非流动资产周转天数＝365÷6.6＝55.7(天/次)

非流动资产周转次数,表明 1 年中每 1 元非流动资产支持的营业收入。非流动资产周转天数表明非流动资产周转一次需要的时间,即非流动资产转换成现金平均需要的时间。

(五)总资产周转率

1. 计算方法

总资产周转率是销售收入与总资产的比率,它体现了经营期间企业全部资产从投入到产出的流转速度,反映了企业全部资产的管理质量和利用效率。其计算公式为:

$$总资产周转次数＝销售收入÷总资产$$

总资产周转天数＝365÷(销售收入÷总资产)＝365÷总资产周转次数

根据洋河股份的财务报表数据:

本年总资产周转次数＝400 205÷[(649 072＋218 273)÷2]＝0.92(次/年)

本年总资产周转天数＝365÷0.92＝395.5(天/次)

总资产周转率是考察企业资产运营效率的一项重要指标,一般来说,该数值越高,表明企业总资产周转速度越快,销售能力越强,资产利用效率越高。资产周转的效率具有很强的行业特性,一般而言,制造业的资产周转较慢而商业零售行业的资产周转较快。所以,对于资产周转率的横向分析一般可以以行业平均值、竞争对手的指标值为参照。进行纵向分析时以本公司历史可比数据为参考。

需要说明的是,总资产周转率计算公式中分子分母的口径并不一致。这是因为总资产包括了各类资产,不同的资产计量属性可能存在差异;同时如长期股权投资、部分无形资产等本身并不参与资产流转过程,不形成销售收入。这会导致该指标在资产结构存在重大差异时失去可比性。

2. 驱动因素

在销售收入既定的情况下,总资产周转率的驱动因素是各项资产。通过驱动因素分析,可以找出是哪些资产项目引起总资产周转率变动的,以及哪些是影响较大的因素,从而为进一步分析指出方向。

资产周转率的驱动因素分析,通常不使用"资产周转次数"指标,可以使用"资产周转天数"指标。这是因为,各项资产的周转次数之和并不等于总资产的周转次数,不便于分析各项目变动对总资产周转率的影响。

表4-12列示了洋河股份总资产周转率变动,以及影响其变动的各项资产的周转率变动。

表4-12　洋河股份各项资产的周转率

资产	资产周转次数			资产周转天数		
	本年	上年	变动	本年	上年	变动
货币资金	0.9	2.6	−1.7	426.6	140.5	286.1
应收票据	857.0	945.1	−88.1	0.4	0.4	0.0
应收账款	150.0	664.7	−514.7	2.4	0.5	1.9
预付账款	28.6	82.2	−53.7	12.8	4.4	8.4
其他应收款	252.6	316.7	−64.1	1.4	1.2	0.2
存货	4.4	4.5	−0.1	83.4	81.0	2.4
流动资产合计	0.7	1.6	−0.9	527.0	227.9	299.1
长期股权投资	588.5	346.3	242.2	0.6	1.1	−0.5
固定资产	8.1	11.4	−3.3	45.0	32.1	12.9
在建工程	70.3	23.8	46.5	5.2	15.4	−10.2
无形资产	29.3	19.7	9.6	12.4	18.5	−6.1
递延所得税资产	207.1	176.4	30.7	1.8	2.1	−0.3
非流动资产合计	5.6	5.3	0.3	65.0	69.1	−4.1
资产总计	0.6	1.2	−0.6	592.0	297.0	295.0

注:表中所有资产项目均直接以期末值作为计算数据。

根据周转天数分析,本年总资产周转天数是592.0天,基本比上年增加了一倍。各项资产对总资产周转天数变动的影响,参见表4-12。影响较大的是货币资金增加286.1天,这主要是洋河股份首发上市募集到的资金除投入当期生产所需外,还形成了大笔结余造成的。

三、偿债能力分析

负债经营是现代企业普遍采取的经营策略,适当的负债水平有助于增加企业价值,但偿债能力的强弱决定着企业承受财务风险的能力大小。为了能够取得贷款,企业也必须考虑债权人对偿债指标的要求。不能及时偿债可能导致企业破产,但是提高流动性又必然降低盈利性,因此企业需要权衡收益和风险,保持适当的偿债能力。

偿债能力分析就是对企业偿还到期债务的承受能力或保证程度的分析。负债按照偿债时间的紧迫性,可分为短期债务和长期债务,相应地偿债能力分析也分为短期偿债能力分析和长期偿债能力分析两部分。

(一) 短期偿债能力比率

从持续经营的角度看,偿债能力的衡量就是比较经营现金流入量和偿债所需现金流出量,如果产生的现金超过需要的现金较多并能满足时间上的要求,则认为偿债能力强。实际中常用的偿债能力的衡量方法则是比较可供偿债资产与债务的存量,资产存量超过债务存量较多,则认为偿债能力强。这主要是因为借款人(在我国主要就是指银行)更关注企业发生财务危机后相关债权能否足额收回,并将此作为是否放贷的决策依据。下面从这两个角度分别对企业的短期偿债能力进行分析。

1. 现金流入量与短期债务的比较

现金流好比企业的"血液"一样,有力地支撑着企业正常运转,企业价值的创造过程就是一个增进现金流的过程。经营活动现金流量是可以偿债的现金流量,短期债务即流动负债,包括短期借款、各种应付预收款项等不长于一年或一个经营周期的债务,还应包括一年内到期的长期负债等。所以,现金流量比率是一项重要的偿债能力指标。其计算公式为:

$$现金流量比率=经营活动现金流量÷流动负债$$

公式中的"经营活动现金流量",通常使用现金流量表中的经营活动产生的现金流量净额。它已经扣除了经营活动自身所需的现金流出,是可以用来偿债的现金流量。"流动负债",通常使用资产负债表中流动负债的期末余额。该比率越高,偿债能力越强。

根据洋河股份的财务报表数据:现金流量比率=142 835÷126 112=1.13

计算结果表明洋河股份每1元流动负债平均有1.13元的经营活动现金流量提供保障。

2. 可偿债资产与短期债务的存量比较

可偿债资产的存量,一般是资产负债表中列示的流动资产期末余额。短期债务的存量,即资产负债表中列示的流动负债期末余额。二者都将在一个营业周期内发生现金流转运动,因此两者的比较可以反映短期偿债能力。

流动资产与流动负债的存量比较有两种方法:一是差额比较,两者相减的差额称为净营运资本;二是比率比较,两者相除的比率称为短期债务的存量比率。

(1) 净营运资本。

如前所述,净营运资本是指流动资产超过流动负债的部分。其计算公式如下:

$$净营运资本=流动资产-流动负债$$

计算净营运资本使用的"流动资产"和"流动负债",通常直接取自资产负债表相应科目的数据。

根据洋河股份的财务报表数据:

本年净营运资本=577 783-126 112=451 671(万元)

上年净营运资本=167 505-64 711=102 794(万元)

企业的负债一般都有明确的债务契约载明了还款期限和需要的现金流量,所以偿还债务需要的现金通常较容易预测。但企业的现金流入包含了很多不确定性因素,所以,尽管现金流管理是公司财务很重要的一方面,现实中企业却难以实现对经营现金流的精确预测和管理。因此,企业一般须保持流动资产大于流动负债,即保有一定数额的净营运资本作为安全边际。

净营运资本是绝对数,不便于不同企业之间比较。因此,在实务中很少直接使用净营运资本作为偿债能力指标。此外,在考虑涉及流动负债的指标时,需要注意预收账款这类负债对指标传统意义的影响。

(2) 短期债务的存量比率。

常用的短期债务的存量比率包括流动比率、速动比率和现金比率。

① 流动比率

流动比率是全部流动资产与流动负债的比值,它假设全部流动资产都可用于偿还流动负债。流动比率计算简单,被广泛应用。其计算公式如下:

$$流动比率 = 流动资产 \div 流动负债$$

流动比率是相对数,排除了企业规模的影响,更适合同业比较以及本企业不同历史时期的比较。流动比率也具有很强的行业特征。一般而言,营业周期越短的行业,合理的流动比率越低。

根据洋河股份的财务报表数据:

本年流动比率 = 577 783 ÷ 126 112 = 4.58

上年流动比率 = 167 505 ÷ 64 711 = 2.59

上市募集的资金使洋河股份的流动比率显著提高了 1.99,即同上年度相比,为每 1 元流动负债提供的流动资产保障增加了 1.99 元。

在使用流动比率时应注意:流动比率假设全部流动负债都需要还清。实际上,经营性应付项目可以滚动存续,无需动用现金全部结清。此外,随着近些年企业的经营方式和金融环境的变化,企业资产管理的效率越来越高,流动负债的含义也可能发生变化。比如市场上的优势企业可能形成了大笔的预收款项,这使得这类企业看似财务状况下降了,实际上这些负债不仅不需要用货币资金偿还而且还提前为企业带来了现金流入。

流动比率假设全部流动资产都可以变为现金并用于偿债。现实中,经营性流动资产是企业持续经营所必需的,不能全部用于偿债;同时,有些流动资产的账面金额与变现金额也会有较大差异,如产成品等。因此,流动比率是对短期偿债能力的粗略估计。

② 速动比率

不同的流动资产项目,流动性差别很大。其中,货币资金、交易性金融资产和各种应收、预付款项等,可以在较短时间内变现,称为速动资产;另外的流动资产,包括存货、一年内到期的非流动资产及其他流动资产等,称为非速动资产。

非速动资产的变现金额和时间具有较大的不确定性:首先,存货的变现速度比应收款项要慢得多;部分存货可能已损失报废、尚未处理,或者已抵押给某债权人,不能用于偿债;存货估价有多种方法,可能与变现金额相距甚远。其次,一年内到期的非流动资产和其他流动资产的金额有偶然性,不代表正常的变现能力。因此,为了更好地对短期偿债能力进行估计将可偿债资产定义为速动资产。

速动资产与流动负债的比值,称为速动比率,其计算公式为:

$$速动比率 = 速动资产 \div 流动负债$$

根据洋河股份的财务报表数据:

本年速动比率 = (467 642 + 467 + 2 667 + 14 017 + 1 585) ÷ 126 112 = 3.86

上年速动比率 = (103 211 + 284 + 404 + 3 262 + 847) ÷ 64 711 = 1.67

速动比率假设速动资产是可偿债资产,表明每 1 元流动负债有多少速动资产作为偿债保障。洋河股份的速动比率比上年提高了 2.19,主要还是上市募集到的资金的影响。

不同企业的速动比率可能差别很大。上述速动资产中,应收款项的变现能力是影响速动比率可信性的重要因素。账面上的应收款项不一定都能变成现金,实际坏账可能比计提的准备要多。相关情况外部分析人员不易了解,但内部人员却可以估计。

③ 现金比率

现金比率中所说的现金并不单单指货币资金,而是指速动资产中流动性最强、本身就可以直接用于偿债的现金资产,包括货币资金、交易性金融资产等。

现金比率是现金资产与流动负债的比值,其计算公式如下:

$$现金比率=(货币资金+交易性金融资产)\div流动负债$$

现金比率假设现金资产是可偿债资产,表明 1 元流动负债有多少现金资产作为偿债保障。

根据洋河股份的财务报表数据:

本年现金比率=(467 642+0)÷126 112=3.71

上年现金比率=(103 211+0)÷64 711=1.59

洋河股份的现金比率比上年提高了 2.12,每 1 元流动负债提供的现金资产保障增加了一倍多。

(二) 长期偿债能力比率

同短期负债相比,长期负债的金额较大、偿还期限较长,所以长期偿债能力的强弱是反映企业财务风险和稳定程度的重要标志。长期债务不需要每年还本,却需要每年付息。在持续经营假设下,可能更需要注意的是每期固定的利息支付(付息)。因为如果付息状况良好,那么债务到期时企业就较容易举借新债,从而使长期负债得以延续。从这一角度讲,长期偿债能力就转化成了短期偿债能力。

下面分析持续经营假设下的长期偿债能力。

1. 利息保障倍数

利息保障倍数又称已获利息倍数,是指企业年度息税前利润与利息费用的比值。其计算公式是:

$$利息保障倍数=息税前利润\div利息费用$$

公式中息税前利润(财务中常用 EBIT 表示)等于净利润、利息费用及所得税之和,利息费用指本期发生的全部应付利息,包括财务费用中的利息费用,也包括资本化的利息费用。按照企业会计准则的规定,符合条件的借款费用应当资本化。但这部分利息同样需要支付,所以需要包括进来。

根据洋河股份的财务报表数据:

本年利息保障倍数=(125 361+293+41 970)÷293=572.09

通常,可以用财务费用金额作为利息费用,也可以根据报表附注获取准确的利息支出金额。需要说明的,洋河股份本年度的财务费用金额为负数,下面是公司年报中作的相关说明:财务费用 2009 年比 2008 年减少的主要原因系本年公开发行股票募集资金,以及随着公司销售收入和净利润的增长,经营活动产生的净现金流量增加,货币资金大幅度增加,银行存款利息收入相应增加所致。

此时,如果用财务费用金额作为利息费用就会出现利息保障倍数为负的情况。事实上,企业的利息支出本身是不可能为负的,财务费用为负是由于利息收入超过了利息支出。这意味着公司当期不需要另外支付利息,相反还会有净利息收入。这种情况下实际上不需要计算利息保障倍数,上述采用报表附注中利息费用数据的计算结果也表明公司基本不存在付息压力。

一般而言,利息保障倍数越大,公司拥有的偿还利息的缓冲资金越多,表明公司的长期偿债能力越强。如果利息保障倍数小于1,表明经营收益不能支持现有的债务规模。由于息税前利润受经营风险的影响,很不稳定,而利息支付却是固定金额,所以一般利息保障倍数至少应达到3至5倍以上。

2. 现金流量利息保障倍数

现金流量利息保障倍数,指经营活动现金流量与利息费用的比值。它比利息保障倍数更加可靠,因为实际用以支付利息的是现金,而非收益。其计算公式如下:

$$现金流量利息保障倍数=经营活动现金流量÷利息费用$$

根据洋河股份的财务报表数据:

本年现金流量利息保障倍数=142 835÷293=487.49

3. 现金流量债务比

现金流量债务比,是指经营活动现金流量与债务总额的比率,表明企业用经营活动现金流量偿付全部债务的能力。其计算公式为:

$$经营现金流量债务比=(经营活动现金流量÷债务总额)×100\%$$

需要注意的是,该比率中的经营活动现金流量不包括投融资产生的现金流量,因为长期来看,企业的营业现金流才更具有可持续性;比率中的债务总额为期末数而非期初和期末的平均数,因为实际需要偿还的是期末金额,而非平均金额。

根据洋河股份的财务报表数据:

本年经营现金流量债务比=(142 835÷141 192)×100%=101.16%

如果将债务总额看作债权人的一笔投资,那么该指标的倒数就很类似财务中我们常用的投资回收期指标。一般来说,投资回收期越短越好,因此上述比率越高,表明偿还债务总额的能力越强。

债权人通常难以对企业未来的经营收益和现金流量作出准确估计,因而更加关注总债务与资产存量的比率。这方面常用的比率包括:资产负债率、产权比率、权益乘数和长期资本负债率等。

4. 资产负债率

资产负债率是总负债占总资产的百分比,用以反映企业总资产中债务融资的比重。其计算公式如下:

$$资产负债率=(总负债÷总资产)×100\%$$

根据洋河股份的财务报表数据:

本年资产负债率=(141 192÷649 072)×100%=21.75%

上年资产负债率=(79 986÷218 273)×100%=36.64%

资产负债率衡量的是企业清算时债权人利益受到的保护程度。一般而言,资产负债率越低,企业偿债越有保证,后续借款也越容易。但资产负债率过低或者不负债又不能享受负债经营杠杆效应的好处,不利于企业价值最大化。而过高的资产负债率则会增加企业财务风险,甚至导致企业破产。

实际中对于负债率的判断,针对不同的行业要注意选择不同的判断标准。对资产负债率的分析要放在公司所处行业内进行,注意同行业均值的比较。一般行业企业的正常负债率在30%~50%,金融业和航空业等少数行业可能达到70%的负债率。此外,还要考虑企业的债务结构和持有的资产类别。有些企业可能会在经营中形成一部分稳定的预收/应付款项,例如房地产企业的预收账款,这部分负债相当于不需要偿还。各类资产变现能力有显著区别,房地产变现的价值损失小,专项资产则难以变现,它们对债务的保障程度也就不同。

这里在计算资产负债率时分子采用的是负债总额,既包括了长期负债也包括了短期负债。但究竟是否应当包括短期负债还存在一些争议。资本结构理论通常采用长期负债,这在西方成熟的资本市场是合适的。西方的上市公司仅将短期借款作为一种填补临时资金缺口的手段,只有长期负债才反映公司的融资政策;而中国的资本市场尚不成熟,银行和上市公司都不愿意承担长期借款的风险,所以一般利用短期负债展期或归还后重新借款等方式,将短期债务变为长期债务使用。其结果就是中国的上市公司长期负债占仅占总负债的小部分,加之这里考察的是公司的财务风险而非资本结构理论,因而在计算资产负债率时使用总负债更符合中国国情和报表分析的本意。

5. 产权比率和权益乘数

产权比率和权益乘数只是换了一种表现形式的资产负债率,其性质和资产负债率一样,只不过将债务与权益直接相比。其计算公式如下:

$$产权比率 = 总负债 \div 股东权益$$

$$权益乘数 = 总资产 \div 股东权益$$

6. 长期资本负债率

长期资本负债率是指非流动负债占长期资本的百分比,其计算公式如下:

$$长期资本负债率 = [非流动负债 \div (非流动负债 + 股东权益)] \times 100\%$$

根据洋河股份的财务报表数据:

本年长期资本负债率 $= [15\,080 \div (15\,080 + 507\,880)] \times 100\% = 2.88\%$

上年长期资本负债率 $= [15\,275 \div (15\,275 + 138\,287)] \times 100\% = 9.95\%$

长期资本负债率反映企业长期资本结构。通过资产负债率指标部分的讨论看出,目前该指标对中国企业的适用性比较有限。

7. 债务-有形净值比率

有形净值是所有者权益减去无形资产净值后的净值,即所有者具有所有权的有形资产净值。很多无形资产的价值往往要依附企业整体才能得以展现,当企业出于破产清算状态时,债权人可能只有靠有形资产的变卖弥补损失。有形净值债务率是产权比率的改进形式,表明债权人在企业破产时的被保护程度。其计算公式如下:

$$有形净值债务率 = [负债 \div (股东权益 - 无形资产)] \times 100\%$$

根据洋河股份的财务报表数据:

本年有形净值债务率 $= [141\,192 \div (507\,880 - 13\,646)] \times 100\% = 28.57\%$

上年有形净值债务率 $= [79\,986 \div (138\,287 - 13\,586)] \times 100\% = 64.14\%$

除了常用的长期偿债能力财务比率外,还有一些影响企业长期偿债能力的因素,比如租赁、或有事项和表外风险等。

8. 长期经营性租赁

租赁的形式包括融资租赁和经营租赁。融资租赁形成的资产和负债会反映在资产负债表中,而经营租赁并不反映在资产负债表中。当企业的经营租赁额比较大、期限比较长或具有经常性时,就形成了一种长期性融资。这种长期性融资,到期时必须支付租金,会对企业偿债能力产生影响。此时,公司的资产负债表中的数据就未能充分反映企业真实的负债水平。

9.债务担保

债务担保中,如果相关债务诉讼案件经审理后,被担保人无财产可供执行或者财产不足以清偿债务时,法院可以裁定执行担保人在保证范围内的财产。

10.未决诉讼

未决诉讼是指在资产负债表日之前已经存在,但在资产负债表日尚未最终判决的诉讼。这种诉讼一般是现时义务,且在资产负债表日之后此诉讼的判决很可能导致经济利益流出企业,而且该义务能用金额可靠地计量。

有时,充分披露未决诉讼信息可能会对企业的生产经营成果造成重大不利的影响。为此,或有事项准则中规定在涉及未决诉讼、仲裁的情况下,如果披露全部或部分信息预期会对企业造成重大不利影响,则企业无需披露这些信息。但是未决诉讼一旦判决败诉,便会影响企业的偿债能力,因此在评价企业长期偿债能力时要考虑其潜在影响。

四、增长能力分析

企业增长能力通常是指企业未来生产经营活动的发展趋势和发展潜能,也可以称之为发展能力。从形成看,企业的增长能力主要是通过自身的生产经营活动,不断扩大积累而形成的,主要依托于不断增长的销售收入、不断增加的资金投入和不断创造的利润等。从结果看,一个增长能力强的企业,能够不断为股东创造财富,增加企业价值。

(一)销售增长率

销售增长率就是本期营业收入增加额与上期营业收入之比。其计算公式如下:

$$销售增长率=\frac{本期营业收入增加额}{上期营业收入}\times100\%$$

该公式反映的是企业某期整体销售增长情况。需要说明的是,如果上期营业收入为负值,则应取其绝对值代入公式进行计算。不断增加的营业收入,是企业生存的基础和发展的条件。因此,在各种反映企业发展能力的财务指标中,营业收入增长率指标是最关键的,因为只有实现企业销售额的不断增长,企业的净利润增长率才有保证,净权益增长率才有保障,企业的规模扩大才能建立在一个稳固的基础之上。

销售增长率分析还应结合收入增长的具体原因:即要弄清楚企业销售增长的来源:①销售更多的产品或服务;②提高价格;③销售新的产品和服务;④购买其他公司。

销售增长率可以用来衡量企业的产品生命周期,判断企业发展所处的阶段。一般来说,如果营业收入增长率超过10%,说明企业产品处于发展期,将继续保持较好的增长势头,尚未面临产品更新的风险,属于发展型企业;如果营业收入增长率在5%～10%之间,说明企业产品已进入稳定期,不久将进入衰退期,需要着手开发新产品;如果该比率低于5%,说明企业产品已进入衰退期,保持市场份额已经很困难,营业利润开始滑坡,如果没有已开发好的新产品,将步入衰落。

在进行销售增长率分析时应结合企业历年的营业收入水平、企业市场占有情况、行业未来发展及其他影响企业发展的潜在因素进行前瞻性预测。

(二) 净利润增长率

净利润增长率是本期净利润增加额与上期净利润之比,其计算公式如下:

$$净利润增长率=\frac{本期净利润增加额}{上期净利润}\times100\%$$

该指标反映的是企业净利润增长情况。需要说明的是,如果上期净利润为负值,则应取其绝对值代入公式进行计算。要全面认识企业净利润的增长能力,还需要结合企业的营业利润增长情况共同分析。要分析营业利润增长情况,应结合企业的营业收入增长情况一起分析。为了更准确地反映企业净利润和营业利润的成长趋势,应将企业连续多期的净利润增长率和营业利润增长率指标进行对比分析,这样可以排除个别时期偶然性或特殊性因素的影响,从而更加全面真实地揭示企业净利润和营业利润的增长情况。

(三) 资产增长率

资产增长率就是本期资产增加额与资产期初余额之比,其计算公式如下:

$$资产增长率=\frac{本期资产增加额}{资产期初余额}\times100\%$$

资产增长率是用来考核企业资产投入增长幅度的财务指标。资产增长率为正数,则说明企业本期资产规模增加,资产增长率越大,则说明资产规模增加幅度越大;资产增长率为负数,则说明企业本期资产规模缩减,资产出现负增长。

在对资产增长率进行具体分析时,应该注意以下几点:

(1) 企业资产增长率高并不意味着企业的资产规模增长就一定适当。

(2) 需要正确分析企业资产增长的来源。

(3) 为全面认识企业资产规模的增长趋势和增长水平,应将企业不同时期的资产增长率加以比较。

(4) 不同企业采取的发展策略会体现资产增长率的不同。

(5) 会计处理方法的不同会影响资产增长率(影响资产的账面价值),受历史成本原则的影响,资产总额反映的只是资产的取得成本而非现时价值。

(6) 由于一些重要资产无法体现在资产总额中(如人力资产、某些非专利技术),使得该指标无法反映企业真正的资产增长情况。

(四) 股东权益增长率

股东权益增长率是本期股东权益增加额与股东权益期初余额之比,也叫做资本积累率,其计算公式为:

$$股东权益增长率=\frac{本期股东权益增加额}{股东权益期初余额}\times100\%$$

$$=\frac{净利润+(股东新增投资-支付股东股利)}{股东权益期初余额}\times100\%$$

$$=\frac{净利润+对股东的净支付}{股东权益期初余额}\times100\%$$

$$=净资产收益率+股东净投资率$$

从公式中可以看出股东权益增长率是受净资产收益率和股东净投资率两个因素驱动的。股东权益增长率越高,表明企业本期股东权益增加得越多;反之,股东权益增长率越低,表明企业本年度股东权益增加得越少。为正确判断和预测企业股东权益规模的增长趋势和增长水平,应将企业不同时期的股东权益增长率加以比较。

五、杜邦分析体系

杜邦分析体系,就是利用各主要财务指标之间的内在联系,建立财务分析比率的综合模型,从而对企业财务状况和经营成果进行综合系统评价的方法,因其最初由美国杜邦公司成功应用而得名。该体系最显著的特点是将若干评价企业经营绩效和财务状况的比率按其内在联系有机结合,形成一个完整的指标体系,为报表使用者全面、仔细地了解企业的经营和盈利状况提供了有效的方法。

在杜邦分析中,整个分析体系的最核心指标是净资产收益率,也称股东权益收益率,该指标又进一步分解为总资产报酬率与权益乘数的乘积。权益乘数又被称为杠杆率,是总资产与所有者权益的比率。权益乘数的值越大,财务杠杆对股东收益的贡献越显著,但也说明企业的负债率也越高,面临的财务风险也越大。杜邦分析体系中财务指标之间的结构关系如图 4 - 3 所示。

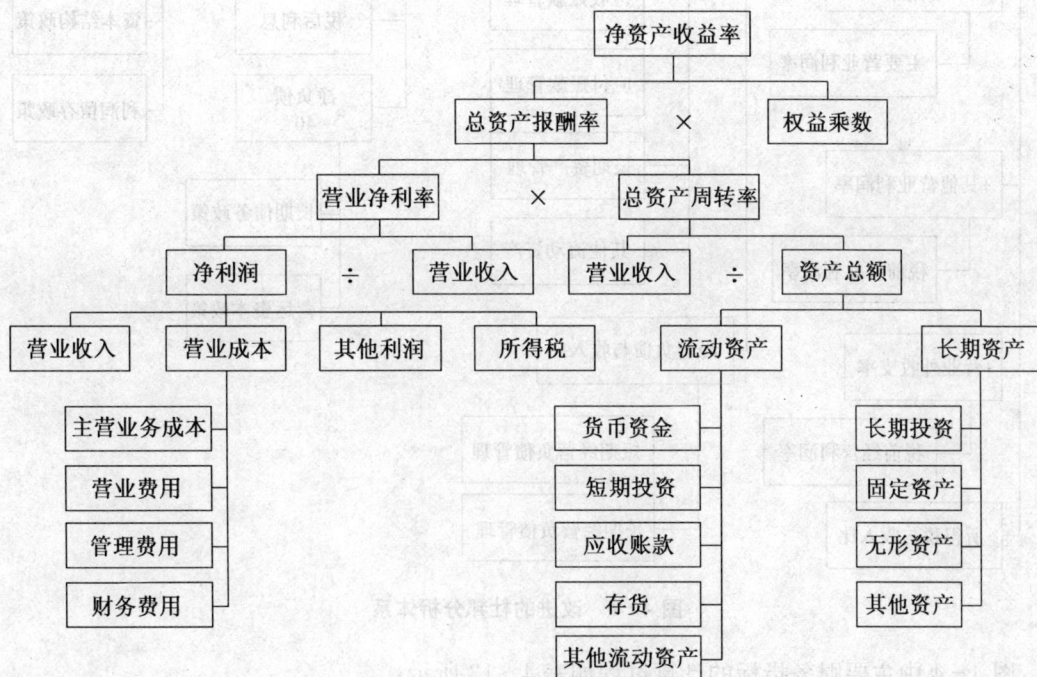

图 4 - 3　杜邦分析体系

杜邦分析体系根据财务管理理论和会计核算原则,将公司主要的财务指标有机结合在一起。其最重要的意义在于为分析者提供了一种分析的原理和思路,在应用中要注意结合企业自身实际,找到需要重点关注的因素进行深入分析。

传统的杜邦分析体系也存在某些局限性,主要是资产与利润数据不匹配、未区分生产经营活动和金融活动等。因此,人们对杜邦体系作了一系列的改进,从而形成了新的管理用财务报表和财务分析体系。该体系的基本框架如下:

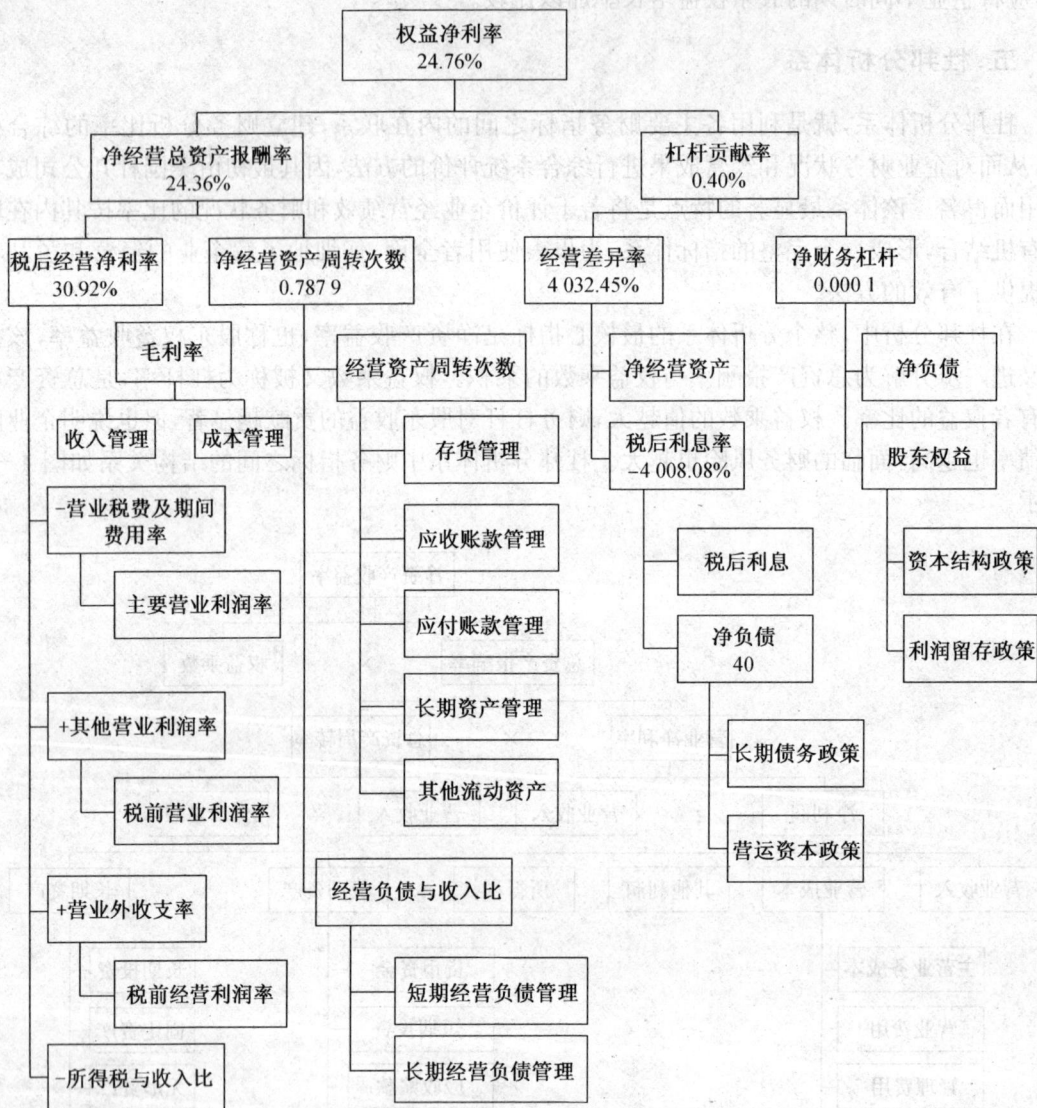

图 4-4 改进的杜邦分析体系

图 4-4 中主要财务指标的计算过程如表 4-13 所示：

表 4-13 洋河股份改进的杜邦分析体系计算

主要财务比率	2009 年度	2008 年度	变动
1. 税后经营净利润率（税后经营净利润/销售收入）	30.92%	27.23%	3.69%
2. 净经营资产周转次数（销售收入/净经营资产）	0.787 9	1.929 3	−1.141 4
3. 净经营总资产报酬率（税后经营净利润/净经营资产）＝（1×2）	24.36%	52.53%	−28.16%

续表

主要财务比率	2009 年度	2008 年度	变动
4. 税后利息率(税后利息费用/净负债)	−4 008.08%	−173.32%	−3 834.76%
5. 经营差异率(净经营总资产报酬率−税收利息率)=(3−4)	4 032.44%	225.85%	3 806.59%
6. 净财务杠杆(净负债/股东权益)	0.000 1	0.005 4	−0.005 3
7. 杠杆贡献率(经营差异率×净财务杠杆)=(5×6)	0.403 2%	1.22%	−0.82%
8. 净资产收益率(净经营总资产报酬率+杠杆贡献率)=(3+7)	24.76%	53.75%	−28.99%

　　在改进后的财务分析体系中,企业的资产和负债分别被划分为经营性资产、经营性负债、金融资产和金融负债。其中金融负债和金融资产的差额形成企业的净负债,它同所有者权益一起构成企业总的资源投入;而经营性资产和经营性负债则主要是在企业日常经常活动中形成的、实际参与生产经营活动过程的那部分资产和负债,这部分资产和负债由于其处于生产经营活动的不同环节而呈现出不同的流动性,因此可以进一步分为经营性流动资产/负债和经营性长期资产/负债。

　　在考察企业的经营成果时,经营性资产/负债所代表的经营活动产生企业的经营利润,在此基础上调整金融负债的利息支出和金融资产的投资收益(即金融净损益)得到企业净利润。通过这样的划分,可以更清楚地展现出企业在生产经营活动和金融活动两方面的资源配置及对应的资产保值增值和收益情况,有助于企业管理者评估经营效率、调整经营策略。

　　从图 4-4 中可以看出,改进后的杜邦分析体系的核心指标仍然是净资产收益率,差异在于对该指标的分解与传统杜邦分析体系不同。

　　改进后的杜邦分析体系中,净资产收益率被分解为净经营总资产报酬率和杠杆贡献率两部分。其中,净经营总资产报酬率进一步被分解为税后经营净利率和净经营资产周转次数的乘积;杠杆贡献率则被分解为经营差异率和净财务杠杆。这些因素又都受多方面的因素影响,其中的一些异常值就可以作为管理决策时重点考虑的对象。比如洋河股份的杠杆贡献率较低,其主要原因在于负债率很低,那么管理层可能就需要考虑目前的资本结构是否符合企业实际;经营差异率过大主要是由于发行股票募集的资金大量存于银行而导致利息收入超过了财务费用支出的缘故,那么投资者可能就会关注企业是否存在过度融资的现象,如果这些资金都有预定的投资计划,那么对大笔现金采用这种简单的管理策略是否符合企业的发展战略和经营特点的需要。当然,洋河股份还是一家成立不久的年轻企业,而且其主营业务收益良好,但未来如果采用更加有效的资金管理策略将更有利于实现公司价值最大化的目标。

本章练习题

　　1. 财务报表分析框架包括哪些? 为什么是这种结构?

　　2. 财务报告中的财务报表体系是怎样的?

　　3. 财务报表列报为什么需要改革? 改革的内容包括哪些方面?

4. 请运用本章的财务报表分析方法,选择一个自己感兴趣的方向对国美电器的年度报告进行分析,并向大家报告你的判断和结论。

本章主要参考文献

[1] 杰拉尔德 I 怀特,(美)阿什温保罗 C 桑迪海,(美)德夫·弗里德.财务报表分析与运用[M].李志强,等,译.北京:中信出版社,2008.

[2] 克莱德 P 斯蒂克尼,保罗 R 布朗.财务报告与报表分析:战略的观点[M].张志强,魏保,吴青根,译.北京:中信出版社,2004.

[3] 克里舍 G 佩普,保罗 M 希利,维克多 L 伯纳德.运用财务报表进行企业分析与估价[M].北京:中信出版社,2004.

[4] 李敏.国美变局[M].广州:广东经济出版社,2009.

[5] 林恩 M 弗雷泽,艾琳·奥米斯顿.财务报表解析[M].王立彦,王锦坤,付冠男,译.北京:北京大学出版社,2010.

[6] 威廉 R 斯科特.财务会计理论[M].陈汉文,夏文贤,陈靖,等,译.北京:机械工业出版社,2005.

[7] 中国证监会.公开发行证券的公司信息披露规则第 9 号——净资产收益率和每股收益的计算和披露(2010 年修订)[N].上海证券报,2010 - 01 - 12(B5).

第五章 非财务信息分析

导入案例

中国石油天然气股份有限公司(简称中石油)是我国最重要的能源企业之一,其最大股东是中国石油天然气集团公司,持有中石油88％股权。中石油股票分别在香港联交所和美国纽约证券交易所上市交易。2005年,中石油营业收入达到5 522亿元人民币,净利润达到1 396亿元人民币。对于中石油来说,进入股票市场后一个重要事件是"股神"巴菲特2003年开始投资于中石油。到2006年12月31日,巴菲特的伯克希尔公司持有中石油1.3％的股份,持仓总成本为4.88亿美元,总市值为33.13亿美元,收益率已达578.89％。2006年11月20日出版的美国《商业周刊》刊登了其高级记者Gene G. Marcial写的一篇简短的对中石油价值的分析,并认为中石油即便已经在比较高的价位上,还是十分具有投资价值的股票。Marcial可能不是财务报表分析的专业人士,实际上他在报告中也没有分析中石油的报表,而是主要分析宏观经济。他综合了投资专家的意见,认为中石油的投资价值来源于世界经济发展,尤其是中国和印度的高速经济发展将继续推动市场对石油、天然气的需求不断增长,进而带动石油、天然气价格的升高。同时,因为中国对国内能源行业的保护政策,即使国际石油、天然气价格下跌,中石油可能受到的冲击也比较小。所以,引用投资专家的分析,Martial认为中石油股票价格在114美元的基础上,一年以内可以涨到128美元。2007年5月22日,中石油股票涨到了每股130美元。

从上面的案例可以看出,分析一个企业投资价值不能仅仅局限于财务报表。实际上,分析一个企业首先要了解这个企业所在的行业情况,以及宏观政治、经济、军事、外交如何影响这个行业和这个企业。不了解这些非财务信息,就很难从财务报表的数据趋势中得出有意义的推断来,尤其是在对经营风险的判断上,脱离非财务信息来判断经营风险实际上是很难准确的。

内容提要

非财务信息是对会计语言表达出来的财务信息的重要补充。非财务信息的披露可以帮助信息使用者更全面地理解企业的经营思想和财务状况,在一定程度上弥补财务数据信息的不足。

由此可以看出,非财务信

息分析十分重要。那么,非财务信息分析有哪些重要意义?非财务信息包含哪些内容?在对这些内容进行分析时,有哪些常用的分析方法?这些正是本章将要解决的问题。

通过本章的学习,应达到以下目标:

1. 理解分析企业非财务信息的原因;

2. 掌握非财务信息的分析方法;

3. 能够对企业常见的非财务信息进行分析。

第一节 非财务信息分析的意义

一、巴菲特投资理念和哈佛分析框架的启示

(一)巴菲特投资理念的启示

沃伦·巴菲特(Warren E. Buffett)1930 年 8 月出生在内布拉斯加州,父亲是当地一个股票经纪人和共和党国会议员,巴菲特还是个小男孩时便对数字着迷。8 岁时开始收集股市书籍,11 岁买进自己的第一只股票,25 岁以 100 美元与 7 人合伙建立投资公司。巴菲特投资拒绝投机行为,却以简单的投资策略与原则,不作短线进出,不理会每日股价涨跌,妥善管理手上的投资组合,创造出一套独特的投资策略,被华尔街誉为"当今世界伟大的投资者"。巴菲特投资的几条重要原则如下:

1. 企业原则

巴菲特说:"我们在投资的时候,要将我们自己看成是企业分析家,而不是市场分析师或经济分析师,更不是有价证券分析师,所以要将注意力集中在尽可能地收集其有意收购之企业的相关资料。"在收集企业的相关资料时,主要关注以下几方面内容:第一,该企业是否简单易于了解;第二,该企业的经营状况是否稳定;第三,该企业长期发展的远景是否被看好。

2. 经营原则

在考虑收购企业的时候,巴菲特非常重视管理层的品质。他考虑的主要因素有:第一,管理层是否理性;第二,整个管理层对股东是否坦白;第三,管理层是否能够对抗"法人机构盲从的行为"。

3. 财务原则

在财务原则中,巴菲特考虑的主要因素有:第一,注重权益回报而不是每股收益;第二,要注重计算"股东收益";第三,寻求高利率的公司。

4. 市场原则

股市决定股价,分析师依各阶段的特性,以市场价格为比较基准,重新评估公司股票的价值,并以此决定是否买卖及持有股票。总而言之,理性的投资具有两个要素:第一,企业的实质价值如何;第二,是否可以在企业的股价远低于其实质价值时,买进该企业的股票?巴菲特先发现要买什么,再决定价格是否正确,并以一个能使其获利的适当价格买进,这也体现出内在

价值之所在。

从巴菲特的投资理念中不难发现,这四项重要原则中只有第三项是财务原则,其余三项(企业原则、经营原则、市场原则)都属于企业非财务信息分析的内容。因此,仅仅关注企业的财务信息是远远不够的,企业的非财务信息分析至关重要。

(二) 哈佛分析框架的启示

本书的第四章第一节系统阐述了哈佛分析框架,根据哈佛分析框架,财务报表分析的基本程序由战略分析、会计分析、财务分析和前景分析四个部分组成。由上述哈佛分析框架的分析程序和分析方法看出,只有第三个步骤即财务分析属于财务信息分析的范畴,而其余三个步骤(战略分析、会计分析和前景分析)都涉及企业的非财务信息,从中得到两点启示:第一,仅仅分析企业的财务信息是远远不够的;第二,企业的非财务信息对我们了解企业的真实经营状况具有重要的意义。

巴菲特大师的投资理念和著名的哈佛分析框架都充分说明了非财务信息分析的重要性。此外,从财务信息分析的局限性和非财务分析的意义两方面同样可以说明为什么非财务信息分析如此重要。

二、财务信息分析的局限性

财务信息是投资者、债权人和其他利益相关者进行决策的主要信息来源,而财务分析则是有效利用财务信息的重要手段。但是,由于财务信息本身,以及财务分析方法都具有一定的局限性,使得仅仅考察财务信息、仅仅使用财务分析的方法往往会掉入财务分析的陷阱。

具体来讲,财务信息分析的局限性主要体现在以下两个方面:第一,财务信息的不完全性;第二,财务信息本身存在缺陷。

(一) 财务信息的不完全性

单纯凭财务数据不能完全判断企业真实的经营情况。比如,收入的增长并不一定就能够代表企业的市场竞争能力的提高,企业的市场竞争能力究竟如何,还要借助于管理层的讨论与分析。

(二) 财务信息本身存在缺陷

财务信息所提供的都是历史的数据,并未涉及未来的情况,而决策的做出主要与未来相关,除非过往能够公道地推测未来,否则财务信息对决策的价值就是有限的。例如,财务信息中并不能够反映重大投资将产生的效益、担保诉讼的风险、关联交易的成分等等。

三、非财务信息分析的意义

非财务信息分析的意义主要在于以下三个方面:第一,非财务信息分析有助于理解财务信息分析;第二,非财务信息本身具有信息含量;第三,非财务信息分析与财务信息分析相辅相成。

(一) 非财务信息分析有助于理解财务信息分析

虽然通过财务信息分析,可以让投资者对企业有基本的了解,但是这些财务信息的分析有时需要借助非财务信息加以理解。借助于非财务信息,可以使投资者更加全面地了解企业所处的环境和企业的整体状况,比如在进行财务分析时,要结合宏观经济状况和企业所处的行业状况,才能使分析变得更加具体而且赋有意义。

(二)非财务信息本身具有信息含量

非财务信息往往揭示了企业经营发展优劣的深层次原因,对企业未来的经营风险和财务风险有很强的预测作用。比如非财务信息可以揭示企业的企业治理状况、管理团队的素质、激励机制和程度等。

(三)非财务信息分析与财务信息分析相辅相成

非财务信息是对会计语言表达出来的财务信息的重要补充和有力印证,两种信息相辅相成:其一,非财务信息的披露可以帮助信息使用者更全面地理解企业的经营思想,弥补了财务数据信息的不足;其二,财务信息和非财务信息分析的目的都是为了解决信息不对称的问题,而财务信息只是众多信息产品中的一种,非财务信息分析是财务信息分析的重要补充;其三,非财务信息是财务信息所展现内容的有力印证。因此,只有将财务信息和非财务信息结合起来才能够更加真实和透彻地把握企业的真实状况。

本章以非财务信息分析具有重要意义为出发点,将详细介绍企业非财务信息分析的方法和企业主要的非财务信息,并运用案例具体阐述如何对这些非财务信息进行分析,以达到对企业具有更加透彻和深入了解的目的。需要强调的是,本章只举例说明若干重要的非财务信息对企业价值分析的可能影响,并不试图去穷尽所有可能的非财务信息,读者应该根据被分析对象的具体情况寻找相关的非财务信息,并利用本章阐述的基本方法和内容来具体分析其对目标企业价值的影响。

第二节 非财务信息分析的方法

对某一企业而言,从宏观到微观层面需要做的分析主要包括:对企业所处的宏观经济环境进行分析,对企业所在行业的竞争态势进行分析,对企业自身战略方案进行选择,进而确定企业的最佳产品组合。本节将按照这一思路来详细介绍非财务信息分析的方法,如图5-1所示:

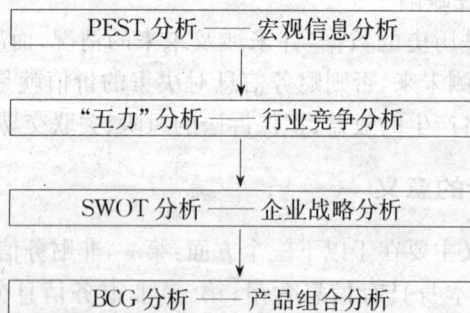

```
┌─────────────────────────────────┐
│   PEST 分析 —— 宏观信息分析      │
└─────────────────────────────────┘
                 ↓
┌─────────────────────────────────┐
│   "五力"分析 —— 行业竞争分析     │
└─────────────────────────────────┘
                 ↓
┌─────────────────────────────────┐
│   SWOT 分析 —— 企业战略分析      │
└─────────────────────────────────┘
                 ↓
┌─────────────────────────────────┐
│   BCG 分析 —— 产品组合分析       │
└─────────────────────────────────┘
```

图 5-1 非财务信息分析的方法

一、PEST 分析——宏观信息分析

(一)PEST 分析的含义

宏观信息是涉及国际和国内政治、经济、军事等形势的信息,包括那些围绕在企业周围的

因素。以宏观环境对企业产生什么影响作为出发点来考虑问题是非常重要的。企业必须适应周围的环境。宏观环境分析中的关键要素包括：政治和法律因素(Political Factors)、经济因素(Economic Factors)、社会和文化因素(Social Factors)以及技术因素(Technological Factors)。这四个因素的英文第一个字母组合起来是 PEST，所以宏观环境分析也称为 PEST 分析。用这种方法客观地分析企业所处的外部环境，强调对企业组织产生影响的关键因素，并识别企业组织所面临的机会及威胁。

(二) PEST 分析的内容

PEST 分析包括四个方面的因素：政治和法律因素(P)、经济因素(E)、社会和文化因素(S)以及技术因素(T)。

(1) 政治和法律环境因素(P)：是指对企业业务所涉及的国家或地区的政治体制、政治形势、方针政策以及法律法规等方面对企业战略的影响进行分析。

政治环境因素分析包括以下四个方面：① 企业所在地区和国家的政局稳定状况；② 政府行为对企业的影响，政府如何拥有国家土地、自然资源（例如，森林、矿山、土地等）以及储备都会对企业产生影响；③ 执政党所持的态度和推行的基本政策（例如，产业政策、税收政策、进出口限制等），以及这些政策的连续性和稳定性。政府要通过各种法律、政策及其他一些旨在保护消费者、保护环境、调整产业结构与引导投资方向等措施来推行政策；④ 各政治利益集团对企业活动产生的影响，这些集团通过议员或代表来发挥自己的影响，政府的决策会去适应这些力量，集团也可以对企业施加影响，例如诉诸法律、利用传播媒介等。

由于政府主要是通过制定法律法规来间接影响企业的活动，所以法律环境也极其重要。法律环境因素主要涉及以下四方面内容：第一，法律规范，特别是和企业经营密切相关的经济法律规范。例如，我国的《公司法》《中外合资经营企业法》《合同法》《专利法》《商标法》《企业破产法》和相关税法等。第二，国家司法执法机关，在我国主要有人民法院、人民检察院、公安机关以及各种行政执法机关；与企业关系较为密切的行政执法机关有工商行政管理机关、税务机关、物价机关、计量管理机关、技术质量监督机关、专利管理机关、环境保护管理机关、政府审计机关等；此外，还有一些临时性的行政执法机关，例如各级政府的财政、税收、物价检查组织等。第三，企业的法律意识，是企业的法律观和法律思想的总称，是企业对法律制度的认识和评价。企业的法律意识，最终都会物化为一定性质的法律行为，并造成一定的行为后果，从而构成每个企业不得不面对的法律环境。第四，国际法所规定的国际法律环境和目标国的国内法律环境。

(2) 经济因素(E)：企业的经济环境主要是由社会经济结构、经济发展水平、经济体制、宏观经济政策、当前经济状况和其他一般经济条件等六个要素组成。

① 社会经济结构，是指国民经济中不同的经济成分、不同的行业部门及社会再生产各方面在组成国民经济整体时相互的适应性、量的比例以及排列关联的状况。社会经济结构主要包括五个方面的内容：产业结构、分配结构、交换结构、消费结构和技术结构。其中，最重要的是产业结构。② 经济发展水平，是指一个国家经济发展的规模、速度和所达到的水平，反映一个国家经济发展水平的常用指标有国内生产总值、国民收入、人均国民收入和经济增长速度。③ 经济体制，是指国家经济组织的形式，它规定了国家与企业、企业与企业、企业与各经济部门之间的关系，并通过一定的管理手段和方法来调控或影响社会经济流动的范围、内容和方式等。④ 宏观经济政策，是指实现国家经济发展目标的战略和策略，它包括综合性的全国发展

战略和产业政策、国民收入分配政策、价格政策、物资流通政策等。⑤ 当前经济状况会影响一个企业的财务业绩,经济的增长率取决于商品和服务需求的总体变化。其他经济影响因素包括税收水平、通货膨胀率、贸易差额和汇率、失业率、利率、信贷投放以及政府补助等。⑥ 其他一般经济条件和趋势对一个企业的成功也很重要,工资、供应商及竞争对手的价格变化以及政府政策,会影响产品的生产成本和服务的提供成本以及它们被出售的市场的情况,这些经济因素可能会导致行业内产生竞争,或将公司从市场中淘汰出去,也可能会延长产品寿命,鼓励企业用自动化取代人工,促进外商投资或引入本土投资,使强劲的市场变弱或使安全的市场变得具有风险。

(3) 社会和文化环境因素(S):社会和文化环境因素的范围甚广,主要包括人口因素、社会流动性、消费心理、生活方式变化、文化传统和价值观。

① 人口因素包括企业所在地居民的地理分布及密度、年龄、教育水平、国籍等,大型企业通常会利用人口统计数据来进行客户定位,并用于研究应如何开发产品。② 社会流动性主要涉及社会的分层情况,各阶层直接的差异以及人们是否可在各阶层之间转换,人口内部各群体的规模、财富及其构成的变化以及不同区域(城市、郊区及农村地区)的人口分布等。例如,在日本,人们的寿命较长,而出生率下降,从而导致人口老龄化,这一点会对企业或企业计划提供的产品与服务类型产生显著影响。③ 消费心理对企业战略也会产生影响。例如,一部分顾客的消费心理是在购物过程中追求有新鲜感的产品多于满足其实际需要,因此,企业应有不同的产品类型以满足不同顾客的需求。④ 生活方式变化主要包括当前及新兴的生活方式与时尚。文化问题反映了一个事实,即国际交流使社会变得更加多元化、外部影响更加开放时,人们对物质的要求会越来越高,随着物质需求的提高,人们对社交、自尊、求知、审美的需要更加强烈,这也是企业面临的挑战之一。⑤ 文化传统是一个国家或地区在较长历史时期内形成的一种社会习惯,它是影响经济活动的一个重要因素。例如,中国的春节、西方的圣诞节就为某些行业带来生机。⑥ 价值观是指社会公众评价各种行为的观念标准。不同的国家和地区人们的价值观各有差异,例如,西方国家的个人主义较强,而日本的企业则注重内部关系融洽。

(4) 技术因素(T):市场或行业内部和外部的技术趋势和事件也会对企业战略产生重大影响。某个特定行业内的技术水平在很大程度上决定了应生产哪种产品或提供哪种服务,应使用哪些设备,以及应如何进行经营管理。

以上所提及的因素会对企业制定营销、促销、开展业务和管理内部资源的战略产生重要影响。例如,一家食品公司应当了解伊斯兰国家的宗教背景、某个地区人们的偏好或哪些食品不太会被人们接受。再如,进行产品促销时,能令人接受的是采取较为保守的方式,并且应确定所在国家和地区是否存在一种广泛使用的开展业务方式,包括谈判的惯例、交往的习惯等。

二、"五力"分析——行业竞争分析

(一)"五力"分析的含义

"五力"分析模型是由迈克尔·波特于 20 世纪 80 年代初提出,对企业战略制定产生全球性的深远影响。用于竞争战略的分析,可以有效地分析客户的竞争环境。这"五力"分别是供应商的议价能力、购买者的议价能力、潜在竞争者进入的能力、替代品的替代能力、行业内竞争者现在的竞争能力。五种力量的不同组合变化最终会影响行业利润潜力变化。

"五力"模型将大量不同的因素汇集在一个简便的模型中,以此分析一个行业的基本竞争态势。"五力"模型确定了竞争的五种主要来源,即供应商和购买者的议价能力,潜在进入者的威胁,替代品的威胁,以及来自同一行业的公司间的竞争。一种可行战略的提出首先应该包括确认并评价这五种力量,不同力量的特性和重要性因行业和公司的不同而变化,如图 5 - 2 所示:

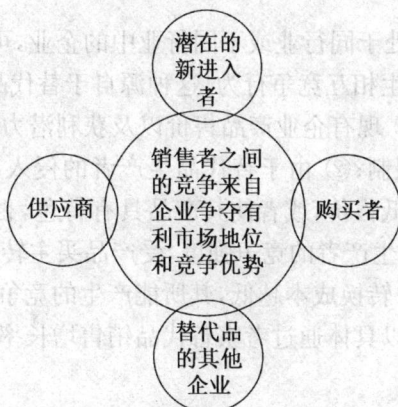

图 5 - 2　"五力"分析模型

(二)"五力"分析模型的内容

(1)供应商的议价能力:供方主要通过提高投入要素价格与降低单位价值质量的能力,来影响行业中现有企业的盈利能力与产品竞争力。供方力量的强弱主要取决于他们提供给买主的是什么投入要素,当供方所提供的投入要素其价值构成了买主产品总成本的较大比例,对买主产品生产过程非常重要或者严重影响买主产品的质量时,供方对于买主的潜在讨价还价力量就大大增强。一般来说,满足如下条件的供方集团会具有比较强大的讨价还价力量:① 供方行业为一些具有比较稳固市场地位而不受市场激烈竞争困扰的企业所控制,其产品的买主很多,以至于每一单个买主都不可能成为供方的重要客户。② 供方各企业的产品各具有一定特色,以至于买主难以转换或转换成本太高,或者很难找到可与供方企业产品相竞争的替代品。③ 供方能够方便地实行前向联合或一体化,而买主难以进行后向联合或一体化。

(2)购买者的议价能力:购买者主要通过压价与要求提供较高的产品或服务质量的能力,来影响行业中现有企业的盈利能力。一般来说,满足如下条件的购买者可能具有较强的讨价还价力量:① 购买者的总数较少,而每个购买者的购买量较大,占了卖方销售量的很大比例;② 卖方行业由大量相对来说规模较小的企业组成;③ 购买者所购买的基本上是一种标准化产品,同时向多个卖主购买产品在经济上也完全可行;④ 购买者有能力实现后向一体化,而卖主不可能前向一体化。

(3)新进入者的威胁:新进入者在给行业带来新生产能力、新资源的同时,希望在已被现有企业瓜分完毕的市场中赢得一席之地,可能会与现有企业发生原材料与市场份额的竞争,最终导致行业中现有企业盈利水平的降低,甚至还有可能危及这些企业的生存。竞争性进入威胁的严重程度取决于两方面的因素,进入新领域的障碍大小与预期现有企业对进入者的反应。进入障碍主要包括规模经济、产品差异、资本需要、转换成本、销售渠道开拓、政府行为与政策(如国家综合平衡统一建设的石化企业)、不受规模支配的成本劣势(如商业秘密、产供销关系、学习与经验曲线效应等)、自然资源(如冶金业对矿产的拥有)、地理环境(如造船厂只能建在海滨城市)等方面,这其中有些障碍是很难借助复制或仿造的方式来突破的。预期现有企业对进入者的反应情况,主要是采取报复行动的可能性大小,这取决于有关厂商的财力情况、报复记录、固定资产规模、行业增长速度等。总之,新企业进入一个行业的可能性大小,取决于进入者主观估计进入所能带来的潜在利益、所需花费的代价与所要承担的风险这三者的相对大小情况。

(4)替代品的威胁:两个处于同行业或不同行业中的企业,可能会由于所生产的产品是互为替代品,从而在它们之间产生相互竞争行为,这种源自于替代品的竞争会以各种形式影响行业中现有企业的竞争战略。① 现有企业产品售价以及获利潜力的提高,将由于存在着能被用户方便接受的替代品而受到限制;② 由于替代品生产者的侵入,使得现有企业必须提高产品质量,或者通过降低成本来降低售价,或者使其产品具有特色,否则其销量与利润增长的目标就有可能受挫;③ 源自替代品生产者的竞争强度,受产品买主转换成本高低的影响。总之,替代品价格越低,质量越好,用户转换成本越低,其所能产生的竞争压力就强;而这种来自替代品生产者的竞争压力的强度,可以具体通过考察替代品销售增长率、替代品厂家生产能力与盈利扩张情况来加以描述。

(5)同业竞争者的竞争程度:大部分行业中的企业,相互之间的利益都是紧密联系在一起的,作为企业整体战略一部分的各企业竞争战略,其目标都在于使得自己的企业获得相对于竞争对手的优势,所以,在实施中就必然会产生冲突与对抗现象,这些冲突与对抗就构成了现有企业之间的竞争。现有企业之间的竞争常常表现在价格、广告、产品介绍、售后服务等方面,其竞争强度与许多因素有关。一般来说,出现下述情况将意味着行业中现有企业之间竞争的加剧:行业进入障碍较低,势均力敌竞争对手较多,竞争参与者范围广泛;市场趋于成熟,产品需求增长缓慢;竞争者企图采用降价等手段促销;竞争者提供几乎相同的产品或服务,用户转换成本很低;一个战略行动如果取得成功,其收入相当可观;行业外部实力强大的公司在接收了行业中实力薄弱企业后,发起进攻性行动,结果使得刚被接收的企业成为市场的主要竞争者;退出障碍较高,即退出竞争要比继续参与竞争代价更高。在这里,退出障碍主要受经济、战略、感情以及社会政治关系等方面考虑的影响,具体包括:资产的专用性、退出的固定费用、战略上的相互牵制、情绪上的难以接受、政府和社会的各种限制等。

行业中的每一个企业或多或少都必须应付以上各种力量构成的威胁,而且客户必须面对行业中的每一个竞争者的举动。除非认为正面交锋有必要而且有益处,例如要求得到很大的市场份额,否则客户可以通过设置进入壁垒,包括差异化和转换成本来保护自己。当一个客户确定了其优势和劣势时(参见 SWOT 分析),客户必须进行定位,以便因势利导,而不是被预料到的环境因素变化所损害,如产品生命周期、行业增长速度等等,然后保护自己并做好准备,以有效地对其他企业的举动作出反应。

根据上面对于五种竞争力量的讨论,企业可以采取尽可能地将自身的经营与竞争力量隔绝开来,努力从自身利益需要出发影响行业竞争规则,先占领有利的市场地位再发起进攻性竞争行动等手段来对付这五种竞争力量,以增强自己的市场地位与竞争实力。

(三)"五力"分析模型与一般战略的关系

"五力"分析模型与一般战略的关系如表 5-1 所示:

表 5 - 1　"五力"分析模型与一般战略的关系

五种力量	成本领先战略	产品差异化战略	集中战略
进入障碍	具备杀伤能力以阻止潜在对手的进入	培养顾客忠诚度以挫伤潜在进入者的信心	通过集中战略建立核心能力阻止潜在对手进入
买方议价能力	具备向大买家出更低价格的能力	因为选择范围小而削弱了大买家谈判能力	因为没有选择范围使大买家丧失谈判能力
供应商议价能力	更好地抑制大卖家的砍价能力	更好地将供方的涨价部分转移给顾客方	进货量低供方的谈判能力就高，但集中差异化的公司能更好地将供方的涨价部分转嫁出去
替代品威胁	能够利用低价抵御替代品	顾客习惯于一种独特的产品或服务因而降低了替代品的威胁	特殊的产品和核心的能力能够有效防止替代品威胁
行业内对手竞争	能更好地进行价格竞争	品牌忠诚度能使顾客不理睬竞争对手	竞争对手无法满足集中差异化顾客的需求

三、SWOT 分析——企业战略分析

(一) SWOT 分析的含义

SWOT 分析法是一种对企业外部环境中存在的机会、威胁和企业内部条件的优势、劣势进行综合分析，据此对备选的战略方案作出系统的评价，最终选择出最佳的竞争战略的方法。SWOT 中的 S 是指企业内部的优势(Strengths)；W 是指企业内部的劣势(Weaknesses)；O 是指企业外部环境中的机会(Opportunities)；T 是指企业外部环境的威胁(Threats)。

企业内部的优势和劣势是相对于竞争对手而言的，一般表现在企业的资金、技术设备、职工素质、产品、市场成就、管理技能等方面。判断企业内部的优势和劣势一般有两项标准：一是单项的优势和劣势。例如企业资金雄厚，则在资金上占优势；市场占有率低，则在市场上占劣势。二是综合的优势和劣势。为了评估企业的综合优势和劣势，应选定一些重要因素，加以评价打分，然后根据其重要程度按加权确定。

企业外部的机会是指环境中对企业有利的因素，如政府支持、有吸引力的市场进入障碍正在降低、市场需求增长势头强劲等。企业外部的威胁是指环境中对企业不利的因素，如新竞争对手的出现、市场增长率缓慢、购买者和供应者讨价还价能力增强、不利的人口特征的变动等。这是影响企业当前和未来竞争地位的主要障碍。

(二) SWOT 分析过程

1. 建立外部因素评价矩阵

(1) 列出在外部环境分析中确认的外部因素，把握可能出现的机会与威胁。要尽量具体，可能时采取百分比、比率和对比数字。因素总数在 10 个左右。

(2) 给每个因素赋予权重，其数值从 0.0(不重要)到 1.0(非常重要)。权重标志着该因素对于企业在行业中取得成功的影响的相对重要性。机会往往比威胁得到更高的权重，但当威胁因素特别严重时也可得到高权重。确定权重的方法包括对成功的竞争者和不成功的竞争者进行比较，以及通过集体讨论而达成共识。所有因素的权重总和必须等于 1。

（3）按照企业现行战略对各关键因素的有效反应程度为各关键因素进行评分,范围为1～4分,"4"代表反应很好,"3"代表反应超过平均水平,"2"代表反应为平均水平,而"1"代表反应很差。分数大小反映了企业战略的有效性,因此它是以企业为基准的,而步骤2中的权重是以行业为基准的。威胁和机会都可以被评为1分、2分、3分或4分。

（4）用每个因素的权重乘以它的评分,得到每个因素的加权分数。

（5）将所有因素的加权分数相加,以得到企业的总加权分数。

显然,无论该矩阵所包含的关键机会与威胁数量多少,一个企业所能得到的总加权分最高为4.0,最低为1.0,平均为2.5。总加权分数高说明企业在整个行业中对现有机会与威胁作出了最出色的反应,企业的战略有效地利用了现有机会并将外部威胁的潜在不利因素降到最小。总加权分数低则说明企业的战略不能利用外部机会或回避外部威胁。这里需要指出的很重要的一点是:透彻理解该矩阵中所列出的因素比实际的权重和评分更为重要。

2. 建立内部因素评价矩阵

（1）列出对企业生产经营活动及发展有重大影响的内部因素。

（2）给每个因素赋予权重,其数值从0.0(不重要)到1.0(非常重要)。所有因素的权重总和必须等于1。不论该要素是否具有优势,只要它会对企业经营战略产生最重要的影响,就可以确定为最大的权重值。

（3）以1、2、3、4各评价值分别代表相应要素对于企业战略来说是主要劣势、一般劣势、一般优势、主要优势。

（4）用每个因素的权重乘以它的评分,即得到每个因素的加权分数。

（5）将所有的因素的加权分数相加,得到企业的总加权分数。总加权分数大大高于2.5的企业的内部状况处于强势,而分数大大低于2.5的企业的内部状况则处于劣势。

3. 战略分析

将上述结果在SWOT分析图上具体定位,确定企业战略能力。企业在此基础上,选择所要从事的战略。如图5-3所示,SWOT分析法为企业提供了四种可供选择的战略。

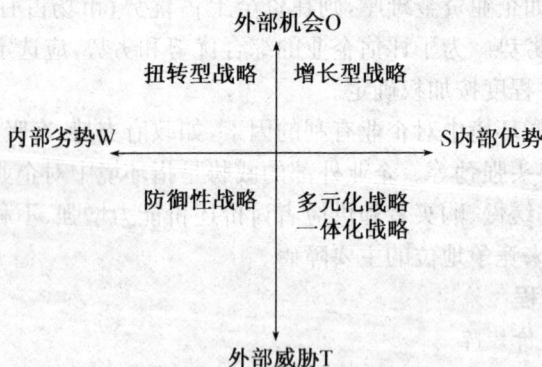

图5-3 SWOT分析模型

SO象限内的区域是企业机会和优势最理想的结合。这时的企业拥有强大的内部优势和众多的环境机会,可以采取增长型战略;WO象限内的业务有外部市场机会但缺少内部条件,可以采取扭转型战略,尽快改变企业内部的不利条件,从而有效地利用市场机会;WT象限是最不理想的内外部因素的结合状况,处于该区域中的经营单位或业务在其相对弱势处恰恰面临大量的环境威胁,在这种情况下,企业可以采取减少产品或市场的紧缩型或防御型战略,或采取改变产品或市场的放弃战略;ST象限内的业务尽管在当前具备优势,但正面临不利环境的威胁,企业可以考虑采取多元化经营战略,利用现有的优势在其他产品或市场上寻求和建立长期机会。另外,在企业实力非常强大、优势十分明显的情况下,企业也可以采用一体化战略,利用企业的优势正面克服不利环境设立的障碍。

需要再次强调的是,准确地列出和透彻理解所列出的因素比实际的权重和评分更为重要。列出企业的优势、劣势、机会和威胁就像建立一张战略平衡表,它是外部环境和内部条件分析的总结。将这些因素列在一起进行综合分析,能从整体上分析一家企业的战略态势,在决策层面统一认识,确定合适的战略方案。

四、BCG 分析——产品组合分析

(一) BCG 分析的含义

BCG 分析,又成为波斯顿矩阵法。这种方法的基本思想是把企业的所有产品按照相对市场占有率和产品所属产业的未来成长率两个指标进行矩阵分类,再按照它们在矩阵中的位置作出相应的评价。

(二) BCG 分析的内容

BCG 分析主要有两个指标:产品成长率和相对市场占有率。产品成长率可由销售增长率具体表示。它是指各种产品的年销售额增长率,反映了各种产品在市场上的成长机会。一般以 10% 作为产品成长率的临界点,大于 10% 为高成长,小于 10% 为低成长。相对市场占有率表示本企业每种产品的市场占有率与该产品市场上最大竞争对手的市场占有率之比。相对市场占有率一般以 1.5 为分界线,大于 1.5 为高市场占有率,小于 1.5 为低市场占有率。整个矩阵可以用图 5-4 表示:

high	相对市场占有率	low
销售增长率	明星产品	问题产品
	金牛产品	狗类产品
low		

图 5-4　BCG 分析模型

在图 5-4 中,可以把产品分为四类:明星产品、金牛产品、问题产品、狗类产品。它们分属四个象限:明星产品指市场增长率高,市场份额也高的产品,因销路好,获利能力大,有发展前途,公司在这个产品中居主导或重要地位。金牛产品虽不再高速成长,但市场稳定,公司在这个产业中仍居领先或主导地位,短期获利能力非常强。问题产品产业成长率高,但市场占有率低,努力可能成为明星产品,也可能一直没有起色从而成为狗类产品被淘汰。狗类产品的相对市场占有率和产品成长率都较低,一般属衰退期产品,没有发展潜力,应予淘汰停产。

通过 BCG 模型分析,对于四种不同类型产品应采取不

> **思维拓展**
> 非财务信息分析的基本方法有几种? 各自包括哪些基本内容?

同的战略:① 对于明星产品应采取维持战略,同样进行较大的投资,但投入所需的资金则来源于其产品自身的市场获利。② 对于金牛产品可实行收缩战略,不再进行不必要的投资,主要的工作是回收获利,把市场上还剩余的价值尽可能赚尽;企业不但不再对它投资,相反还要求它提供资金,以支援问题产品的开发与投资。③ 对于有发展前途和市场潜力大的问题产品,应采取积极扶植的发展战略,进行较大规模的投资,从事研究发展、新产品开发、市场开拓,以进一步提高其市场占有率。④ 对于绝无发展前途的狗类产品,则实行放弃战略,使资源用于经济效益好的产品。

通过对波斯顿矩阵的分析,管理者就可以知道企业目前的产品组合是否合理了。如果企业目前的产品中,金牛产品和明星产品多于问题产品和狗类产品,那么,企业的产品组合是合理的;反之,如果狗类产品和问题产品多于明星产品如金牛产品,则产品组合是不合理的。

第三节　非财务信息分析的内容

非财务信息主要包括企业背景,企业主要股东、投资者、企业关联方的信息以及企业高层管理人员状况,公司治理结构和治理水平,董事会、监事会构成等等,这些文字信息没有固定的格式要求,可以根据每个公司自身情况的不同进行详略上的安排。本节将重点介绍以下四个方面的非财务信息:管理层讨论与分析、管理团队的信息、股权结构与特征以及重要事项。

一、管理层讨论与分析

(一)管理层讨论与分析在财务报表中的披露

"管理层讨论与分析"在财务报表中的披露主要有两种形式:一种形式是在"董事会报告"模块下设"管理层讨论与分析"子模块;另一种形式则为不以"管理层讨论与分析"的文字出现,而是直接在"董事会报告"模块中披露"管理层讨论与分析"的内容。根据会计基本原则之"实质重于形式"原则,这两种形式的"管理层讨论与分析"的披露皆被证监会所接受。

(二)管理层讨论与分析的内容

管理层讨论与分析(Management's Discussion and Analysis,MD&A),解释了公司在财务报表反映的期间里发生的重大事件和业绩变化。进一步讲,MD&A 回顾了公司的财务状况和经营成果。管理当局必须指出有利和不利的趋势,明确影响公司流动性、资本来源和经营成果的重大事件和不确定因素。MD&A 还需报告对财务信息趋势有重要影响的通货膨胀和价格变动等方面的定性分析。具体来说,管理层讨论和分析中包括的典型问题主要有以下三大类:公司所处环境的分析、公司所处行业状况的分析、分部报告的列示与分析。

1. 公司所处环境的分析

管理层讨论与分析中一般会首先回顾公司在其报告年度内所处的宏观环境,并分析其对公司业绩的影响。宏观环境信息是涉及国际和国内政治、经济、军事等形势的信息,包括那些围绕在企业周围的因素,企业必须适应周围的环境。

这部分信息是与公司相关的非常重要的非财务信息。在对公司业绩进行分析和预测时,应结合管理层讨论与分析中的这部分对公司所处环境的分析,深入理解其报表中披露的财务数据和信息,探求其深层次原因进而达到对公司业绩进行评价与预测的目的。

2. 公司所处行业状况的分析

管理层讨论与分析的第二部分主要内容是对公司所处的行业状况进行分析。在进行公司财务报表分析时,行业信息和宏观信息一样具有重要的作用。行业信息包括企业所在行业的前景、企业在行业中所处的地位、行业内部的竞争态势等。很显然,朝阳行业里的企业发展空间更大,在行业竞争中处于优势地位的企业价值更高,而如果企业已经在行业中建立了垄断的地位,其未来发展则更有保障。行业内部的竞争态势亦尤其重要,过度竞争会导致企业不得不通过降低产品价格、压缩成本等手段来提高利润。所以,在分析一家企业的时候,只注意这家企业自身的发展状况是片面的,其竞争对手的发展状况同样会对被分析企业的价值造成重大的影响。在应用管理层讨论与分析中对公司所处行业状况分析的信息时,应重点关注以下几个方面:

(1) 关注公司所处行业生命周期。

每个行业都会经历一个对企业的当前业绩和未来前景产生影响的生命周期,即起步期、成长期、成熟期和衰退期。在对企业进行分析时,了解企业所在行业目前的生命周期处于哪个阶段是非常重要的一个因素。

第一阶段为起步期。在起步期,企业的规模可能会非常小。通常,在生命周期的起步期,关于该行业的企业如何发展会有不同的看法,而且产品类型、特点、性能和目标市场方面尚在不断发展变化当中,市场中会充满各种新发明的产品或服务。例如,这个时期的产品设计尚未成熟,行业产品的开发相对较缓慢,利润率较低,但市场增长率较高。

第二阶段为成长期。一旦一个行业已经形成并快速地发展,便进入了成长期,大多数企业因为拥有高增长率而在行业中继续存在,在该阶段,管理层必须确保充分扩大产量以达到企业所设定的目标市场份额。不过,在大多数情况下,因为需要大量资金来实现高增长率和扩产计划,现金会比较短缺。

第三阶段为成熟期。当增长率降低到较为正常的水平时,行业即进入了成熟期。这是一个相对稳定的阶段,各年销售量之间的变动较小,利润增长幅度也较小,但是市场内的竞争变得更加激烈了。在成熟期的后期,该行业会进入动荡阶段,由于投资回报率不能令人满意,一些企业会从市场中退出。

最后一个阶段为衰退期。行业进入衰退期之后,会出现行业生产能力过剩,技术被模仿后出现的替代产品充斥市场,市场增长率严重下降,产品品种减少,行业的活动水平随着各企业从该行业中退出而下降等情况,最终,某一行业可能不复存在或被合并。如何在这样一个非赢即输的环境中保持独特优势,充分运用战略管理显得尤为重要。

(2) 关注公司所处行业风险。

公司所处行业风险主要与以下几方面因素有关:

① 与经济周期的关系。一要分析行业周期波动情况是否与经济周期一致;二要分析行业周期与经济周期的相关程度;三要分析行业与经济周期的时间差异,准确判断行业周期是超前、同步、还是落后于经济周期。

② 行业成本结构。企业产品成本由固定成本和变动成本两部分构成,不同行业的成本结构不同。如航空、宾馆、钢铁等行业固定成本高,平均成本和利润随生产经营规模发生变化,高固定成本行业一般具有贷款需求量大、贷款期限长的特点,因此这类行业相对来说贷款风险大;而服装加工、商品批发行业固定成本较低,变动成本相对较高,这些高变动成本行业达到盈

亏平衡所需要的生产规模较小,此类行业贷款额度相对较小,期限较短,贷款风险小。

③ 行业依赖性。各行业存在相互依存关系,一般来讲,对其他行业发展的依赖程度越高,该行业中借款人的潜在经营风险就越大,行业的供应链或客户群体越多元化,则经营风险越小。

④ 产品替代性。如果一个行业的产品具有独特性或相对垄断性,则风险较小;如果一个行业的产品有许多替代品,且转换成本较低,则风险较大。

⑤ 行业政策与相关法律法规。受政策支持保护、法律环境良好的行业风险相对较小,受政策限制的行业风险较大。

(3) 关注公司所处行业的竞争态势。

评价公司所处行业的竞争态势时主要应考虑以下几方面因素。

① 进入者威胁利润分配格局。对于早期进入的企业而言,其行动优势有助于阻止未来企业的进入而获取垄断利润,因为先入者容易取得成本优势或价格优势,能够制订有助于它的行业标准或取得资源有限的许可或经营资源,然而某一行业的高额利润必然招致新加入企业的分割,新竞争者的加入必然影响行业的利润水平。

② 现有竞争对手间的竞争程度与利润摊薄。即竞争来自同行,同行之间的竞争手段主要有价格竞争、新产品开发、服务质量提高以及促销等,同行竞争总是由一个或几个企业认为存在改善其市场地位的机会而引发的。同样,如果行业内竞争者较为集中,实力、规模相当,如美国软饮料业的可口可乐和百事可乐公司,它们则可以心照不宣地相互合作,避免破坏性的价格竞争,从而获取稳定的利润。

③ 替代品威胁利润大餐。竞争还来自于替代品的威胁。所谓替代品,即其他企业所提供的具有相似功能的产品和服务。这些替代品往往由高盈利行业提供,表现出一种价格优势,从而限制了企业所在行业的产品价格,抑制了行业利润水平,替代品的威胁程度取决于参与竞争的产品或服务的相对价格和效用,以及消费者使用替代品的主观意愿。

④ 退出障碍和进入壁垒。从行业利润角度来讲,最有利的情况是进入壁垒高而退出障碍低,因为新进入者将被壁垒阻挡,而不成功的竞争者可以退出。当两种壁垒都高时,潜在利润较高但通常伴随着高风险,因为尽管挡住了新进入者,但不成功的企业仍会留在该行业内坚持斗争。进入壁垒和退出障碍都很低的情况虽然不尽理想,但还不是最糟的。当进入壁垒低而退出障碍高时,进入该行业很容易,经济状况好转时会吸引新企业加入。当情况恶化时,企业却无力撤出该行业,结果使这些生产能力滞留在行业里,导致行业获利能力长期恶化。

3. 分部报告的列示与分析

管理层讨论与分析的第三部分主要内容是披露公司在其报告年度内的分部报告并对其进行分析和评价。分部报告是有关报告经营分部的描述性信息。经营分部是那些可以提供独立的财务信息的分部。这些分部信息是由主要的经营决策者评估的,用来确定如何分配资源和评估业绩。分部信息会提供企业所在国家赚取的收入、掌握的资产以及主要客户的信息。有关经营分部确定方法的描述性信息必须披露。经营分部生产的产品和提供的劳务也要求披露。同时,分部报告信息使用的计量方法与企业通用财务信息使用的计量方法之间的不同也应披露。

分部数据可以用于趋势分析和比率分析。趋势分析可以使用横向和纵向同比分析,可以将利润与销售额或者有形资产联系起来进行比率分析。分部趋势分析对管理人员和投资者都很有吸引力。如果对从事多种互不相关行业活动的企业进行分析，尤其是对各分部规模相似的企业进行分析，这种分析的最大优势就显现出来了。在相当程度上，对分部报告的分析有助于投资者更加透彻地把握企业业绩状况的深层次信息，对企业状况分析以至投资决策的制订都有着重要的意义。

【例5-1】　浪莎控股管理层讨论与分析

下面是四川浪莎控股股份有限公司(600137)2011年年度报告中"董事会报告"模块中"管理层讨论与分析"子模块的部分内容：

报告期内公司整体经营情况回顾与分析：2011年公司继续按照"新浪莎，大发展"的战略计划，围绕年初制订的目标，积极贯彻落实各项工作部署和要求，重规范，谋发展，在全面推进内部风险控制等方面开展了各项经营管理工作。2011年不仅浪莎内衣品牌建设核心竞争力得以加强，而且产品市场得到进一步拓展。但是，受人民币升值压力，原辅料采购成本和劳动力成本不断上升，内衣市场竞争剧烈等因素影响，公司产品单位毛利率同比下降6.4个百分点，全年利润未完成增长目标。2011年公司完成营业收入4.098亿元，比2010年增长20.25%，实现净利润3 468万元，比2010年降低19.95%。2011年12月31日总资产6.649亿元，比2010年增长14.21%；净资产4.405亿元，每股净资产4.53元；加权平均净资产收益率8.20%。

……

2012年公司面临形势分析：勾画应时而至的2012年，公司迎来了龙腾虎跃、生机勃发的一年，2012年机遇将大于挑战。首先是中央确定2012年经济总基调为"稳中求进"并大力扩大内需在于保障和改善民生，加快发展服务业，提高中等收入者的收入。因此，随着2012年宏观经济发展、城乡居民收入进一步提高，消费增长，为公司发展创造了有利条件。其次是原辅料和人工工资成本进一步上升，成本压力和场频竞争将更加强烈，公司面临严峻的市场挑战。

……

表5-2　浪莎控股主营业务分行业、分产品情况

主营业务分行业情况						
分行业	营业收入	营业成本	营业利润率(%)	营业收入比上年增减(%)	营业成本比上年增减(%)	营业利润率比上年增减(%)
内衣生产销售	409 759 793.13	337 595 129.02	17.61	20.25	30.42	−6.43
合计	409 759 793.13	337 595 129.02	17.61	20.25	30.42	−6.43

主营业务分产品情况						
分产品	营业收入	营业成本	营业利润率(%)	营业收入比上年增减(%)	营业成本比上年增减(%)	营业利润率比上年增减(%)
内衣	409 759 793.13	337 595 129.02	17.61	20.25	30.42	−6.43
合计	409 759 793.13	337 595 129.02	17.61	20.25	30.42	−6.43

表 5 - 3　浪莎控股主营业务分地区情况

地区	营业收入	营业收入比上年增减(%)
华北地区	42 695 667.79	38.20
东北地区	19 321 466.65	76.59
华东地区	178 236 133.58	29.20
中南地区	94 822 891.09	31.34
西南地区	24 211 151.66	24.37
西北地区	14 073 869.36	75.92
出口	36 398 613.00	-40.64
合计	409 759 793.13	20.25

报告期内利润构成、主营业务及其结构、主营业务盈利能力较前一报告期发生重大变化的原因说明：

报告期内全资子公司浙江浪莎内衣有限公司加强营销网络建设和品牌建设，销售渠道扩大，客户订单增加，销量增长，营业收入相应增长。但是，报告期内浙江浪莎内衣有限公司因受人民币升值压力，外贸接单难度大，库存压力大，出口产品在价格上的竞争力下降，原辅料采购成本和劳动力成本不断上升，内衣市场竞争剧烈，厂房建设完工预转固，计提折旧增加等众多因素影响，营业成本增加。同时，公司为扩大产品市场占有量，产品销售价格上升幅度小于营业成本增加幅度，公司产品单位毛利率同比下降6.4%，利润空间受到挤压。

（1）四川浪莎控股股份有限公司所处环境和行业状况分析：从宏观经济环境来看，近几年宏观经济不断发展，城乡居民收入进一步提高，消费增长；从行业状况来看，原材料、辅助材料和人工工资成本进一步上升，成本压力和产品竞争更加激烈，公司正面临着严峻的市场挑战。

（2）四川浪莎控股股份有限公司分部报告分析：该公司提供了主营业务分行业、分产品和分地区三个维度的分部报告。从行业和产品维度分部报告可以看出，该公司的主营业务较为单一，即内衣的生产和销售，内衣即为该公司的拳头产品。数据显示，尽管营业收入比上年增加20.25%，但由于营业成本的增幅高达30.42%，导致该公司营业利润率比上年减少6.43个百分点。由此可以看出，控制成本的增长或者说寻找新的成本节约点是该公司确保营业利润不断增长的首要任务。从地区维度分部报告可以看出，华东地区为其产品的主要市场，中南地区次之，但东北地区和西北地区其产品的营业收入增长颇为明显均为70%以上，因此，产品在这两个地区的投入也是该公司产品生产的主要趋势。

（3）四川浪莎控股股份有限公司财务数据变动的深层次原因：该公司营业利润率比上年减少6.43个百分点是四川浪莎控股股份有限公司财务数据变动中最为明显的一项。究其深层次原因则为：报告期内浙江浪莎内衣有限公司因受人民币升值压力，外贸接单难度大，库存压力大，出口产品在价格上的竞争力下降，原辅料采购成本和劳动力成本不断上升，内衣市场竞争剧烈，营业成本增加，从而导致利润空间收到挤压。

（4）四川浪莎控股股份有限公司2012年应做的主要工作：稳定销售，强化管理，控制成本，增强公司盈利能力。随着公司扩张的加快，销售量的扩大，加强公司内部管理尤显突出。该公司2012年一方面要强化营销，消化库存，控制经营风险，减轻资金沉淀压力；另一方面要注重控制成本，提高公司盈利能力。

二、管理团队

（一）管理团队信息在财务报表中的披露

管理团队信息主要在各公司年度财务报告的"董事、监事、高级管理人员和员工情况"以及"公司治理结构"两个模块中予以体现。"董事、监事、高级管理人员和员工情况"主要披露该公司管理团队的素质；"公司治理结构"主要披露该公司的激励机制。

（二）管理团队信息的内容

与管理团队在财务报表中的披露相对应，管理团队信息的内容主要包含两方面的信息：① 该公司管理团队的人力资源状况，② 该公司对管理团队的激励机制。

人力资源：高级管理层是指公司董事会成员、经理层成员和监事会成员。董事会成员包括：董事长、副董事长、董事；经理层成员包括总经理、副总经理、财务总监和董事会秘书。管理团队的素质，比如其管理人员的学历背景、工作经验等都对公司的经营业绩和股价表现有着重要的影响。在对企业进行分析和业绩预测时，应关注管理团队的素质对该公司的影响。

激励机制：即薪酬激励计划是指公司通过薪酬体系（即一个薪酬组合或薪酬包）的形式授予公司高级管理人员，使其获取能够参与公司经营管理与绩效考评的动力。从表面上看，薪酬激励计划似乎与企业状况分析没有太大的联系，但是薪酬激励计划的设置和考核标准往往需要借助某些财务指标，如每股收益，净资产收益率等。所以一旦经理人的自身利益与企业的业绩指标挂钩，经理人的行为与企业的经营目标便趋向一致，从而更加有利于公司业绩的提升和可持续发展。

【例 5－2】　宝山钢铁管理团队分析

宝山钢铁股份有限公司（600019）2011 年年度报告中有关管理团队信息的部分内容：

现任董事、监事、高级管理人员最近五年的主要工作经历

何文波先生，1955 年 6 月生，宝钢集团有限公司董事、总经理，宝山钢铁股份有限公司董事长，高级工程师。

何先生具有丰富的钢铁行业制造技术、营销、经营和人力资源管理经验。1982 年加入宝钢，历任上海宝钢总厂初轧长副厂长、厂长、热轧厂厂长、技术部部长，宝山钢铁（集团）公司总经理助理、副总经理，宝钢国贸总公司副总经理，宝钢国际董事长、总裁，上海宝钢集团公司董事、副总经理，宝钢集团有限公司副总经理，宝山钢铁股份有限公司第一届、第二届、第三届董事会董事。2008 年 4 月起任宝钢集团有限公司董事、总经理。2008 年 6 月起兼任广东钢铁集团有限公司董事长。2009 年 4 月起兼任宝山钢铁股份有限公司第四届董事会副董事长。2010 年 3 月起兼任宝山钢铁股份有限公司第四届董事会董事长。

何先生 1982 年毕业于东北大学，2001 年获中欧国际工商管理学院 EMBA 硕士学位。

马国强先生，1963 年 11 月生，宝山钢铁股份有限公司董事、总经理，高级会计师。

马先生具有丰富的企业财务、金融、投资和企业管理经验。1995 年 7 月加入宝钢，先后担任宝山钢铁（集团）公司计财部副部长、上海宝钢集团公司计划财务部副部长、部长，上海宝钢集团公司副总经理，宝钢集团有限公司副总经理、总会计师。2008 年 6 月起兼任广东钢铁集团有限公司董事。现任法国兴业银行（中国）有限公司独立董事。2009 年 4 月起任宝山钢铁股份有限公司第四届董事会董事、总经理。

马先生 1986 年毕业于北京科技大学，2005 年 8 月获得美国亚利桑那州立大学-上海国家

会计学院 EMBA 硕士学位。

······

高管人员考评及激励

公司已建立了完善的法人治理结构,制订了明确的高级管理人员绩效评价和薪酬管理制度,并经董事会薪酬与考核委员会、董事会审议后执行。公司高级管理人员薪酬与公司业绩和个人绩效紧密挂钩,从绩效目标的确定、日常薪酬管理、绩效评价、绩效结果与薪酬挂钩等机制均按照规范的流程运作。

······

由上文的管理团队信息可以看出:宝山钢铁股份有限公司的高层管理人员有着较高的学历背景,较为丰富的工作经验,总体来讲,管理团队素质较高;从宝山钢铁股份有限公司的激励机制来看,由于制订了较为明确的高级管理人员绩效评价和薪酬管理制度,公司高级管理人员薪酬与公司业绩和个人绩效紧密挂钩,使得管理团队的利益与公司利益更趋一致,有利于公司业绩的提升和可持续发展。

三、股权结构与特征

(一)股权结构与特征在财务报表中的披露

股权结构与特征往往在上市公司当年年度报告的"股本变动及股东情况"模块中予以披露。

(二)股权结构与特征的内容

1. 控制权的界定:投票权

股东对公司控制权的大小用其所持有的投票权大小来界定。投票权是指普通股股东在股东大会上对公司决策进行投票的权利,其大小根据该股东所持有的股票数量而定。确定投票权大小的基本原则是"一股一票"原则。

2. 收益权的计算:现金流权

现金流权是指股东按持股比例拥有该公司的财产分红权,是一种收益权。现金流权由每一控制链条的持股比例相乘所得。比如,假设股东 X 拥有公司 A 60%的股权,则表明股东 X 对公司 A 的现金流权为 60%;又如,假设股东 Y 拥有公司 C 50%股权,公司 C 拥有公司 D 40%股权,公司 D 拥有公司 E 60%股权,那么股东 Y 拥有公司 E 的现金流权为 50%×40%×60%=12%。

3. 控制权与现金流权的关系:金字塔股权结构

在分析公司的股权结构与特征时,要注意公司是否存在控制权与现金流权相分离的情况。这种分离情况常常出现在具有"金字塔股权结构"的公司当中。

(1)金字塔股权结构的内涵:金字塔股权结构是指公司实际控制人通过间接持股形成一个金字塔式的控制链来实现对公司的实质控制。在这种方式下公司控制权人控制第一层公司,第一层公司再控制第二层公司,以此类推,通过多个层次的公司控制链条取得对目标公司的最终控制权。

(2)金字塔股权结构的优势:按照"一股一票"原则,控制权与现金流权应一一对应。但终极控制股东借助金字塔持股,以少量现金流权获取了更大的控制权,背离了"一股一票"原则。换句话说,最终大股东通过金字塔持股,在公司中获得了足够的控制权,实际上完全控制了上市公司的决策,但是其实际拥有的现金流权却小于投票权。即金字塔股权结构的最大优势在于最终大股东以少量现金获得了对公司的实际控制权。

（3）金字塔股权结构的动机和后果：金字塔股权结构将导致公司控制权和所有权分离程度提高，而这种控制权和所有权分离程度的提高将导致企业代理成本的上升，大股东转移公司利润的动机比较强烈，剥夺小股东利益的欲望也更加强烈。

【例5-3】 富润股份股权结构分析

浙江富润股份有限公司(600070)2011年年度报告中的部分内容：

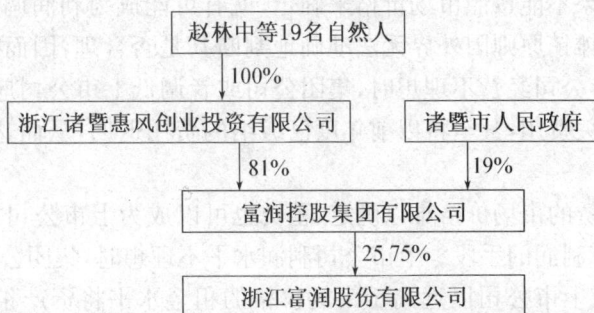

图5-5 公司与实际控制人之间的产权及控制关系的方框图

从该公司的股权结构图中可以看出，富润控股集团有限公司持有浙江富润股份有限公司25.75％的股份，为该公司的控股股东；浙江诸暨惠风创业投资有限公司持有富润控股集团81％的股份，为该公司的实际控制人。

四、重要事项

(一) 重要事项在财务报表中的披露

重要事项在公司年度财务报表中专门的模块"重要事项"中进行单独披露。

(二) 重要事项的内容

（1）重大诉讼、仲裁事项。重大诉讼、仲裁事项关乎公司业务和财务状况，是公司风险的重要来源，投资者对之应予以重视。这部分内容包括发生在编制本年度中期报告之后的涉及公司的重大诉讼、仲裁事项，该事项的基本情况、涉及金额、进程，上述事项对公司财务状况和经营成果的影响，所涉及的金额及其占利润总额的比例。特别是当它的资产出售和吸收合并的利润占当年利润总额的比例较大时，投资者应当特别予以关注。因为，这种购并所产生的利润并不能维持公司的长久发展。所以，对于通过这种手段来创造业绩的公司，投资者应将这种利润扣除后再进行分析，这样就能更为清晰地认识公司的本来面目。当然，也不排除公司通过购并来实现改善整体资产的质量的情形，从而为公司的长远发展开拓道路。

（2）报告期内公司、公司董事及高级管理人员受监管部门处罚的情况。从该项中，投资者可以获得公司是否规范经营的重大信息。

（3）报告期内公司控股股东变更，公司董事会换届、改选或半数以上成员变动，公司总经理变更，公司解聘、新聘董事会秘书的情况。这部分内容反映了上市公司的重要人事变动，值得投资者特别注意。

（4）报告期内公司收购及出售资产、吸收合并事项的情况。投资者可了解公司收购及出售资产、吸收合并事项的简要情况。

(5) 重大关联交易事项。从理论上说,关联交易属于中性交易,它既不属于单纯的市场行为,也不属于内幕交易的范畴,其主要作用是降低企业的交易成本,促进生产经营渠道的畅通,提供扩张所需的优质资产,有利于实现利润的最大化等。但在实际操作过程中,关联交易有其非经济特性。与市场竞争、公开竞价的方式不同,关联交易价格可由关联双方协商决定,这样,关联交易就容易成为企业调节利润、避税和为一些部门及个人获利的途径,往往使中小投资者利益受损。

关联交易价格如果不能按照市场价格来确定,就有可能成为利润调节的工具。如各项服务收费的具体数量和摊销原则因外界无法准确地判断其是否合理,因而操作弹性较大。目前通常的做法是,当上市公司经营不理想时,集团公司或者调低上市公司应缴纳的费用标准,或者承担上市公司的相关费用,甚至将以前年度已缴纳的费用退回,从而达到转移费用、增加利润的目的。

由于各类资产租赁的市场价格难以确定,租赁也可以成为上市公司与集团公司等关联公司之间转移费用、调节利润的手段。上市公司利润水平不理想时,集团公司调低租金价格或以象征性的价格收费,或上市公司以远高于市场价格的租金水平将资产租赁给集团公司使用。有的上市公司将从母公司租来的资产同时以更高的租金再转租给其他关联方,形成股份公司的其他业务利润,实现向股份公司转移利润。上市公司获得类似的"贴补",从表面上看,对于上市公司和投资者来说是好事,但这种"贴补"不可能持久且终究要付出代价,也不利于上市公司核心竞争力的培育,对其长远发展不利。

(6) 上市公司与控股股东在人员、资产、财务上的"三分开"情况。独立性是上市公司治理结构建设的重要原则之一,缺乏独立性的公司往往提供了大股东损害中小投资者利益的可能性。因为,未能"三分开"的上市公司与控股股东常常是一套人马两块牌子,这就会出现以下不良现象,如股份公司与集团公司往来不规范,大股东占用、拖欠股份公司资金,双方大额、多项资金往来没有协议,双方关联交易形成的部分货款、劳务费用以及原材料委托采购等引起的支付划分不清等。因此,投资者可以从"三分开"的说明中了解上市公司经营管理中存在的隐患。

(7) 托管、承包、租赁情况。若上市公司发生托管、承包、租赁其他公司资产或其他公司托管、承包、租赁上市公司资产的事项,且该事项为上市公司带来的利润达到上市公司当年利润的 10%以上(含 10%)时,上市公司应详细披露有关合同的主要内容,如有关资产的情况、涉及的金额和期限、收益及其确定依据等。对于该类事项的披露,投资者应该认识到,从中所获得的利润都不应是公司经营利润的主要来源。

(8) 事务所变更,上市公司聘任、解聘会计师事务所情况。监管部门要公司披露这一项,是为了维护市场的公平、公开和公正。因为,投资者所依赖的报表都有赖于注册会计师的审计。所以,注册会计师进行公允的审计就成为保护投资者的一面盾牌。但是上市公司很可能会压迫注册会计师就其并不真实的报表发表无保留意见的报告。如,为了符合增资扩股的要求,公司可能会更换聘用一家事务所,以达到无保留的审计意见。正是由于存在发生这些损害投资者事件的可能性,所以年报中要求对更换事务所进行说明。所以,投资者可以从该说明的合理性中判断,该公司的报表是否可靠、真实。

(9) 其他重大合同(含担保等)及其履行情况。重大合同或担保等行为关系到上市公司每一个股东的切身利益。投资者对这部分内容也应特别注意。特别是担保合同,可能会使公司的经营陷入万劫不复之地。

　　需要说明的是,重要事项中的很多非财务信息与其他事项或报告中的非财务信息有交叉或重复部分,但这并不影响我们对这些非财务信息的分析,反而能够有利于投资者对此部分信息的前后核实,更加清晰准确地判断企业的真实状况。

综合案例

长江电力非财务信息分析

一、公司背景

1. 公司历史

　　中国长江电力股份有限公司成立于2002年11月4日,2003年11月18日在上海证券交易所挂牌上市。公司主要发起人包括:中国长江三峡工程开发总公司(主发起人)、联合华能国际电力股份有限公司、中国核工业集团公司、中国石油天然气集团公司、中国葛洲坝水利水电工程集团有限公司以及长江水利委员会长江勘测规划设计研究院。

2. 公司股票发行及股改情况

　　2003年10月28日,公司首次公开发行人民币普通股232 600万股,发行价为每股4.30元,募集资金净额为98.26亿元;2005年8月15日,股权分置改革方案实施,总股本由785 600万股变为818 673.76万股。其中,有限售条件的股份数为547 193.50万股,无限售条件的股份数为271 480.26万股;2007年5月24日权证行权增加股份122 534.79万股,使总股本增加到941 208.55万股。

3. 公司与实际控股人产权关系

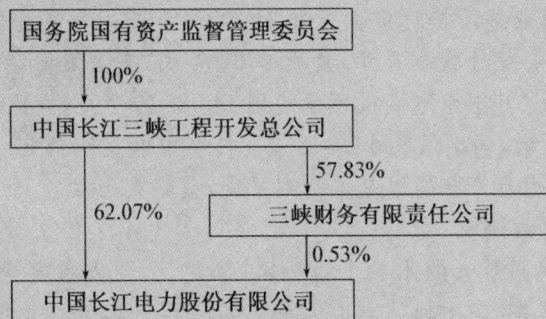

长江电力实际控制人产权关系图

二、公司行业状况及行业地位分析

1. 公司行业状况分析

电力行业(2007年)统计数据

	总装机容量(万千瓦)		发电量(亿千瓦)		全社会用电量(亿千瓦)	
	总计	增长率	总计	增长率	总计	增长率
全国	71 329	14.36%	32 559	14.44%	32 458	14.42%
长江电力	837.7	22%	439.69	23.03%		

2007 年电力消费结构分析表

（据全国电力工业统计快报）

项目	电量(亿千瓦)	用电量占比	同比增长速度
全社会用电量总计	32 458	100%	14.42%
各行业用电量合计	28 874	88.96%	32.93%
其中:第一产业	860	2.65%	5.19%
第二产业	24 847	76.55%	15.66%
第三产业	3 167	9.76%	12.08%
城乡居民用电合计	3 584	11.04%	10.55%

2007 年电力生产结构分析表

（据全国电力工业统计快报）

电力行业	发电量(亿千瓦时)	占全部发电量比例	发电量增长率
水电	4 873	14.97%	17.60%
火电	27 004	82.94%	13.80%
核电	626	1.92%	14.05%
风电	56	0.17%	95.20%
合计	32 559	100%	14.40%

2. 电力行业总体供求状况分析

2007 年全国电力工业持续快速健康发展,供需形势进一步缓和,全国供需总体基本平衡。中国电力企业联合会统计数据显示,截至 2007 年底,全国发电装机容量达到 71 329 万千瓦,同比增长 14.36%(其中水电装机容量达到 14 526 万千瓦,同比增长 11.49%);全国发电量达到 32 559 亿千瓦时,同比增长 14.44%;全社会用电量达到 32 458 亿千瓦时,同比增长 14.42%。2007 年电力生产与需求基本达到平衡,需略大于供应。

3. 本公司在行业中的地位

首先,公司目前是我国最大的水电上市公司;其次,公司发售电量在水电企业中排名第一。公司售电区域中,华东、华中地区电力供需总体趋于平衡,南方电网部分地区仍存在季节性和时段性供电紧张情况。2007 年,华东电网发电量 7 637 亿千瓦时,同比增长 14.48%;华中电网发电量 6 320 亿千瓦时,同比增长 15.99%;南方电网发电量 5 530 亿千瓦时,同比增长 15.21%。

三、公司竞争力分析

1. 成本优势

根据统计资料,目前国内水电公司运行成本一般为 0.04~0.10 元/千瓦时,火电企业运行成本下限为 0.30 元/千瓦时左右。公司属于大型水力发电企业,所属葛洲坝电厂近三年的单位发电成本平均约为 0.032 元/千瓦时。相比而言,公司具有较明显的成本优势。此外三峡电站电价变动的敏感性比例为:电价每度上调 1 分钱,公司 2007 年赢利将提高约 4%,每股收益将增加 0.013 元。

2. 规模优势

截至报告期,公司三峡机组装机容量 837.7 万千瓦(含权益装机容量可达 1 132 万千瓦),全部三峡电站 32 台机组收购完成后,公司拥有的水电装机容量将达到 2 240 万千瓦(目前收购 8 台机组);IPO 承诺将在 2015 年左右收购 26 台三峡机组,争取用 20 年左右时间发展成为国内及国际一流的清洁能源公司。发电规模的逐步扩大将为公司与其他大型独立发电企业的竞争创造条件。公司可以凭借规模优势增强市场营销能力,进而提高公司盈利能力和抗风险能力。

3. 设备与技术优势

葛洲坝电厂综合自动化水平已达到国内领先水平,部分装备的技术性能达到国际领先水平。公司收购的三峡发电机组经国际公开招标采购,由 VGS 集团、法国 ALSTOM、瑞士 ABB 等国际知名厂家承担制造任务,法国技术监督局和法国电力公司(BV/EDF)监造。该发电机组可靠性好,自动化水平高,机组容量为世界最大(单机额定功率 700MW,最大容量可达 840MVA)。2007 年,公司共安排科研资金 785.76 万元,安排科研项目 22 项,其中新型自关断灭磁技术研究、三峡电站励磁编辑和调试软件转化取得成功,流域梯级调度研究取得了重要成果。机组效率最高达 95%,技术水平属国际领先。

4. 管理优势(管理团队)

公司积极实行精益化生产向精益化经营延伸,重点推进财务管理、计划合同管理等精细化、标准化,力争形成可复制的规范管理模式。公司通过建立电力关键绩效指标系统(eKPI),完善优化计划合同信息化系统和评标专家库,建立供应商库模块等,继续推进公司信息化建设,公司精益化管理水平将进一步提高。

四、公司募集资金使用情况分析(重要事项)

(1) 2007 年 5 月 18 日至 5 月 24 日,共计 1 225 347 857 份"长电 CWB1"认沽权证成功行权,行权价格为 5.35 元/股,募集资金 65.55 亿元,已于 5 月 31 日全部用于收购三峡机组。

(2) 2007 年 9 月 19 日,中国证监会发布《关于核准中国长江电力股份有限公司公开发行公司债券的通知》(证监发[2007]305 号),公司获准发行不超过人民币 80 亿元(含 80 亿元)公司债券,采取分期发行的方式。2007 年 9 月 26 日,公司成功发行 40 亿元 2007 年第一期公司债券,其中 35 亿元用来归还借款,剩余募集资金用于补充流动资金。

五、公司风险分析

公司面临的主要风险如下:

第一,电力市场竞争的风险。目前发电企业"竞价上网"模式的试点使得上网电价形成机制逐步由政府定价向市场定价过渡,市场竞争趋于激烈;公司供电区域华中电网、华东电网电能供需已趋于基本平衡,南方电网电力装机不足的局面正在逐步得到改善,电力供需形势的变化使公司面临的市场竞争压力加大。

第二,长江来水及机组利用小时数下降的风险。公司电力生产所需的主要资源为长江天然来水,来水的不确定性及季节性波动和差异对公司电力生产及经营业绩均会产生一定影响。

第三,电源结构单一的风险。公司目前的电源结构较为单一,发电量主要来自于公司所属的葛洲坝电站和三峡电站部分机组。其中,葛洲坝电站属径流式电站,三峡电站为季调节电站,在满足国家防洪要求、保障航运条件、充分利用水能资源的情况下,调节能力较弱。

第四,财税政策风险。葛洲坝电站和三峡电站的电力产品适用增值税优惠政策,增值税税收负担超过8%的部分,实行即征即退的政策。若该项税收优惠政策发生变化,将对公司的经营业绩产生一定的影响。

六、2007年财务异动项目分析

公司财务异动项目分析

项目	2007年12月31日	2006年12月31日	本年比上年增减
应付票据	15 360 505.97	414 610 268.15	−96.30%
应付利息	128 674 807.58	44 972 945.00	186.12%
应收票据	919 000 000.00	85 000 000.00	981.18%
长期股权投资	6 070 727 788.63	1 324 011 170.25	358.51%

分析如下:

(1) 应付票据较上年期末减少96.30%,主要原因是本期支付票据款所致。

(2) 应付利息较上年期末增加186.12%,主要原因是公司负债总额增加及利率上升所致。

(3) 应收票据较2006年年底增加981.18%,主要原因是2007年12月末收到购电方以票据支付的电费所致。

(4) 长期股权投资较2006年年底增加358.51%,主要原因是:本期新增对湖北能源31.1亿元、上海电力6.72亿元的投资,以及本期按照应享受的被投资单位实现的净损益份额确认的投资收益增加。

七、长江电力2007年非财务信息分析结论

长江电力经营稳定,具有较大的竞争优势,在行业中处于领先地位,法人治理结构良好,时常受到政府的关照,具有水利资源垄断优势,适合投资者进行中长期投资。

本章练习题

1. 为什么要对公司的非财务信息进行分析,非财务信息分析的意义何在?

2. 在对公司的非财务信息进行分析时,有哪些常用的分析方法?

3. 公司的非财务信息主要包括哪些内容,在对其进行分析时,应重点关注哪些问题?

4. 如何将公司的财务信息和非财务信息有机地结合起来,以使分析更加深入和全面?

本章主要参考文献

[1] Robert W Ingram, Thomas L Albright, Bruce A Baldwin. 财务会计与管理决策[M]. 北京:清华大学出版社,2006.

[2] Banker R D, Potter G, Srinivasan D. An Empirical Investigation of Incentive Plan that Includes Non-financial Performance Measures. *Accounting Review*,2000(75):65-92.

［3］Itter C D Larcker. Innovations in Performance Measurement: Trends and Researc Implication. *Journal of Managerial Accounting Research*, 1998(6): 205 - 238.

［4］Hughes K E. The Value Relevance of Non-financial Measure of Air Pollution in the Electic Utility Industry. *The Accounting Review*, 2000(4): 209 - 228.

［5］Aboott, Monsen. On the Measurement of Corporate Social Responsibility Self-reported Disclosures as a Method of Measuring Corporate Social Involvement. *Academy of Management Journal*, 1979(12): 501 - 515.

［6］Aupperle K E, Carroll A B, Hatfield J D. An Empirical Investigation of the Relationship between Corporate Social Responsibility And Profitability. *Academy of Management Journal*, 1985(28): 446 - 463.

［7］Mcguire J W, Sundgren A, Schneeweis T. Corporate Social Responsibility and Firm Financial Performance. *Academy of Management Journal*, 1998(31): 854 - 872.

第六章 所得税会计

目前,上市公司出现税务问题的比较多,大量公司涉及补缴所得税、增值税、营业税等。一旦公司被认定为偷税,除需限期补税,还要承担罚款和滞纳金。不仅经济损失非常巨大,而且使公司的形象大打折扣。

如某境外上市公司会计报表 2009 年度利润 4 650 万元,2010 年度亏损 3 820 万元。由于纳税申报异常,主管税务机关要求该公司给出合理解释并进行税务自查,否则,将转入例行的税务稽查。该公司聘请当地一家中介机构指导其税务自查,并提出涉税问题解决方案。经中介机构内部审计后发现,该上市公司涉税问题较多,风险极高,且颇具代表性。本章综合案例部分,将结合该公司查出的涉税问题介绍风险化解方略,以期提示上市公司管理当局对主要涉税问题、由此引发的相关责任,以及可能出现的涉税风险予以必要的关注和重视。

内容提要

《企业会计准则第 18 号——所得税》充分借鉴了《国际会计准则第 12 号——所得税》的做法,体现了与国际惯例趋同的原则。

本章从概述、处理方法、实务三个方面来阐述所得税问题,并在第四节将我国准则与美国准则和国际准则进行比较,进一步明确未来发展方向,以研究探讨所得税准则,帮助实际工作者学习掌握该准则。

通过本部分的学习,应达到以下目标:

1. 理解所得税会计的基本概念;

2. 理解所得税会计处理的四种方法;

3. 掌握所得税核算的会计处理;

4. 了解我国准则与美国准则、国际准则的相关差异及未来发展方向。

第一节　所得税会计概述

我国自 20 世纪 90 年代初先后实施了会计制度改革与税制改革,会计与税法对有关收益、费用或损失等在确认与计量上的差异越来越大。

为了客观反映企业的财务状况和经营成果,财政部于 1994 年发布的《企业所得税会计处理暂行规定》及 2000 年颁布的《企业会计制度》,均借鉴国际会计惯例,对所得税的会计处理作出了相关规定。2006 年 2 月 15 日财政部又发布了《企业会计准则第 18 号——所得税》将资产负债表债务法作为所得税会计处理的唯一方法,以规范所得税的会计处理及相关信息的披露。

(一) 资产的计税基础

资产的计税基础是指企业收回资产账面价值过程中,计算应纳税所得额时按照税法规定可以自应税经济利益中抵扣的金额。如果这些经济利益不需要纳税,那么该资产的计税基础即为其账面价值。通俗地说,资产的计税基础就是将来收回资产时可以抵税的金额。

例如,一项应收账款的账面价值为 30 万元,由于相关的收入已包括在应纳税利润(可抵扣亏损)中,该项资产在收回时不需纳税。因此,该应收账款的计税基础为 30 万元。又如,一项固定资产账面原值为 500 万元,税法按年数总和法计提折旧,应计提折旧额为 125 万元,则固定资产将来可抵扣的金额为 375 万元。因此,该固定资产的计税基础 375 万元。

(二) 负债的计税基础

负债的计税基础是指负债的账面价值减去未来期间计算应纳税所得额时按照税法规定可予抵扣的金额。

一项负债的确认意味着该负债的账面价值在未来期间将通过体现经济利益的资源流出来清偿。如果该项经济利益的流出在未来期间可以全部从应纳税所得中抵扣,则该项负债的计税基础为 0。例如,一项预计负债的账面价值为 1 000 元,相关的费用将按收付实现制在未来实际支付时予以抵扣,因为该项预计负债的计税基础是 0。

如果该项经济利益的流出在未来期间不可以从应纳税所得中抵扣,则该项负债的计税基础为账面价值。例如,一项应计费用的账面价值为 1 000 元,相关的费用已经抵扣,未来期间不可抵扣,因此该项应计费用的计税基础是 1 000 元。

(三) 暂时性差异

暂时性差异是指资产或负债的账面价值与其计税基础之间的差额。此外,因为不符合资产、负债的确认条件,未作为财务会计报告中资产、负债确认的项目,如果按照税法规定可以确定其计税基础,该计税基础与账面价值之间的差额也属于暂时性差异(此时账面价值为 0)。按照暂时性差异对未来期间应纳税所得的影响,分为应纳税暂时性差异和可抵扣暂时性差异。

(四) 应纳税暂时性差异

应纳税暂时性差异是指在确定未来收回资产或清偿负债期间的应纳税所得额时,将导致产生应税金额的暂时性差异。当资产的账面价值大于其计税基础或负债的账面价值小于其计税基础时,会产生应纳税暂时性差异。

例如,一项固定资产的账面原值为 1 000 万元,会计上按直线法已提折旧为 200 万元,固定资产净值为 800 万元,即固定资产账面价值为 800 万元;税法按年数总和法计提折旧,应计提折旧额为 250 万元,即固定资产将来可抵扣的金额(计税基础)为 750 万元。因此,固定资产账面价值大于其计税基础,形成暂时性差异为 50 万元。资产的账面价值大于其计税基础,形成应纳税暂时性差异。

(五) 可抵扣暂时性差异

可抵扣暂时性差异是指在确定未来收回资产或清偿负债期间的应纳税所得额时,将导致产生可抵扣金额的暂时性差异。资产的账面价值小于其计税基础或负债的账面价值大于其计税基础时,会产生可抵扣暂时性差异。

例如,一项预计负债账面余额为 100 万元(预提产品保修费用),假设产品保修费用在实际支付时可以抵税,该预计负债计税基础为 0(负债账面价值 100 万元—其在未来期间计算应税利润时可予抵扣的金额 100 万元)。因此预计负债账面价值 100 万元与计税基础 0 的差额,形成暂时性差异 100 万元。负债的账面价值大于其计税基础,形成可抵扣暂时性差异。

第二节 所得税会计处理方法

由于暂时性差异的存在,在编制财务报告时,会出现这样一个问题:利润表中计列的所得税费用,是以应税利润为基础还是以会计利润为基础? 对此,会计界存在四种不同的处理方法。

一、应付税款法

应付税款法是以按税法计算的本年应付所得税额作为当年的所得税费用,即利润表所列的所得税费用与纳税报告中的应付所得税额相等。对于暂时性差异所产生的纳税影响,在财务报表的附注中予以说明,因而不存在跨期间的所得税分摊问题。

应付税款法简单易行,但是,其利润表所得税费用与收入不配比,资产负债表也未能客观反映资产与负债的真实情况。应付税款法,现已被美国会计准则委员会和我国新准则淘汰。

二、递延法

递延法是将本期的暂时性差异的纳税影响,递延和分配给以后时期,并同时转销这些暂时性差异。其处理要点包括:第一,发生在本期的暂时性差异对纳税的影响,用现行税率计算;第二,以前各期发生而在本期转销的暂时性差异对纳税的影响,一般用当初的税率计算;第三,资产负债表的递延税款余额,不代表企业拥有的一项资产或企业的一项现时义务;第四,由于上一原因,无论税率是否变动,是否开征新税,递延税款科目的余额都无需调整。

在递延法下,一个时期的所得税费用包括两部分:一部分是当期应付所得税额,另一部分是本期发生应递延至今后时期或自以前时期转来应在本期转销的暂时性差异对纳税影响数。

递延法的缺点是:在税法或税率变动或征收新税之后,资产负债表上列示的递延所得税可能不表示所得税的实际结果,即企业将于以后年度转回的现存的暂时性差异的结果。正如美国会计准则委员会第 11 号意见书指出的:"与暂时性差异有关的递延借项与递延贷项,表示对其纳税影响的累计的实现数,而这种递延借项和递延贷项与一般的应收或应付的意义不同。"

三、利润表债务法

利润表债务法是将本期时间性差异产生的所得税影响额递延和分配到以后各期,并同时转回原已确认的时间性差异对本期所得税影响额的一种方法。它以收入与费用的配比为中心,以利润表为基础,侧重时间性差异,将时间性差异对未来所得税的影响记入递延税款。

在核算时,首先计算当期所得税费用(当期所得税费用=会计利润×适用所得税税率±税率变动对以前递延税款的调整数),然后根据所得税费用与当期应纳税款之差,倒轧出本期的递延税款。

可见,在利润表债务法下,资产负债表上反映的递延税款余额并不代表收款的权利或付款的义务。因此,利润表债务法现已被美国会计准则委员会、国际会计准则理事会和我国新准则淘汰。

四、资产负债表债务法

资产负债表债务法以资产负债观为理论起点,以资产负债表为基础,注重资产负债的真实反映,侧重暂时性差异。资产负债表债务法按预计转回年度的所得税税率计算其纳税影响数并确认相应的递延所得税负债或递延所得税资产,使资产负债表的期末递延所得税负债(或资产)能真实地反映其预计转回时的金额,符合资产、负债的定义。

> **思维拓展**
>
> 所得税会计处理方法有哪几种?你认为资产负债表债务法有哪些合理之处?

在核算时,首先计算资产负债表期末递延所得税负债(资产),然后倒轧出利润表中的当期所得税费用,其计算公式为:当期所得税费用=当期应纳所得税+(期末递延所得税负债−期初递延所得税负债)−(期末递延所得税资产−期初递延所得税资产)。

可见,资产负债表债务法以权责发生制为基础,以资产负债观为基本理念,注重资产、负债的真实与客观。因此,我国2006年颁布的《企业会计准则第18号——所得税》规定只能采用资产负债表债务法进行所得税会计处理。

第三节 所得税会计实务

对于所得税费用的会计处理,涉及的会计科目有:

(1)"所得税费用"科目,核算企业确认的应从利润总额中扣除的所得税费用。本科目结转后期末无余额。

(2)"应交税费——应交所得税"科目,核算企业按税法规定计算的应缴所得税。贷方反映实际应纳所得税,借方反映实际已纳所得税,余额反映欠缴所得税。

(3)"递延所得税资产"科目,核算企业确认的可抵扣暂时性差异产生的递延所得税资产,及根据税法规定可用以后年度税前利润弥补的亏损和税款抵减产生的所得税资产。借方反映确认的各类递延所得税资产,贷方反映当企业确认递延所得税资产的可抵扣暂时性差异情况发生回转时转回的所得税影响额,以及税率变动或开征新税调整的递延所得税资产,余额反映尚未转回的递延所得税资产。

（4）"递延所得税负债"科目，核算企业由于应纳税暂时性差异确认的递延所得税负债。贷方反映确认的各类递延所得税负债，借方反映当企业确认递延所得税负债的应纳税暂时性差异情况发生回转时转回的所得税影响额，以及税率变动或开征新税调整的递延所得税负债，余额反映尚未转回的递延所得税负债。

一、递延所得税资产的确认与计量

企业确认由于可抵扣暂时性差异产生的递延所得税资产应以未来期间可能取得的应纳税所得额为限。

在可抵扣暂时性差异转回的未来期间内，企业无法产生足够的应纳税所得额用以利用可抵扣暂时性差异的影响，使得与可抵扣暂时性差异相关的经济利益无法实现的，不应确认递延所得税资产。

某些情况下，企业发生的某项交易或事项不属于企业合并，并且交易发生时既不影响会计利润也不影响应纳税所得额，且该项交易中产生的资产、负债的初始确认金额与其计税基础不同，产生可抵扣暂时性差异的，所得税准则中规定在交易或事项发生时不确认相应的递延所得税资产。

确认递延所得税资产时，应当以预期收回该资产期间的适用所得税税率为基础计算确定。资产负债表日，应当对递延所得税资产的账面价值进行复核。如果未来期间很可能无法取得足够的应纳税所得额用以利用可抵扣暂时性差异带来的利益，应当减记递延所得税资产的账面价值。减记的递延所得税资产，除原确认时计入所有者权益的，其减记金额亦应计入所有者权益外，其他的情况均应增加所得税费用。

二、递延所得税负债的确认与计量

除所得税准则中明确规定可不确认递延所得税负债的情况以外，企业对于所有的应纳税暂时差异均应确认相关的递延所得税负债。除与直接计入所有者权益的交易或事项以及企业合并中取得资产、负债相关的以外，在确认递延所得税负债的同时，应增加利润表中的所得税费用。

资产负债日，对于递延所得税负债，应当根据适用税法规定，按照预期收回该资产或负债期间的适用税率计量，即递延所得税负债应以相关应纳税暂时性差异转回期间按照税法规定的所得税税率计量。无论应纳税暂时性差异的转回期间如何，相关的递延所得税负债不要求折现。

三、所得税费用的确认与计量

利润表中应予确认的所得税费用为：所得税费用＝当期所得税＋递延所得税。当期所得税是指企业按照税法规定计算确定的针对当期发生的交易和事项，应交纳给税务部门的所得税金额，即当期应交所得税。企业在确定应交所得税时，应在会计利润的基础上，计算出当期应纳税所得额，按照应纳税所得额与适用所得税税率计算确定当期应交所得税。

递延所得税是指按照所得税准则规定当期应予确认的递延所得税资产和递延所得税负债金额，即递延所得税资产及递延所得税负债当期发生额的综合结果，但不包括计入所有者权益的交易或事项的所得税影响。

【例 6-1】 甲公司 2010 年度利润表中利润总额为 3 000 万元,该公司适用的所得税税率为 25%。递延所得税资产及递延所得税负债不存在期初余额。与所得税核算有关的情况如下。

2010 年发生的有关交易和事项中,会计处理与税收处理存在差别的有:

(1) 2010 年因一项待执行合同转变为亏损合同,确认了一项 20 万元的预计负债。假定按税法规定,只有在合同实际发生亏损时才能在税前扣除。

(2) 2010 年 1 月开始计提折旧的一项固定资产,成本为 700 万元,使用年限为 7 年,净残值为 0,税法处理按年数总和法计提折旧,会计处理按直线法计提折旧。假定税法规定的使用年限及净残值与会计规定相同。

(3) 当期取得作为可供出售金融资产核算的股票投资成本为 500 万元,2010 年 12 月 31 日的公允价值为 600 万元。税法规定,可供出售金融资产持有期间市价变动不计入应纳税所得额。

(4) 违反环保法规定应支付罚款 100 万元。

(5) 向关联企业捐赠现金 500 万元。假定按照税法规定,企业向关联方的捐赠不允许税前扣除。

分析:

(1) 2010 年度当期应交所得税

应纳税所得额 $= 3\,000 + 20 - 75 + 100 + 500$

$\qquad\qquad\quad = 3\,545(万元)$

应交所得税 $= 3\,545 \times 25\% = 886.25(万元)$

(2) 2010 年度递延所得税

递延所得税资产 $= 20 \times 0.25 = 5(万元)$

按照税法计算的折旧额 $= \dfrac{700 \times 7}{1+2+3+4+5+6+7} = 175$ 万元,按照会计计算的折旧额 $= \dfrac{700}{7} = 100$ 万元,折旧差额 $= 75$ 万元,为应纳税暂时性差异。

$\therefore$ 递延所得税负债 $= (75 + 100) \times 0.25 = 43.75$ 万元,其中,因可供出售金融资产公允价值变动计入"资本公积——其他资本公积"的金额为 $100 \times 0.25 = 25$ 万元

$\therefore$ 递延所得税费用 $= (43.75 - 25) - 5 = 13.75$ 万元

(3) 利润表中应确认的所得税费用

所得税费用 $= 886.25 + 13.75 = 900(万元)$,确认所得税费用的账务处理如下:

借:所得税费用	9 000 000
递延所得税资产	50 000
资本公积——其他资本公积	250 000
贷:应交税费——应交所得税	8 862 500
递延所得税负债	437 500

第四节　所得税会计的国际比较与未来发展方向

2005 年财政部发布了《企业会计准则——所得税(征求意见稿)》,2006 年 2 月 15 日,发布

了《企业会计准则第 18 号——所得税》，并于 2007 年 1 月 1 日起率先在上市公司执行。新所得税准则是在借鉴《国际会计准则第 12 号——所得税会计》并结合我国的实际情况的基础上制定的，它要求企业一律采用资产负债表债务法核算递延所得税。

一、与美国会计准则的比较

（一）目标的比较

1. 美国会计准则

FAS 109 指出：所得税会计处理的目标在于：① 确认当年的应付所得税或应退所得税金额；② 为在企业财务报表或纳税申报表中已确认事项的未来纳税影响确认递延所得税负债或资产。

2. 我国会计准则

我国的所得税准则规定，制定本准则的目的是"规范企业所得税的确认、计量和相关信息的列报"，没有直接提出准则的目标。

（二）定义的比较

FAS 109 中大部分术语的定义与我国准则基本一致。但以下几个重要术语在我国准则中没有表述：

（1）移前扣除（Carry Backs）：移前扣除指不能用于某一年度的纳税申报表，但可以用来移前冲减以前年度应税收益或应付税款的扣减或减免项目。

（2）移后扣减（Carry Forwards）：移后扣减指不能用于某一年度的纳税申报表，但可以用来移后扣减未来年度应税收益的扣减项或减免项。

（3）纳税筹划策略（Tax Planning Strategy）：纳税筹划策略指一项满足某种标准，其执行会使一项纳税利益或营业亏损或税款抵减移后扣除在到期之前得以实现的举措。

（4）估价备抵（Valuation Allowance）：估价备抵指一项递延所得税资产中的纳税利益很可能不能实现的部分。

（三）会计方法的比较

FAS 109 明确规定，所得税会计处理采用资产负债表负债法，不能采用递延法和税后净额法及其他组合方法。我国准则规定与此相同。

（四）确认的比较

1. 美国会计准则

按 FAS 109 规定，一个企业应将所有暂时性差异、营业亏损以及税款抵减移后扣减，确认为递延所得税负债或资产。

2. 我国会计准则

我国的所得税准则与 FAS 109 的规定基本相同。除特别限制外，要求企业"应当确认所有应纳税暂时性差异产生的递延所得税负债"和"应当以很可能取得用来抵扣可抵扣暂时差异的应纳税所得额为限，确认由可抵扣暂时性差异产生的递延所得税资产"。

（五）列报的比较

FAS 109 规定，在分类的财务状况表中，企业应将递延所得税负债和资产区分为流动金额和非流动金额，递延所得税负债和资产应根据财务报告对相关资产和负债的分类划分为流动性和非流动性项目。

二、与国际会计准则的比较

（一）目标的比较

IAS 12 规定：本准则的目的是规定所得税的会计处理。所得税会计的基本问题是如何核算以下所指事项的当期和未来纳税后果：① 企业资产负债表中确认的资产（负债）账面金额的未来收回（清偿），② 在企业的财务报表中确认的当期交易和其他事项。我国的所得税准则没有直接提出准则的目标。

（二）会计方法的比较

IAS 12 和我国的所得税准则规定，企业只能采用资产负债法（资产负债表负债法）核算所得税，禁止采用递延法。由于判断暂时性差异与确定计税基础密切相关，所以 IAS12 对计税基础作了较详细的规定，我国的所得税准则对此只作了原则性规定。

（三）确认的比较

IAS 12 对因商誉、负商誉和资产或负债的初始确认不同而产生的递延所得税负债和资产规定不得确认；对子公司、分支机构及联营企业的投资和在合营企业中的权益的相应确认，有限制性条件规定。

（四）列报的比较

（1）终止经营：IAS 12 要求披露与终止的利得或损失相关的所得税费用以及已经终止经营当期的正常经营活动形成的损益及每一个列报前期对应的金额。我国对终止经营的企业关于递延所得税资产和负债的披露未作类似要求。

（2）递延所得税资产的金额和支持其确认的证据：IAS 12 规定了未利用的纳税亏损引起的递延所得税资产的确认，如果该企业在递延所得税资产确认的税收管辖区内发生当期或前期的亏损，则其应在财务报表附注中披露确认该递延所得税资产的金额和支持其确认的证据的性质，以确保此项递延所得税资产具有可实现能力。同样，当递延所得税资产的利用取决于未来应税利润超过因转回现存应税暂时性差异所形成的利润的部分时，也须进行此项披露。

我国会计准则中没有出现类似规定，这说明我国新的所得税会计准则虽然承认未利用的纳税亏损产生的暂时性差异会产生递延所得税资产，但是规定的不够谨慎。

三、未来发展方向

虽然资产负债表债务法显著地改善了会计信息的相关性，然而在会计信息的可靠性方面却面临着一些潜在的挑战。

（一）机会主义行为

由于所得税费用是形成净利润之前的最后一个账户，并且几乎资产和负债计价的任何变化都将透过递延所得税资产和递延所得税负债账户而影响到当期会计收益。因此，监管层以及会计职业界应持续关注上市公司在应用所得税会计准则过程中可能存在的机会主义行为。

（二）配套指引

市场无法及时回应法定税率的变化所导致的递延所得税资产、负债乃至费用的调整，说明市场参与者对所得税会计准则的利润影响机理，尤其是所得税会计准则与税法之间的互动机制对当期会计收益的影响效应尚不全然了解，这可能由所得税会计准则的专业性和复杂性决定的。因此，未来应及时制订或修订相关的准则指南或解释公告，并强化资产负债观会计理念和所得税会计准则的培训,使之真正成为市场参与者的"共同知识",从而进一步优化证券市场的价格形成机制。

综合案例

某上市公司涉税问题分析

一、该上市公司主要涉税问题列示

1. 虚增收入

(1) 在真实客户的基础上虚拟销售:该上市公司与客户公司的确存在真实的购销往来。但是该上市公司在真实购销业务的基础上人为扩大销售数量,虚构销售业务,造成公司在客户名义下确认的收入远高于实际销售收入。

(2) 通过法律上无关联关系而实际上控制的公司进行交易加大收入:该上市公司将分布在全国各地的销售点,改制为有限责任公司,但这些有限责任公司实际上由该上市公司所控制。在利润不足时,该上市公司将大量产品"销售"给这些有限责任公司,而实际上商品仍在公司,只由该上市公司向有限责任公司开出发票和提货单,便完成了大额销售,虚增巨额利润。

2. 总分机构以调拨价移送货物未视同销售

根据发出商品金额计算,期间公司将货物移送到分公司、直营店用于销售,按照视同销售,应补缴流转环节的增值税及其附加。

3. 税前扣除无发票

(1) 支付广告、宣传费用无发票,需多缴企业所得税。

(2) 商场扣点金额直接抵扣,且对方未开发票。无票金额税前无法扣除需多缴企业所得税。

4. 销售折扣额未在同一张发票上分别注明,不能从销售额中减除折扣额

5. 增加注册资本未缴印花税

6. 装修费一次性计入当期损益

7. 应收账款未有报批,自行税前扣除

8. 不提资产减值准备,虚增当期利润

二、该上市公司涉税问题分析

1. 虚构收入

虚构收入手法非常明显是违法的,虽然有些手法从形式上看是合法的,但实质是非法的,这种情况非常普遍。从表面上看,大多数情况并没有违反有关会计制度与会计准则的规定,但从本质上看则虚增了利润,这是该上市公司比较常用的手段。

如该上市公司利用子公司按市场价销售给第三方,确认该子公司销售收入,再由另一公司从第三方手中购回,这种做法避免了集团内部交易必须抵销的约束,确保了在合并报表中确认收入和利润,达到了操纵收入的目的。

2. 总分机构以调拨价移送货物未视同销售问题

以调拨价将产品移送给各直销网点时作销售账务处理的问题,根据《中华人民共和国增

值税暂行条例》第七条规定:"纳税人销售货物或者应税劳务的价格明显偏低并无正当理由的,由主管税务机关核定其销售额"。《中华人民共和国增值税暂行条例实施细则》第四条第(三)项规定:"设有两个以上机构并实行统一核算的纳税人,将货物从一个机构移送其他机构用于销售的行为,是一种视同销售货物的行为"。

视同销售货物的行为应该怎样纳税?国税发[1998]137号《国家税务总局关于企业所属机构间移送货物征收增值税问题的通知》规定:《中华人民共和国增值税暂行条例实施细则》第四条视同销售货物行为的第(三)项所称的用于销售,是指售货机构发生以下情形之一的经营行为:① 向购货方开具发票;② 向购货方收取货款。受货机构的货物移送行为有上述两项情形之一的,应当向所在地税务机关缴纳增值税;未发生上述两项情形的,则应由总机构统一缴纳增值税。

3. 税前扣除无发票

企业的税前扣除,一律要凭合法的票证凭据确认。凡不能提供合法凭证的,一律不得在税前进行扣除。国家税务总局下发的《关于加强企业所得税管理若干问题的意见》明确规定,企业超出税前扣除范围、超过税前扣除标准或者不能提供真实、合法、有效凭据的支出,一律不得税前扣除。

因此,该上市公司面临着补税的风险。由于白条列支的费用不得税前扣除,应调增应纳税所得额,并补缴企业所得税。并且,还面临着税务行政处罚的风险。

4. 销售折扣额未在同一张发票上分别注明

由于折扣是在实现销售时同时发生的,因此,国税发[1993]154号文明确规定,纳税人采取折扣方式销售货物,如果销售额和折扣额在同一张发票上分别注明的,可按折扣后的余额作为销售额计算征收增值税;如果将折扣额另开发票,不论其在财务上如何处理,均不得从销售额中减除折扣额。

5. 增加注册资本未缴印花税

根据有关规定,记载资金的账簿,按"实收资本"与"资本公积"合计总额0.5‰贴花。不按规定在其资金账簿上补贴印花税,违反了印花税暂行条例。根据财政部、国家税务总局《关于印花税违章处罚问题的通知》,税务机关有权作出如下处理:补缴印花税,处以应补缴印花税款3倍的罚款。

6. 装修费一次性计入当期损益

根据《企业所得税法》第十三条及其实施条例第六十八条规定,企业承租房屋发生的装修费属于租入固定资产的改建支出,应作为长期待摊费用,并按照合同约定的剩余租赁期限分期摊销。如果有确凿证据表明在剩余租赁期限届满之前需要重新装修的,可以在重新装修的当年,将尚未摊销的长期待摊费用一次性计入当期损益并税前扣除。

7. 应收账款未有报批自行税前扣除

(1)申报坏账损失。

纳税人在申报坏账损失时,应提供能够证明坏账损失确属已实际发生的合法证据,包括具有法律效力的外部证据、具有法定资质的中介机构的经济鉴证证明和特定事项的企业内部证据。

(2)发生坏账损失。

企业发生的坏账损失,只能在损失发生的当年申报扣除,不得提前或延后,并且必须在坏账损失年度终了后15日内向有关税务机关申报。非因计算错误或其他客观原因,企业未及时申报的坏账损失,逾期不得扣除。

(3) 往来账款。

关联企业之间的往来账款不得确认为坏账。但是,关联企业之间的应收账款,经法院判决负债方破产,破产企业的财产不足以清偿的负债部分,经税务机关审核后,应允许债权方企业作为坏账损失在税前扣除。

8. 不提资产减值准备虚增当期利润

出于某种需要,"资产减值准备"也成为企业操纵利润的工具。一些企业主要在面临重亏和微利时,纷纷运用资产减值准备进行盈余操纵。

(1) 重亏:在重亏情况下,企业为避免连续几年亏损,往往在报告亏损年度将亏损做大,以便"轻装上阵",计提资产减值准备无疑成为可行的操作方案。在重亏当年大量计提减值准备,加大当年度亏损额,为以后年度扭亏提前做好"埋伏"。

(2) 微利:在微利情况下,实际亏损的企业为了逃避陷入困境,通过调节利润,使亏损变成微利。这类企业往往以出现正利润为盈余管理的目标,调整的对象是净利率的正负,而不是正净利率的高低。由于微利企业一般在亏损时的亏损额往往不是特别大,利用资产减值准备来调节利润的操作性就很强。该企业在以前年度为了不出现亏损,没有计提或没有足够地计提减值准备。

三、该上市公司涉税风险化解方略

该上市公司涉税风险化解方案一共包括10个子方案的组合,如全部实施对该上市公司履行纳税义务、规避涉税风险、合法节省税金、增加税后效益有所帮助。基本思路:采用会计技术方法,运用转让定价手段,利用税差或税收优惠,达到节税目的。

1. 履行纳税义务

(1) 纳税人对自己的总体税负要有清醒的认识,做好自查自纠,及时采取应对措施,化解先期涉税风险。

(2) 确需缴纳的税金必须足额补缴,有效解决商业目的与税务目的之间的分歧。不断提高纳税意识,守法经营,依法纳税,合理合法取得税后利润。

(3) 进行必要的账务调整。纳税自查中查出的大量错漏税问题,多属因账务处理错误而形成的。在查补纠正过程中必然涉及收入、成本、费用、利润、税金的调整问题。如果只办理补退税手续,不将企业错误的账务处理纠正调整过来,使错误延续下去,势必导致新的错误和错漏税,造成重复补退税问题,也使企业的会计核算不能真实反映企业的经营活动状况。因此,为了真实反映财务状况和经营成果,防止新的、重复的错误发生,必须做好补退税后的调整账务工作,使错账得以真正纠正。

2. 充分利用现行的税收优惠政策

3. 寻求防范和降低税务风险的途径

投资人对税务风险的了解、认识偏差大,反映到经营上,大家都形成了约定俗成的偷、逃、违、漏,因此税务风险在中国绝大多数企业中都很普遍。如何才能降低企业的税务负担同时不引起税务风险,这就要求企业必须加强税法的了解与学习,从涉税的经营、管理、决策各个环节加强税务管理,从事后管理走向事前控制。在实际工作中要具体问题具体分析,谨慎操作,把具体业务做实、做细,将涉税风险化解到最低水平,认真、冷静、沉着、细心地应对企业税务问题,从而从根本上降低企业税务风险,促进企业稳定、健康、长远地发展。

4. 实施税务风险评估

企业应全面、系统、持续地收集内部和外部相关信息,结合实际情况,通过风险识别、风险分析、风险评价等步骤,查找企业经营活动及其业务流程中的税务风险,分析和描述风险发生的可能性和条件,评价风险对企业实现税务管理目标的影响程度,从而确定风险管理的优先顺序和策略。企业应结合自身税务风险管理机制和实际经营情况,重点识别下列税务风险因素:

① 董事会、监事会等企业治理层以及管理层的税收遵从意识和对待税务风险的态度,② 涉税员工的职业操守和专业胜任能力,③ 组织机构、经营方式和业务流程,④ 技术投入和信息技术的运用,⑤ 财务状况、经营成果及现金流情况,⑥ 相关内部控制制度的设计和执行,⑦ 经济形势、产业政策市场竞争及行业惯例,⑧ 法律法规和监管要求,⑨ 其他有关风险因素。

5. 化解"联营扣点"开票的涉税风险

根据"商场销售收入－联营扣点＝差额收入",一是在销货时与销售价款开在同一张发票,会计上直接按折让后金额入账;二是在开具发票后发生的返还费用,或者需要在期后才能明确的返利额开具红字增值税专用发票。对支付与商品销售量、销售额无必然联系,且商场超市向供货方提供一定劳务取得的收入根据商场超市开具的服务业发票,列入销售(营业)费用。

6. 申请安排预约定价

企业可以在关联交易发生之前,向税务机关提出申请,就企业与其关联方之间业务往来的定价原则、计算方法及其相关的税收问题进行协商,达成原则性协议,从而给企业和投资者一个确定性的预期。灵活运用这一规定,有利于企业就关联交易等降低涉税风险。

7. 开展税收筹划

在充分理解税收政策的同时,进行必要、合理的税收筹划,尽可能把政策对企业的不利影响降低到最低点。在专业人士的指导下,进行节税操作,用最小的代价获取最佳的、合理的筹划方案并取得可观的经济效益。

8. 改变自产商品供货物流的流程

现在流程为:

甲地工厂—(通过)乙地总部—(转达)国内各专营、联营、代销机构

流程转变为:

(1)甲地工厂—(通过)乙地总部—(转达)乙地境内各专营、联营、代销机构

(2)甲地工厂—(通过乙地总部委托直达或直达)国内各专营、联营、代销机构

目的与效果:① 在形式上规避了乙地总部同国内各专营、联营、代销机构关联交易,② 可降低整体经营费用和物流成本,③ 通过转让定价减少流转环节的税金支出(增值税及附加)。

9. 优化二级经营主体资格及经营策略

在预测经济前景的基础上,确认二级经营主体的资格。若经济效益可观,通过设立控股

子公司获利;若获利水平低,利用代销、代理商、批发等经销方式化解或降低市场经营风险。

10. 设计和修正会计核算制度

主要涉及会计机构的建立、账务处理程序的设计、内部控制制度设计、财务会计报告设计,主要业务如采购业务会计处理程序的设计、销售业务会计处理程序的设计、成本核算制度的设计、成本核算基础工作制度的设计、成本核算方法体系的设计、生产费用归集分配方式的设计、成本业务基本凭证和基本表格的设计、成本计算和结转业务处理流程的设计。

本章练习题

A 公司 20×1 年度资产负债表列示的相关资产和负债数据:固定资产 1 200 万元,交易性金融资产 1 200 万元,其他应付款 250 万元,存货 2 000 万元;利润表中利润总额为 3 000 万元,递延所得税资产及递延所得税负债没有期初余额。该公司适用 25%的所得税税率。20×1 年发生的有关交易和事项中,税收处理与会计处理存在差别的有:

(1) 20×1 年 1 月开始计提折旧的一项成本为 1 500 万元的固定资产,使用年限为 10 年,净残值为 0。税收处理按直线法计提折旧,当年应计提折旧 150 万元,会计处理按双倍余额递减法计提折旧,当年应计提折旧 300 万元。假定税法规定的使用年限及净残值与会计规定相同。(2) 向关联企业捐赠现金 500 万元。假定按照税法规定,企业向关联方的捐赠不允许税前扣除。(3) 当期取得作为交易性金融资产核算的成本为 800 万元的股票投资,20×1 年 12 月 31 日其公允价值为 1 200 万元,发生公允价值变动损益 400 万元。假定按税法规定,以公允价值计量的金融资产持有期间市价变动不计入应纳税所得额。(4) 违反环保法规定应支付罚款 250 万元。(5) 在会计期末,对持有的存货计提了存货跌价准备 75 万元。

要求:(1) 计算企业 20×1 年度"应交税费——应交所得税"。

(2) 计算递延所得税资产/负债期末账面余额。

(3) 计算企业当期所得税费用。

本章主要参考文献

[1] Vikash Baingani, Nitin Agrawal. Indian Accounting Standards and IFRSs: A Comparative Study. *The Chartered Accountant*, 2005(1):1050-1060.

[2] 刘慧凤,盖地. 所得税会计准则国际化:国际进展与中国抉择[J]. 经济与管理研究,2006(2):78-82.

[3] 沈颖玲,于永生,黄平. 国际财务报告准则——阐释与应用[J]. 上海:立信会计出版社,2007.

[4] Jayne Godfrey, Allan Hodgson, Scott Holmes. 会计理论[M]. 北京:中国人民大学出版社,2007.

第七章　衍生金融工具会计

导入案例

2008 年 4 月以来,美国各航空公司纷纷陷入经营困境。先是美国前线航空于 4 月 11 日向法院递交了破产保护的申请,接着美国第三大和第五大航空公司的达美和西北航空公司为了节约成本,也于 4 月 14 日晚间宣布,他们已经达成了一项总额为 36 亿美元的换股合并协议。此外,4 月 17 日,《纽约时报》刊登署名文章称,"美国大陆航空公司宣布第一季度出现亏损……"

一连串航空公司的亏损或破产,并非偶然的巧合,这种情况都与一个因素密切相关,那就是原油价格不断上涨导致航空公司燃料成本的急速上升。既然航油成本对于航空公司的经营业绩影响如此之大,那么航空公司在原油的不断涨价过程中是否只能被动接受呢?答案是否定的。在金融衍生工具市场如此发达的今天,航空公司完全可以通过现代金融衍生工具将航油涨价的风险进行转移,通过期货、期权和远期合约等金融衍生工具对燃油进行套期保值。如美国西南航空公司通过运用套期保值工具,在其他航空公司纷纷亏损的情况下,实现净利润为 6.45 亿美元,同比增长了 29.26%。

内容提要

随着经济的发展和金融市场的日益健全,金融工具会计在企业规避风险、从事经营业务中起着越来越重要的作用。新套期保值会计准则的实施,是我国企业对套期保值业务进行会计处理的一个制度保障,对企业会计处理的规范性和合理性将产生重要影响。

本部分从衍生金融工具概述、会计问题及套期保值会计实务三个方面来阐述相关问题,并在第四节将我国现行准则与美国准则和国际准则进行了对比,在此基础上明确了未来发展方向。

通过本章的学习,应达到以下目标:

1. 理解衍生金融工具会计的基本概念;

2. 理解衍生金融工具的确认、计量、披露;

3. 掌握套期保值的会计处理;

4. 了解我国准则与美国准则、国际准则的相关差异及未来发展方向。

第一节　衍生金融工具会计概述

一、衍生金融工具定义

（一）国际会计准则委员会对衍生金融工具的定义

国际会计准则委员会在 IAS 39 中对衍生金融工具作出了明确定义，指出具有以下特征的金融工具属于衍生金融工具：

（1）其价值随特定利率、证券价格、商品价格、汇率、价格或利率指数、信用等级或信用指数、类似变量的变动而变动。

（2）不要求初始净投资，或与对市场条件变动具有类似反映的其他类型合同相比，要求较少净投资。

（3）在未来日期结算。

（二）美国财务会计准则委员会对衍生金融工具的定义

美国财务会计准则委员会在 FAS 133 中，通过描述衍生金融工具的三个重要特性，对其作出了定义：

（1）有一个或多个标的，且有一个或多个名义数额或支付条款。这些条款决定结算的数额，以及在某些情况下是否需要结算。

（2）无需初始净投资，或与有类似市场效应的合同相比，所需的初始净投资较少。

（3）其条款要求或允许净额结算，或可通过合同规定以外的方式净额结算，或其交割资产的方式使得资产接受方的结算后果类似于净额结算。

（三）我国准则对衍生金融工具的定义

我国财政部 2006 年 2 月颁布的《企业会计准则第 22 号——金融工具确认和计量》中对衍生金融工具的定义引用了国际会计准则中 IAS 32 中的定义，这样更加有利于与国际会计准则接轨。

二、衍生金融工具的特点

（一）杠杆性

由于衍生金融工具不需要或只需要很少的初始净投资，并且一般采用净额结算，因此它能够利用少量的资金进行十几倍甚至几十倍金额的衍生金融工具交易，从而它具有基本金融工具所无法比拟的"以小搏大"的杠杆效应。

（二）收益及损失的不确定性

由于衍生金融工具衍生性的存在，其价值随所依存的基本金融工具价格的波动而波动。影响衍生金融工具所依附的基本金融工具的价格的因素有许多，这些因素变动的不确定性，造成了衍生金融工具收益及损失的不确定性。比如，利率互换中，交易一方支付浮动利息，另一方支付固定利息,利率互换交易中的标的利率受市场状况、交易双方信用、法律规定等多种因素的影响,这些因素变动的不确定性会导致标的利率的波动,进而造成利率互换交易双方收益及损失的不确定性。

(三) 极高的风险性

衍生金融工具产生的直接动因是企业要求规避风险,若操作得当,可以最大限度地降低基础工具的风险。反过来,如运用不当,衍生工具则会最大限度地增加企业的风险。

(四) 复杂性

衍生金融工具的价值是从其他金融工具衍生来的,其本身的结构又比较复杂,造成定价和计量上的困难。

三、衍生金融工具核算的范围

(一) 远期交易合约

远期交易合约是指在将来某一时间按事先约定的价格购买或出售某项产品的合约。远期交易合约通常是非标准化合约,因此流通性较差,大部分远期合约都到期进行实际交割。远期交易合约主要包括远期外汇合约、远期利率协议、远期股票合约和远期商品合约等。

(二) 期货

期货是指买卖双方在有组织的交易所内,以公开竞价的方式达成协议,约定在未来某一特定时间交割标准数量特定金融工具或商品的交易合约。期货是标准化合同,流动性较强,大多数合约在到期前被平仓。交易采取保证金制度,有较强的杠杆效应。期货主要包括外汇期货、利率期货、股票指数期货和商品期货等。

(三) 期权

期权又称交易选择权,分成看涨期权和看跌期权两种类型。看涨期权的持有者有权在某一确定时间以某一确定价格购买标的资产;看跌期权的持有者有权在某一确定时间以某一确定价格出售标的资产。期权交易中,获得交易选择权的一方都必须支付给另一方权利金,即期权的价格。期权通常包括外汇期权、利率期权和股票指数期权等。期权与其他衍生金融工具最大的区别点在于具有交易的选择权,即自主选择是否交易。

(四) 互换

互换是按一定的条件在金融市场进行不同金融工具的交换的合约。金融互换的参与者多为一些大公司和机构,为了一些特殊的需求,进行金融工具的互换。金融互换交易由于考虑了交易各方的独特情况和利用了交易各方的独特优势,常常可以同时增加交易各方的经济利益,形成双赢或多赢的局面。金融互换主要包括货币互换、利率互换和货币利率互换等。

(五) 其他衍生金融工具

其他衍生金融工具主要是各类金融工具的组合。例如,可转换债券、认股权证等。由于衍生金融工具的发展和创新速度很快,各种新型衍生金融工具还会不断产生。

第二节　衍生金融工具会计处理方法

2005 年 9 月 2 日财政部发布了《金融工具确认和计量暂行规定》,并于 2006 年 1 月 1 日起在上市和拟上市商业银行范围内试行。该规定与国际会计准则 IAS 39 基本接轨,与现行《金融企业会计制度》比较,它带给商业银行最根本的改变就是引入了市值计价。

2005 年 9 月 23 日财政部发布了四项金融工具会计准则征求意见稿,分别是:《企业会计准则第××号——金融工具列报与披露(征求意见稿)》《企业会计准则第××号——金融工具确认和计量(征求意见稿)》《企业会计准则第××号——金融资产转移(征求意见稿)》及《企业会计准则第××号——套期保值(征求意见稿)》。

2006 年 2 月 15 日,我国关于金融工具的会计准则出台。2007 年 1 月 1 日《企业会计准则第 22 号——金融工具确认和计量》《企业会计准则第 23 号——金融资产转移》《企业会计准则第 24 号——套期保值》《企业会计准则第 37 号——金融工具列报》正式实施,有关规定与国际会计准则基本一致,其中对衍生金融工具要求以公允价值计量。

一、我国新准则关于衍生金融工具确认的规定

2006 年颁布的《企业会计准则第 22 号——金融工具确认和计量》,引入了"金融资产"和"金融负债"这一新概念,把衍生金融工具作为一个新的、单独的会计要素纳入会计报表体系。

(一)初始确认

新会计准则第四章中规定:"企业成为金融工具合同的一方时,应当确认一项金融资产或金融负债。"在金融工具合约签订的时候,企业(会计主体)已经成为了合同的一方,即应进行初始确认。

(二)终止确认

终止确认是指将金融资产或金融负债从企业的账户和资产负债表内予以转销。

1. 金融资产的终止确认

金融工具确认和计量准则与 IAS 39 均认为金融资产的终止确认至少需要符合以下两个条件之一:收取该金融资产现金流量的合同权利终止;该金融资产已转移,且符合金融资产转移准则规定的金融资产终止确认条件。

2. 金融负债的终止确认

金融工具确认和计量准则与 ISA 39 对金融负债的终止确认条件基本相同。

(1)金融负债的现时义务全部或部分已经解除的,才能终止确认该金融负债或其一部分。

(2)企业(债务人)与债权人之间签订协议,以承担新金融负债方式替换现存金融负债,且新金融负债与现存金融负债的合同条款实质上不同的,应当终止确认现存金融负债,并同时确认新金融负债。企业对现存金融负债全部或部分的合同条款作出实质性修改的,应当终止确认现存金融负债或其一部分,同时将修改条款后的金融负债确认为一项新金融负债。

(3)金融负债全部或部分终止确认的,企业应当将终止确认部分的账面价值与支付的对价(包括转出的非现金资产或承担的新金融负债)之间的差额计入当期损益。企业回购金融负债一部分的,应当在回购日按照继续确认部分和终止确认部分的相对公允价值,将该金融负债整体的账面价值进行分摊,分摊给终止确认部分的账面价值与支付的对价(包括转出的非现金资产或承担的新金融负债)之间的差额计入当期损益。

我国企业会计准则强调了"企业将用于偿付金融负债的资产转入某个机构或设立信托,偿付债务的现时义务仍存在的,不应当终止确认该金融负债,也不能终止确认转出的资产"。而国际会计准则仅在指南中提到"在不是法定解除的情况下,付款给包括信托机构在内的第三方

本身并不能解除债务人对债权人的主要义务"。相比较而言,我国企业会计准则的表达更为明确,利于执行。

二、我国新准则关于衍生金融工具计量的规定

会计计量是衍生金融工具会计处理的一个难点,新会计准则对我国衍生金融工具的计量进行了规范,要求在分类基础上对部分衍生金融工具采用公允价值计量,并对公允价值的确定方法提供了指南。

(一)初始计量

我国企业会计准则和国际会计准则都规定,企业初始确认金融资产或金融负债,应当按照公允价值计量。对于以公允价值计量且其变动计入当期损益的金融资产或金融负债,相关交易费用应当直接计入当期损益;对于其他类别的金融资产或金融负债,相关交易费用应当计入初始确认金额。其中,交易费用为可直接归属于购买、发行或处置金融工具新增的外部费用。新增的外部费用,是指企业不购买、发行或处置金融工具就不会发生的费用。交易费用包括支付给代理机构、咨询公司、券商等的手续费和佣金及其他必要支出,不包括债券溢价、折价、融资费用、内部管理成本及其他与交易不直接相关的费用。

(二)后续计量

1. 金融资产的后续计量

我国企业会计准则和国际会计准则相一致,都规定企业应当按照公允价值对金融资产进行后续计量,且不扣除将来处置该金融资产时可能发生的交易费用。但是下列情况除外:

(1)持有至到期投资以及贷款和应收款项,应当采用实际利率法,按摊余成本计量。

(2)在活跃市场中没有报价且其公允价值不能可靠计量的权益工具投资,以及与该权益工具挂钩并须通过交付该权益工具结算的衍生金融资产,应当按照成本计量。

2. 金融负债的后续计量

企业会计准则和国际会计准则规定了企业应当采用实际利率法,按摊余成本对金融负债进行后续计量。但是下列情况除外:① 以公允价值计量且其变动计入当期损益的金融负债,应当按照公允价值计量。② 与在活跃市场中没有报价、公允价值不能可靠计量的权益工具挂钩并须通过交付该权益工具结算的衍生金融负债,应当按照成本计量。

我国企业会计准则还规定:不属于指定为以公允价值计量且其变动计入当期损益的金融负债的财务担保合同,或没有指定为以公允价值计量且其变动计入当期损益并将以低于市场利率贷款的贷款承诺,应当在初始确认后按照下列两项金额之中的较高者进行后续计量:① 按照《企业会计准则第 13 号——或有事项》确定的金额,② 初始确认金额扣除按照《企业会计准则第 14 号——收入》的原则确定的累计摊销额后的余额。

3. 损益的计量

我国企业会计准则和国际会计准则的规定大致相同,即金融资产或金融负债公允价值变动形成的利得或损失,除与套期保值有关外,应当按照下列规定处理:

(1)以公允价值计量且其变动计入当期损益的金融资产或金融负债公允价值变动形成的利得或损失,应当计入当期损益。

(2)可供出售金融资产公允价值变动形成的利得或损失,除减值损失和外币货币性金融资产形成的汇兑差额外,应当直接计入所有者权益,在该金融资产终止确认时转出,计入当期

损益。采用实际利率法计算的可供出售金融资产的利息,应当计入当期损益;可供出售权益工具投资的现金股利,应当在被投资单位宣告发放股利时计入当期损益。

除此之外,我国增加规定了可供出售外币货币性金融资产形成的汇兑差额应当计入当期损益。

三、我国新准则关于衍生金融工具披露的规定

企业应在附注中披露已确认和未确认金融工具的有关信息。其中包括:企业应当披露编制财务报表时对金融工具所采用的重要会计政策、计量基础等信息,例如金融工具分类方法、确认和终止确认条件、初始计量和后续计量采用的计量基础;金融资产或金融负债的利得和损失的计量基础;确定金融资产已发生减值的客观依据,以及计算减值损失所使用的具体方法。

企业所披露的金融工具信息,应当有助于财务报告使用者就金融工具对企业财务状况和经营成果影响的重要程度作出合理评价。

(一) 账面价值

企业应当披露下列金融资产或金融负债的账面价值:

(1) 以公允价值计量且其变动计入当期损益的金融资产;

(2) 持有至到期投资;

(3) 贷款和应收款项;

(4) 可供出售金融资产;

(5) 以公允价值计量且其变动计入当期损益的金融负债;

(6) 其他金融负债。

(二) 重分类

企业将金融资产进行重分类,使该金融资产后续计量基础由成本或摊余成本改为公允价值,或由公允价值改为成本或摊余成本的,应当披露该金融资产重分类前后的公允价值或账面价值和重分类的原因。

(三) 以公允价值计量且其变动计入当期损益的金融工具

1. 以公允价值计量且其变动计入当期损益的金融资产

企业将单项或一组贷款或应收款项指定为以公允价值计量且其变动计入当期损益的金融资产的,应披露下列信息:

(1) 资产负债表日该贷款或应收款项使企业面临的最大信用风险敞口金额,以及相关信用衍生工具或类似工具分散该信用风险的金额。

(2) 该贷款或应收款项本期因信用风险变化引起的公允价值变动额和累计变动额,相关信用衍生工具或类似工具本期公允价值变动额以及自该贷款或应收款项指定以来的累计变动额。

2. 以公允价值计量且其变动计入当期损益的金融负债

企业将某项金融负债指定为以公允价值计量且其变动计入当期损益的金融负债的,应当披露如下信息:

(1) 该金融负债本期因相关信用风险变化引起的公允价值变动额和累计变动额。

(2) 该金融负债的账面价值与到期日按合同约定应支付金额之间的差额。

（四）金融资产转移

对于不满足《企业会计准则第 23 号——金融资产转移》规定的金融资产终止确认条件的金融资产转移，企业应当披露有关信息。企业如果有作为担保物的金融资产，应当披露与之有关的信息。企业收到的担保物（金融资产或非金融资产）在担保物所有人没有违约时就可以出售或再作为担保物的，应当披露所持有担保物的公允价值等信息。

另外，还应披露有关减值损失、违约借款、套期活动、金融资产及负债的公允价值、金融工具风险等信息。

第三节　套期保值会计实务

一、套期保值综述

（一）套期保值定义

《企业会计准则第 24 号——套期保值》规定："套期保值（以下简称套期），是指企业为规避外汇风险、利率风险、商品价格风险、股票价格风险、信用风险等，指定一项或一项以上套期工具，使套期工具的公允价值或现金流量变动，预期抵销被套期项目全部或部分公允价值或现金流量变动。"通俗地讲，所谓套期保值就是通过期货市场上持有与现货市场商品种类相同，但交易方向完全相反的期货合约来抵消现货市场交易中所存在价格风险的一种交易方式。

（二）套期工具

套期工具是指企业为进行套期而指定的、其公允价值或现金流量变动预期可抵消被套期项目的公允价值或现金流量变动的衍生工具，具体包括远期合同、期货合同、互换和期权等。如：某炼钢企业为了避免库存的钢材未来销售价格下跌的风险，可以通过在期货市场上卖出相应数量的钢材期货这一操作来实现。其中卖出钢材的期货合同就是一项套期工具。

应当指出，并非所有的衍生工具都可以用于充当套期工具。比如企业签出的期权，其潜在的损失可能会大大超过其对应的被套期项目价值的潜在利得。也就是说，签出的期权无法有效降低被套期项目的风险，因此签出的期权不能够作为一项套期工具。

套期保值业务的核心内容是降低被套期项目的风险，是企业控制风险的一种手段，而不是资本市场上的投机行为。一项衍生工具能否充当套期工具，应当以能否有效降低被套期项目的风险为判断依据。

（三）被套期项目

《企业会计准则第 24 号——套期保值》规定："被套期项目，是指使企业面临公允价值或现金流量变动风险，且被指定为被套期对象的下列项目：① 单项已确认资产、负债、确定承诺、很可能发生的预期交易，或境外经营净投资；② 一组具有类似信用风险特征的已确认资产、负债、确定承诺、很可能发生的预期交易，或境外经营净投资的组合；③ 分担同一被套期利率风险的金融资产或金融负债组合的一部分。"

库存商品、可供出售金融资产、持有至到期投资、贷款、预期商品销售或购买、对境外经营净投资等，在符合相关条件的情况下，均可以作为被套期项目。

二、套期保值会计准则下企业套期业务的会计处理

(一) 套期保值会计处理的类型

(1) 公允价值套期,即对已确认资产或负债、尚未确认的确定承诺,或该资产或负债、尚未确认的确定承诺中可辨认部分的公允价值变动风险进行的套期。套期工具为衍生工具的,套期工具公允价值变动形成的利得或损失应当计入当期损益;套期工具为非衍生工具的,套期工具账面价值因汇率变动形成的利得或损失应当计入当期损益,同时调整被套期项目的账面价值。

(2) 现金流量套期,指对现金流量变动风险进行的套期。套期工具利得或损失中属于有效套期的部分,应当直接确认为所有者权益,并单列项目反映。套期工具利得或损失中属于无效套期的部分,应当计入当期损益。

(3) 境外经营净投资套期,指对境外经营净投资外汇风险进行的套期。对境外经营净投资的套期,可按照类似于现金流量套期会计的规定处理。

> **思维拓展**
> 套期保值会计处理有哪三种基本类型?在确认和计量上有何差异?

(二) 公允价值套期业务的会计处理

在公允价值套期条件下,套期工具和被套期项目皆以公允价值计量。

1. 套期工具

套期工具的计量分为衍生工具和非衍生工具两种情况:① 衍生工具:套期工具为衍生工具时,套期工具公允价值变动形成的利得或损失应当计入当期损益。② 非衍生工具:当套期工具为非衍生工具时,套期工具账面价值因汇率变动形成的利得或损失应当计入当期损益。

2. 被套期项目

被套期项目,其因被套期风险形成的利得或损失应当计入当期损益,同时调整被套期项目的账面价值。

【例7-1】 2010年3月1日,甲上市公司与某供应商签订合同,承诺在5月1日以7 600美元/吨的价格买2 000吨铜(预期价格会上涨),当日价位7 550美元/吨。甲上市公司决定采用衍生工具进行公允价值套期,在期货市场上以7 600美元/吨卖出了2 000吨铜的标准合约,假如5月1日市场上的铜价为7 400美元/吨。

会计处理如下:

(1) 3月1日

借:其他应收款   1 520万美元(0.76×2 000)

  贷:衍生工具——期货远期合约   1 520万美元

(2) 在套期交易时

借:衍生工具——期货远期合约   1 520万美元

  贷:套期工具——期货远期合约   1 520万美元

(3) 5月1日

借:公允价值变动损益   40万美元[(0.76−0.74)×2 000]

  贷:被套期项目   40万美元

同时,借:套期工具——期货远期合约   40万美元[(0.76−0.74)×2 000]

    贷:公允价值变动损益   40万美元

这样用套期利得既弥补了被套期项目的损失，也锁定了履行确定承诺购买铜的成本。

第四节　衍生金融工具会计的国际比较与未来发展方向

一、美国金融工具会计准则及其动态

（一）会计准则

（1）《有表外风险的金融工具和集中信用风险的个融工具的披露》（1990 已被 SFAS 105 取代），要求企业披露未结算金融工具市场风险和信用风险的数量信息。

（2）《金融工具公允价值的披露》（1991）要求企业以公允价值披露未结算金融工具。

（3）《债权人贷款减值的会计处理》（1993）规范了债权人处理贷款减值的内容。

（4）《对债务证券和权益证券特定投资的会计处理》提出交易性债券、可供出售债券和持有至到期债券三种分类，并规定每种类型的具体会计处理方法。

（5）《衍生工具和套期活动的会计处理》要求所有衍生工具均按其公允价值列示于资产负债表中，按衍生工具的目的对其公允价值的变动进行相应的会计处理。

（6）《特定衍生工具和特定套期活动的会计处理——对 FASB 133 号公告的修订》（2000）对 FAS 133 中套期的特定类型制订了具体的技术处理规定。

（7）《衍生工具和套期活动的会计处理——对 FAS 133 的修订》使衍生工具或混合合约的报告达成一致，其中包括对有初始净投资的合约在什么情形下是一项衍生工具的阐述、对标的定义和对第一号财务会计概念公告的修改。

（8）《对拥有负债和权益两种特征金融工具的会计处理》对发行具有负债和权益两种特征的金融工具的分类和计量的会计处理进行了规范。

（二）动态

2010 年 5 月，美国会计准则委员会（FASB）发布了金融工具准则的征求意见稿，拟将公允价值计量广泛地应用到各项金融资产和金融负债，意味着银行的贷款和企业的长期应收账款要考虑市场利率的波动，随时反映其公允价值，在一定程度上扩大了公允价值的应用范围。

在 FASB 的方案下，公允价值的使用范围大于《国际财务报告准则第 9 号——金融资产分类和计量》（IFRS 9）的使用范围，该准则与国际会计准则理事会的金融工具修订理念和原则有较大的差异，由此打破了人们对美国会计准则将由国际财务报告准则来取代的良好预期。美国此举公开提示了其与国际财务报告准则理事会在趋同方面存在已久的重大分歧。

二、国际金融工具会计准则及其动态

（一）会计准则

IASC 于 20 世纪 90 年代分别发布了《国际会计准则第 32 号（IAS 32）——金融工具：披露和列报》和《国际会计准则第 39 号（IAS 39）——金融工具：确认和计量》。

（二）动态

2009 年 11 月，IASB 发布了《国际财务报告准则第 9 号——金融资产的分类和计量》（IFRS 9）要求采用单一的以原则为基础的资产分类方法，取代原 IAS 39 中繁复的以规则为导向的处理方法。IFRS 9 要求所有的金融资产划分为两类：

（1）按照摊余成本进行计量。对于采用摊余成本计量的，要符合一定的条件，包括金融工具本身的特点和持有该金融工具企业的商业模式。对于持有的主要目的是收取本金和利息现金流的金融资产而言，摊余成本提供了对决策活动有帮助的信息。

（2）按照公允价值进行计量。对于包括交易性金融资产在内的所有其他金融资产，公允价值是最相关的计量基础。

一项金融资产是采用摊余成本还是公允价值计量，取决于报告主体如何管理其金融工具，即其商业模式，以及这一金融资产的合同现金流量的特点。

三、未来发展方向

（一）美国及国际会计准则

自 2008 年下半年世界范围内金融危机爆发以来，应 20 国集团领导人的要求，国际会计准则理事会（IASB）和美国会计准则委员会（FASB）分别启动了一系列的原有准则修订或新准则的制订计划，旨在对国际财务报告准则或美国公认会计原则进行改进，以应对金融危机引发的对会计标准的诉求。

FASB 公布的征求意见稿，无论在分类或计量层面都与 IFRS 9 有巨大的差异，在一定程度上会影响国际财务报告准则今后对金融工具修订项目的走向。

（二）我国会计准则

2010 年 4 月我国财政部发布了会计准则趋同路线图，在强调整体趋同方向的同时，提出要考虑我国作为新兴市场经济国家的现实情况和特点，在这方面，公允价值采用的范围和程度即是最好的例证。

同时，我们要积极地参与对 IASB 征求意见稿的意见反馈，要求 IASB 在修订相关准则时充分考虑我国资本市场的情况。意见反馈的途径可以延展到对于 IOSCO（国际证监会组织）会议的参与、G20 峰会的参与等，以增加我国资本市场的话语权。

综合案例

美国西南航空公司套期保值特点及启示

本章导入案例中，美国西南航空公司在其他航空公司纷纷申请破产的背景下，从 2001 年到 2007 年税前利润和净利润的年复合增长率仍然达到了 9.0% 和 3.96%，这是一个非常骄人的成绩。

一、西南航空公司套期保值的特点

通过阅读和分析西南航空公司近几年的年报，不难发现公司在对其航油套保过程中有以下一些特点：

1. 具有长期战略思维，采用环比套保策略

公司不仅对当前需要消耗的航油进行套保，而且还对未来数年的航油消耗进行了一定比例的套保。2007 年的公司年报显示，公司已经对 2008 年消耗航油的 70% 进行了套保，其平均成本仅为 51 美元/桶；同时对 2009 年消耗航油的 55% 进行了套保，其平均成本同样为 51

美元/桶;对 2010 年、2011 年和 2012 年的套保比例分别是 30%、15%和 15%,其平均成本分别在 63 美元/桶、64 美元/桶和 63 美元/桶。而其他航空公司的年报显示,大部分公司只是进行了一到两年的套保,有些年份甚至没有套保部位,这就是西南航空公司多年来保持持续盈利的关键因素之一。

表 1   美国西南航空公司燃油套期保值比例

年份	2008	2009	2010	2011	2012
套保比例	70%	55%	30%	15%	15%

2. 采用组合衍生工具,限制了套保的风险

在公司的套保组合中,以买入期权为主,以远期合约为辅。使用买入期权进行套保的好处是可以将使用衍生工具的风险限制在一定范围内,这样做既可以享受原油价格下跌带来的成本下降,又可以在原油价格上涨时规避风险。

3. 以保值为目的,不进行投机交易

这一点在套期保值过程中显得非常重要,经常会有一些公司在套期保值过程中由于获得了不少收益并预期价格会发生转变时过早地平掉了手上的部位,虽然有时会获得更多的收益,但一旦价格没有按预期方向运行,则会遭受巨大亏损,而且这也违背了当初进行套期保值的初衷。此外,还有一些公司的套期保值头寸超过了自身需要进行套保的产品头寸,这既增加了公司的保证金负担,也扩大了价格波动的风险。

在这些方面,美国西南航空公司都做得非常好,公司是在航油买入时再将套保头寸进行平仓结算的。但有一些航空公司并不是这样做的。如 2004 年年初,当原油价格在 35 美元/桶附近波动时,就有一种观点认为原油价格已经很高了,并预期很快会下跌。此时美利坚航空公司的财务主管 James Beer 表示,公司在 2003 年 4 月后,就陷入了担心破产的边缘。由于公司确实迫切需要从任何可能的地方兑付现金,因而释放了盈利的套期保值头寸,从而使得美利坚航空公司基本上丧失了套期保值的保护。

二、对我国企业的启示

1. 对我国航空公司的启示

针对原油价格的持续暴涨,我国航空公司所面临的压力要比其他国家的同行更加严重。我国政府对机票价格采取严格调控的措施,这严重削弱了航空公司抗击燃油威胁的自主权力,同时公司在喷气机航油供应的来源方面也没有任何选择权。有利的是,国内的燃油附加费政策在一定程度上弥补了一些航空公司因航油成本上升所带来的成本增加,但仅凭少量的燃油附加费收益是远远不够的。正因为如此,国内航空公司前几年出现了大幅亏损,其中 2005 年南方航空亏损达 18.53 亿,东方航空亏损 4.67 亿,中国国际航空虽然盈利达 33.74 亿元,但比 2004 年下降了 22%,这与其年初制定的利润增长 70%的目标相差甚远。

美国西南航空公司的成功就在于其有效利用了航油与原油、取暖油价格的相关关系,即利用相关商品进行套保,但国内航空公司却不具备类似的套期保值途径。就国内期货市场而言,目前只有一个燃料油期货品种,先不论其与原油的价格关系如何,重要的是它受到政府调控的管制,而国内企业到国外期货市场进行套期保值,更是受到国家的严格限制,这些都是国内航空公司必须面对和解决的难题。

2. 对我国其他企业的启示

近年来,随着世界经济全球化和我国工业化进程的深入,我国作为"世界工厂",对各种商品原料形成了庞大的需求。据统计,与加入 WTO 之前的 2000 年相比,目前国内铝现货市场规模扩大了 2.8 倍,铜扩大了 1.8 倍,天然橡胶扩大了 1.7 倍,锌扩大了 1.7 倍,燃料油扩大了 1.4 倍。然而,由于我国受制于自身资源贫乏和分布不均的限制,对外部原料的依赖进一步加强,原油、铁矿石、铜、铝等主要商品早已形成了大进大出的格局。在此背景下,商品价格风险的国际传导,尤其是近年来原油、基本金属、农产品价格的大幅上涨,对我国实体经济构成了巨大冲击,石化、有色金属加工等中下游行业面临经营风险,市场急需一个内部稳压器。

通过对美国西南航空公司与其他航空公司在航油套期保值上的比较分析,我国企业在进行套期保值时可以得到以下启示:

(1) 使用金融衍生工具进行套期保值。

作为大的原料采购企业或者生产企业,在未来价格不确定时,有必要使用金融衍生工具来对冲企业所面临的部分风险,尤其是一些原料或产品的价格波动较为剧烈的生产商和销售商。参与套期保值可以使企业获得相对稳定的利润流,确保企业的生存发展,而不至于在商品的一次价格波动中被淘汰。

(2) 咨询专业机构。

在选择金融衍生工具进行套保时,应该咨询专业机构,采用相对安全稳健的套保策略,而不能盲目地进入衍生品市场。由于金融衍生品是一个相对专业且风险较大的金融工具,如果没有利用好,不但不能规避企业本身面临的风险,还可能使自己处于更大的风险之中。现在很多期货公司都开始成立独立的部门来对企业进行辅导,比如长城伟业成立的机构事业部,就是为了服务企业等大型机构客户而专门建立的一个部门。

(3) 坚持套保原则。

企业进入衍生品市场的目的是为了对现货市场面临的风险进行转移,而不是为了获得投机收益,因此,在进行套保过程中应该在现货交接后再了结衍生品市场的部位。当然,这仍然可能有额外的收益,主要取决于该商品基差的变化。另外在数量上,可以选择对自己的产品进行部分或者全部套保,但切忌超过自身的采购数量或者产品数量。

(4) 对相关商品进行套期保值。

美国西南航空公司针对金融衍生品市场上并没有航油期货合约这一现实,巧妙地利用了原油及取暖油与航油之间的价格高度相关性特点,并通过在原油和取暖油衍生品市场上构建套保组合达到了规避风险的目的。这一点对于我国企业来说尤其重要,由于我国金融衍生品市场发展较晚,上市交易的合约品种非常有限,对于很多企业来说,他们需要采购的原材料和生产的产品都无法在市场上找到相应的合约。

美国西南航空公司的套保案例给了我们很多启示,不仅可以用相关商品进行套期保值,而且还可以利用现货、期货、远期合约、期权等各种衍生品工具构建套保组合以达到更好的套保效果。需要注意的是,并不是任意的两个品种之间都可以进行跨商品套保,在进行跨商品套保之前,一定要先对两个商品价格走势的相关关系进行正确评价,在此基础上再采取合理、谨慎的套保策略。

本章练习题

假定不考虑期货交易的保证金和手续费,试为下列原材料采购合同的套期保值业务作出会计处理。

20×1 年 9 月 25 日,甲公司与乙供应商签订了一份数量为 30 吨、单价为 6 091 美元/吨(折含税的人民币价格为 6 091×1.17×6.828 7＝48 664.52 元)的原材料铜进口采购合同。同日,甲公司在上海期货市场卖出 6 手铜期货合约(每手 5 吨),期货开仓价格为 48 625.00元/吨。20×1 年 10 月 25 日,原材料 30.692 吨到达公司仓库,到货日公开市场上的铜现货价格为 51 000.00 元/吨。20×1 年 10 月 26 日,该原材料全部被生产领用,领用日公开市场上的铜现货价格为 51 125.00 元/吨。20×1 年 10 月 27 日,6 手铜期货合约平仓,平仓价格为51 100.00 元/吨。

本章主要参考文献

[1] 美国财务会计准则委员会.美国财务会计准则 149－150 号·金融工具和套期保值会计修订[M].孙永尧,译.北京:经济管理出版社,2007:159－161.

[2] 张国永.衍生金融工具会计信息披露问题研究[M].北京:经济管理出版社,2009:231－234.

[3] 贾炜莹.中国上市公司衍生工具运用研究.对外经济贸易大学出版社,2010:3－11.

[4] (美)钱斯,布鲁克斯.衍生工具与风险管理[M].丁志杰,郭凯,等,译.北京:机械工业出版社,2010:152－161.

第八章 养老金会计

导入案例

目前,我国部分企业存在养老保险费费率过高,企业负担过重的问题。如:2007 年度,浙江格雷电工有限公司企业养老保险费占利润总额的 60.1%;浙江五联通讯连锁有限公司占利润总额的 28.39%。以上现状导致:① 企业缴费不积极。缴费单位未申报或零申报现象时有发生。相关调查发现,2007 年企业社会保险缴费登记 2 728 户,有 8% 的缴费单位未申报或零申报。② 企业参保意识不高。以最低月缴费工资基数申报缴纳企业养老保险费现象较普遍。相关调查表明,2007 年度企业养老保险费年累计缴费人次为 177 943 人次,以最低月缴费工资基数(1 080 元/人)申报缴费人次为 131 308 人次,占全部累计缴费人次的 73.79%。③ 人员参保比例过低。经对 2007 年底六家民营企业员工社会保险参保比例的调查发现,六家企业员工平均参保比例为 56%。有三家企业员工参保比例在 47% 以下,其中一家企业员工参保比例为 21%。

由于参保比例参差不齐,在其他条件相同的情况下,势必造成参保比例高的企业生产成本比参保比例低的企业生产成本高,使有较强社会责任感的企业在以价格为主要手段的市场竞争中处于不利境地。

内容提要

2005 年至 2006 年期间,美国以及国际会计准则委员会相继公布了新的会计准则,企业养老金会计方法产生了较大变动。

本章从养老金概述、养老金成本组成项目、养老金会计实务三个方面来阐述该问题,并在第四节通过与美国会计准则与国际会计准则的对比,明确进一步发展方向。

通过本章的学习,应达到以下目标:

1. 理解养老金会计的基本概念;

2. 理解养老金成本的组成项目;

3. 掌握养老金核算的会计处理;

4. 了解我国准则与美国准则、国际准则的相关差异及未来发展方向。

第一节　养老金概述

一、基本概念

(一) 养老金的性质

养老金是指支付给离退休人员用于保障日后生活的货币额,其本质是劳动力价值的一部分。具体来说,对企业养老金性质的认识存在着两种主要观点,即"社会福利观"和"劳动报酬观"。

1. 社会福利观

"社会福利观"认为不同于雇员在职期间所取得的工资,雇员退休后领取的养老金是对剩余价值的分配,是一种社会福利。

2. 劳动报酬观

"劳动报酬观"认为与雇员工资一样,养老金是劳动力价值的组成部分,所不同的是,养老金是劳动者一生劳动报酬分期支付中的延期支付部分,而工资则是即期支付部分。企业职工退休后领取的养老金,是以其在职时提供的服务为依据的,因此,养老金的根本性质是"递延工资"。

国际会计准则理事会 IASB 采用第二种观点。在"劳动报酬观"下,IAS 19 构建了以权责发生制为基础、系统地计量养老金成本;以保险精算为依据,记录和披露养老金资产、负债和损益的一套较为科学的会计体系。2011 年 1 月 1 日起施行的《国际公共部门会计准则第 25 号——雇员福利》(IPSAS 25)就是以 IAS 19 为蓝本而发布的,但也针对公共部门的特点作出部分不同于 IAS 19 的规定。

(二) 养老金计划类型

根据 IAS 19《雇员福利》,共有两种企业年金计划类型:设定提存计划(Defined Contribution Plan)和设定受益计划(Defined Benefit Plan)。

1. 设定提存计划

设定提存计划是指企业按照年金计划的约定,每年按照职工工资的一定比例提取年金,职工退休时所能领取的退休金取决于提存的金额及其所产生的投资收益,企业并不保证职工退休时企业年金的给付金额。

在设定提存计划下,企业每期应按计划公式提存给养老基金一定数额,雇员最终积累的养老金福利的多少取决于企业按计划提存给养老基金的金额、基金的投资收益以及其他雇员提前离职产生的基金罚没。由于未来受益风险由雇员承担,企业唯一成本是按养老金计划每期应提存的养老基金,这个应提存基金就是企业当期的养老金成本。只有当提存金额不足时,才在资产负债表上确认一项负债;只有当实际提存金额超过计划要求提存金额时,才在资产负债表上确认一项资产。

设定提存计划下的会计处理相对简单,美国、中国和国际会计准则对设定提存计划的会计要求基本相同。

2. 设定受益计划

设定受益计划是指企业承诺在职工退休时一次或分期支付一个确定金额的企业年金。只要职工退休时企业有能力履行支付义务,企业是否按时提取年金以及提取多少年金都由企业自行决定。

在设定受益计划中,雇员未来收到的养老金福利是不确定的,受雇员的流动性、死亡率、雇员的服务年限和报酬水平等因素影响。上述因素影响的养老金福利的不确定性风险由企业承担。由于设定受益计划下的会计处理涉及很多的假设和精算估计,故较为复杂。

目前,美国、英国和国际会计准则对设定受益计划下的会计处理都各自建立了一套以权责发生制为基础、精算估计为假设的比较完善的会计体系。由于我国企业年金制度只涉及设定提存计划,所以我国的会计准则也只规范了设定缴存计划下的会计处理,目前对设定受益计划下的企业年金会计处理还无据可循。

在设定受益计划中,企业承诺雇员在退休后可以定期收到一定数量的退休年金,承诺的年金是雇员服务年限和退休时报酬水平的函数。现在通用的企业年金给付公式是服务年限乘以最后3~5年的平均工资,再乘以企业年金收益系数。

第二节　企业养老金成本的组成项目

一、当期服务成本

当期服务成本,是指根据养老金计划,企业对参加计划的职工在本期向企业提供的服务应支付的养老金,折算为本期期末的保险统计现值。它构成预计企业年金负债的一部分。

确定当期服务成本时应考虑未来工资水平、平均物价水平、生产率的提高、职工工资的提升、职工的衰老、生活费用的提高等使得未来企业年金水平自发性增加的影响因素。

二、利息费用

利息费用,是指期初预计养老金负债随时间推移所产生的利息。用公式表示为:当期利息费用＝期初预计养老金负债×贴现率。

将利息费用计入养老金成本,是因为养老金是一种递延的劳动报酬,在职工服务期间并未支付,而其负债是以现值入账,随着时间的推移应逐期增加利息,才能在职工退休时,使预计养老金负债累积到应支付的养老金总额。

三、基金资产的预计报酬

基金资产的预计报酬是指期初基金资产进行投资营运预期可获得的收益。它是按下列公式计算:基金资产的预计报酬＝期初基金资产的市场相关价值×预计长期投资报酬率。

实际报酬是按下列公式计算:基金资产当期实际的投资报酬＝期末基金资产－期初基金资产－当期企业提存的现金＋当期受托机构实际支付的养老金

在会计上为了前后各期的养老金费用具有可比性,用"预计报酬"取代"实际报酬"作为养老金成本的抵减项。这一技术处理还有一个原因是,实际报酬包括了已实现和未实现的利得和损失,如果直接抵减当期养老金成本,则实际是确认了未实现利得和损失,这不符合公认会计准则的要求。至于实际报酬与预计报酬之间的差额则作为资产净损益的一部分进行递延确认。

四、前期服务成本的摊销数

前期服务成本的摊销数,是指将以前年度尚未确认的前期服务成本在当期进行摊销,作为养老金成本的一个增加来源。而前期服务成本是指在养老金计划生效日或修正日,对职工过去服务期间的养老金进行追认而增加的预计养老金负债。

对前期服务成本的会计处理有两种不同意见。一种意见认为,前期服务成本的产生是由于职工过去提供了服务而取得了养老金领取权,因此这些成本一经确定便应当在当期确认为费用。另一种意见认为,企业之所以愿意追溯增加养老金给付,是希望它能产生未来经济效益,比如提高职工未来的生产率、工作效率,降低职工的流动率,鼓励职工将来更好地为企业服务。不管这些成本的产生是否与过去的服务相联系,成本带来的受益期仅仅涉及本期和将来各期,而不是各期。由于这种成本具有未来经济效益,应将前期服务成本一方面确认为无形资产,另一方面确认为负债。这种做法得到了国际会计界的认可,普遍认为这是符合成本费用的定义,因为费用必须是能代表与当期的收益相配比的成本。至于第一种观点的做法,企业在以前各个期间获得收益,如果将前期服务成本作为"以前年度损益调整"项目在当期确认,是不配比的。

五、未确认损益的摊销数

未确认损益的摊销数,是指因保险统计假设的变更或假定和实际情况的差异而产生的基金资产损益及预计养老金负债损益,在当期进行摊销,作为当期养老金成本的增加来源。

第三节 养老金会计实务

一、账户设置及其核算的内容

(一)"养老金成本——企业年金"账户

该账户属损益类账户,用来核算应计入企业当期损益的企业年金成本费用,包括当期服务成本、负债利息、计划资产损益、前期服务成本的摊销等。

核算时应根据核算的具体内容设置三级科目,即养老金成本——企业年金(当期服务成本)、养老金成本——企业年金(负债利息)、养老金成本——企业年金(计划资产损益)、养老金成本——企业年金(前期服务成本)等三级账户。该科目期末结转到"利润分配—未分配利润",结转后无余额。

(二)"预计企业年金负债"账户

该账户属于负债类账户,用来核算企业承诺应向职工未来支付的企业年金.

(三)"企业年金计划资产"账户

该账户属于资产类账户,用来核算企业已向基金机构提拨的企业年金资金和基金运营带来的资产收益或损失。

(四)"前期服务成本"账户

该账户属于资产类账户,用来核算企业因年金计划的修改而提高(很少情况减少)职工以前年度提供服务的企业年金,或为吸纳新加入人才丧失前单位企业年金而给予的补偿费。该账户借方登记有关职工未来福利的增加数,贷方登记有关职工在剩余服务年限内的分配数。

二、企业年金的会计处理

会计期末,企业应确认企业年金费用及相关的资产和负债,编制会计分录前,必须根据精算师、基金受托机构提交的报告和企业的工作底稿做大量的工作,包括:编制前期服务成本、未确认损益和过渡性成本明细表和摊销表,编制当期企业年金费用计算表,编制应付企业年金费用和预付企业年金费用账户余额表。上述工作完成,就应编制确定受益企业年金计划的会计分录。

(一) 设定收益养老金会计处理

(1) 每年发生服务成本和负债利息时:

借:管理费用——企业年金费用

贷:预计企业年金负债

(2) 提存资金时:

借:企业年金计划资产

贷:银行存款

(3) 企业年金计划资产发生实际收益时:

借:企业年金计划资产

贷:管理费用——企业年金费用

发生损失时,作相反分录。

(4) 企业年金计划修改(包括开始实施)时确认前期服务成本:

借:前期服务成本

贷:预计企业年金负债

(5) 每年摊销前期服务成本(PSC)时:

借:管理费用——企业年金费用

贷:前期服务成本

(6) 实际支付企业年金时:

借:预计企业年金负债

贷:企业年金计划资产

(二) 设定提存养老金会计处理

(1) 企业上缴社会统筹费时:

借:管理费用—养老金费用

贷:银行存款

(2) 向个人账户足额拨付资金时:

借:管理费用——养老金费用

贷:银行存款

(3) 向个人账户不足额拨付资金时:

借:管理费用——养老金费用

贷:银行存款

应付养老金费用

（4）向个人账户超额拨付资金时：

借：管理费用——养老金费用

预付养老金费用

贷：银行存款

三、我国企业养老金会计处理方法

（一）相关规定

我国企业年金会计处理的最新政策依据是财政部于 2006 年颁布的《企业会计准则第 9 号——职工薪酬》。其应用指南中指出："规定计提基础和计提比例的，应当按照国家规定的标准计提。比如，应向社会保险经办机构等缴纳的医疗保险费、养老保险费（包括根据企业年金计划向企业年金基金相关管理人缴纳的补充养老保险费）、失业保险费、工伤保险费、生育保险费等社会保险费，应向住房公积金管理机构缴存的住房公积金，以及工会经费和职工教育经费等。没有规定计提基础和计提比例的，企业应当根据历史经验数据和实际情况，合理预计当期应付职工薪酬。当期实际发生金额大于预计金额的，应当补提应付职工薪酬；当期实际发生金额小于预计金额的，应当冲回多提的应付职工薪酬。"

（二）会计处理

我国的企业年金是各期按照固定金额或工资总额的一定比例支付，属于设定提存计划。因此，准则对企业年金按照设定提存计划进行会计处理，即在职工提供服务的期间，按照实际应提取金额确认应承担的义务，并计入相关资产的成本或确认为当期费用。

当前我国的养老金会计处理主要有两部分：企业对基本养老保险的会计处理和企业对补充养老保险的会计处理。

1. 基本养老保险会计处理

① 借：生产成本

制造费用

管理费用

贷：应付福利费——应付基本养老金

② 借：应付福利费——应付基本养老金

贷：银行存款

③ 借：应付工资

贷：其他应付款——应付代扣基本养老金

2. 补充养老保险会计处理

根据相关调查显示，许多企业补充养老保险采用办法为约定提存金，相关会计处理方法与上述方法基本相同。

第四节　养老金会计的国际比较与未来发展方向

我国养老保险制度从 1984 年开始建立试点，2006 年 2 月 15 日，财政部在借鉴国际会计准则的基础上，将养老金会计按照会计主体的不同分为企业养老金会计和企业年金会计，分别在企业会计准则第 9 号和第 10 号中予以规范。

《企业会计准则第 9 号——职工薪酬》对职工养老金保险费等各种不同形式报酬的会计处理进行归纳，规范了职工薪酬的确认、计量和披露。依照该准则，企业将根据具体的设定提存计划，按照固定金额或工资的一定比例提取并支付基本养老保险和企业年金，在职工在职的会计期间确认为负债，并且根据受益对象计入资产成本或当期费用，体现了权责发生制的原则。

《企业会计准则第 10 号——企业年金基金》将依法制定的企业年金计划所筹集的资金及其投资运营收益形成的企业补充养老保险基金，单独作为独立的会计主体进行会计处理和列报；规范了企业年金基金的资产、负债、收入、费用和净资产的确认、计量和披露；规定企业年金基金所持有的各类投资需以公允价值计量；企业年金基金的报表由资产负债表、净资产变动表和附注组成等。

一、美国养老金会计准则

美国财务会计准则委员会先后颁布了多项有关养老金的会计准则，形成一套比较科学的会计体系。该体系主要由 FAS 87《雇主对养老金的会计处理》、FAS 88《雇主对设定受益养老金计划的结算、削减和终止福利的会计处理》以及 FAS 158《雇主对设定受益计划和其他退休后福利计划的会计处理》等组成。

二、国际养老金会计准则

国际会计准则委员会颁布了《国际会计准则第 19 号（IAS 19）——雇员福利》和《国际会计准则第 26 号（IAS 26）——退休福利计划的会计和报告》两项养老金会计准则。

> **思维拓展**
>
> 我国目前的养老金会计与美国和国际准则有何差异？你如何看待养老金会计准则未来发展方向？

三、国际比较

（一）规范范围

1. 美国和国际会计准则

美国和国际会计准则对养老金计划的基本核算方法相似，均根据养老金给付方式不同，将养老金计划分为设定提存计划和设定受益计划；不同的养老金计划类型遵循的会计处理方法不同。

2. 我国会计准则

我国至今未对企业年金计划进行分类，但从 2004 年颁布的《企业年金管理试行办法》和 2006 年财政部颁布的新的企业会计准则第 9 号可以看出，我国企业年金计划实施的类型是设定提存计划。我国有关准则和制度只对设定提存计划的会计问题进行了规范。

（二）确认和计量

1. 美国和国际会计准则

（1）养老金计划资产。

设定提存计划下，IAS 19 要求对计划资产按公允价值计量，FAS 158 要求对养老金计划资产的计量采用市场相关价值，市场相关价值可能是公允价值，也可能是在不超过 5 年内以系统和合理的方式通过确认公允价值的变动而计算所得的价值。IAS 19 和 FAS 158 规定的计量计划资产的日期均为资产负债表日。

（2）折现率。

IAS 19 规定的折现率为高质量公司债券的市场收益率。FAS 158 采用的折现率是高质量固定收益投资的收益率。FASB 的解释是如果计划资产在计量日投资于高质量债务工具的投资组合，该投资将会提供支付到期养老金债务所必需的现金流。

（3）养老金计划负债。

IAS 19 和 FAS 158 规定的计划负债的精算估价方法均为应计福利法。IAS 19 和 FAS 158 规定的计量计划负债的日期均为资产负债表日。FAS 158 规定，如果预计福利负债超过计划资产的公允价值时，企业应将其差额在企业的资产负债表中反映，此举将以前在附注中披露的负债带入报表中，确认了比以前金额更大的最小负债，而 IAS 19 并无类似规定。

2. 我国会计准则

我国养老保险费按照国家规定的计提基础和比例计提，企业应按期、足额向社会保障基金拨付，这涉及养老金负债的确认问题。对于在职工提供服务的会计期末以后一年以上到期的费用，企业应当选择恰当的折现率，以折现后的金额计入相关资产成本或损益。

（三）会计处理

1. 国际会计准则

（1）设定提存计划。

提存时，借记"养老金费用"科目，贷记"现金"科目。如果企业各期应提存的数额与实际提存数额之间不等，则构成负债（应计费用）或是一项资产（预付费用）。

（2）设定受益计划。

首先，确认养老金费用（服务成本和负债利息）：借记"管理费用——养老金费用"科目，贷记"预计福利负债"科目。其次，确认各期应缴纳的养老基金以及由此产生的资产与负债：在提存资金时，借记"养老金计划资产"科目，贷记"银行存款"科目。再次，在养老金计划资产发生实际收益时，借记"养老金计划资产"科目，贷记"管理费用——养老金费用"科目。最后，确定各期已退休职工的实际养老金支付额等事项：如养老金计划修改时确认预计养老金负债，借记"前期服务成本"科目，贷记"预计福利负债"科目；每年摊销前期服务成本时，借记"管理费用——养老金费用"科目，贷记"前期服务成本"科目；在实际支付福利时，借记"预计养老金负债"科目，贷记"养老金计划资产"科目。

2. 我国会计准则

我国养老金企业缴纳部分的会计处理由职工薪酬准则规范；个人缴费部分的会计处理由企业年金基金准则规范。

（四）信息披露

1. 美国和国际会计准则

FAS 158 要求的披露内容与 IAS 19 基本相同。一是对计划的一般性说明，包括受益的雇员群体；二是对退休金费用所采用的会计政策，包括对所采用的保险统计方法作一般性说明，如该计划是否设立基金；在这一期间内确认为使用或收益的金额；在最近一次保险统计估价是对已承诺的退休金计算的保险统计现值；在计划设立了基金的情况下，该计划下的资产在最近一次保险统计估价时的公允价值等。企业如有一个以上的退休金计划，则财务报表应将所有计划一并提示，或单项分列提示。

2. 我国会计准则

我国准则规定企业应当在附注中披露以下内容:支付给职工的工资、薪金、津贴,及其期末应付未付金额,医疗保险费,养老保险费,失业保险费,工伤保险费和生育保险费等社会保险信息,以及住房公积金等内容。因自愿接受裁减建议的职工数量、补偿标准而产生的或有负债,则参照《企业会计准则第 13 号——或有负债》规范披露。

四、未来发展方向

目前,IAS 19 仍然备受关注,对其改进仍在持续。2008 年 4 月 7 日,IASB 发布了一份讨论稿《关于修订 IAS19 的初步意见》,以征求公众意见。其中,取消区间法递延确认精算损益的呼声越来越高涨,如若得以实现,IAS 19 将被大大简化。

综合案例

养老金相关问题

近期,当西方欧美等国政府正为金融危机造成的养老金大幅缩水而一筹莫展之时,中国也在为一组数据的出台而陷入担忧。

据最新预测显示,我国老年人口比例在 2024 年将超过 20%,这意味着到那时,几乎每四个人中就有一位是 60 岁以上的老年人。老龄化程度最高的上海市已经开始为养老金的入不敷出感到"头痛"。每年社保亏空超百亿新闻的曝出,触动了人们敏感的神经,也敲响了应对人口老龄化的警钟。

其实,上海的社保亏空仅是冰山一角,放眼全国范围,空巢、高龄、失能老人数量不断增加;社会养老服务发展严重滞后,机构养老亟待规范;养老设施落后,缺乏统一标准;专业人才匮乏;老龄工作管理体制机制不顺畅……面对快速发展的老龄化,我国的社会保障应对显然有些措手不及。

企业基本养老保险涉及广大人民群众的基本利益,关系到千家万户的幸福和安康,为此相关部门要做好以下几方面工作:

(1) 降低基本养老保险费费率,减轻企业负担。

对于经济欠发达地区,市级企业大多属于小企业,竞争能力和盈利能力都较低,基本养老保险费费率也应与此相配比,不应该出现比发达地区高的现象。市政府应组织相关部门进行调查和测算,在确保合理的支付能力的前提下,尽快降低基本养老保险费费率,减轻企业社会保险费负担。

(2) 实现全员参保,人人享有养老保险。

在具体落实时,应以社会保险费征缴为主线,以依法经办为手段,努力实现应保尽保、应收尽收。有关部门要在招工时提前介入,办理参保手续,努力做到全员参保。同时,做实企业缴费基数,通过增加社会保险费收入等途径,提高社会保险基金的支付能力。

(3) 完善计征依据,共享现有税收征管资源。

为了进一步加强基本养老保险金的征缴监管力度,降低征缴成本,建议基本养老保险费单位缴纳部分的缴费基数以企业所得税税前扣除的全部职工工资为计征依据,职工个人缴纳部分以其上年个人所得税应税职工工资总额为计征依据。

本章练习题

甲公司于 20×1 年 1 月 1 日起执行设定收益养老金计划。A 职工预计 25 年后退休,预计养老金年限 15 年,预计退休前的最后工资水平是年薪 50 000 元,当年的工资水平为 40 000元,养老金计划规定职工退休后每年收到的养老金是未来工资水平的 30%,合适的折现率为10%。试编制职工在职期间养老金计划的会计分录。

本章主要参考文献

[1] Paraskevi Vicky Kiosse, Ken V. Peasnell. Have Changes in Pension Accounting Changed Pension Provision? A Review of the Evidence. *Accounting and Business Research*, 2009, 39(3).

[2] Eli Amir, Yanling Guan, Dennis Oswald. The Effect of Pension Accounting on Corporate Pension Asset Allocation: A Comparative Study of UK and US. *Review of Accounting Studies Volume*, 2010, 15(2).

[3] 陈芳芳. 美国养老金会计最新发展及其借鉴[J]. 财会通讯,2008(3):105.

第九章　政府与非营利组织会计

2009 年以来,欧洲一些国家相继发生了严重的主权债务危机。2010 年,希腊、意大利、爱尔兰、葡萄牙的政府债务占 GDP 的比重更是分别高达 144.9%、118.4%、94.9%、93.3%。人们不禁思考,主权债务危机产生的原因到底是什么?

政府财政财务管理不善是欧洲主权债务危机爆发的重要原因。这些国家都有一些共同的特点,包括:① 政府财政收支管理松懈及政府债务约束弱化。历史上世界各国对财政赤字的态度都是非常保守的,但 20 世纪三四十年代的大萧条及凯恩斯主义的盛行后,各国对财政赤字的看法似乎发生了根本性变化。欧洲国家纷纷建立起高福利的社会制度,一些经济落后的国家在养老、医疗的社会保障支出上增长极快,但经济和政府收入却仍然较低。尽管欧盟对欧元区国家的财政赤字、公共债务水平有比较严格的标准,但从实际情况看,欧元区成员国并没有严格执行。金融危机爆发后为了加快经济复苏,希腊等国更是放松了债务限额的标准,没有控制住债务风险,反而使债务规模严重超标。② 政府财政财务管理透明度不高。政府财政财务管理透明不仅要求信息公开,还要求信息全面、准确,但是发生债务危机的国家在不同程度上存在着编制虚假会计信息,粉饰政府财政财务状况等问题。以希腊为例,它为了加入欧元区设计出一套复杂的货币交易方式,让其账面财政赤字占 GDP 的比重从 5.2% 降低为 1.5%,低于 3%。进入欧元区之后,希腊政府仍经常运用所谓的创造性代替手段掩盖政府财政风险,如低报军费支出、多报社会保险基金剩余、少算利息、把未来收益证券化等。此外,由于这些国家大多实行了财政收付式会计,许多政府费用和债务无法全面准确反映出来,掩盖了政府财政财务管理上的问题。

财政部国库支付中心副主任娄洪认为,推行以权责发生制为基础的政府会计改革,是加强政府财政财务管理的重要手段。政府会计是政府财政财务管理信息的主要来源,也是加强政府财政财务管理的主要工具,欧洲一些主权债务国家政府财政财务管理中存在着的问题,也暴露出传统的政府会计制度的严重不足。传统的政府会计以收付式会计为基础,这种基础无法全面准确地反映政府的财政财务状况和运营情况,难以提供财政长期可持续性的信息,从而无法为政府决策提供有用的信息,也不利于公众的监督和施加压力。(资料来源:http://news.hexun.com/2011-11-12/135149474.html)

内容提要

政府及非营利组织会计是与企业会计具有同等重要地位的会计分支。近年来随着我国政府职能转变和财政管理体制改革,现行的主要以收付实现制为基础的预算会计体系逐渐暴露出滞后性和不适应性;随着国家社会保障体系内容的不断丰富和运行体制的不断变革,现行社会保险基金会计体系在涵盖内容、核算方法等方面逐渐显露出不完善和不协调;随着民间非营利组织自身的不断发展和社会关注度的提高,其会计核算、信息披露等方面出现了一些新情况和新问题;行政事业单位会计基础工作不规范、内部管理和控制弱化等问题依然比较突出。这些问题反映出我国政府及非营利组织会计体系与社会经济发展的要求还不适应,改革任务比较艰巨。

20世纪90年代以来,随着经济全球化速度的加快和我过市场经济体制的建立与完善,我国政府职能正在发生转变,民间非营利组织在我国也得以飞快发展。为了规范政府和民间非营利组织的会计行为,提高其会计信息质量,财政部在充分考虑我国国情及国际会计发展趋向的基础上,于2004年制定并发布了《民间非营利组织会计制度》,于2005年1月施行,并于2011年9月9日制定了《会计改革与发展"十二五"规划纲要》。

那么,什么是政府与非营利组织?政府与非营利组织的类型有哪些?这些是本章将回答的问题。

通过本章学习,应达到以下目标:

1. 了解什么是政府与非营利组织;

2. 了解政府会计的定义、特征及准则规范等;

3. 了解非营利组织会计的定义、特征及规范等。

第一节 政府与非营利组织会计概述

一、政府与非营利组织的类型及特征

政府及非营利组织是一个国家政治稳定、经济发展必不可少的重要组成部分。政府通过提供公共物品和服务,来履行其保卫国家安全、维护社会公共秩序、促进科技进步和经济发展等职能;非营利组织愿意承担或协助政府解决一些社会问题,如公众医疗、国民教育、社会救济等。由此可见,政府及非营利组织为促进社会进步、人民生活水平提高发挥了重大作用。然而各国在政治、经济、文化方面的差异，使得政府及非营利组织类型往往也不一致。本节将先后列举美国与中国的政府与非营利组织的类型以便于比较。

(一) 政府组织的类型

政府是一个与国家密切联系在一起的政治学概念，它以国家的存在为基本前提。国家是一个由一定人群居住在一起而组成的社会实体。当人们群居而组成社会实体后，就需要有国家赖以生存和发展的机构，包括各种国家机构，如权力机构、行政机构、专政机构等。政府，是指负责执行国家行政工作的机关，是国家机构的组成部分。所有国家的政府都可以划分为中央政府和地方政府。

在美国，政府组织主要分为联邦政府及州和地方政府，并且不同政府组织被赋予不同的权力与职能。联邦政府具有行政权、立法权和司法权，三权独立且相互牵制，即政府的行政活动和立法行动受到司法部门的限制，行政活动还受到立法部门的限制。联邦政府的职能包括铸币、征税、举债、维持军队、主持外交、管理洲际和国际贸易等，州和地方政府的权力与联邦政府总体相同，不同之处在于，州和地方政府的大部分法官是通过选举的方法产生的。另外，州和地方政府的职能主要是处理所辖州和地方范围内的各项公共事务，如向公民提供公共物品或服务、以地方名义征税、组织警卫力量和维护治安等。

在我国，中央人民政府（即中华人民共和国国务院）是最高国家权力机关的执行机关，实行总理负责制，它由总理、副总理、国务委员、各部部长、各委员会主任、审计长和秘书长组成。中央政府部门和单位主要包括国务院各组成部门（如外交部、国防部等）、国务院直属特设机构（如国资委）和直属机构（如海关总署、税务总局等）、国务院办事机构（如侨办、港澳办等）和由国务院各有关部委管理的国家局（如信访局、粮食局等）等行政单位。地方政府包括各省（直辖市、自治区及特别行政区）政府、各地市政府、各县（市、区）政府和各乡镇政府及其地方各级政府的各行政单位。

(二) 非营利组织的类型

非营利组织（NPO）是英文 Non-profit Organization 的缩写。尽管现代意义上的非营利组织出现于第二次世界大战前后，而到 20 世纪 80 年代末，国际社会才开始关注这类组织。在国际社会中，非营利组织也被称为"非政府组织"（Non-governmental Organization，简称 NGO）、"公民社会组织"（Civil Society Organization，简称 CSO）和"第三部门"（Third Sector）等。

在美国，非营利组织主要分为公立非营利组织和私立非营利组织。不同的非营利组织适用的财务会计准则不同：公立非营利组织虽没有明确定义，习惯上把这类组织作为政府部门的一部分，适用政府会计准则委员会（GASB）发布的准则；而私立非营利组织则适用财务会计准则委员会（FASB）发布的准则。如何判断非营利组织是公立还是私立？注册会计师协会（AICPA）提出，公立（政府）组织是指至少具有以下特征之一的公共公司、联合团体和政治团体：① 该组织权力机构成员的控制多数由一个以上州和地方政府的官员选举或任命（同意）；② 政府具有潜在的将该组织的资产转入政府的单方决定权；③ 该组织具有税收立法和执行权；④ 该组织能够直接发行利息免征联邦所得税的债务，而不需要通过州或市政府。公立非营利组织主要有图书馆、博物馆、公立医院、公立大学及大学基金会。私立非营利组织不仅数量众多，其类型更是应有尽有，如美国癌症协会、男童子军、女童子军及财务会计基金会。

在我国，非营利组织按其资金来源的不同划分为国有非营利组织和民间非营利组织两类。国有非营利组织主要由各级政府出资设立，实质属于政府组织的组成部分，类似于美国的公立非营利组织。而民间非营利组织是指依照国家法律、行政法规登记的社会团体、基金会、民办非企业单位和寺院、宫观、清真寺、教堂等,类似于美国的私立的非营利组织。

(三)政府与非营利组织的特征

美国会计学会在《非营利组织会计实务委员会报告》中指出,"通常区分营利与非营利的基础就是有无营利动机",并且从行为上将非营利组织定义为"无营利的动机,无个人或个别拥有组织的股权或所有权,组织的权益不得任意抽收或交换,通常都不可或被要求直接地或按比例地给予资金捐助者或赞助者财务上的利益"。

政府及非营利组织之所以存在,是因为人们需要它向社会提供公共产品或公共服务,而这些公共产品或公共服务大多数不可能由营利性企业在有利可图的前提下提供。政府及非营利组织在向公民提供这些公共产品或公共服务时,通常不考虑成本能否从其收费中得到补偿,或者费用的支付者是否从中获益。

与营利性企业相比,政府与非营利组织的特征主要表现在以下几方面:

(1)建立和运行的目的不在于营利,并且一般不需要交纳所得税;

(2)由委托人或选举人共同拥有,不存在可以出售或转让的权益份额;

(3)财务资源的提供者不一定可以直接或按比例得到相应的服务或货品;

(4)重要的运行政策由选举人或相应的权利机构通过投票表决来制定。

二、政府与非营利组织的理论基础

政府与非营利组织的研究通常涉及政治学、经济学、社会学、公共管理等领域,因而表现出一种较为明显的跨学科特征。下面将分别阐述有关政府和非营利组织的理论基础。

(一)政府相关理论:基于新公共管理的分析

自20世纪70年代末80年代初开始,伴随着全球化、信息化、市场化以及知识经济时代的来临,西方各国开始了一系列的政府改革运动,世界进入了公共部门管理尤其是政府管理改革的时代。无论是英美、欧洲国家,还是澳大利亚、新西兰、日本和一些发展中国家,都相继掀起了政府改革的浪潮。与此同时,西方公共管理学界涌现出了许多与传统公共行政理论大不相同的管理理论,其中包括政治上的公共选择理论、委托代理理论和交易成本理论等,这些理论共同构成了"新公共管理"的理论基础。

1. 公共选择理论

公共选择理论以经济学的理论基础即理性经济人为出发点分析政治活动,认为政府官员同样是追求自我利益最大化的人,其私人利益动机将促使他们寻求扩大项目和增加预算,过度供应公共服务,并且由于缺乏竞争、监督体制和绩效评估体系,公共服务的质量也难以改善。由此可见,政府并不能在所有的公共事务决策上都追求公众的普遍利益。因此,公共选择理论提倡由公众自己来作出有关公共事务的决策,而不是由政府代为决策。政府也应该缩小活动范围,缩减政府部门规模,将部分政府职能交由私人部门承担,并通过合同外购、强制竞争、业务外包等方式来实现。公共选择理论指出了官僚政治体制的缺陷,并提出了市场化的解决方式,为"新公共管理"奠定了一定的理论基础。

2. 委托代理理论

委托代理理论通过对公共行政领域的委托代理问题的分析,为减少公共部门的委托代理问题指出了方向。首先,缩减政府规模,将公共服务签约外包。委托代理理论认为,私营部门的委托代理问题比公共部门少,因此可以通过供给与生产相分离、签约外包等方式将公共部门委托代理问题转移到私营部门中去,从而减少公共部门的委托代理问题。其次,强化公共部门之间的竞争。委托代理理论认为,竞争能减少委托人所面临的代理成本,而提高代理人从事投机行为的成本。最后,制定激励契约。委托代理理论认为,固定报酬制度不能对个体产生有效的激励效果,反而会强化官僚的偷懒动机。采取绩效工资制可以有效激励个人,实现个体利益与共同利益的相容。

3. 交易成本理论

交易成本理论认为公司可能会偏好市场检验或签订合同的方法而不仅仅局限于在公司内部完成某些工作,该情况同样适用于公共部门。在公共部门中,如果采用对外签约的形式来降低行政费用并且造成某种竞争,那么有可能使某些交易只付较低的费用。但如果按照交易与成本理论的逻辑进一步分析,对于某些公共部门来说,由于市场检验已经成为强制性的事情,内部完成的效果可能实际上会更好。

同代理理论一样,交易成本理论也假定委托人与代理人即交易的双方都会设法寻求自我利益。然而,双方能否获取私利则取决于一系列的结构条件和环境因素:不确定性程度;信息失衡状况;是否存在有限理性制约;交易双方是否拥有别人所没有的或很难拥有的特异性资产;在某一领域是否存在少数议价的情况,即潜在的买方或卖方很少,因而在讨价还价时由于缺乏竞争而占有优势。这些条件和因素直接影响到哪些公共服务可以利用市场机制,而哪些领域的公共服务利用政府机构更好。具体地说,当提供服务的不确定性低、所需的物品或服务数量或质量易于衡量、潜在的供应商数量多时,将公共服务承包出去最好;而条件相反时,特别是当保持所供物品或服务的质量特别重要时,由政府内部机构提供则会更好。在利用市场机制、承包公共服务、界定政府职能等方面,新公共管理显然是借鉴了交易成本与代理理论。

(二)非营利组织相关理论

20世纪70年代以来,在北美和欧洲,学术界对于非营利组织的研究急剧增加。非营利组织正在世界范围内成为一个新兴的跨学科研究领域。经过几十年的发展,西方非营利组织研究领域中形成了几种较为权威的理论。

1. 政府失灵理论

这一理论由美国经济学家伯顿·韦斯布罗德提出,他认为,任何投票者都有对于物品(包括公共物品和私人物品)的需求,政府、市场和非营利部门都是满足个人需求的手段。这三者在满足个人的需求方面存在相互替代性。由于政府和市场在提供公共物品方面的局限性,导致了对于非营利部门的功能需求,这是非营利部门存在的主要原因。

政府在提供公共物品上局限性主要表现为资金限制和所提供的公共物品的局限两方面。一般而言,政府的资金主要源于税收,因此政府在使用资金时就不得不考虑纳税人的利益和意愿。然而税收数量毕竟有限,无法满足消费者方方面面对公共物品的所有需求。不同的纳税人对公共物品有不同的需求,政府很难满足所有人的需求,这就为其他组织机制的介入提供了前提条件。

大量对于政府提供的公共物品不满意的消费者可以在市场和非营利组织之间进行替代性选择。在其他条件相同的情况下,对政府提供公共物品的需求越不满意,非营利组织的规模就越大。对于特定的政府输出,消费者需求的差异越大,非营利组织的输出就越大;反之,非营利组织的规模就越小。

2. 合约失灵理论

这是美国法律经济学家亨利·汉斯曼提出的理论。公共物品的提供者与消费者之间存在信息不对称，公共物品的难以量化性和质量的模糊性更是加剧了这种不对称性，此时仅靠生产者与消费者之间的合约，难以防止生产者坑害消费者的机会主义行为，这就出现了汉斯曼所说的"合约失灵"(Contract Failure)现象。

汉斯曼认为，若这类商品或服务由非营利组织来提供，生产者的欺诈行为就会少得多。这是因为非营利组织受到了"非分配约束"(Non-distribution Constraint)。也就是说，非营利组织不能把获得的净收入，分配给对该组织实施控制的个人，包括组织成员、管理人员、理事等。净收入必须得以保留，完全用于组织的进一步发展。

在汉斯曼看来，"非分配约束"是非营利组织区别于营利性组织的最重要特征。这个特征使得非营利组织在提供信息不对称的商品和服务时，尽管有能力去提高价格或降低产品质量，而且不用担心消费者的报复，但他们仍然不会去损害消费者的利益。由于他们所获得的利润不能参与分配，这在很大程度上抑制了生产者实施机会主义行为的动机，从而维护了消费者的利益。

由于政府与非营利组织特点及功能的不同，二者的会计目标、会计报告等也不尽相同，因此本章将分两节分别介绍政府会计与非营利组织会计。

第二节　政府会计

一、政府会计的定义与目标

(一) 政府会计的定义

国际上，政府会计有好几个同义词，常见的有"公共部门会计"和"公共会计"。在公共部门和公共开支规模日益扩大的背景下，需要发展一套强有力的政府会计系统来帮助实施对公共支出的有效管理和控制。

(1) 法国在 1962 年 8 月颁布的有关法律将政府会计表述为："公共会计记录行政部门(国家、地方政府和行政事业单位)的账目……公共会计的目的是为能了解和控制预算和资金流动的步骤、财产状况、成本和年终结果。公共会计与企业会计一起构成国民会计的一部分。"[1]

(2) 美国财政专家 B. J. 理德与约翰·W. 斯韦恩的表述："公共部门会计是指对在预算执行阶段发生的财政行为进行记录。"在这一阶段形成的对预算收支的记录，是评估预算执行结果、准备一轮预算编制以及预算执行过程中财政决策的基础。[2]

(3) 根据国际公共部门会计准则委员会的规定，政府会计是指用于确认、计量、记录和报告政府和事业单位财务收支活动及其受托责任的履行情况

> **思维拓展**
> 你认为在政府会计的众多定义中哪个定义更清晰？为什么？

---

[1]　周红《法国公共会计体制评介》，《会计研究》2002 年第 3 期。
[2]　理德 B J，斯韦恩 J W《公共财政管理》，中国财政经济出版社，2002 年版，第 20 页。

的会计体系。

我国官方组织没有对政府会计进行定义,国内学者在各种研究中多是引用和借鉴国外有关政府会计的定义。王雍君将政府会计定义为:"用以对公共部门的财政交易或事项进行记录与计量,并将记录的结果报告给公共信息使用者的信息系统"。李建发在《政府会计论》中指出,政府会计是一门用于确认、计量、记录政府受人民委托管理国家公共事务和国家资源、国有资产,报告政府公共财务资源管理业绩及履行受托责任情况的会计分支,并主张将预算会计改为政府会计或政府及非营利组织会计。

(二) 政府会计的目标

美国全国政府会计委员会(NCGA)在1982年1月发布的第1号概念公告中确定政府及政府财务报告的全面目标是为经济、政治和社会决策以及受托责任和财务管理提供财务信息,为评价管理和组织业绩提供依据。政府会计准则委员会(GASB)在1987年5月公布的《概念公告第1号——财务报告的目标》中,对政府会计财务报告的总体目标作了概况性的总结,即政府财务报告应当提供信息以帮助使用者评价受托责任并作出经济的、社会的和政治的决策。具体而言,政府财务报告目标主要包括以下三个方面:

(1) 政府财务报告应当帮助实现政府的公共受托责任,并且应当能够让使用者评价这种公共受托责任;

(2) 政府财务报告应当帮助使用者评价政府主体当年的业务活动成果;

(3) 政府财务报告应当帮助使用者评价那些可以由政府主体提供服务的服务水平,并帮助使用者评价政府履行到期责任的能力。

我国政府会计的目标尚未完全确立,在学术界,学者们对我国政府会计目标问题也进行了探讨。陈立齐、李建发(2003)认为政府会计有三个层次的目标:基本目标是检查、防范舞弊和贪污,以保护公共财政资金的安全;政府会计的中级目标是促进健全的财务管理;最高层次的目标是帮助政府履行公共受托责任。陈小悦、陈漩(2005)认为政府会计的目标在于实现政府履行职责的高经济透明度,高经济透明度对实现良好的公共治理和有效评估政府行为是至关重要的。陈穗红、石英华(2007)认为政府会计目标的形成主要受到经济和政治环境、财政管理的模式、政府会计信息使用者的需求、政府会计信息提供者的意愿的影响。

二、政府会计特征与体系

(一) 政府会计类别

基于不同的分类标准,政府会计可区分为多个分支,具体分支也因国家而异。例如法国将政府会计(称为"公共会计")区分为国库会计、税务和公共财经系统会计以及特殊专业会计。国库会计是最核心的部分,负责对公共收支的记录和预算的执行控制,直属财政部公共会计司。特殊专业会计主要是公共事业单位(学校和医院等)会计。从功能上看,政府会计可以分为以下几个主要类别:[①]

1. 预算会计

预算会计是追踪拨款与拨款使用的会计,是政府会计体系中最重要的分支。预算会计的这一地位反映了如下认识:会计制度至少应能反映法定预算的科目分类与资金分配情形。

---

① 徐仁辉《公共财务管理——公共预算与财务行政》,智胜文化事业有限公司,2000年版,第19章第2节。

2. 成本会计

提供关于支出单位管理费用、存货、使用联合服务(如空调与电脑)与公有空间、人员福利、折旧、资源使用、对特定规划的时间分配。这是对规划进行成本与效益分析的前提。成本会计在某些方面弥补了现金基础会计与应计基础会计的不足。现金会计侧重个别的拨款数与分配数,不是规划的实际资源使用;应计会计系统有助于提供这些资料,但不完全。成本会计关注的是记录所有实际使用的资源,比应计会计更具有包容性。

3. 收入会计

从发达国家的实践看,收入会计反映收入流入哪一类基金(一般基金或特种基金)。之所以如此,原因在于发达国家的政府会计多以基金为本位。所谓"基金",在会计上指一套用以进行独立会计记录的账户和报告系统。换言之,基金是一个独立的财务报告实体。

4. 经济会计

公共部门的经济会计提供预算作业与支出控制所需要的经济分析资料,核心有两项:支出的经济分类信息(包括经常性支出及资本性支出,每一类再分设转移支付、债务支出和出借等)和政府支出占 GDP 的比重。

(二)美国政府会计的特征

美国政府会计是一种基金会计模式。美国政府会计准则委员会(GASE)认为,基金是指:"按照特定的法规、限制条件或期限,为从事某种活动或完成某种目的所分离形成的,依靠一套自身平衡的科目来记录现金及其他财务资源,以及相关负债和剩余权益或余额及其变动情况的一个财务与会计主体。"这表明基金具有特定的目的和用途外,还强调基金被视为一种会计主体,设置相应的资产、负债、收入和支出科目,并各自有平衡关系。基金会计模式的特点是:① 政府会计的权益理论是基金论;② 基金是一种会计主体,主要有政府基金、权益基金和信贷基金三种类型;③ 基金会计确认基础采用应计制会计基础或修正的应计制会计基础;④ 每项基金的财源流入和流出,设置相应的"预算账户"和"实际账户",将预算纳入会计核算中去。这种会计模式的优点是可以达到控制和检查限定资源的使用是否符合法律和行政的要求;但缺点是如果基金种类多,会使会计科目及会计报表都比较复杂,且各项基金不能调剂使用,政府单位财务会形成浪费。

(三)我国预算会计体系和预算会计制度

严格地说,我国目前没有政府会计,只有预算会计。政府会计与预算会计既有联系又有区别。政府会计以政府相关的各种活动为核算对象,如行政活动(或称政务活动)、权益活动(如政府举办企业)、事业活动(如政府举办学校、医院),反映政府整体财务状况和工作绩效。预算会计则以预算执行情况为基础展开,即以政府的预算活动或称政府的法定年度财务收支计划为核算对象。从核算对象的范围可以看出,政府的预算活动只是政府各种活动的一个侧面,虽然它贯穿于政府的行政活动、权益活动和事业活动,但是预算会计只能从属于政府会计。

1. 我国预算会计体系

财政总预算会计、行政单位会计、事业单位会计是我国现行预算会计体系的基本组成部分,其中财政总预算会计是核心,行政单位会计和事业单位会计是总预算会计的延伸,又合称为单位预算会计。除此之外,加上参与预算执行的国库会计、税收征解会计和基本建设拨款会计等,共同构成了我国现行预算会计体系,见图 9-1。

```
                        预算会计
        ┌──────────────┼──────────────┐
   单位预算会计      财政总预算会计    参与预算执行会计
   ┌────┴────┐                      ┌──────┴──────┐
行政单位会计  事业单位会计            国库会计
                                     税收征解会计
                                     基本建设拨款会计
```

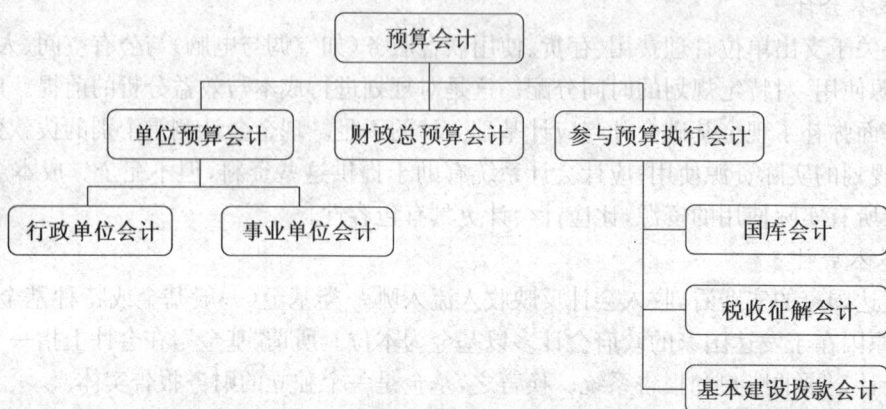

图 9-1　我国现行预算会计体系

财政总预算会计是各级财政机关代表各级人民政府核算、反映和监督总预算执行的会计。财政总预算会计包括中央政府财政部设的中央总预算会计,省(自治区、直辖市)财政厅、局设的省总预算会计,设区的市(自治州)财政局设的市(州)总预算会计,县(自治县、不设区的市、市辖区、旗)财政局设的县总预算会计和乡(镇)财政所设的乡(镇)总预算会计。总预算会计的主要职责是处理总预算会计的日常核算业务,办理财政各项收支、资金调拨及往来款项的会计核算工作,及时组织年度财政决算、行政事业单位决算的编审和汇总工作,进行上下级财政之间的年终结算工作。

行政单位会计是指对行政单位预算执行过程中的全部资金运动进行核算、反映和监督的会计。行政单位是进行国家行政管理、组织经济建设和文化建设、维护社会公共秩序的单位,主要包括国家权力机关、行政机构、司法机关、检察机关及实施预算管理的其他机关、政党组织等。行政单位会计是预算会计的基本组成部分。

事业单位会计是核算和监督事业单位预算执行过程和结果的会计。我国事业单位一般是指不具有社会生产职能和国家管理职能,从事非物质财富创造或社会公益性活动,并通过其活动直接或间接地为社会发展、生产建设和改善人民生活服务的单位。它主要包括经济事业单位、科教文卫事业单位、社会福利救济事业单位等。预算会计体系中界定的事业单位应该属于一级政府部门(GGS),必须同时满足不以营利为主要目的、不按市场价格出售产品以及支出主要靠财政负担三个标准,即纳入预算会计体系的事业单位的资金供给主要依靠国家财政拨款或者其他来源,纳入预算管理的事业单位会计是我国现行预算会计体系的重要组成部分。

2. 我国现行预算会计制度规范体系

我国现行预算会计体系实施财政供给型管理方式和报账制会计管理模式。规范上述预算会计体系的现行会计制度是 1988 年开始实施的《财政总预算会计制度》《行政单位会计制度》《事业单位会计准则(试行)》《事业单位会计制度》及各特殊行业的事业会计制度等。上述会计制度是在《中华人民共和国预算法》和《中华人民共和国会计法》的法律指导下制定的。现行预算会计制度的建立对我国经济建设和各项事业的发展发挥了重要的保障和促进作用。我国现行预算会计制度规范体系见图 9-2。

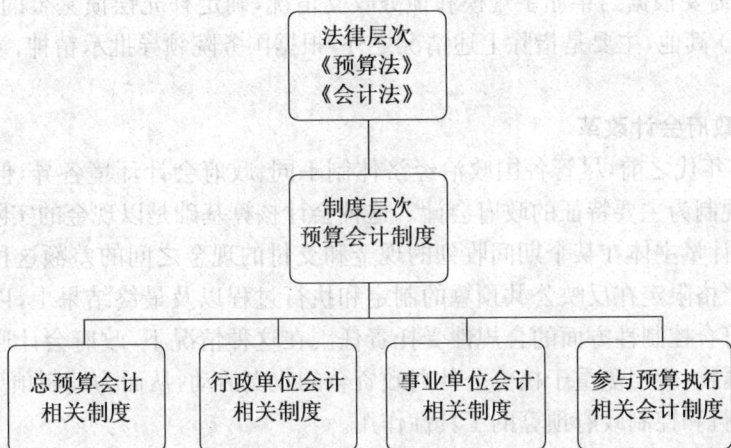

图 9-2 我国现行预算会计制度规范体系

(四) 我国预算会计的局限

我国目前的预算会计制度对于反映每期财务收支活动、加强我国公共财政资金管理,发挥了十分重要的作用。但不可否认,这套会计制度不同于政府会计体系。从严格意义上讲,我国目前还没有能够全面反映政府经济资源、现时义务和业务活动全貌的政府会计体系。随着我国社会主义市场经济体制的逐步完善,研究建立我国政府会计标准体系,已经成为加强政府公共管理的重要内容。

与美国政府会计相比,我国现行预算会计的特征主要表现在四个方面:① 我国虽也强调政府预算,但目前预算会计的内容与美国政府会计中包含的预算会计并不相同。② 我国并未采用基金会计模式,会计主体具有单一性,即各级政府单位是一个会计主体,统一按其主体进行会计核算。我国政府虽然也设立各种基金,如事业单位的事业基金、固定基金和专用基金,但并不分各种基金编制财务报告。③ 会计基础主要采用收付实现制,即财政总预算会计和行政单位会计均采用收付实现制,事业单位会计除经营性收支业务采用应计制外其余活动也采用收付实现制。④ 我国预算会计中行政单位和事业单位的资产负债表采用类似于"账户汇总表"的形式,将资产、负债、净资产和收入、支出所有要素的会计账户按照"资产部类"和"负债部类"左右排列,编制报表时只要把报告日各账户的余额直接填入即可。这种报表编制方法虽然简单,却不能清晰地反映政府组织的净资产,因此也不利于财务报告使用者作出决策。

随着我国政府与非营利组织会计改革步伐的加快,我国预算会计呈现的各种特征将会顺应国际社会中政府会计的发展趋势发生相应的变化。如为了进一步规范中央财政总预算会计核算,财政部在 2001 发布的《财政总预算会计制度暂行补充规定》中已经明确指出,中央财政对五种情况应采用应计制进行核算,即:① 预算已经安排,由于政策性因素,当年未能实现的支出,即国债投资项目支出。年初中央财政预算总盘子中已经安排,执行中由于国家计委未能按预算足额下达投资计划等原因,需作结转处理。② 预算已经安排,由于用款进度等原因,当年未能实现的支出,即参加国库单一账户试点单位,由于用款进度等原因,年终有一部分资金留在财政总会计账上拨不出去,为了不虚留财政结余,需作结转处理。对于不实行国库单一账户试点的单位,财政总会计不得作结转处理。③ 动支中央预备费安排,因国务院审批较晚,当年未能及时拨付的支出。④ 为平衡预算需要,当年未能实现的支出,即补充偿债基金支出。

为了平衡预算,需要根据当年赤字规模和债务收支情况,确定补充偿债基金的具体数额,作当年支出处理。⑤ 其他,主要是指除上述情况之外,根据国务院领导批示精神,需作结转处理的事项。

(五) 我国政府会计改革

20 世纪 80 年代之前,尽管各国政治经济体制不同、政府会计环境各异,但政府机构一般采用以收付实现制为主要特征的政府会计。这种会计核算基础是以现金的实际收支来确认交易和事项,旨在计量主体在某个期间收到的现金和支付的现金之间的差额这种财务结果。政府会计目标被严格限定在反映公共预算的制定和执行过程以及最终结果上,以说明和解释政府机构在收支符合控制性方面的合规性受托责任。在这种情况下,政府会计通常被视为公共预算体系的附属物,应当侧重于核算公共财政资金的收支活动,从而为编制预算提供有用的信息,并发挥出执行和控制政府预算的工具性作用。

20 世纪 80 年代以来出现的新公共管理改革,强调政府应当承担起主要由成果和产出衡量的财政绩效的受托责任。为响应这种转变,许多国家纷纷掀起了以变革公共财务管理为核心的机构改革,重新塑造公共部门组织及其管理控制系统,以降低行政成本、提高财政绩效。这种改革对政府会计提出了新的要求,要求政府不仅要提供有关财政资金收支的信息,更要提供为政府进行高效管理和决策服务的信息。但传统政府会计的核算范围过于狭窄,提供的财务信息缺乏透明度和可比性,不利于政府机构自身加强管理与控制。在这样的背景下,许多西方国家进行了以引入权责发生制会计核算基础为主要特征的政府会计改革。

在我国,要求进行政府会计改革的呼声也越来越高。我国政府会计改革的最终目标是建立政府会计准则体系,研究建立政府会计报告体系,研究建立政府绩效评价体系等。就当前形势而言,迫切需要研究下列问题:

(1) 研究我国现行预算会计制度中存在的主要问题,尤其是我国政府职能转换和公共财政体制改革对于预算会计提出的新要求和对政府会计信息的新需求,进而研究在新形势下解决这些问题的具体对策。

(2) 研究政府会计准则建设方面的国际动态和各国在政府会计改革方面的经验与教训,以供我国借鉴和参考。

(3) 研究我国政府会计准则体系的内容及其构成,包括我国政府会计准则建设的具体方案、步骤和实施中需要配套改革的措施,以及我国政府会计准则的建设是否需要建立政府会计概念框架、应当制定哪些具体会计准则、每一项会计准则的具体结构等。

(4) 研究我国政府会计准则建设中引入权责发生制会计的程度问题。从世界范围来看,在政府会计领域,推行完全的权责发生制的国家还是少数,大多数国家在政府会计改革上都是循序渐进地推行权责发生制会计。由于我国的经济改革走的是渐进式道路,政府会计改革势必是循序渐进式的,在引入权责发生制会计上也将是渐进式的,不可能一蹴而就。基于此,对我国政府会计准则建设中引入权责发生制会计的程度,以及如何分阶段地引入权责发生制会计基础,哪些会计核算项目应当首先引入权责发生制等问题的研究,就显得十分重要且具有现实意义。

(5) 研究我国政府绩效评价体系建设与政府会计和政府财务报告之间的内在关系,让政府会计准则的建设和政府财务报告内容的设计,尽可能地满足政府绩效评价的需要满足建立我国绩效政府、绩效财政的需要,从而最大限度地发挥政府会计信息在提高我国政府公共管理水平和营运绩效方面的作用,促进我国政府职能的转换、市场经济的发展和政治文明的进步。

三、政府会计准则

(一) 国际公共部门会计准则

会计规范的国际协调不仅反映在企业会计规范方面,也包括政府会计规范方面。进入20世纪80年代以来,许多西方国家进行了以引入权责发生制会计核算基础为主要特征的政府会计改革。但是,各国政府在推进改革的方式和实施范围等方面各有特点,政府财务报告实务千差万别,造成各国政府财务信息缺乏透明度和可比性。加强政府会计规范的国际协调,建立新型的政府财务报告,改善政府财务信息的透明度和可比性,已经成为了一种国际需求。

国际会计师联合会(IFAC)成立于1977年,其主要致力于国际私营部门和公共部门的会计国际趋同化工作。1986年该组织成立了一个常设委员会,称为公共部门委员会(PSC),并于2004年11月更名为国际公共部门会计准则委员会(IPSASB)。该委员会目标是通过制定高质量公共部门财务报告准则,促进国际准则和国家准则的趋同,提高全球公共部门财务报告质量以服务于公众利益。

国际公共部门会计准则(International Public Sector Accounting Standards,简称IP-SASs)是由国际公共部门会计准则委员会(IPSASB)制定并发布的适用于公共部门主体编报通用财务报表的财务报告准则。根据国际公共部门会计准则委员会的界定,"公共部门主体"包括国家政府、地区性政府(如州、省、管区)、地方政府(如市、镇)和这些政府的组成主体(如部门、代理机构、理事会、委员会)。

国际公共部门会计准则包括基本框架和具体准则两个层次。基本框架已在20世纪90年代中期初步建立,并为具体会计准则提供理论基础。基本框架的内容包括公共部门财务报告的目标、会计基础、财务报告主体、财务报表要素等问题。具体会计准则的制定工作从1996年下半年起开始全面启动,其目的是为了促进世界范围内政府和其他公共部门主体会计和财务报告标准的协调。截止到2004年年底,IPSASB共发布了权责发生制下的21项国际公共部门核心会计准则。具体准则的制定以基本框架为指导,并主要参照了国际会计准则理事会(IASB)发布的国际财务报告准则。2008年年初,IPSASB又发布了多项新准则、征求意见稿和公开咨询稿,特别是在社会福利、服务特许权协议等极具分量的公共部门特定项目准则上已取得了重大的阶段性成果,这些成果对国际公共部门会计的发展将产生深远影响,而且正在赢得国际社会的广泛认可。

(二) 美国联邦政府会计准则与州和地方政府会计准则

在美国,共有三个会计准则制定机构,并各自具有不同的分工。这三个机构分别是美国财务会计准则委员会(FASB)、联邦会计准则咨询委员会(FASAB)以及政府会计准则委员会(GASB)。其中,美国财务会计准则委员会(FASB)负责制定营利性企业会计准则。目前,联邦会计准则咨询委员会(FASAB)负责起草制定美国联邦政府及其公立非营利组织适用的会计准则。FASAB正式成立于1990年,需受联邦政府财政部、管理和预算局以及国会所属的会计总署三个机构的联合监管,由其负责起草制定的会计准则须经这三个机构同时批准后,方能由联邦政府遵守执行。政府会计准则委员会(GASB)负责起草制定州和地方政府及公立非营利组织的会计准则。GASB于1984年成立,隶属于美国财务会计基金会(Financial Accounting Foundation,简称FAF),是一个民间非营利组织。由GASB制定的政府会计准则适用于包括州、县、市、镇政府等基本政府部门和社区、公用事业单位等具有特殊目的的政府部门。

（三）我国政府会计规范

我国现行的会计规范基本上属于制度模式，即"会计法律/预算会计法规、制度/内部预算会计制度"的规范体系。会计法是开展会计与财务报告工作的法律依据和制定会计行政规章和条例的基础，它具有相对稳定性。而作为会计工作的法律依据，由于它面对的是所有类型的会计单位，对会计工作特别是会计技术方法和程序只能提出普遍的规范，而不可能做出具体的规定。所以，政府及政府单位会计法或预算法不足以开展会计工作，还必须在法律规定的范围内，按照会计法律的要求，在政府会计概念框架指导下制定具体规范。现行政府与非营利组织会计制度包括1988年开始实施的《财政总预算会计制度》《行政单位会计制度》《事业单位会计准则（试行）》《事业单位会计制度》及各特殊行业的事业会计制度等。

近年来，我国事业单位会计的改革在循序渐进地展开。首先，于2009年和2010年发布两次公开征求意见的《高等学校会计制度》；其次，于2010年12月发布了新《医院会计制度》和《基层医疗卫生机构会计制度》；再次，《会计改革与发展"十二五"规划纲要》中提出，立足于为事业单位会计体系建立统一的概念基础和框架，全面修订《事业单位会计准则》《事业单位会计制度》；最后，《会计改革与发展"十二五"规划纲要》中提出要修订《国有建设单位会计制度》，修订后的《事业单位会计制度》拟要求事业单位基本建设项目在遵循《国有建设单位会计制度》单独建账核算的同时，按照《事业单位会计制度》的有关规定定期并入事业单位"大账"。

然而我国目前并没有针对政府的会计准则。近年来，对政府会计改革的呼声越来越高。理论界与实务界提出，我国应该在借鉴国际上国家公共部门会计准则和惯例的前提下制定政府会计准则。在制定准则过程中，应当结合我国的国情，对政府会计的目标政府会计主体作科学界定，对会计要素进行重新分类，对会计基础进行重新确认，并对政府财务报告制度的完善提出构想，逐步使政府会计规范形式从制度形式转变为准则形式，保证会计准则的高质量权威性和独立性，推动政府会计改革的顺利进行。

四、政府财务报告

（一）美国联邦政府财务报告

美国联邦政府以每年4月1日到次年9月30日为一个会计年度。按规定需要编制的财务报告主要包括合并资产负债表、净成本表、经营和净额变动表以及收入汇总表和税收返还支付表等附注。

1. 合并资产负债表

合并资产负债表的内容与联邦政府所属机构资产负债表的内容略有不同，但编制原则与其相同，均以历史成本计价并采用应计制基础。目前，联邦政府的合并资产负债表中主要包括了政府的24个主要行政机构，每个行政机构应当先编制自身的资产负债表，经审计后再送交财政部，然后由财政部编制合并资产负债表。本章附录表9-1简要摘录了美国联邦政府2010年合并资产负债表内容。

2. 净成本表

净成本表以应计制为基础编制，用以反映政府运作的各功能项目的总成本、收入和净成本。净成本表的目的是确保政府在各功能项目中能够产生一定的收入，将各功能项目的总成本与其产生的收入相抵，剩余的净成本将由政府从税收资金中拨款。本章附录表 9-2 简要摘录了美国联邦政府 2010 年净成本表内容。

3. 经营净额变动表

经营净额变动表用以反映美国联邦政府的非交易性收入、政府经营净成本和净额变动等信息。如果期末净额为正数，表示联邦政府有财政盈余；反之，如果期末净额为负数，表示联邦政府正面临财政赤字。净成本表与该表相结合能够反映联邦政府在一定会计期间运行的收支总情况。本章附录表 9-3 简要摘录了净成本和经营净额变动表内容。

（二）美国州和地方政府的财务报告

按照政府会计准则公告第 34 号的要求，美国州和地方政府目前的财务报告有两个层次：第一层次是政府整体的财务报告，亦称政府层面的财务报告，反映政府作为一个整体的财务信息；第二层次是基金财务报告，反映政府不同类型基金或不同种类活动的财务信息。基金财务报表具体还可以有政务基金财务报表、权益基金财务报表和受托基金财务报表的区分。这些财务报表分别反映政府活动的内容和范围，其计量重点和会计基础并不完全相同。以下仅介绍州和地方政府整体的财务报告。

1. 州和地方政府整体财务报告的编制要求

按照政府会计准则第 34 号的要求，美国州和地方政府应当编制整体的财务报告。整体财务报告包括净资产表、业务活动表等报表以及财务报表附注。其基本要求主要有以下几个方面：

（1）净资产表和业务活动表应当完全以应计制为基础编制，以反映政府整体的财务状况和业务活动成果。

（2）净资产表和业务活动表应当按照政府不同职能和性质的活动，分别设置"政府性活动"和"商业性活动"专栏。这两个专栏是州和地方政府整体财务报表的报告重点，应在其后设置"总计"栏，以反映政府本身的活动。

（3）净资产表和业务活动表的最后一个专栏均应设置一个"附属单位"专栏，以列示政府机构所属的附属单位（Component Unit）的财务状况和业务活动成果。政府机构的附属单位是独立的法律实体（这些单位与我国一些正准备进行改制的事业单位有些相似），但政府对其拥有控制权或负有财务责任。

2. 净资产表

净资产表，亦称资产负债表，是用以反映州和地方政府及其附属单位整体财务状况的报表。净资产表的平衡等式一般采用"资产—负债＝净资产"的形式。这主要是因为这种形式将反映的重点放在了使用者所关心的政府年末的剩余净资产上。净资产表的资产部分按其流动性列示，负债部分按其偿还期列示，处于末端的净资产是净资产表最为重要的部分，一般应区分为两小部分内容：一是资本性资产减去为构建资本性资产所发行的长期债务的差额；二是被限定于一些专门用途的资产。美国政府会计准则公告第 34 号列示了净资产表的格式，如本章附录表 9-4 所示。

3. 业务活动表

业务活动表是用以反映州和地方政府及其附属单位整体的收入、费用以及净收入和净资产变动情况的报表。业务活动表以应计制为基础编制，通常按照政府机构的职能及其附属单位列示项目。业务活动表的格式有多种,但最佳格式为净收入式,美国政府会计准则公告第34号列示了业务活动表的格式,如本章附录表9-5所示。

(三) 我国预算会计报表

预算会计报表的种类,按其反映的经济内容,可分为资产负债表、收入支出表或预算执行情况表等。按其编报的时间,可分为旬报、月报、季报和年报。而按编制范围,可分为本级报表和汇总报表。由于财政总预算和行政单位的经济业务内容存在着一定的差异,因此,二者会计报表也不尽相同,需分别列示其报表。

1. 财政总预算会计报表

财政总预算会计报表是反映各级政府预算收支执行情况及其结果的定期书面报告,是各级政府和上级财政部门了解情况、掌握政策、指导预算执行工作的重要资料,也是编制下年度预算的基础。财政总预算会计报表包括财政收支决算总表、资产负债表和财政周转金报表等。

(1) 财政收支决算总表。

财政收支决算总表是反映各级财政部门决算收入、决算支出以及决算结余总体情况的报表。它是各级财政决算的主体表。该表应按政府收支分类科目中的一般预算收支科目分类填列预算数和决算数。其中,预算数根据当年安排的收支预算数额填列,决算数根据年终结账前一般预算收入明细账和一般预算支出明细账中的全年预算收入数和全年预算支出数填列。具体格式见本章附录表9-6。

(2) 资产负债表。

在财政总预算会计中,资产负债表是反映某一特定时日一级财政所实际拥有的财力状况的报表。按照编报的时间,资产负债表可分为月报和年报两种。这里具体介绍年报。由于财政总预算会计在年末已将各项收支账户的余额结转至有关的净资产账户,各项收支账户的余额已为零,一级财政的年度预算收支平衡工作也已告一段落,因此,资产负债表年报中也就只有资产、负债和净资产这三个会计要素,不再有收入和支出这两个会计要素了。具体格式见本章附录表9-7。

(3) 财政周转金报表。

财政周转金报表主要包括财政周转金收支情况表、财政周转金投放情况、财政周转金变动情况表等。这里仅介绍财政周转金收支情况表。财政周转金收支情况表用于反映各级财政管理的财政周转金的收入、支出和结余情况。该表分左右两方,左方反映财政周转金的利息收入和占用费收入情况,右方反映财政周转金的占用费支出和业务费支出情况。参考格式见本章附录表9-8。

2. 行政单位会计报表

行政单位的会计报表主要包括:资产负债表、收入支出总表、经费支出明细表、基本数字表和会计报表说明书等。这里仅介绍资产负债表和收入支出总表。

(1) 资产负债表。

资产负债表示反映行政单位在某一特定日期财务状况的报表。行政单位的资产负债表应于每月末、每季末、每年末编报。其中,月报和季报采用"资产+支出=负债+净资产+收入"的平衡等式,反映行政单位月末或季末的资产、负债和净资产的实有数以及至本月末或本季末止收入和支出的累计数;年报采用"资产=负债+净资产"的平衡等式,反映行政单位年末资产、负债和净资产的实有数。年报具体格式见本章附录表9-9。

（2）收入支出总表。

收入支出表是反映行政单位年度收支总规模的报表，它由收入、支出和结余三部分组成。它不仅可以反映行政单位各项收入和支出按计划完成的情况，还可以反映行政单位各项收入和支出的结构、行政单位当年取得的结余以及以前年度的结余。具体格式见本章附录表9-10。

3.事业单位会计报表

事业单位会计报表包括资产负债表、收入支出表、会计报表附表附注和收支情况说明书等。这里仅列示资产负债表和收入支出表。

（1）资产负债表。

事业单位的资产负债表按时间划分，可分为月报和年报两种。年终，事业单位将事业活动中的收支结转至事业结余，将事业结余进行分配后，余额再结转至事业基金或专项结余。将经营活动中的收支结转至经营结余。将经营结余进行分配后，余额再结转至事业基金。因此，年终事业单位所有的收入和支出都已经结平，事业结余和经营结余也已经结平，年报中就不再出现收入、支出和结余的内容。资产负债表的格式也就按照"资产＝负债＋净资产"的平衡等式构建。以医院为例，年报的报表具体格式见本章附录表9-11。

（2）收入支出表。

收入支出表是反映事业单位在一定期间的收支结余及其分配情况的报表。它由收入、支出和结余三部分内容组成，关系为"收入－支出＝结余"。其中，收入、支出和结余均再分成两部分内容，即收入分成事业活动收入（包括财政补助收入、上级补助收入、附属单位缴款、事业收入和其他收入）、经营活动收入（即经营收入）两部分，支出分成事业活动支出（包括拨出经费、上缴上级支出、对附属单位补助、事业支出、销售税金和结转自筹基建）、经营活动支出（包括经营支出和销售税金）两部分，结余分成事业结余、经营结余两部分。以医院为例，事业单位收入支出表年报的参考格式如本章附录表9-12所示。

第三节　非营利组织会计

一、非营利组织的定义与目标

（一）非营利组织的定义

"非营利组织"这一概念并非是一个具有明确内涵和外延的术语。本书参照其他教材，给出非营利组织的定义：不以营利为目的、主要开展各种志愿性的公益或互益活动的非政府的社会组织。

通常，非营利组织具有如下特征：① 从提供者那里以捐赠形式收到大量的资金，而这些资金提供者并不期望收到相应的货币收益；② 组织的运作不以营利为目的；③ 组织并没有明确的能被出售、转让和赎回的产权利益。

（二）非营利组织会计的目标

非营利组织会计信息的使用者主要是资源提供者以及社会公众、监管机构和资产或服务的受益者，其会计目标与政府组织、营利性企业的会计目标均不相同。按照美国财务会计准则委员会 1980 年 12 月颁布的财务会计准则公告第 4 号《非营利组织编制财务报告的目标》的要求,非营利组织会计的总体目标是向资源提供者以及会计信息的其他使用者提供信息,以帮助他们评价非营利组织受托责任的履行情况,并作出资源是否捐赠的决策。

在我国,《民间非营利组织会计制度》将满足捐赠人、会员、服务对象、债权人、监管部门等会计信息使用者的决策需要,作为民间非营利组织的会计目标,并按其设计财务报告以及应予披露的信息。

二、非营利组织会计特征

在美国,非营利组织主要分为公立非营利组织和私立非营利组织。公立非营利组织虽没有明确定义,习惯上把这类组织作为政府部门的一部分。因此这里重点介绍美国私立非营利组织会计特征及我国民间非营利组织特征,便于比较。

(一) 美国私立非营利组织会计特征

1985 年美国财务会计准则委员会发布了既适应于企业也适应于非营利组织的概念公告《财务会计报表要素》,从该公告以及财务会计准则公告第 117 号的要求来看,美国私立非营利组织会计的特征主要表现在会计基础和计量重点、净资产分类与基金会计的使用等方面。

1. 会计基础

按照财务会计准则的要求,私立非营利组织应当以应计制作为会计确认基础,并使用经济资源作为计量重点。因此,私立非营利组织会计中有费用要素,而不是支出要素。私立非营利组织日常的会计处理可以采用现金制或其他会计基础,但编制财务报告时,应当将有关数据按照应计制会计基础和经济资源计量重点予以调整,使之符合财务会计准则的要求。

2. 净资产的分类

与营利性企业的会计要素相比,净资产是私立非营利组织特有的会计要素,尽管净资产在数量上也等于资产减去负债的差额,但其含义并不同于营利性企业的所有者权益。私立非营利组织的净资产应当分成未限定用途净资产、暂时限定用途净资产和永久限定用途净资产三类。

未限定用途净资产,是指捐赠人未作暂时或永久限定用途的净资产。暂时限定用途的净资产如果以后因为限制条件或捐赠条件得到满足而解除了暂时限定用途,应将其由暂时限定用途的净资产重新归类为未限定用途净资产。

暂时限定用途净资产,是指捐赠人对其所捐赠的资源作了时间或用途上的限定的净资产。待有关限定条件得到满足时,应将其归入未限定用途净资产一类。所谓限定用途,是指捐赠人对其所捐赠的资源在用途上作出的限定。一般由捐赠人在向非营利组织提供捐赠资源时作出规定,也可能是由非营利组织在其筹资条款中作出声明。

永久限定用途净资产,是指捐赠人对其所捐赠的资源作了永久性用途限定的净资产。这些净资产的限定条件不会随着时间的推移或非营利组织发生的相应行为而解除。

3. 基金会计的使用

与政府会计相比,私立非营利组织并没有明确的、可以共同适用的基金结构。因此,美国财务会计准则委员会一直没有在会计准则公告中要求私立非营利组织采用基金会计,即使是会计准则公告第 117 号也没有这样的要求。但是,从事实上看,不少私立非营利组织在接受了限定用途的捐赠以后,为了加强对捐赠资源的管理,并证明其履行的受托责任,均采用了基金会计。

(二) 我国民间非营利组织会计特征

我国民间非营利组织会计的特征主要表现在会计要素的设置上。

1. 会计基础

按照我国《民间非营利组织会计制度》的规定,民间非营利组织会计核算应当以权责发生制为基础,会计要素为资产、负债、净资产、收入和费用。

2. 净资产的分类

净资产分为限定性净资产和非限定性净资产两类。限定性净资产是指其使用存在时间或用途限制的净资产,非限定性净资产是指限定性资产以外的其他净资产。

3. 基金会计的使用

我国没有要求民间非营利组织采用基金会计。

三、私立非营利组织会计准则

(一) 美国涉及私立非营利组织的会计准则

美国财务会计准则委员会(FASB)是美国营利性企业和私立非营利组织会计准则的制定机构。早在 1980 年,FASB 就提出,营利性企业和非营利组织应当具有一个完整的财务会计概念体系,这一体系既能适应于一切会计主体,又能适当地照顾到某类会计主体的任何与众不同的概念和报告目的。因此 FASB 并没有为非营利组织制定专门的会计概念体系,而是采用统一编号为营利性企业和私立非营利组织制定并发布会计准则。美国财务会计基金会明确提出,除非有特定声明,否则,各类非营利组织均应遵守财务会计准则委员会的要求对外提供财务报告。但是在财务会计准则委员会制定非营利组织会计准则之前,美国注册会计师协会及有关的专业学会曾制定并发布一系列专门适用于非营利组织的公告和指南。这些公告和指南起到了规范非营利组织会计和财务报告的作用,有的迄今仍在发挥作用。

美国财务会计准则委员会发布的会计准则公告已达 100 多个,但涉及私立非营利组织业务活动的准则仅有以下几项:

(1) 1980 年 12 月颁布的《财务会计准则公告第 4 号——非营利组织编制财务报告的目标》。

(2) 1985 年 12 月颁布的《财务会计准则公告第 6 号——财务报告的各种要素》。该公告指出非营利组织的财务报告要素有资产、负债、净资产、收入、费用、利得和损失等,并将净资产区分为非限定、暂时限定性和永久限定性三类。

(3) 1987 年 8 月颁布的《财务会计准则公告第 93 号——非营利组织折旧的确认》。该准则要求非营利组织除了具有超长经济寿命的个别艺术品和历史珍宝外,所有长期使用的有形资产都要确认折旧,并在财务报告中披露当期折旧费用、可折旧资产的余额、可折旧资产的累计折旧额、采用的折旧方法等信息。

(4) 1988 年 9 月颁布的《财务会计准则公告第 99 号——非营利组织折旧确认准则生效日期的推延》。该准则是对第 93 号准则在实施日期上的修正。

(5) 1993 年 6 月颁布的《财务会计准则公告第 116 号——捐赠收入和捐赠支出的会计处理》。该准则适用于任何收到或作出捐赠的实体,与收入和费用确认的完全应计制基础相一致。对于非货币性资产交换的计量,强调采用公允价值计量;对于条件承诺的捐赠,应在条件被实质性满足时予以确认。

（6）1993年6月颁布的《财务会计准则公告第117号——非营利组织的财务报告》。该准则的颁布改变了非营利组织以基金会计为基础，相同特征的基金合并成组编制对外财务报表的会计规范。该准则规定非营利组织应作为一个整体对外提供财务报告，报告组织的财务状况、业务活动和现金流量的信息。

（7）1999年6月颁布的《财务会计准则公告第136号——转让资产给非营利组织或为他人募集或持有捐赠物的公益信托》。

应当指出，在上述各项会计准则中，目前对私立非营利组织会计和财务报告影响最为重要的仅有第116号、第117号和第136号。

（二）我国民间非营利组织会计制度

我国制定民间非营利组织会计规范的起步较晚，这主要是因为在计划经济时期，我国财政运行的是高度集中的统收统支的分配体制，社会各项事业包括社会公益事业基本上都由国家统包统揽，真正意义上的民间非营利组织数量极少。改革开放以后，随着我国市场经济的发展，尤其是近年来财政职能的转换和公共财政的建设，一些过去由财政（包括国有企业）包揽的社会福利和公益事业等活动才被剥离出来并推向社会；与此同时，企业作为营利性组织又不大可能完全从事社会福利和公益事业等活动成为我国社会管理的焦点和难点。在这种情况下，大力发展民间非营利组织，既可以解决公共财政资金在提供公共物品上的不足，又可以合理优化资源配置，维护社会的安全与稳定。

为了规范民间非营利组织的会计核算，保证会计信息的真实、完整，财政部于2004年制定发布了《民间非营利组织会计制度》，自2005年1月1日起在全国民间非营利组织实施。该制度在制定过程中充分考虑了我国民间非营利组织的运营环境和业务特点，并尽可能借鉴国际通行的惯例。

总之，在非营利组织会计规范方面，国外非营利组织会计普遍采用的是准则规范，即以会计准则对非营利组织的业务活动进行指导和规范。我国目前仍采用制度规范模式。两者相比，准则模式更具有灵活性，制度模式则具有较强的操作性。多数学者认为，从发展的角度看，我国民间非营利组织会计规范应当走与企业会计准则趋同或合并的道路。首先，将我国现行的《企业会计准则——基本准则》作适当的补充完善，并对个别特殊问题另作专门描述，使之成为对制定企业、民间非营利组织和部分事业单位具体会计准则均有指导作用的基本会计准则。而后据以制定专门适用于非营利组织的具体会计准则，并对现行的某些具体会计准则进行修订使之也能适用于非营利组织。

四、非营利组织财务报告

非营利组织应当编制财务会计报告，及时反映其控制的资源状况、负债水平、资金使用情况及其效果、现金流量等信息，以便提高非营利组织会计信息的透明度，便于捐赠者、会员以及政府主管部门等加强外部监督和管理，促进非营利组织的规范发展。

（一）美国私立非营利组织财务报告

目前，美国私立非营利组织的财务报告主要是依据美国财务会计准则委员会制定发布的《财务会计准则公告第117号——非营利组织财务报告》的要求而编制。从总体上看，第117号准则公告对私立非营利组织财务报表的要求，与政府会计准则委员会对州和地方政府财务报表的要求基本相似,均要求按规定的形式提供非营利组织整体层面的财务报告,并未完全禁止使用原有的基金报告形式。第 117 号准则公告仅希望所有私立非营利组织的财务报告都是统一的、标准化的。

私立非营利组织一般应当编制组织整体层面的资产负债表、业务活动表和现金流量表三张财务报表,以反映私立非营利组织整体的财务状况、业务活动和现金流量。如果是自愿健康和福利组织,除编制这三张报表以外,还必须编制按组织职能分类的费用表,即职能费用表。此外,所有私立非营利组织的财务报告均应当包括财务报表附注。

1. 资产负债表

按照第 117 号准则公告的要求,私立非营利组织的资产负债表应反映组织整体的资产总额、负债总额和净资产总额。净资产是资产负债表的重点,应当按非限定性净资产、暂时限定性净资产和永久限制性净资产三类分别列示其金额。财务会计准则委员会在其指定发布的准则公告第 117 号中列示了私立非营利组织资产负债表的示范格式,见本章附录表 9 - 13。

可以看出,私立非营利组织的资产负债表的格式与营利性企业的资产负债表并无太大区别,其不同之处主要在于该表没有权益或净资产回报的部分。同时,该表与州和地方政府以及公立非营利组织的净资产表也极为相似,只是净资产的内容与列示方法有所不同。

2. 业务活动表

业务活动表反映收入和利得、费用和损失、净资产的变动情况。收入和利得按来源报告,费用分项目业务和辅助业务,然后按职能报告,三类净资产的变动是分别报告的。该表与州和地方政府以及公立非营利组织的业务活动表相比,其格式并不相同,私立非营利组织的业务活动表更注重强调对非限制性净资产和费用的列示。第 117 号准则公告给出了业务活动表的多种示范格式供各组织选择采用,但较为常用的格式如本章附录表 9 - 14 所示。

3. 现金流量表

在过去相当长的时间里,美国财务会计准则委员会并不要求私立非营利组织编制现金流量表,直到第 117 号准则公告发布以后才有了编制现金流量表的要求。私立非营利组织的现金流量表与营利性企业的现金流量表非常相似,其内容也是包括经营活动现金流量、投资活动现金流量和筹资活动现金流量三大部分,但每一部分的具体内容与营利性企业的并不相同。私立非营利组织现金流量表的编制方法可采用直接法或间接法,财务会计准则委员会更倾向于按直接法编制。其直接法下的现金流量表格式如本章附录表 9 - 15 所示。

现金流量表是一张较为复杂的报表,与营利性企业相比,私立非营利组织的现金流量表具有三方面的特点:① 将限定投资于留本基金、固定资产和其他长期目的的捐赠和投资收益作为筹资活动的现金流量来报告;② 限定用于长期目的的现金不属于流动资产,从而也不属于现金及现金等价物,限定用于长期目的的现金的变动,应当作为投资活动来报告;③ 将业务活动情况表中的净资产变动总数调整为经营活动的现金净流量。

4. 职能费用表

按照美国财务会计准则委员会制定的第 117 号准则公告的要求,私立非营利组织中的自愿健康和福利组织必须在提供资产负债表、业务活动表和现金流量表的同时,编制并提供职能费用表。职能费用表应当按照工资薪金、雇员健康和退休福利等各项职能费用分别设置"项目费用"和"辅助业务费用"两个专栏,并在每个专栏中再进一步按照项目种类(如咨询、收容、护理等)或费用性质(如管理费用、筹资费用等)设置若干小专栏,最后再设置"费用合计"专栏,以反映各职能费用的总体金额。职能费用表的格式有多种,其常见格式如本章附录表 9－16 所示。

应当指出,为了更好地实现私立非营利组织会计的目标,除编制并提供上述各种财务报表 以外,第 117 号准则公告还要求私立非营利组织应当像营利性企业那样,提供适当的财务报表 附注以披露金融工具、承诺、或有事项、非常项目、前期调整、会计政策变更、雇员利益以及信用 风险等会计信息。

(二) 我国民间非营利组织的财务报告

我国《民间非营利组织会计制度》规定,民间非营利组织的财务会计报告由财务报表、财务 报表附注和财务情况说明书三部分组成。其中,财务报表至少应当包括资产负债表、业务活动 表和现金流量表三张报告。

1. 资产负债表

资产负债表是反映民间非营利组织某一会计期末全部资产、负债和净资产情况的会计报 表。它是民间非营利组织必须对外提供的三大主表中的第一张报表。该表在中期报告和年度 报告中都应当编制。

资产负债表通常包括表头、表身和表尾。表头主要包括资产负债表的名称、编制单位、编 制日期和金额单位;表身包括各项资产、负债和净资产各项目的年初和期末数,也是资产负债 表的主要部分;表尾主要包括附注资料等。资产负债表的资产方按流动性强弱先流动资产、后 固定资产、再无形资产的顺序排列,流动资产又按变现能力强弱先货币资金、后应收账款等顺 序排列。负债及净资产方按照资金退出民间非营利组织的先后顺序排列。负债部分是按照债 务清偿权缓急排列,流动负债在前,长期负债在后。净资产按其金额是否加以限定,分为非限 定性净资产和限定性净资产。具体格式如本章附录表 9－17 所示。

2. 业务活动表

业务活动表反映民间非营利组织在某一会计期间内开展业务活动的实际情况。它是由收 入、费用会计要素组成,并对会计要素的构成分别予以列示。

业务活动表由表头和基本内容两部分组成,采用自上而下分项列示的报告式结构。基本 内容包括项目栏和金额栏两部分。项目栏包括收入、费用、限定性净资产和净资产变动额。而 金额栏分为本月数和本年累计数。具体格式如本章附录表 9－18 所示。

3. 现金流量表

现金流量表是反映民间非营利组织在某一会计期内现金和现金等价物流入与流出的会计 报表。现金流量表由表头和基本内容两部分组成。表头部分包括报表名称、编制单位、编制日 期和货币种类、金额单位等内容。基本内容部分是现金流量表的核心,分为业务活动产生的现 金流量、投资活动产生的现金流量和筹资活动产生的现金流量三部分。每一类现金流量按照 现金流入和现金流出总额反映。具体格式如本章附录表 9－19 所示。

综合案例

我国事业单位会计改革——新《医院会计制度》

新《医院会计制度》已推出并于 2011 年 7 月 1 日起在国家确定的试点城市中的公立医院执行,2012 年 1 月 1 日起在全国执行。新《医院会计制度》为事业单位会计整体改革指明了方向。新《医院会计制度》有几大鲜明特点。

一、完善会计核算基础,推行权责发生制

事业单位与市场的关系日益密切,事业单位资金来源的多样化和资金管理的科学化、精细化,要求事业单位提供更客观全面的财务信息。而收付实现制下的会计信息不能客观地反映事业单位的财务状况,不能全面反映事业单位经营活动的收入和成本信息,不利于事业单位内部管理和财政资金的有效运用。

新《医院会计制度》作出“医院会计采用权责发生制”的规定,它使得事业单位会计信息能为信息使用者进行决策提供更有价值的信息。

二、完善会计核算方法,对固定资产计提折旧

长期以来,事业单位以固定资产和固定基金反映固定资产价值,同时按照收入的比例计提固定资产修购基金。由于事业单位固定资产不计提折旧和减值准备,使得固定资产账面价值仅反映其历史成本,不能真实反映其现时价值;事业单位的成本费用计算也不考虑固定资产的损耗,信息使用者无法从会计信息中了解固定资产和成本费用的真实情况。时间愈久,信息失真愈严重。

新《医院会计制度》规定,实行权责发生制后,取消固定资产修购基金,实行固定资产计提折旧制度。同企业相类似,事业单位固定资产折旧可以采用直线法、双倍余额递减法和年数总和法等。对于普通固定资产可以采用相对简单的直线法,便于操作和理解;对于技术含量高、更新换代快的设备,则可以采取加速折旧法,以配合固定资产的实际更新速度,若条件成熟,还可以参照企业的做法,对固定资产进行减值测试,对减值明显的资产计提减值准备。这些都有助于提供固定资产的真实信息。这种类似企业会计的处理方式,较好地解决了事业单位财务报表中固定资产信息失真以及固定资产修购基金计提与资产使用状况相脱节的问题。

三、完善会计科目设置,设置灵活实用的会计科目

现行的医院会计制度中,科教基金不纳入收支管理,而是作为专用基金处理,或是挂在往来账户中,这种处理方法忽视了医院作为医、教、研三位一体的客观事实,使得医院的收入未得到全面反映,不利于医院的管理。

医院会计要素原为“资产、负债、净资产、收入和支出”五要素。新《医院会计制度》改为“资产、负债、净资产、收入和费用”五要素,“费用”要素的改变,决定了医院会计核算不仅有取得收入的事实,也有成本补偿的需要。即医院会计核算对象有收入,也要有费用,要有成本补偿机制。建立完善的会计科目体系,满足医院会计核算需要。原《医院会计制度》下,会计科目体系不完整,核算内容不全面,有关确认计量标准不明确。

另外,根据医院的实际情况,新《医院会计制度》新增、变更、调整了一些会计科目,将科教项目纳入收支管理,并对医、教、研进行合理分类处理。

四、完善会计报表体系,增加现金流量表

传统的事业单位会计制度实行收付实现制,不要求编制现金流量表,使得事业单位会计报表体系不够完整,难以全面反映事业单位的各项财务指标。

新《医院会计制度》规定的医院财务报表由会计报表及其附注组成。医院的会计报表包括资产负债表、收入费用表、现金流量表、预算收支、基建投资表以及有关附表。上述这些医院的财务报表按编制时间不同,分为年度财务报表和中期财务报表。较之以前的报表体系更全面、更完整。

五、强化成本控制,建立成本报表体系

新《医院会计制度》打破思维定式,"总说明"第十条规定,医院财务情况说明书至少应当对医院的下列情况作出说明:业务开展情况,年度预算执行情况,资产利用、负债管理情况,成本核算及控制情况,绩效考评情况以及需要说明的其他事项。其中,医院财务情况说明书中对成本核算及控制情况的说明应附有成本报表。

新《医院会计制度》设计的成本报表体系构成有:医院各科室直接成本表、医院临床服务类科室全成本表和医院临床服务类科室全成本构成分析表。

本章附录

表 9 - 1　美国联邦政府合并资产负债表

2010 年 9 月 30 日　　　　　　　　　　　　　　　　单位:十亿美元

项　　　目	金　　　额
资产:	
现金和其他货币资金	428.6
应收账款和税款净值	94.6
应收贷款和抵押债券净值	688.6
不良资产救助计划下直接贷款和权益投资净值	144.7
基金信托利益	20.8
存货和相关财产净值	286.2
不动产、厂场、设备净值	828.9
债券和权益证券	98.9
对政府资助企业的投资	109.2
其他资产	183.3
资产总额	2 883.8
负债:	
应付账款	72.9
公众持有的联邦债券本金及利息	9 060.0
应付联邦雇员和退伍军人的福利费	5 720.3

项　　目	金　　额
环境和污染处置负债	321.3
应付福利费	164.3
保险和担保计划的负债	175.6
贷款担保负债	65.8
对政府资助企业的负债	359.9
其他负债	416.5
负债总额	16 356.6
承诺和或有费用	
净额：	(13 472.8)
负债和净额的总额	2 883.8

表 9-2　美国联邦政府净成本表

2010 年 9 月 30 日　　　　　　　　　　　　　　　　　　单位：十亿美元

项　　目	总 成 本	收 入	净 成 本
国防部	929.0	39.8	889.2
卫生部	920.4	62.7	857.7
社会保障管理局	754.2	0.3	753.9
财政部	402.3	29.4	372.9
退伍军人事务部	240.2	4.7	235.5
公众持有的财政部债券利息	214.8	—	214.8
劳工部	179.0	—	179.0
农业部	136.6	6.0	130.6
教育部	100.8	11.3	89.5
交通部	80.4	0.6	79.8
国土安全部	58.9	8.9	50.0
美国邮政局	57.3	65.7	(8.4)
住房与城市发展部	56.7	1.3	55.4
人事管理办公室	43.5	18.0	25.5
司法部	32.7	1.2	31.5
能源部	28.9	3.8	25.1
国务部	24.5	2.8	21.7
航空航天局	22.1	0.1	22.0

项　目	总　成　本	收　入	净　成　本
内政部	20.7	2.4	18.3
联邦储蓄保险公司	16.8	16.1	0.7
商务部	16.5	2.3	14.2
铁路退休委员会	14.6	5.8	8.8
环境保护署	12.7	0.5	12.2
退休金福利保证公司	11.9	8.1	3.8
国际开发署	10.7	0.2	10.5
田纳西流域管理局	9.7	10.8	(1.1)
联邦通讯委员会	9.5	0.5	9.0
国家科学基金会	6.9	—	6.9
小企业管理局	5.4	0.4	5.0
信息合作管理局	3.2	1.1	2.1
原子能管理委员会	1.2	0.9	0.3
证券交易委员会	1.1	1.4	(0.3)
史密森协会	0.8	—	0.8
联邦总务署	0.6	0.6	—
联邦进出口银行	0.4	0.7	(0.3)
农业信用			
保险公司	—	0.1	(0.1)
其他机构合计	47.3	0.7	46.6
不含 2010 估算损失/收益成本小计	4 472.3	309.2	4 163.1
……	……	……	……

表 9－3　美国联邦政府净成本与经营净额变动表

2010 年 9 月 30 日

单位：十亿美元

项　目	金　额
收入	
个人所得税和代扣所得税	1 732.9
公司所得税	179.6
失业税	45.2
消费税	71.6

项　目	金　额
遗产和赠予税	18.8
关税	25.1
其他税收和收益	127.5
杂项赚取收益	15.8
政府机构间利息	195.0
总收益	2 411.5
合并抵销	(195.0)
合并收益	2 216.5
净成本	
净成本	4 296.0
政府机构间利息	195.0
总的净成本	4 491.0
合并抵销	(195.0)
合并净成本	4 296.0
政府间转移	
未匹配交易和月	(0.8)
净运营成本/收益	(2 080.3)
期初净额	(11 455.9)
前期调整和会计政策变更	63.4
净运营成本/收益	(2 080.3)
期末净额	(13 472.8)

表 9 - 4　净资产表

2002 年 12 月 31 日　　　　　　　　　　　　　　　　　　　　　　单位:美元

项　目	政府主体			附属单位
	政府性活动	商业性活动	总　计	
资产				
现金及现金等价物	13 579 899	10 297 143	23 877 042	303 935
投资	27 365 221	—	27 365 221	7 428 952
应收净值	12 833 132	3 609 615	16 442 747	4 042 290
内部余额	175 000	(175 000)	—	
存货	322 149	126 674	448 823	83 697

续表

项　目	政府主体			附属单位
	政府性活动	商业性活动	总　计	
资本性资产	170 022 760	151 388 751	321 411 511	37 744 786
资产总计	224 316 161	165 229 183	389 545 344	49 603 660
负债				
应付账款和应计费用	6 783 310	751 430	7 534 740	1 803 322
递延收入	1 435 599	—	1 435 599	38 911
非流动负债				
一年内到期部分	9 236 000	4 426 286	13 662 286	1 426 639
一年以上到期部分	83 302 378	74 482 273	157 784 651	27 106 151
负债总计	100 757 287	79 659 989	180 417 276	30 375 023
净资产				
资本性资产投资扣除相关债务后的净值	103 711 386	73 088 574	176 799 960	15 906 392
限制性净资产				
资本项目	11 705 864	—	11 705 864	492 445
偿还债务	3 020 708	1 451 996	4 472 704	—
社区发展项目	4 811 043		4 811 043	—
其他目的	3 214 302		3 214 302	—
非限制性净资产（亏损）	(2 904 429)	11 028 624	8 124 195	2 829 790
净资产总计	123 558 874	85 569 194	209 128 068	19 228 627

表 9-5　业务活动表（最佳格式简化）
2002 年 12 月 31 日
单位：美元

职能/项目	费用	收入项目			净收入和净资产变动			附属单位
		服务收费	业务补助和捐赠	资本补助和捐赠	政　府　主　体			
					政府性活动	商业性活动	总　计	
政府主体								
政府性活动								
一般行政	9 571 410	3 146 915	843 617	—	(5 580 878)	—	(5 580 878)	—
公共安全	34 844 749	1 198 855	1 307 693	62 300	(32 275 901)	—	(32 275 901)	—
公共工程	10 128 538	850 000	—	2 252 615	(7 025 923)		(7 025 923)	
工程服务	1 299 645	704 793			(594 852)		(594 852)	

续表

职能/项目	费用	收入项目			净收入和净资产变动			附属单位
		服务收费	业务补助和捐赠	资本补助和捐赠	政府主体			
					政府性活动	商业性活动	总计	
健康卫生	6 738 672	5 612 267	575 000	—	(551 405)	—	(551 405)	—
公墓	735 866	212 496	—		(523 370)		(523 370)	—
文化娱乐	11 532 350	3 995 199	2 450 000		(5 087 151)		(5 087 151)	—
……								
政府性活动总计	105 807 013	15 720 525	5 176 310	4 894 915	(80 015 263)	—	(80 015 263)	
商业性活动								
供水	3 595 733	4 159 350		1 159 909	—	1 723 526	1 723 526	—
排水	4 912 853	7 170 533	—	486 010		2 743 690	2 743 690	
停车场设施	2 796 283	1 344 087				(1 452 196)	(1 452 196)	
商业性活动总计	11 304 869	12 673 970		1 645 919		3 015 020	3 015 020	
政府主体总计	117 111 882	28 394 495	5 176 311	6 540 834	(80 015 263)	3 015 020	(77 000 243)	
附属单位								
垃圾填埋	3 382 157	3 857 858	—	11 397		—		487 098
公立学校系统	31 186 498	705 765	3 937 083			—		(26 543 650)
附属单位总计	34 568 655	4 563 623	3 937 083	11 397				(26 056 552)
总收入								
税收								
财产税					51 693 573	—	51 693 573	—
特许权税					4 055 505	—	4 055 505	—
……								
其他					884 907	104 925	989 832	22 464
……								
净资产变动					(3 114 286)	3 219 885	105 599	3 202 656
年初净资产					126 673 160	82 349 309	209 022 469	16 025 971
年末净资产					123 558 874	85 569 194	209 128 068	19 228 627

表 9 - 6 _____年财政收支决算总表

编报单位：某市财政局 单位：万元

收入			支出		
预算科目	预算数	决算数	预算科目	预算数	决算数
税收收入					
增值税		90 500	基本建设支出		65 500
营业税		31 600	企业挖潜改造资金		30 020
企业所得税		57 400	地质勘探费		100
企业所得税退税		430	科技三项费用		2 000
个人所得税		12 080	流动资金		13 100
资源税		880	支援农村生产支出		4 200
城市维护建设税		10 900	农业综合开发支出		5 100
房产税		9 600	农林水利气象等部门的事业费		980
印花税		700	工业交通等部门的事业费		1 700
城镇土地使用税		980	流通部门的事业费		890
土地增值税		790	文体广播事业费		760
车辆使用和牌照税		600	教育事业费		21 770
屠宰税		80	科学事业费		3 200
筵席税		90	卫生经费		1 100
农业税		1 700	税务等部门的事业费		560
农业特产税		1 050	抚恤和社会福利退休经费		5 400
牧业税		900	社会保障补助支出		800
耕地税		690	国防支出		600
契税		890	行政管理费		11 000
国有资产经营收益		(29 080)	外交外事支出		12 000
国有企业计划亏损补贴		9 000	武装警察部队支出		4 200
行政事业性收费收入		870	公检法司支出		250
罚没收入		120	城市维护费		4 300
土地和海域有偿使用收入		5 600	政策性补贴支出		4 800
专项收入		6 730	支援不发达地区支出		5 600
其他收入		6 700	土地和海域开发建设支出		1 400
			专项支出		2 000
			其他支出		2 000
			总预备费		670
本年收入合计		221 800	本年支出合计		206 000

表 9-7 资产负债表(年报)

编报单位:某市财政局 　　　　　　 年 月 日 　　　　　　 单位:万元

资产部类			负债部类		
科目名称	年初数	期末数	科目名称	年初数	期末数
资产			负债		
国库存款		49 450	借入款		5 700
其他财政存款		28 850	暂存款		3 800
有价证券		6 700	与上级往来		1 500
在途款		100	借入财政周转金		1 200
暂付款		7 700	负债总计		12 200
与下级往来		7 200	净资产		
预拨经费		5 000	预算结余		57 850
基建拨款		6 000	基金预算结余		17 600
财政周转金放款		15 200	专用基金结余		10 400
			预算周转金		7 500
			财政周转金		20 650
			净资产总计		114 000
资产部类总计		126 200	负债部类总计		126 200

表 9-8 财政周转金收支情况表 　　　　　　 单位:元

财政周转金收入		财政周转金支出	
项目	金额	项目	金额
利息收入	6 000 000	占用费支出	6 000 000
占用费收入	22 000 000	业务费支出	22 000 000
		其中:1.	
		2.	
收入合计	2 800 000	支出合计	2 800 000

表 9 - 9 资产负债表(年报)

编报单位:某行政单位　　　　　　　　　　年　月　日　　　　　　　　　　单位:元

资产部类	年初数	期末数	负债部类	年初数	期末数
一、资产类			二、负债类		
现金	8 000	6 500	应缴预算款		
银行存款	765 000	1 231 500	应缴财政专户款		
有价证券	150 000	150 000	暂存款	64 000	78 000
暂付款	32 000	29 500			
库存材料	72 000	54 000			
固定资产	6 275 000	7 005 000			
财政应返还额度			负债合计	64 000	78 000
			三、净资产类		
			固定基金	6 275 000	7 005 000
			结余	963 000	1 393 500
			基本支出结余	963 000	1 343 500
			项目支出结余		50 000
			净资产合计	7 238 000	8 398 500
资产部类合计	7 302 000	8 476 500	负债部类合计	7 302 000	8 476 500

表 9 - 10 收入支出总表

编表单位:某行政单位　　　　　　　　　　年　月　日　　　　　　　　　　单位:元

收入			支出			结余
项目	本月数	本年累计	项目	本月数	本年累计	
拨入经费		5 400 000	拨出经费		1 950 000	结转当年结余 430 500
其中:专项经费		500 000	其中:			其中:专项结余 50 000
预算外资金收入		2 000 000	经费支出		4 579 500	以前年度结余 963 000
其中:基本支出经费		1 400 000	其中:经常性支出		4 129 500	
项目支出经费		600 000	专项支出		450 000	
其他收入		60 000	结转自筹基建		500 000	
收入总计		7 460 000	支出总计		7 029 500	累计结余 1 393 500

表 9 - 11　资产负债表(年报)

编表单位:某医院　　　　　　　　年　月　日　　　　　　　　单位:元

资产	年初数	期末数	负债及净资产	年初数	期末数
流动资产			流动负债		
货币现金	960 000	1 407 000	短期借款	720 000	650 000
应收在院病人医药费	400 000	380 000	应付账款	430 000	391 000
应收医疗款	800 000	760 000	预收医疗款	130 000	117 000
减:坏账准备	40 000	38 000	应付工资	95 000	87 000
其他应收款	276 000	310 000	应付社会保障金	7 000	6 000
药品	680 000	870 000	其他应付款	67 000	59 000
减:药品进销差价	78 000	96 000	应缴超收款		90 000
库存物资	320 000	390 000	预提费用	35 000	29 000
在加工材料	220 000	250 000	流动负债合计	1 484 000	1 429 000
待摊费用	88 000	76 100	长期负债		
待处理流动资产损失	40 000	65 000	长期借款	703 000	577 000
流动资产合计	3 666 000	4 374 100	长期应付款	650 000	590 000
对外投资	470 000	1 417 000	长期负债合计	1 353 000	1 167 000
固定资产:			负债合计	2 837 000	2 596 000
固定资产	33 600 000	33 330 000	净资产		
在建工程	747 000	1 900 000	事业基金	1 376 000	4 138 100
待处理固定资产净损失	130 000	180 000	固定基金	33 730 000	33 510 000
固定资产合计	34 477 000	35 410 000	专用基金	670 000	1 333 000
无形资产及开办费:			财政专项补助结余	360 000	424 000
无形资产	270 000	740 000	待分配结余		
开办费	90 000	60 000	净资产合计	36 136 000	39 405 100
无形资产及开办费合计	360 000	800 000			
资产总计	38 973 000	42 001 100	负债及净资产合计	38 973 000	42 001 100

表 9 - 12　收入支出总表

编表单位:某医院　　　　　　　　年　月　日　　　　　　　　单位:元

项目	本年累计数
一、收入	6 562 300
财政补助收入	1 200 000
其中:基本支出	1 000 000
项目支出	200 000

续表

项　　　　目	本年累计数
上级补助收入	300 000
医疗收入	2 726 800
药品收入	1 546 500
其他收入	789 000
二、支出	3 646 200
医疗支出	2 210 200
药品支出	1 220 000
财政专项支出	36 000
其他支出	180 000
三、收支结余	2 916 100
减:财政专项补助结余	64 000
减:应缴超收款	90 000
四、结余分配	2 762 100
加:事业基金弥补亏损	
加:年初待分配结余	
减:提取职工福利基金转入事业基金	2 762 100
期末待分配结余	0

表 9 - 13　资产负债表

200×年 12 月 31 日

单位:美元

项　　　　目	金　　额
资产	
现金及现金等价物	75
应收账款和应收利息	2 130
存货和预付费用	610
应收捐赠款	3 025
短期投资	1 400
受到限制需投资于土地、建筑物和设备的资产	5 210
土地、建筑物和设备	61 700
长期投资	218 070
资产合计	292 220
负债和净资产	

续表

项　　目	金　　额
负债	
应付账款	2 570
可退回的预收款	
应付授权物	
应付票据	875
年金义务	1 685
长期负债	5 500
负债合计	10 630
净资产	
非限定性净资产	115 228
暂时限制性净资产	24 342
永久限制性净资产	142 020
净资产合计	281 590
负债和净资产合计	292 220

表 9 - 14　业务活动表

200×年 12 月 31 日　　　　　　　　　　　　　　　　　单位:美元

项　　目	金　　额
非限制性净资产变动	
收入和利得	
捐赠	8 640
服务费	5 400
长期投资收益	5 600
其他投资收益	850
长期投资的未实现和已实现净利得	8 228
其他	150
非限制性净资产合计	28 868
不再受用途限定的净资产	
项目限定条件的满足	11 990
设备限定条件的满足	1 500
时间限定的到期	1 250
不再受限的净资产合计	14 740

续表

项　目	金　额
不受限定收入、利得和其他转入数合计	43 608
费用	
项目 A	13 100
项目 B	8 540
项目 C	5 760
管理费用	2 420
筹资费用	2 150
费用合计	31 970
火灾损失	80
费用和损失合计	32 050
非限制性净资产增加	11 558
暂时限制性净资产变动	
捐款	8 110
长期投资的收入	2 580
长期投资未实现和已实现的净利得	2 952
年金义务的应计损失	（30）
不再受用途限定的净资产	（14 740）
暂时限制性净资产增加	（1 128）
永久限制性净资产变动	
基金捐赠	280
长期投资的收入	120
长期投资未实现和已实现的净利得	4 620
永久限制性净资产增加	5 020
净资产增加	15 450
年初净资产	266 140
年末净资产	281 590

表 9-15　现金流量表

200×年 12 月 31 日　　　　　　　　　　　　　单位:美元

项　目	金　额
经营活动现金流量	
来自捐赠者收到的现金	5 220

续表

项 目	金 额
收到的应收捐赠的现金	8 030
来自会员的现金	2 615
收到的利息和股利	8 570
杂项收入	150
支付的利息	(382)
支付给雇员和供应商的现金	(23 808)
支付给附属组织的现金	(425)
用于经营活动的净现金	(30)
投资活动现金流量	
销售证券的收到的现金	250
购买财产和设备支付的现金	(1 500)
……	
用于投资活动净现金	(50)
筹资活动现金流量	
收到具有如下限定用途的捐赠现金	
工厂投资	200
未来业务	70
收到的用于再投资的利息和股利	1 210
……	
用于筹资活动的净现金	(305)
现金和现金等价物的净增加额	(385)
年初现金和现金等价物	460
年末现金和现金等价物	75

表 9－16 职能费用表

200×年 12 月 31 日　　　　　　　　　　　　　　　　单位：美元

职 能	项目费用			辅助业务费用			费用合计
	项目 A	项目 B	小计	管理费用	筹资费用	小计	
工资薪金	1 600	1 232	2 832	287	256	543	3 375
雇员健康和退休福利	125	120	245	125	102	227	472
工资薪金税	65	55	120	20	16	36	156
工资薪金和相关费用总额	1 790	1 407	3 197	432	374	806	4 003

续表

职能	项目费用			辅助业务费用			费用合计
	项目 A	项目 B	小计	管理费用	筹资费用	小计	
外部服务费	3 320	1 655	4 975	168	159	327	5 302
材料物资费	480	420	900	68	58	126	1 026
电话费	765	426	1 191	235	265	500	1 691
邮递运输费	1 120	692	1 812	171	156	327	2 139
房屋租金交通费	1 100	930	2 030	96	75	171	2 201
设备租金	340	320	660	45	40	85	745
本地交通费	142	133	275	245	242	487	762
会议费	388	388	776	317	298	615	1 391
印刷出版费	685	563	1 248	88	74	162	1 410
奖励和补助费	1 614	687	2 301				2 301
利息费用				241		241	241
餐饮费					196	196	196
杂项费用	56	44	100	91	42	133	233
固定资产折旧费	1 300	875	2 175	223	236	459	2 634
费用合计	13 100	8 540	21 640	2 420	2 215	4 635	26 275
减:直接从收入中减除的费用					(65)	(65)	(65)
分职能报告的费用合计	13 100	8 540	21 640	2 420	2 150	4 570	26 210

表 9-17 资产负债表

会民非 01 表

编制单位: 　　　　　　　　　　200×年 12 月 31 日 　　　　　　　　　　单位:元

资产	行次	期初数	期末数	负债和净资产	行次	期初数	期末数
流动资产				流动负债			
货币资金	1	920	150	短期借款	61	2 280	—
短期投资	2	2 000	2 800	应付款项	62	2 600	5 140
应收账款	3	3 340	4 260	应付工资	63	2 100	3 370
预付账款	4	5 400	6 050	应交税金	65	—	—
存货	8	2 000	1 220	预收账款	66	1 300	1 750
待摊费用	9	—	—	预提费用	71	3 400	—

资　　产	行次	期初数	期末数	负债和净资产	行次	期初数	期末数
一年内到期的长期债权投资	15	—	—	预计负债	72	—	—
其他流动资产	18	—	—	一年内到期的长期负债	74		
流动资产合计	20	13 660	14 480	其他流动负债	78		
				流动负债合计	80	11 680	10 260
长期投资							
长期股权投资	21	407 000	436 140	长期负债			
长期债权投资	24	—	—	长期借款	81	13 000	11 000
长期投资合计	30	407 000	436 140	长期应付款	84		
固定资产				其他长期负债	88		
固定资产原价	31	192 180		长期负债合计	90	13 000	11 000
减:累计折价	32	65 000					
固定资产净值	33	127 180	123 400	受托代理负债			
在建工程	34	9 120	10 420	受托代理负债	91	—	
文物文化资产	35			负债合计	100	24 680	21 260
固定资产清理	38						
固定资产合计	40	136 300	133 820				
				净资产			
无形资产				非限定性净资产	101	207 340	230 456
无形资产	41	—	—	限定性净资产	105	324 940	332 724
				净资产合计	110	532 280	563 180
受托代理资产							
受托代理资产	51	—	—				
资产合计	60	556 960	584 440	负债和净资产合计	120	556 960	584 440

表 9-18 业务活动表

会民非 02 表

编制单位：   200×年 12 月   单位：元

项　目	行数	本月数			本年累计数		
		非限定性	限定性	合计	非限定性	限定性	合计
一、收入							
其中：捐赠收入	1				17 280	16 780	34 060
会费收入	2				10 800	—	10 800
提供服务收入	3				—		—
商品销售收入	4				1 700		1 700
政府补助收入	5				11 200		16 600
投资收益	6				16 456		31 600
其他收入	9				300		300
收入合计	11				57 736		95 060
二、费用							
（一）业务活动成本	12				26 200		26 200
其中：	13						
	14						
	15						
	16						
（二）管理费用	21				17 080		17 080
（三）筹资费用	24				11 520		11 520
（四）其他费用	28				9 300	60	9 360
费用合计	35				64 100	60	64 160
三、限定性净资产转为非限定性净资产	40				29 480	(29 480)	0
四、净资产变动额（若为净资产减少额，以"—"号填列）	45				23 116	7 784	30 900

表 9-19 现金流量表

会民非 03 表

编制单位：   200×年   单位：元

项目		
一、业务活动产生的现金流量		
接受捐赠收到的现金	1	10 440
收取会费收到的现金	2	16 060
提供服务收到的现金	3	5 230

项目		
销售商品收到的现金	4	17 140
政府补助收到的现金	5	300
收到的其他与业务有关的现金	8	—
现金流入小计	13	49 170
提供捐赠或者资助支付的现金	14	764
支付给员工以及为员工支付的现金	15	47 616
购买商品、接受服务支付的现金	16	850
支付的与其他业务活动有关的现金	19	—
现金流出小计	23	49 230
业务活动产生的现金流量净额	24	(60)
二、投资活动产生的现金流量		
收回投资所收到的现金	25	
取得投资收益所收到的现金	26	500
处置固定资产和无形资产所收到的现金	27	152 200
收到的其他与投资活动有关的现金	30	—
现金流入小计	34	152 700
购建固定资产、无形资产和其他所支付的现金	35	3 000
对外投资所支付的现金	36	149 800
支付的其他与投资活动有关的现金	39	—
现金流出小计	43	152 800
投资活动产生的现金流量净额	44	(100)
三、筹资活动产生的现金流量		
借款所收到的现金	45	3 360
收到的其他与筹资活动有关的现金	48	—
现金流入小计	50	3 360
偿还借款所支付的现金	51	2 280
偿还利息所支付的现金	52	1 400
支付的其他与筹资活动有关的现金	55	290
现金流出小计	58	3 970
筹资活动产生的现金流量净额	59	(610)
四、汇率变动对现金的影响	60	
五、现金及现金等价物净增加额	61	(770)

本章练习题

1. 什么是政府会计？它与预算关系如何？
2. 请简述我国政府会计改革的主要方向。
3. 我国非营利组织会计的规范体系是什么？未来的发展方向是什么？

本章主要参考文献

[1] 财政部会计司.政府会计研究报告[M].大连：东北财经大学出版社，2005：300-419.

[2] 厄尔 R 威尔逊，苏珊 C 卡特鲁斯，里昂 E 海.政府与非营利组织会计[M].荆新，等，译.北京：中国人民大学出版社，2005：326-352.

[3] 李建发.政府及非营利组织会计[M].大连：东北财经大学出版社，2002：260-376.

[4] 邓小洋.高级财务会计学[M].上海：立信会计出版社，2009：397-425.

[5] 赵建勇.预算会计[M].上海：上海财经大学出版社，2007.

[6] 中华人民共和国财政部.民间非营利组织会计制度[M].北京：经济科学出版社，2004.

[7] 王国生，姚维刚.民间非营利组织会计[M].北京：中国金融出版社，2007：280-297.

[8] 赵建勇.政府与非营利组织会计[M].上海：复旦大学出版社，2005：327-336.

[9] 于国旺，孙君鹏.政府与非营利组织会计[M].北京：机械工业出版社，2010：150-172.

[10] 梁红霞.新《医院会计制度》出台对事业单位会计改革的意义[J].财会月刊，2011(6)：66-67.

[11] 张婧文.我国政府财务报告改革研究——基于新公共管理的视角[D].西南财经大学硕士学位论文，2008.

[12] 陈立齐，李建发.国际政府会计准则及其发展评述[J].会计研究，2003(9)：49-52.

[13] 陈小悦，陈璇.政府会计目标及其相关问题的理论探讨[J].会计研究，2005(11)：61-65.

[14] 陈穗红，石英华.我国政府会计目标选择[J].财政研究，2007(7)：8-50.

[15] 刘玉廷.我国政府会计改革的若干问题[J].会计研究，2004(9)：3-6.

[16] 周红.法国公共会计体制评介[J].会计研究，2002(3)：50-53.

[17] 罗荀·欧债危机倒逼政府会计改革[EB/OL].[2011-11-12].http://news.hexun.com/2011-11-12/135149474.html.